李昌道学术基金资助

美国联邦最高法院判例

2017～2018年判例译述

高凌云　编著

法律出版社
LAW PRESS·CHINA
——北京——

图书在版编目(CIP)数据

美国联邦最高法院判例. 2017－2018年判例译述 / 高凌云编著. -- 北京 : 法律出版社, 2025

ISBN 978－7－5197－8370－9

Ⅰ. ①美… Ⅱ. ①高… Ⅲ. ①最高法院－审判－案例－美国－2017－2018 Ⅳ. ①D971.25

中国国家版本馆CIP数据核字(2023)第184310号

美国联邦最高法院判例(2017～2018年判例译述)
MEIGUO LIANBANG ZUIGAO FAYUAN PANLI
(2017～2018 NIAN PANLI YISHU)

高凌云　编著

策划编辑 沈小英
责任编辑 刘晓萌　鲁　安
装帧设计 臧晓飞

出版发行 法律出版社
编辑统筹 法治与经济出版分社
责任校对 王　丰　郭艳萍
责任印制 吕亚莉
经　　销 新华书店

开本 710毫米×1000毫米　1/16
印张 33　　**字数** 536千
版本 2025年5月第1版
印次 2025年5月第1次印刷
印刷 保定市中画美凯印刷有限公司

地址:北京市丰台区莲花池西里7号(100073)
网址:www.lawpress.com.cn
投稿邮箱:info@lawpress.com.cn
举报盗版邮箱:jbwq@lawpress.com.cn

销售电话:010－83938349
客服电话:010－83938350
咨询电话:010－63939796

书号:ISBN 978－7－5197－8370－9　　**定价**:138.00元

凡购买本社图书,如有印装错误,我社负责退换。电话:010－83938349

谨以此书献给李昌道先生

序　一

知晓高老师的请托，十分激动和感动。三十多年前的旧作，至今还有相识、相知。此一新作是对美（国）宪（法）原汁原味的判例性诠释，有创新性。但可惜我年事已高，智力大不如昔，且对美宪生疏已久，脱离甚远，不敢贸然允纳，恐成画蛇添足之嫌，有损原意。

李昌道

2020.1.8

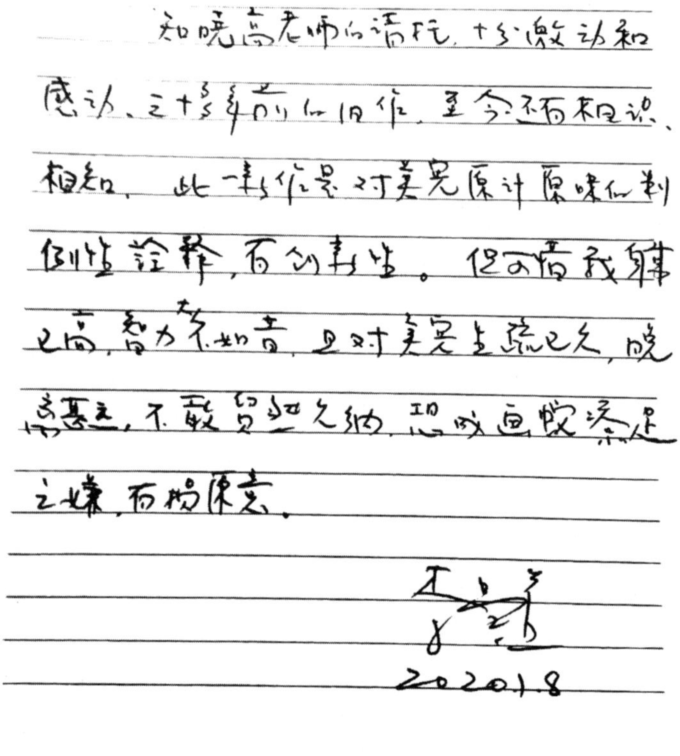

知晓高老师的请托，十分激动和感动、三十多年前的旧作，至今还有相识、相知。此一新作是对美宪原汁原味的判例性诠释，有创新性。但可惜我年事已高，智力大不如昔，且对美宪生疏已久，脱离甚远，不敢贸然允纳，恐成画蛇添足之嫌，有损原意。

李昌道

2020.1.8

序　二

呈现在读者面前的这部著作由复旦大学法学院高凌云教授编著，是对美国联邦最高法院一个工作年度全部具先例效力意见书(opinion，判决)的评述。美国联邦最高法院实行许可上诉制度，在严苛的案件复审挑选机制下能被调卷并形成意见书，一方面表明这些案件所涉及的问题凸显着法治"公共政策"意义，具有"关乎全局"的重要性；另一方面也体现了美国联邦最高法院大法官乃至美国联邦最高法院对该等问题的司法认知，映射出美国社会的法治需求。

高凌云教授自2004年至复旦大学法学院任教，讲授国际商法、信托法、法律英语等课程，深受学生喜爱，屡屡被评为优秀教师，法律英语课程更是成为明星课程。她在信托法等领域的耕耘，获得域内外学术界的高度认可。一年多前，我在与高老师交谈中，得知她正在主持对美国联邦最高法院判例的译述工作，恰逢其时，"李昌道学术基金"由吾等李昌道教授的学生及法学界、法律界热心同仁设立，旨在弘扬宪法精神、推进宪法学研究。李昌道先生为我国著名法学家，曾任复旦大学法律系主任、法学院院长，对美国宪法有精深的研究，其《美国宪法史稿》《美国宪法纵横论》等著述均是美国宪法研究领域的开拓性经典之作。李昌道教授在《香港特别行政区基本法》制定与实施过程中做出突出贡献，亦有丰富的研究成果。高凌云教授的此项研究成果纳入"李昌道学术基金"项下出版，可谓相得益彰。

高凌云教授嘱我作序，实不敢当，但感于高教授之盛意，勉为其难，谈些对本著作的粗浅认识。

首先，通过本著作，读者可以进一步认知美国联邦最高法院判决的功能。其一，美国联邦宪法作为近代第一部成文宪法，继受了洛克、孟德斯鸠等启蒙思想家的权力制衡思想，可谓欧洲之花结出了美国之果。美国式的分权既存在于联邦与州之间,也存在于联邦及州的内部权力主体之间,公权力配置更多的是强调权力制衡而非绝对分立。美国联邦宪法第Ⅰ条、第Ⅱ条规定了立法权与行政权的制约关系,除美国联邦宪法第Ⅲ条有关司法权归属与管辖权、第Ⅳ条有关司法礼让条款外,司法权对立法与行政权制约完全基于美国法院的实践。尽管对美国联邦最高法院的司法审查权一直存在司法能动主义与司法克制主义的争论,且反对意见不仅来自学者、政治家,甚至来自联邦最高法院大法官自身,如在2015年"奥伯奇菲尔诉霍奇斯"中(Obergefell v. Hodges),罗伯茨首席大法官撰写了长达29页声情并茂的反对意见书。但是,因美国联邦最高法院大法官的专业性、独立性,加之美国社会强大的法治观念,美国联邦最高法院判决在权力制衡中发挥着巨大作用已是公认的事实,美国联邦最高法院是实现权力制衡的利器。本系列著作中有关"联邦与州法院的管辖权冲突""联邦法与州法之间的冲突""上下级法院的关系""司法与行政的制衡"的判例,即属于权力制衡问题。其二,在美国联邦宪法诞生之前,已有《邦联条例》存在,由各州参与制宪会议、制定美国联邦宪法。出于对联邦权力过大而削弱州权的警觉,美国联邦宪法第十修正案规定:"宪法既未授予合众国、也未禁止各州行使的权力,由各州各自保留,或由人民保留",确定了联邦与州的权力边界。因此,可由联邦制定的法律极其有限,立法权主要由各州行使,形成了美国法律"联邦主义"特色。以《美国公司法》为例,尽管在立法层面由联邦立法的"联邦化"主张屡屡受挫,其司法层面"联邦主义"与"联邦化"的冲突几乎不存在。一个重要的原因为:美国联邦法院基于管辖权审理涉及由州立法的案件,并形成具有先例效力的判决,很大程度上弥合了"联邦主义"下立法的间隙,统一了法律适用,美国联邦最高法院是法律"联邦主义"与"联邦化"取向的调合剂。其三,尽管美国联邦最高法院出现过类似1857年"斯科特诉桑佛特案"(Dred Scott v. Sandford)的"黑暗"判决,但美国联邦最高法院更多的判例维护了公民的基本权利及相关法律主体的权益。美国联邦最高法院通过适用美国联邦宪法及其第一、第四、第五、第六、第十四修正案等,保障言论自由、宗教自由、学术自由、隐私权、财产权等免除非法侵害,保障公民(有时含商主体)的权利。美国联邦最高法院借助普通法的优势,能够较快地回应美国社会发展中的法治需求,弥补制定法之不足。本系列著作中的绝大多数判例涉及权利保障问题。

其次，美国法学家庞德说："法律必须稳定，但又不能静止不变。因此，所有的法律思想都力图协调稳定必要性和变化必要性这两种彼此冲突的要求。"仅就美国联邦宪法而言，它属刚性宪法，且制定时间久远，难免有"简"、有"缺"，美国宪法长久存续而常新的原因，很大程度上得益于美国联邦最高法院在处理具体案件中运用解释方法丰富了宪法的内容。读者在这套系列著作中可以一览本年度判决中所蕴含的解释方法，包括文义解释、缩限解释、扩张解释、体系解释、学理解释、原旨解释等。若以此为起点，则有助于读者通过研究、借鉴美国联邦最高法院在解释"必要与适当"、"管制"、"政府行为"、正当程序条款中"自由或财产"、"贸易"、"州际贸易"、"刻不容缓的紧迫危险"等"弹性条款"时运用的解释方法。美国联邦最高法院也将法律解释适用于处理非宪法性案件中，如美国联邦最高法院在不同时期对何为"证券"就作出过不同的解释，以适应金融管制或放松管制的需要。通过本著作，研究、解析美国联邦最高法院的法律解释问题，无疑对认识立法与司法的互动性、法律文本稳定性与法律精神发展性的相互关系，大有裨益。

最后，目前，对美国联邦宪法及美国联邦最高法院的研究，著述颇丰，但完整地研究美国联邦最高法院一个工作年度全部生效判例的著述不多。高凌云教授及其团队的该项成果除凸显前述学术价值外，还体例清晰，行文流畅，用词严谨，译述准确、得当，有时又不失诙谐，可读性强，能为更多希望了解美国联邦最高法院晚近司法全貌的读者开启一扇知识之窗。

鉴于美国联邦最高法院本年度的判决多发回重审，后续案件可能更加跌宕起伏，也使读者抱有且听下回分解的强烈期待，希望后续著作早日出版！

*

2020 年 2 月于复旦大学江湾校区

* 复旦大学法学院教授。

目　录

第一章　国际法与法律冲突

第五章 刑事诉讼程序与刑罚

搜查与扣押

被告的诉讼权利

上诉

第十一章 法律救济

第十二章 法律解释

第十三章 州际水权与其他最高法院初审管辖案件

Chapter 1

第一章　国际法与法律冲突

长臂管辖

贾思奈诉阿拉伯银行
——法院也应有所不为

西方奇科公司诉离子地球物理公司
——美国专利法的域外效力

贾思奈诉阿拉伯银行
Jesner v. Arab Bank
——法院也应有所不为

原 案 名:Jesner, et al. v. Arab Bank, PLC

判决日期:2018 年 4 月 24 日

案　　号:16 – 499

主　　笔:肯尼迪大法官(首席大法官罗伯茨和托马斯、阿利托、戈萨奇大法官就判决的第Ⅰ、Ⅱ – B – 1、Ⅱ – C 部分附议,首席大法官罗伯茨和托马斯大法官就判决的第Ⅱ – A、Ⅱ – B – 2、Ⅱ – B – 3 和Ⅲ部分附议;托马斯大法官发表协同意见;阿利托和戈萨奇大法官发表部分协同意见;索托马约尔大法官发表异议意见,金斯伯格、布雷耶和卡根大法官附议)

判决主旨:外国公司是否可以成为美国《外国人侵权法》中的责任主体,应当由国会先行立法决定。在国会没有明确立法的情况下,法院不能认定外国公司承担该法项下的责任。

判决译述

1. 阿拉伯银行陷入纠纷

阿拉伯银行(Arab Bank)是约旦的主要金融机构,其分支机构遍布全球,其中包括纽约分行。根据约旦的官方数据,阿拉伯银行的业务量占阿曼股票交易市场资本总额的1/5 到1/3。树大招风,2004 ~ 2010 年,这家银行被一群人告上了美国纽约东部联邦地区法院,一共涉及 5 场官司,且诉讼依据都是美国《外国人侵权法》(the Alien Tort Statute)。

这5场官司中的原告大部分是非美国国籍的外国人,他们声称自己或他们的家属在超过10年的时间内受到中东地区恐怖分子的袭击并因此受伤。而阿拉伯银行的高管们允许中东地区的恐怖分子通过纽约分行进行美元计价交易的结算,从而间接协助了恐怖袭击行为,最终导致原告们受到伤害。

阿拉伯银行觉得很冤枉,因为纽约分行和其他外国银行一样,都用美国的银行间支付清算系统(clearing house interbank payments system,以下简称CHIPS系统)处理美元计价的交易,而这个系统平均每天要处理440,000笔、总值约为1.5万亿美元的交易。如此庞大的系统全靠自动运行,没有任何人为干预。

然而原告们不依不饶,还指控阿拉伯银行纽约分行为一家本部位于得克萨斯州的慈善机构洗钱,该机构名叫"救济与发展圣地基金会"(Holy Land Foundation for Relief and Development,以下简称基金会),且据原告称,基金会与哈马斯有关联。

2.《外国人侵权法》是否适用于公司

在美国纽约东部地区法院尚未作出裁判之前,联邦最高法院发布了一个虽与本案无关,但同样涉及《外国人侵权法》的适用问题的基奥贝尔案[1]的判决。在该案中,注册成立于荷兰、英国的公司通过它们在尼日利亚的分支机构,资助并支持尼日利亚政府侵犯人权的行为。

撰写该案上诉判决的卡夫拉内斯法官(José Alberto Cabranes)代表了多数法官的意见,认为《外国人侵权法》不能适用于公司。卡夫拉内斯法官持此观点的主要依据是国际刑事法庭将责任范围限定为自然人。勒瓦尔法官(Pierre Leval)则另行发表了意见,他同意多数法官判决书中的大部分内容,但不认为《外国人侵权法》没有对公司苛以责任,因为虽然国际法并未针对公司或其他组织的责任进行规定,但公司违反国际法的责任问题是国际法留给各国国内法自行解决的。基奥贝尔案上诉到美国联邦最高法院后,最高法院没有回应"《外国

---

〔1〕 Kiobel v. Royal Dutch Petroleum Co., 569 U. S. 108 (2013).

人侵权法》是否适用于外国公司”这一问题,而是基于国内法仅于美国领土范围之内适用的原则驳回上诉,并支持了上诉法院的判决。

审理本案的美国纽约东部地区法院以及上诉法院援引了基奥贝尔案中上诉法院的判决,同样认为《外国人侵权法》不适用于外国公司,并驳回了原告的诉请。于是本案上诉到联邦最高法院。

3.《外国人侵权法》的立法回顾

为了解决对《外国人侵权法》的理解问题,联邦最高法院回顾了该法的立法史。

1784 年,法国公使馆秘书在美国费城遭到一名法国激进分子的袭击,法国部长对此提出了抗议。几年后,一名纽约巡警进入荷兰大使的房屋并逮捕了大使的一个仆人,这再一次引发了国际事件。然而,根据当时的《邦联条例》(Articles of Confederation),没有一个美国法院可以处理类似上述的争议,也不存在可以依据的法律。直到 1787 年的制宪会议(the Constitutional Convention,又称费城会议),制宪者们才开始着手解决上述问题——美国联邦宪法第Ⅲ条扩张了联邦的司法权范围,允许联邦法院审理所有会影响大使、公使和领事权利的案件,以及本国/本国公民与外国/外国公民间的争端。之后,美国第一届国会通过了细化上述宪法规定的法律,即《1789 年司法法》(the Judiciary Act of 1789)。该法规定美国联邦法院对外国人与美国公民间的争端和涉及外交官的争端享有管辖权。

《1789 年司法法》还规定,“对于外国人违反国际法或美国缔结的条约的侵权行为,地区法院仅对涉及该侵权行为的民事诉讼有初始管辖权”。前述规定被《外国人侵权法》照抄并成为其核心条文,但对于以违反国际法为由提起诉讼的具体诉因(cause of action)包括哪些,该法并没有进一步详细定义。

由于 18 世纪的国际法主要规制的是国家行为,所以国会在订立《外国人侵权法》时也采取了保守的态度,立法的目的是避免美国因没有在外国人遭受侵权时提供法律救济而遭受他国责难。而在《外国人侵权法》颁布后的 190 多年里,鲜有依据此法提起诉讼的案件。直到国会订立了《1991 年酷刑受害者保护法》(the Torture Victim Protection Act of 1991)明确了诉因之后,有关《外国人侵权法》的案件才逐渐多了起来。

4. 联邦最高法院不能越俎代庖

联邦最高法院的大法官们认为,第一,本案需要解决的问题是:外国公司是否需要承担《外国人侵权法》中规定的侵权责任。对此,应当依据最高法院在 2004 年判决的索萨案[1]中确定的规则——审查上诉人是否能够证明存在特定的、普遍的、强制性的国际法规则规定公司应当对违反国际法的行为承担责任。然而,在目前的国际法领域,无论是审理第二次世界大战战犯的法庭还是晚近成立的国际法庭,都将侵犯人权的责任主体限定为"自然人",可见并不存在这样一种国际法规则。

上诉人(一审原告)列举的《制止向恐怖主义提供资助的国际公约》(the International Convention for the Suppression of the Financing of Terrorism)并未规定公约签署国应认定公司承担国际法上的责任;上诉人提及的黎巴嫩问题特别法庭中对于公司的问责也只是极少数的个案,并不能证明存在特定的、普遍的、强制性的国际法规则。目前,国际法的发展尚未到要求公司为其职员侵犯人权的行为承担责任这一步。

第二,外国公司是否应当承担《外国人侵权法》中规定的侵权责任这一法律问题应当留待国会立法解决,而不是由法院通过判例解决。索萨案以及最高法院作出的判决都强调了即使在国内法领域,有关创设当事人请求权的工作由立法机关完成更为恰当。

本案对于《外国人侵权法》的解读可以比照《1991 年酷刑受害者保护法》,后者系国会制定且明确将责任主体限定为自然人。联邦最高法院还认为上诉人主张参照《反恐法》(the Anti-Terrorism Act)中公司应承担责任的规定并不恰当,因为《反恐法》与《外国人侵权法》不同,其并不适用于外国人。

本案的上诉人并非只有通过状告银行才能获得救济。如果本案确定外国公司应当承担《外国人侵权法》中的责任,则会影响今后外国公司在美国投资的积极性。至于应当照顾外国公司在美国投资的积极性,还是应当对外国公司施

---

[1] Sosa v. Alvarez-Machain, 542 U. S. 692 (2004).

加责任以避免自然人利用公司规避国际法,权衡这两者关系并作出决断是国会的工作而非司法机构的职责。

第三,《外国人侵权法》的立法目的是避免外国人在遭受违反国际法的侵权行为时无法获得救济,因而导致美国受到谴责。但本案与美国有关的连接点极其微小,所有的侵权行为、受害人、被上诉人都在国外,唯一与美国有联系的就是阿拉伯银行纽约分行使用的 CHIPS 系统及其资金。双方为此已争讼 13 年,并使得美国与约旦之间的外交关系十分紧张。这恰恰说明,如果法院贸然判决扩展《外国人侵权法》的责任主体范围,将会引起更多不必要的外交矛盾。

最终,联邦最高法院认为国会才有权力,也比法院更适合决定外国公司是否可以作为《外国人侵权法》中的责任主体。因此,联邦最高法院维持了上诉法院的判决。

西方奇科公司诉离子地球物理公司
WesternGeco LLC. v. Ion Geophysical Corporation
——美国专利法的域外效力

原 案 名:WesternGeco LLC. v. Ion Geophysical Corporation

判决日期:2018 年 6 月 22 日

案　　号:16 - 1011

主　　笔:托马斯大法官(首席大法官罗伯茨和肯尼迪、金斯伯格、阿利托、索托马约尔、卡根大法官附议;戈萨奇大法官发表异议意见,布雷耶大法官附议)

判决主旨:只要侵权行为发生在美国境内,即使损失发生在海外,也依旧可以适用美国专利法。

判决译述

1. 为索赔二度上诉至美国联邦最高法院

西方奇科公司(WesternGeco LLC. ,以下简称西奇公司)拥有 4 项有关探测海底的专利。这些专利采用了侧转向技术,相较于过往的探测系统,其探测数据的精准度得到大幅提高。西奇公司并没有出售或授权他人使用这些专利,只是自己用来勘探海底,并提供调查报告给油气公司。几年间,西奇公司成为唯一使用侧转向技术的公司。

2007 年年底,离子地球物理公司(Ion Geophysical Corporation,以下简称离子公司)开始出售竞品。离子公司在美国境内制造竞品的零部件,并销售到海外,买家在美国境外用这些零部件组装成与西奇公司所拥有的专利一样的产品,与西奇公司开展商业竞争。

西奇公司依据《专利法》(Patent Act)第271(f)(1)节、第271(f)(2)节提起诉讼,并在法庭上证明了自己因离子公司的侵权行为失去了10份勘探合同。陪审团认为离子公司应承担侵权责任,需支付1250万美元的使用费,并赔偿9340万美元的利润损失。

离子公司认为,《专利法》第271(f)节没有域外效力,因此其不应赔偿利润损失,并要求撤销陪审团的裁决。地区法院驳回了离子公司的申请后,离子公司上诉到联邦巡回上诉法院。联邦巡回上诉法院认为《专利法》第271(a)节作为一般侵权条款,并不允许专利权人就海外销售的损失获得赔偿,对该法第271(f)节也应当作同样的理解,因此撤销了地区法院要求离子公司赔偿9340万美元利润损失的判决。

西奇公司因不服联邦巡回上诉法院的判决,上诉到美国联邦最高法院。联邦最高法院曾在2016年6月20日判决撤销联邦巡回上诉法院的判决,并发回联邦巡回上诉法院,要求其参照联邦最高法院在2016年判决的光环电子公司案[1]进行重审。但联邦巡回上诉法院并未改判,仍然坚持自己的意见,因此西奇公司再次上诉到联邦最高法院。

2. 相关专利法条概览

本案涉及美国《专利法》第271节。其中,第271(a)节作为一般侵权条款,主要就发生在美国境内的侵权行为作出规定,第271(f)节则扩大了所囊括的侵权范围,将其延伸至针对由美国供应的专利发明零部件的侵权。

《专利法》第271(f)(1)节规定:

> 未经授权就提供或导致他人在美国或者从美国获得专利发明的全部或大部分未经组装的零部件,如果在美国境外组装这些零部件的行为发生在美国境内会被视为侵权,则前述未经授权人应作为侵权人

---

〔1〕 Halo Electronics, Inc. v. Pulse Electron-ics, Inc., 136 S. Ct. 1923 (2016).

承担责任。[1]

《专利法》第271(f)(2)节则规定：

对于未经授权就提供或导致他人在美国或者从美国获得专门用于专利发明的零部件，且该零部件并非用于非侵权用途的商品，如果这些未经组装的零部件在美国境外被组装的行为发生在美国境内会被视为侵权，则前述未经授权人应作为侵权人承担责任。[2]

《专利法》第281节赋予了专利权人因遭受侵权而提起民事诉讼的权利：专利权人如果能够证明自己遭遇了《专利法》第271节规定的侵权行为，就可以根据《专利法》第284节获得足够的赔偿，赔偿额不得少于侵权人使用发明的合理使用费。[3]

3. 联邦最高法院再次裁判

联邦最高法院首先明确，在通常情况下，美国联邦法律仅适用于美国领土管辖范围内。这一原则的确立是基于国会立法仅考虑本国事务的常识，并且遵循该原则也能够避免本国法与他国法产生意想不到的冲突。

---

〔1〕 原文："Whoever without authority supplies or causes to be supplied in or from the United States all or a substan-tial portion of the components of a patented invention, where such components are uncombined in whole or in part, in such manner as to actively induce the com-bination of such components outside of the United States in a manner that would infringe the patent if such combination occurred within the United States, shall be liable as an infringer."

〔2〕 原文："Whoever without authority supplies or causes to be supplied in or from the United States any componentof a patented invention that is especially made or es-pecially adapted for use in the invention and not astaple article or commodity of commerce suitable forsubstantial noninfringing use, where such componentis uncombined in whole or in part, knowing that such component is so made or adapted and intending that such component will be combined outside of the United States in a manner that would infringe the patent if such combination occurred within the United States, shall be liable as an infringer."

〔3〕 原文："Patent owners who prove infringement under §271 are entitled to relief under §284, which authorizes 'damages adequate to compensate for the infringement, but in no event less than a reasonable royalty for the use made of the invention by the infringer'."

对于美国本国法律的域外适用问题,联邦最高法院通常遵循两步法:第一步,审查上述原则是否会被推翻。只有当法律明确规定该法律具有域外适用效力时,才能推翻上述原则。第二步,如果上述原则不能被推翻,则审查案件是否涉及联邦法律在国内的适用问题,即确立法条的“关注点”(the statute's focus),并审查被诉行为是否与法律关注的国内问题相关,如果相关,那么该案就存在适用国内法的可能性。

大法官们根据自由裁量权认为,本案的分析可以直接从第二步开始。因为根据皮尔森案[1]确立的规则,如果第一步审查涉及非常复杂的问题,且审查后的结果与不审查的结果一样,但判决说理的理由会对未来案件产生重大影响,那么法官有自由裁量权跳过第一步。

在实施第二步分析的过程中,大法官们认为,在确立法条的关注点时,应当联系与法条相关的其他条款。在本案中,《专利法》第 284 节规定,“对于要求赔偿所有因侵权遭受的损失的诉请,法院应当支持”,该节的关注点是“侵权”,适用该节规定需要解决的主要问题是专利权人因侵权遭受了多少损失。

联邦最高法院认为,西奇公司诉请赔偿主要是依据《专利法》第 271(f)(2)节规定的侵权行为,该节的关注点在于“在美国或者来自美国”的专利发明零部件的行为,而整个第 271(f)节都是在保护国内专利的利益,弥补了过去法律对于“在美国制造但在海外完成拼装”行为立法的空白。

本案涉及的因《专利法》第 271(f)(2)节侵权行为引发的第 284 节规定的赔偿的相关规定,都是在关注美国国内的利益,西奇公司诉的也是离子公司在美国国内作出的提供侵权零部件的行为,因此西奇公司主张的损害赔偿有关《专利法》第 284 节在美国域内的适用。

大法官们在判决中点评了离子公司的抗辩意见,认为他们的观点不能让人信服。离子公司认为《专利法》第 284 节不证自明的关注点是“损害赔偿”,但大法官们认为赔偿是该法条欲达到的目的。离子公司主张本案利润损失发生在海外,因此西奇公司适用《专利法》第 284 节是将该条文的法律效力扩大到美国境外。大法官们认为这些发生在海外的损失只是侵权行为附带发生的结果,不

[1] Pearson v. Callahan, 555 U. S. 223 (2009).

能作为分析法律是否发生了域外效力的关键事实。

综上,联邦最高法院认为西奇公司要求赔偿海外利润损失的请求可以适用《专利法》第 284 节,遂撤销了联邦巡回上诉法院的判决,并发回重审。

外国主权豁免

鲁宾诉伊朗
——外国主权豁免的恐怖主义例外

鲁宾诉伊朗

Rubin v. Islamic Republic of Iran

——外国主权豁免的恐怖主义例外

原 案 名:Rubin et al. v. Islamic Republic of Iran et al.

判决日期:2018 年 2 月 21 日

案　　号:16 – 534

主　　笔:索托马约尔大法官(除卡根大法官未参与本案审理外,其余所有大法官一致同意)

判决主旨:依照《外国主权豁免法》的例外规定,在“恐怖主义例外”之诉中的胜诉方可以执行外国国家、机构及代表实体的商业财产。本案中资助恐怖活动的伊朗位于美国的财产并非用于商业目的,而是为了研究和翻译之用,因此不能被执行。

判决译述

本案的不同寻常之处是:被告是一个外国主权国家(伊朗伊斯兰共和国)。外国主权国家可以被诉吗?先来看看国际法中一个十分重要的原则——外国主权豁免理论(foreign sovereign immunity)。

1. 风度翩翩的国际礼让

外国主权豁免是一国“风度翩翩的君子行为”。举例来说,若甲国支持外国主权豁免,而乙国在甲国涉诉,则非经乙国同意,其国家行为及其财产免受甲国法院的司法管辖。[1]

外国主权豁免包括管辖豁免和执行豁免两个方面。管辖豁免是指一国不受他国的司法管辖,除非一国明示或默示放弃豁免,否则另一国司法机关不得受理和审判以前者为被告或以前者的行为为诉由的民事和刑事诉讼。执行豁免则是指即使一国已放弃了司法管辖豁免,但若该国未放弃执行豁免,另一国法院也不得对该国的国家财产采取强制措施,不得对该国的政府高级官员采取民、刑事强制措施。[2]

美国联邦最高法院在 1983 年审理的威灵顿案[3]中,对此予以诠释:"外国主权豁免是国家在对待国际纠纷时的一种儒雅和礼让,而这种国际礼让往往取决于本国的政治考虑,由主管外交事务的行政部门决定。"

然而,宽容和礼让不代表逆来顺受,国际礼让自然不可能不设限。从历史发展的角度看,国家主权豁免理论经历了从"绝对豁免"到"有限豁免"(又称"限制豁免")的演变。

19 世纪末之前,绝对豁免主义是时代的潮流,为世界各国所支持。英美法系国家也通过判例法逐渐认可了该理论:凡涉及君主的财产、行为的诉讼,法院应该尊重被诉者的主权,驳回诉讼请求,不予审理。[4]

经历了 20 世纪初的两次浩劫,随着世界经济的复苏,越来越多的国家参与到国际商事交易中来,绝对豁免主义的做法受到质疑,有限豁免主义(restrictive theory of sovereign immunity)借势成为国际社会的主流。有限豁免主义主张将国家行为区分为"管理行为"(*acta imperii*)和"商业行为"(*acta jure gestionis*),前者依旧享受豁免,后者的豁免则被免除。

在外国主权豁免问题上,美国的做法基本顺应了世界趋势,同时有所创新。

---

〔1〕 参见黄进:《国家及其财产豁免问题刍议》,载《政治与法律》1985 年第 6 期。
〔2〕 参见何志鹏:《主权豁免的中国立场》,载《政法论坛》2015 年第 3 期。
〔3〕 Verlinden B. V. v. Central Bank of Nige-ria, 461 U. S. 480 (1983).
〔4〕 参见何志鹏:《主权豁免的中国立场》,载《政法论坛》2015 年第 3 期。

自 1952 年泰特公函[1]开始,美国转而支持有限豁免主义,并于 1976 年颁布了《外国主权豁免法》(Foreign Sovereignty Immunities Act),明确其态度。之后,《外国主权豁免法》被编入《美国联邦法典》。根据《外国主权豁免法》的规定,美国对外国国家的行为和财产以豁免为原则,以不豁免为例外。其中,最典型的例外情形便是“商业行为例外”和“恐怖主义例外”。

“商业行为例外”是有限豁免主义的基石,也是《外国主权豁免法》的核心,该例外主要体现在《美国联邦法典》第 28 编第 1605(a)(2)节:“若诉讼是基于外国在美国进行过或与美国有关的商业活动而提出的,则外国不能免于美国国内法院的管辖。”

而“恐怖主义例外”可以说是美国立法的一大创举。近年来,世界政治经济格局的剧烈变化和持续性地区冲突促使中东、南亚和非洲为主要策源地的恐怖主义浪潮兴起,并日益蔓延至全球各地。自 1988 年“洛克比空难”发生后,美国开始反思国内恐怖主义立法的缺失,国会相继颁布了《反恐怖主义法》《恐怖主义资助国行为的民事责任法》《国防授权法》等法律,以加强对恐怖主义受害者及其家属的保护。[2] 上述“恐怖主义例外”便是通过 2008 年《国防授权法》纳入《外国主权豁免法》的一项新的国家主权豁免例外情形,被编入《美国联邦法典》第 28 编第 1605A(a)节,具体内容如下:

> 若外国从事恐怖主义行为或为其提供实质性的资助,且该行为导致了人身伤亡或财产损失,在受害者以此为由提起的民事赔偿诉讼中,恐怖主义资助国将不再享有豁免。

该节所提及的民事赔偿诉讼往往被简称为“1605A 之诉”,即“恐怖主义例

---

[1] 泰特公函是时任美国国务院代理法律顾问的泰特于 1952 年 5 月 19 日写给美国司法部的一封信,其中说明美国国务院决定改变政策,对某些案件,即有关主权私法上的行为的案件不给予豁免,宣布采取有限豁免主义的做法。该公函指出,以后遇有外国政府要求豁免时,美国国务院将随时向美国司法部提出建议并将美国国务院所采取的行动通知美国司法部。See Department of State Bulletin 26 (June 23,1952).

[2] 参见王蕾凡:《美国国家豁免法中“恐怖主义例外”的立法及司法实践评析》,载《环球法律评论》2017 年第 1 期。

外”之诉。本案即源于“恐怖主义”袭击酿成的惨剧,与上述“恐怖主义例外”之诉有关。

2. 死伤严重的恐怖袭击

1997 年 9 月 4 日,哈马斯组织在耶路撒冷市人群拥挤的步行街进行了 3 次自杀式炸弹袭击,造成 5 人死亡、200 余人受伤的严重后果,部分伤者为美国公民。为了获得相应赔偿,部分受害者及其近亲属将伊朗政府告上美国法院,“要求伊朗政府为其资助、培训哈马斯组织进行恐怖主义袭击的行为负责”。

伊朗未应诉,但哥伦比亚特区联邦地区法院基于“恐怖主义例外”受理了案件,作出了支持原告的缺席判决,据此,被告伊朗须赔偿原告共计 7150 万美元。

伊朗在接到哥伦比亚特区联邦地区法院的判决后,坚守“绝对豁免”原则,拒绝对受害者及其亲属进行赔偿。

事实上,受害者及其家属提出“恐怖主义例外”之诉获胜后,恐怖主义资助国很少会心甘情愿地提供赔偿。为解决这种难题,《美国联邦法典》第 1610(a)(7)节补充了“恐怖主义例外”之诉的配套执行制度:

> 为执行“恐怖主义例外”之诉的判决或扣押财产以备执行,对于恐怖主义资助国在美国境内用于商业活动的财产,无论是否与涉案的恐怖主义活动有关联,皆应免除豁免。

先受恐怖袭击,又遇到执行难题,受害者及其家属再次诉至伊利诺伊州北区联邦地区法院,这一次是要求法院就前述判决扣押和执行位于伊利诺伊州芝加哥市的部分伊朗财产。意外的是,这些财产来历尤为特殊,是一批发掘于 20 世纪 30 年代的古波斯帝国古董,1937 年伊朗政府将其借给芝加哥大学东方文化中心用于研究、翻译和登记,并非用于商业活动。

上述第 1610(a)(7)节针对的是商业财产,显然不适用于这些非商业财产。那么,有没有办法可以扣押和执行这些古董呢?

3. 扑朔迷离的豁免例外

既然第1610(a)(7)节行不通,原告转而考察了《外国主权豁免法》第1610(g)节,称依该节涉诉的伊朗财产属于豁免例外,可以被扣押和执行。争执和讨论也由这一规定而生。

本案地区法院和上诉法院皆认为,“第1610(g)节不足以独立地免除对于外国财产的豁免”,故不予认可原告诉求。但以2016年本内特案[1]和韦恩斯坦案[2]为代表,部分联邦上诉法院的判决意见支持了原告“第1610(g)节可以作为独立的豁免例外基础”这一观点。这样一来,案涉财产是否能因第1610(g)节免除豁免,从而可以用于执行“恐怖主义例外”判决就出现了分歧。

追本溯源,为深入了解第1610(g)节这一扑朔迷离的规定,必须先从它的诞生历史谈起。

《外国主权豁免法》第1610(g)节的出现,与联邦最高法院在1983年审判的班可案[3]密不可分。在该案中,联邦最高法院确立了一个规则:“外国政府机构或国家代理人区别于主权国家,是独立的法律实体,因此应与国家区别对待,无须对外国国家的行为负责。”但是该规则并非没有例外,只是联邦最高法院并没有在该案中将例外确定下来,而是交由下级法院在司法实践中通过个案分析进行灵活判断。

经过长期实践,联邦上诉法院总结出一套考察外国机构或国家代理人独立性的方法——班可测试(Bancec factors)。在这个测试中,需要判断5个因素:

(1)政府对其经济控制的程度;

(2)该实体的利润是否流向政府;

(3)政府官员对该实体及其日常事务的管理程度;

(4)政府是否是该实体行为的真正受益人;

(5)坚持将其认定为(与国家相分离的)独立实体,是否会使得外国国家在美国国内法院逃避义务从而受益。

若法院通过班可测试发现某一外国机构或代理人可与国家相分离,则其财

---

〔1〕 Bennett v. Islamic Republic of Iran, 825 F. 3D 949 (CA9 2016).

〔2〕 Weinstein v. Islamic Republic of Iran, 831 F. 3d 470 (CADC 2016).

〔3〕 First Nat. City Bank v. Banco Para el Comercio Exterior de Cuba, 462 U. S. 611 (1983).

产不应用于对外国判决的执行。

班可规则及其配套的独立性测试自确立后一直被沿用。直至 2008 年,为保障“恐怖主义例外”之诉的执行,美国国会在《外国主权豁免法》中增加了第 1610(g)节。该节实现了对班可规则的突破:在执行“恐怖主义例外”之诉的判决时,排除了外国机构、代表人财产豁免的可能性,并一一列举了班可要素,明确了即使通过了班可测试,同样不能免于承担国家责任。

这一节实际上废除了联邦最高法院确立的班可规则在执行“恐怖主义例外”之诉判决时的适用。

那么,非商业财产是否也能依据该节适用于“恐怖主义例外”之诉判决的执行呢? 如果可以,那么原告就赢了,可以通过法院执行伊朗在芝加哥大学的古董。所以接下来的问题是:第 1610(g)节能成为原告的救命稻草吗?

第 1610(g)(1)节的具体内容如下:

> 为执行第 1605A 节(“恐怖主义例外”之诉)的判决,原则上如本节所述的外国国家、代理人和机构的财产皆可作为法院扣押和执行的对象,即使财产是区别于国家的法律实体,或财产为区别于国家的法律实体直接或间接持有,不论:(1)外国政府对其经济上控制的程度;(2)该实体的利润是否流向政府;(3)政府官员对该实体及其日常事务的管理程度;(4)政府是否是该实体行为的真正受益人;(5)坚持将其认定为(与国家相分离的)独立实体是否会使得外国国家在美国国内法院逃避义务从而受益。

4. 最高法院的条分缕析

原告的用意很明确:既然案涉财产(用于研究用的古董)不是用于商业活动的财产,便很难在第 1610 节中找到豁免例外的依据。为了执行这些财产,就必须“创设”出一种豁免例外依据,而第 1610(g)节恰恰存在原告预期的解释空间,且与“恐怖主义例外”诉讼相关。该节对于“外国国家、机构和代表人的财产”之范围并没有明确界定,那么能否将该规定解读为:任何“外国国家、机构或代理人的财产”,皆可为执行“恐怖主义例外”判决所用,无论其是否属于第

1610 节其他条款明确规定的“豁免例外”的范畴呢？

联邦最高法院将此问题确定为本案的核心，从第 1610(g) 节规定入手，结合其有效性，进行了客观、完整的分析和解释。该节原文如下：

> In general, the property of a foreign state against which a judgment is entered under section 1605A, and the property of an agency or instrumentality of such a state, including property that is a separate juridical entity or is an interest held directly or indirectly in a separate juridical entity, is subject to attachment in aid of execution, and execution, upon that judgment as provided in this section. Regardless of—
>
> (A) the level of economic control over the property by the government of the foreign state;
>
> (B) whether the profits of the property go to that government;
>
> (C) the degree to which officials of that government manage the property or otherwise control its daily affairs;
>
> (D) whether that government is the sole beneficiary in interest of the property; or
>
> (E) whether establishing the property as a separate entity would entitle the foreign state to benefits in United States courts while avoiding its obligations.

(1) 对“如本节所述”的理解

联邦最高法院对第 1610(g) 节的解读始于“抠字眼”。

该节虽没有明确提及财产范围，但将“如本节所述”(as provided in this section) 作为财产的限定。那么，“本节”一词究竟是指整个第 1610 节，还是某一具体条款，原被告意见不一。联邦最高法院认为，对于“本节”一词，最为自然的理解应当是指“第 1610 节整体”而非任一具体条款。

从上下文来看，除第 1610(g) 节之外，第 1610 节的其他条款皆用于免除对外国财产的豁免,这一点毫无疑问。首先,第 1610 节第(a)、(b)、(d)、(e)款分别列举了豁免例外的财产类型,如第 1610(a)节规定的是用于商业活动的财产。在这 4 款中,无一例外都出现了财产"将不会被豁免"(shall not be immuned)这样的表述,明示它们的作用在于规定豁免例外。

其次,第 1610 节第(c)、(f)款则是执行"恐怖主义豁免"判决的特殊规定。根据这两款的规定,"尽管另有法律规定"(notwithstanding any other provision of law),某些财产可以享受豁免,若这些财产与金融交易相关,在执行"恐怖主义豁免"判决时,本能够给予豁免的法律规定将被排除适用。"尽管另有法律规定"的表述可以作为这两款的标志词,同样明确表达了特定财产属于豁免例外。

反观第 1610(g)节,并没有类似第 1610 节其他条款中明确表示用于免除豁免的标志词(如"将不会被豁免""尽管另有规定"等),采用"如本节所述"这样的表述更容易引导司法机关考察除该条外第 1610 节的其他条款。

因此,联邦最高法院认为:第 1610(g)节中"如本节所述"的表述,旨在说明若当事人希望适用第 1610(g)节执行判决,就必须以第 1610 节中其他明示免除豁免的条款为基础,确定用于执行的财产范围。

(2)为何提及"外国国家财产"?

接下来,联邦最高法院就原告的质疑继续"咬文嚼字"。

第 1610(g)节中原告纠结的第二点是"外国国家财产"(property of a foreign state)这一表述。结合前述班可案及其确立的班可测试,可以明确,该测试仅针对"外国机构和代理人",并不针对"外国国家"。因此原告大胆推测第 1610(g)节中"外国国家财产"这一表述的出现必有他意——暗示该节可以成为豁免例外的独立基础。

不幸的是,联邦最高法院并不支持原告这一猜想,认为该节中"外国国家财产"字眼的出现并非冗余,而是存在两重考虑。

一方面,该表述符合第 1610(g)节的立法目的——完整列举出一切可供执行的财产。即当财产符合第 1610 节所述的明示豁免例外时,无论其属于外国国家还是外国机构、代理人,皆可用于执行判决。

另一方面,"外国国家"一词点明了第 1610(g)节的适用情形——针对"外国国家"的判决。若无"外国国家"字眼的限制,第 1610(g)节将不加区分地推翻班可测试在所有案件中的适用,这不符合立法目的。本节所针对的只是针对“外国国家”所作出的“恐怖主义例外”之诉的判决执行,因此用这一表述来框定突破班可规则的范围还是很有必要的。

(3)条文有效性解释

联邦最高法院在解释条文时,应当“尽可能使各条文有效,避免产生无效、多余的条文”。那么,对第1610(g)节的两种解释是否都符合该解释规则呢?

在第1610节中,为扩大“恐怖主义例外”判决持有者在扣押和执行财产时的能力,存在许多明确规定免除豁免的条款,如前述第1610(a)(7)节等。若依原告观点,将第1610(g)节解释为豁免例外的独立基础,那么外国国家、国家机构、代表人的一切财产都将涵盖于“恐怖主义例外”之诉判决的执行范畴内。这样一来,其他条款中明示的豁免例外的财产范围也就完全多余了。这种解释的后果是,所有“恐怖主义例外”之诉判决的持有者皆将不再考虑任何其他明示条款,在任何情境下都会一致援引第1610(g)节来保证财产的执行。这显然会实质上导致许多条款失效。

因此,从第1610节的全文分析,若将第1610(g)节解释为豁免例外的独立依据,不符合美国判例法中确立的条文解释规则。

(4)立法目的解释

另外,从《外国主权豁免法》的立法和实践的历史角度看,在免除财产豁免时,首先要考虑是否与外国国家的商业行为有关。为保障“恐怖主义例外”判决的执行,部分外国财产即使与商业行为无关也可以被扣押和执行,然而这种特殊规定必须以国会明确的立法为依托。若缺乏国会意图的明示表达,联邦最高法院很难将某一规定解读为允许商业行为以外的扣押和执行豁免例外。

5. 凯撒的归凯撒,上帝的归上帝

最终,联邦最高法院认可了上诉法院的判决,认定第1610(g)节并没有为“恐怖主义例外”判决的执行提供一项独立的财产豁免例外基础,原告无法依此获得赔偿。也就是说,在判断财产能否执行时,首先要分析的仍是第1610节中其他条款明确规定的豁免例外,第1610(g)节须以此为基础适用。

简言之,本来外国国家(及其机构和实体)可以享受管辖与执行豁免,然而若涉嫌资助恐怖活动,则失去管辖豁免,且胜诉方可以将败诉国所有位于美国的商业财产用于执行。然而,本案所涉之财产为用于研究翻译目的的非商业财产,所以联邦最高法院的大法官们认为这些财产不能用于执行。

在分析国会立法时,大法官们“咬文嚼字”,坚守了自己的先例,让我们看到司法与立法之间的制衡。

虽然任何恐怖主义的拥趸皆是人类社会的公敌,能逃得了一时的制裁,却不可能永远逍遥法外。然而,对于不同性质的财产区别对待,一码归一码,还是体现了司法的理性。

看来,原告只能继续努力,找到伊朗位于美国的其他用于商业目的的财产以供执行。

部落法与部落主权豁免

帕特查克诉美国内政部长津克
——新法可以溯及既往

上斯卡吉特部落诉隆格伦夫妇
——一道篱笆引发的争议

帕特查克诉美国内政部长津克
Patchak v. Zinke
——新法可以溯及既往

原 案 名:Patchak v. Zinke, Secretary of the Interior, et al.

判决日期:2018年2月27日

案　　号:16－498

主　　笔:托马斯大法官(布雷耶、阿利托和卡根大法官附议;金斯伯格大法官发表协同意见,索托马约尔大法官附议;首席大法官罗伯茨发表异议意见,肯尼迪和戈萨奇大法官附议)

判决主旨:国会制定的新法溯及既往适用于未决案件是合宪的。

判决译述

1. 印第安人特殊的土地制度

移民与土著居民的关系历来是移民国家难以避免的历史遗留问题。美国是典型的移民国家,移民不断涌入,便不断压缩印第安人部落的活动地域,导致矛盾重重。而美国联邦政府与部落的关系也十分特殊:印第安部落既不是美国的州,也不是联邦政府的一部分,而是享有主权的政治实体。

1830年,美国国会通过了《印第安人驱逐法》(Indian Removal Act),由联邦政府与印第安部落签订保留地条约,将印第安人迁往西部。部落在保留地内繁衍生息,并实行土地集体所有。

直到1887年,美国国会通过了《道斯土地分配法》(Dawes General

Allotment Act),该法授权总统解散印第安人保留地,废除部落土地所有制,把部落土地分配给个人,但分配的土地在 25 年内由美国联邦政府作为受托人代为托管(由美国内政部下属印第安人事务局负责管理和经营),在此期间,印第安人仅作为土地信托的受益权人;期满后,原有土地上的信托解除,权利人可自由处置土地。

这一土地分配政策实际上导致大量的印第安土地被转移到非印第安人手里。于是,1934 年美国国会又通过了《印第安人重新组织法》(Indian Reorganization Act),停止土地分配政策,延长土地信托的时间。

2. 枪湖部落欲建赌场遭阻拦

枪湖部落(The Match-E-Be-Nash-She-Wish Band of Pottawatomi Indians,简称 Gun Lake Tribe)是一个位于美国密歇根州西北部的印第安人部落。该部落早在 1795 年就与美国联邦政府进行过条约谈判,但直到 1999 年才得到内政部长(Secretary of the Interior)的正式承认。获得正式承认后,该部落规划了一片 147 英亩的土地,即布拉德利地产,计划修建赌场。经该部落请求,美国内政部长在 2005 年根据《印第安人重新组织法》,将布拉德利地产归入信托。

这一决定引来两起诉讼。其中一起即本案所涉诉讼:布拉德利地产附近的土地所有人帕特查克(David Patchak)担心将布拉德利地产纳入信托后会永久改变这片土地的农业属性,遂向法院提起诉讼。帕特查克主张,根据美国《行政诉讼法》(Administrative Procedure Act),内政部长无权将布拉德利地产纳入信托,因为根据《印第安人重新组织法》的规定,该法实施时(1934 年)不在联邦管辖内的土地不得归入信托;而枪湖部落在 1999 年才得到联邦政府的正式承认,此前其并不在联邦管辖之内。

内政部长提出初步反对意见,认为其作为行政机关享有主权豁免(sovereign immunity),帕特查克缺乏诉讼资格。联邦地区法院支持了内政部长的动议,驳回原告起诉。但该判决被美国哥伦比亚特区巡回上诉法院推翻。案件继续上诉到美国联邦最高法院,大法官们认为政府在类似诉讼中已经放弃了主权豁免;原告系争权益也在《印第安人重新组织法》所保护的权益范围内,因此原告具有诉讼资格,于是裁定诉讼“可以”(may)进行,将案件发回初审法院继续审理。

在案件发回初审法院继续审理后、法院作出判决前,国会颁布了《枪湖法》(Gun Lake Act)。该法第2(a)节再次确认布拉德利地产为信托财产,并批准将该地产纳入信托。该法第2(b)节明确规定,与布拉德利地产有关的任何诉讼不得在联邦法院提起或继续,并应立即驳回。

初审法院根据这部最新颁布的法律作出即决裁决,以缺乏管辖权为由驳回起诉。其后,上诉法院维持初审判决,案件再次上诉到联邦最高法院。

3.国会是否有权剥夺法院的管辖权

美国联邦宪法创设了三大权力机关,每个机关负有不同的职责:立法机关行使立法权,负责制定法律;行政机关行使行政权,负责实施法律;司法机关行使司法权,负责解释和适用法律。"三权分立"要求国会作为立法机关不得行使司法权。如果国会僭越法院的司法权力,自行解释和适用法律,便违反了"三权分立"原则。同时,国会享有立法权,可赋予法律溯及既往的效力,以适用于未决案件。

判断国会是在合法地行使立法权还是在侵犯司法权,应根据如下原则:若国会迫使法院根据旧法作出特定裁决,以达到其想要的结果,则违反了美国联邦宪法第Ⅲ条的规定;若国会通过变更法律,使得法院适用新法作出的判决符合其预期的结果,则不违反美国联邦宪法第Ⅲ条的规定。

联邦最高法院的大法官们认为,《枪湖法》第2(b)节的措辞是规定管辖权的措辞——"不得向联邦法院提起或继续与布拉德利地产有关的诉讼",即联邦法院对与布拉德利地产有关的诉讼没有管辖权。同时,联邦法院被剥夺管辖权的后果是"法院应立即驳回与该地产有关的诉请"。

在《枪湖法》实施之前,联邦法院对此类诉讼还是有管辖权的;而《枪湖法》第2(b)节明确剥夺了联邦法院受理与布拉德利地产相关的诉讼管辖权。由此可见,《枪湖法》第2(b)节属于法律变更。法律的修改属于国会的职权,因而国会这一行为并未违反美国联邦宪法第Ⅲ条的规定。

剥夺联邦法院的管辖权也属于国会的立法权限范围。美国联邦宪法第Ⅰ条允许国会设立等级低于联邦最高法院的联邦法院;美国联邦宪法第Ⅲ条将司法权赋予最高法院和国会设立的法院。既然美国联邦宪法赋予国会创建联邦法院(联邦最高法院除外)的权力,也就意味着国会有权限制这些法院的管辖权。许多先例也表明,国会剥夺联邦法院管辖权的立法行为并不违反美国联邦宪法第Ⅲ条的规定。相反,国会授予管辖权是法院行使司法权的前提条件。

4. 新法可追溯适用于未决案件

本案中,帕特查克提出的两点主张,联邦最高法院均予驳回。

首先,帕特查克认为《枪湖法》第 2(b)节直接引导联邦法院驳回起诉,没有给联邦法院解释或适用新法的机会。帕特查克援引了克莱恩一案[1]。该案原告是美国南北战争时期南部邦联士兵威尔逊的遗产管理人,其诉请是让政府偿还威尔逊在战争期间被政府缴获的棉花的价值。根据法律要求,士兵要回财产必须证明他们的忠诚。威尔逊在去世前已经得到政府颁发的赦免令,法院也认定赦免令是忠诚的证明。但其后,国会通过了新立法,使得赦免令变成不忠诚的证明;并规定如果涉案原告收到过赦免令,法院应驳回其起诉。

在克莱恩案中,联邦最高法院认为国会的立法侵犯了司法权。赦免的效力是由行政机关决定的,国会无权规定赦免效力的认定标准。国会在未改变也无法改变赦免效力认定标准的情形下,引导法院作出不一样的判决,是对审判权的僭越。

本案与克莱恩一案应予区分。本案中,国会并未僭越其他权力机关的职权,国会的立法也不是选择性地针对某一个案件,而是普遍适用于与布拉德利地产相关的所有案件,这是为美国联邦宪法所允许的。

其次,帕特查克主张《枪湖法》第 2(b)节干涉了联邦最高法院的原审裁定——"原告之诉可以继续进行(may proceed)"。美国联邦宪法第Ⅲ条禁止国会溯及既往,要求法院重新裁判。但该案并未审结,该案发回重审后,国会已经制定新法,改变了该案适用的法律,而美国联邦宪法第Ⅲ条并未禁止国会制定新法,适用于未决案件。

确实,《枪湖法》是对联邦最高法院原审裁决的回应。该部落通过施加政治

---

[1] United States v. Klein, 13 Wall. 128 (1872).

影响，说服国会颁布新法，剥夺联邦法院的管辖权，有效终止了所有威胁赌场设立的诉讼。但法院只能根据宪法审查国会的权力行使是否合宪，对其动机在所不问。国会将新颁布的、将改变判决结果的法律适用于未决案件是合宪的。

最后，联邦最高法院认定《枪湖法》第2(b)节没有违反美国联邦宪法第Ⅲ条，因此维持了上诉法院的判决。

5. 少数意见针锋相对

布雷耶大法官在其协同意见中指出，在克莱恩案中，国会无权对政府颁发的赦免令的效力作出规定。但本案中，国会通过立法批准内政部长将布拉德利地产归入信托是宪法所允许的。因此，国会只是用其立法权再次补充明确了内政部长的这一决定，其权力的行使并无不当。

金斯伯格和索托马约尔大法官的协同意见认为，国会有权通过立法保留或放弃政府的主权豁免。本案中，立法要求法院驳回与布拉德利地产有关的诉讼是因为国会通过《枪湖法》恢复了政府的主权豁免，而不是因为国会剥夺了联邦法院的管辖权。本案原告主张的不是金钱救济，而是宣示和禁制令救济。本来根据《行政诉讼法》，政府对宣示和禁制令救济之诉不享有主权豁免，应出庭应诉。但国会其后颁布了《枪湖法》，该法的措辞意在恢复政府的主权豁免，凡是与布拉德利地产有关的诉讼，政府不再应诉。

首席大法官罗伯茨和肯尼迪、戈萨奇大法官的异议意见认为，本案中国会的意图很明显，其立法就是针对本案的。虽然《枪湖法》规定的是"与布拉德利地产有关的诉讼"，但该法生效时，除了本案并无其他未决诉讼。另外，《枪湖法》直接规定联邦法院对布拉德利地产相关诉讼没有管辖权，应予驳回起诉，没有给法院保留裁决的空间，国会是在通过操纵管辖权条款来操纵特定未决案件的判决结果。所以，国会的这一"立法"并不是改变现有法律，完全是针对个案，并试图改变其判决结果，这一立法不具有普遍适用性。因此，国会这一立法干涉了司法权，因而违宪。

上斯卡吉特部落诉隆格伦夫妇
Upper Skagit Tribe v. Lundgren
——一道篱笆引发的争议

原 案 名:Upper Skagit Indian Tribe v. Sharline Lundgren, et vir.

判决日期:2018年5月21日

案　　号:17-387

主　　笔:戈萨奇大法官(首席大法官罗伯茨和肯尼迪、金斯伯格、布雷耶、索托马约尔、卡根大法官附议;首席大法官罗伯茨另行发表异议意见,肯尼迪大法官附议;托马斯大法官另行发表异议意见,阿利托大法官附议)

判决主旨:关于印第安部落在购买华盛顿州的土地时是否应享有主权豁免问题,系上诉阶段提出的全新争议,需要下级法院初审解决。

判决译述

1. 篱笆越界引起争议

1981年,美国联邦政府为上斯卡吉特印第安部落(Upper Skagit Tribe)保留了一小块土地。后来,该部落想在交易市场收购更多的土地。至2013年,该部落购买了一块面积约为40英亩的土地,声称这里曾经埋葬了死于天花的部落成员。该部落希望联邦政府能够将新购买的土地纳入信托管理,并将该地块添加到原有保留地的旁边。为了达到这一目的,该部落委托相关机构为该土地进行测绘以便确认土地的边界,于是,问题也随之而来。

问题的起因是一段1300英尺、将该部落与邻居隆格伦夫妇的土地隔开的铁丝篱笆。土地测绘确认篱笆放错了位置,把应该属于该部落的1英亩土地划入了隆格伦夫妇的地盘。因此该部落把这一情况告知隆格伦夫妇,通知他们部落决定推倒篱笆并重新搭建。

隆格伦夫妇不甘心,向法院提起确认不动产所有权之诉(quiet title action),主张自己因逆权占有(adverse possession,又被称为反向占有)和相互间的默许而获得这一亩地(以下称为争议土地)的所有权。隆格伦夫妇举证自己已占有这块争议土地好几年了,并把争议土地作为自己的土地进行养护。而且,把争议土地出售给该部落的原所有人早就认可他们对争议土地的权利。

该部落则主张自己对该诉讼享有主权豁免,认为按照美国联邦最高法院过往的许多判例,美洲原住民部落享有主权以及"不受主权国家诉讼管辖"的普通法下的豁免权利。

针对双方的争议,华盛顿州最高法院判定该部落对于隆格伦夫妇提起的诉讼并不享有主权豁免。华盛顿州最高法院依据的是雅吉瓦案[1],认为该案确立了区分主权豁免原则在对人的诉讼和对事的诉讼中有不同的效力,法院有权行使对事诉讼程序中的事项管辖权(subject matter jurisdiction)。

于是,该部落上诉到美国联邦最高法院。

2.国会对印第安原住民的政策变迁

联邦最高法院的大法官们并不认同华盛顿州最高法院的观点,事实上,雅吉瓦案并没有解决主权豁免的适用范围,只是解决了《1887年印第安一般分配法》(the Indian General Allotment Act of 1887,以下简称《印第安分配法》)的法条理解问题。为了说明这个问题,大法官们从该法的相关历史背景说起。

在19世纪末,国会对待印第安原住民的政策是消除部落的主权,抹除部落保留地的地界,并且尽可能地强制同化印第安人。为此,国会授权总统可以把印第安部落的保留地分配给部落成员。法律还允许美国政府以信托的方式管理被分配的地块,并且授权分配到地块的人(allottee,以下简称受分配人)享有对地块的收费权益。

《印第安分配法》的第6节就是在上述政策背景下被修改为规定"受分配人

[1] County of Yakima v. Confederated Tribes and Bands of Yakima Nation, 502 U. S. 251 (1992).

应当享有收益并且受到其所居住的州或区域的民法和刑法的规范,所有关于被分配土地的出售、增加权利负担,或是税收的限制都应被排除”。

1934 年,国会又全面颠覆了过去的政策,制定了《印第安人重整法》,并恢复了《印第安分配法》原本规定的“部落享有自治权和主权”的原则。国会停止继续分配部落土地,并且无限延长了对尚未授权收费的信托的存续期间。但同时,立法并没有打算收回已经通过授权收费而被转让的土地(有些土地甚至被转让给了非印第安人)。

由于国会政策的变迁,现在的印第安部落保留地存在两种形式:一种是由美国政府通过信托持有的土地,另一种是由个人持有的土地。联邦最高法院在 1976 年判决的摩尔案[1]中认为,《印第安分配法》第 6 节的内容不能被视为允许州政府对印第安人之间交易保留地上的可授权收费的土地的行为征收个人所得税。而雅吉瓦案认为州政府对可授权收费的土地征收对物的税是不切实际的。说到底,雅吉瓦案只是按照常规的方式把该案中的事实与摩尔案进行区分,并没有解决任何有关印第安部落主权豁免的问题。

3. 初审未提出的主张在上诉中不予审理

隆格伦夫妇承认雅吉瓦案确实没有确立有关印第安部落的主权豁免问题,但是,根据美国联邦最高法院在 1812 年判决的帆船交易所案[2]中的逻辑,他们主张“一国王子到外国购买房产时,不能再将其视为一国王子,而是作为普通主体在购买房屋”。本案中,上斯卡吉特印第安部落在购买位于华盛顿州的土地时,其身份不再是部落,而是普通主体,因此在相关诉讼中不应享有主权豁免。

对此,上斯卡吉特印第安部落和联邦政府都持反对意见,他们认为相较于法院,政府才对主权豁免更有发言权。

然而大法官们认为,由于隆格伦夫妇在之前的诉讼阶段从未提出过这一主张,这是在上诉阶段提出的全新争议,理应由下级法院进行初审。因此,联邦最高法院撤销了华盛顿州最高法院的判决并发回重审。

---

〔1〕 Moe v. Confederated Salish and Kootenai Tribes of Flathead Reservation, 425 U. S. 463 (1976).

〔2〕 Schooner Exchange v. McFaddon, 7 Cranch 116 (1812).

国际法律冲突与外国法查明

维生素C反托拉斯案

——美国法院的外国法查明

维生素C反托拉斯案
Animal Science Products v. Hebei Welcome Pharmaceutical
——美国法院的外国法查明

原　案　名:Animal Science Products, Inc. et al. v. Hebei Welcome Pharmaceutical Co., Ltd. et al.

判决日期:2018年6月14日

案　　号:16－1220

主　　笔:金斯伯格大法官(全体大法官一致同意)

判决主旨:外国政府对其本国法律作出的解释和说明在美国联邦法院不具有决定性效力,只应得到实质性的尊重。

判决译述

1. 产品出口美国,价高价低都有风险

外国公司到美国做生意,价格低了,容易被当地企业以反倾销、反补贴为由告上法庭;权衡再三,某些行业协会制定了一些基本原则甚至限量保价措施以防范这些法律风险,然而这样又容易惹上反托拉斯法的官司。这次美国原告把中国企业告到美国纽约东区联邦地区法院,理由是它们在向美国市场出口维生素制品时采取了统一价格等措施。自中国对外开放以来,中国企业在海外被诉的官司并不鲜见。这一次中国企业没有退避,而是采取了正面应诉的方式。

历史上(1999年)美国法院曾判令从事维生素出口交易实行价格垄断的若干欧洲和日本企业支付了巨额赔偿金(9.9亿美元),之后(2001年)欧盟也针

对同一批企业提起诉讼,判令他们支付了 8.55 亿欧元的罚款。如果这次中国企业败诉,或者也会带来类似的不利连锁效应,导致其他国家针对我国维生素 C 出口企业提起诉讼,或者导致美国针对我国其他行业的出口企业提起类似的诉讼。

中国商务部以"法庭之友"(*amicus curiue*)[1]的非当事人身份先后向美国法院提交了两份书面陈述,加入本案的"法庭之友"庞大的朋友圈中,力挺中国企业。在这个朋友圈中,美国方面,包括美国政府、美国反托拉斯研究院、美国的冲突法与民诉法的教授、国际诉讼法教授,还有至少 6 位美国法学教授分别提交了个人意见;中国方面,除了中国商务部,还有中国国际商会和 6 位行政法教授提交了书面意见。

中国企业的主要观点是它们的统一定价是出于政府价格管理机制的要求,也就是说,美国法律禁止垄断价格行为,然而中国法律要求这些企业统一出口价格。当中美两国法律有冲突时,中国企业做不到既遵守中国法律的要求,又遵守美国法律的要求。

然而,美国纽约东区联邦地区法院不为所动,于 2013 年判决中国企业败诉,需支付高达 1.5 亿美元(约 10 亿元人民币)的损害赔偿金。

案件上诉到第二巡回上诉法院后,案情翻转,第二巡回上诉法院采纳国际礼让原则,认为中国商务部对中国法律的解释应作为具有拘束力的外国法,不容置疑。第二巡回上诉法院因此于 2016 年推翻了一审法院的判决。案件上诉至美国联邦最高法院。

2. 外国法查明是法律问题

依据普通法,与案件争议相关的外国法的内容被归类为"事实问题",换言之,"外国的法律"必须"作为事实予以证明"。

于 1966 年采纳的《联邦民事诉讼规则》(Federal Rules of Civil Procedure)

---

〔1〕 法庭之友是英美法承袭罗马法发展而来的一项制度,是指应任一方当事人请求或自愿,为法庭提供咨询或文书,以协助诉讼进行的个人或机构。法庭之友可以支持任一方,也可以单独主张自己的观点,亦有权就案件的裁判请求法庭作出特别的行动。因此,法庭之友常通过搭乘诉讼案件的便车,向法庭陈述观点,以期达成影响案件判决、解释法律,甚至是推动公共政策、影响政治过程的目的。

第 44.1 节彻底改变了美国联邦法院确认外国法的模式。该规则明确了外国法的查明“必须作为法律问题来处理”,不再是事实问题。相应地,在确认外国法时,法院不应局限于当事人所提交的材料;相反,他们“可以考虑任何相关的材料或资料……无论该等材料或资料根据《联邦证据法》是否可以被采信”。

这些材料或资料中经常会包括相关外国政府提供的意见,然而《联邦民事诉讼规则》第 44.1 节并未提到美国联邦法院在查明外国法时,应给予外国政府提交的意见何种程度的尊重,其他法律法规对此同样没有规定。

3. 外国政府的意见应给予多少尊重

基于“国际礼让”的精神,美国联邦法院理应仔细考虑外国政府对于其本国法律含义的意见。然而,应该给予外国政府的意见多少尊重,应具体情况具体分析;美国联邦法院既没有义务采纳外国政府对其本国法律的定性,也不应被要求忽视其他相关证据材料。当外国政府作出的陈述互相矛盾时,或者外国政府的陈述是在诉讼过程中提供的,此时在衡量外国政府提交的文件时,有理由慎重。

最高法院认为,第二巡回上诉法院认为中国商务部提交的陈述只要表面上看是合理的就有拘束力,这种观点是错误的。这一僵化的规则与《联邦民事诉讼规则》第 44.1 节不符,也明显不符合最高法院对美国各州政府提交的类似陈述的态度。如果相关州法为“该州最高法院”的判决所确立,则该判决“对联邦法院有拘束力”。然而州政府的司法部长的意见,虽然值得“礼貌性考量”,却并不会取得压倒性的权重。

最高法院认为,第二巡回上诉法院对品客案〔1〕的依赖是错误的。

首先,品客案是在《联邦民事诉讼规则》第 44.1 节被采纳前作出的判例。其次,品客案是在特殊情形下产生的。该案涉及在美国设有分支机构的一家俄罗斯保险公司,该公司在十月革命后于 1918 年被苏联收归国有。1933 年,苏联政府将已收归国有的、位于美国的相关资产让与美国政府。因此美国政府提起诉讼,要求收回该保险公司在美国的分支机构的资产。该案的判决主要针对国

---

〔1〕 United States v. Pink, 315 U. S. 203 (1942).

有化指令的域外效力——具体而言,该国有化指令对俄罗斯保险公司位于美国境内的资产也有效,还是仅针对位于俄罗斯境内的财产有效。美国政府的立场是该指令对公司的所有资产都有效,为支持该观点,美国政府从俄罗斯社会主义联邦苏维埃共和国取得了一份“司法部的官方声明”。该声明说:国有化指令对“前保险公司的资金和财产有效……无论它们位于俄罗斯境内还是境外”。

该案中,最高法院得出了“证据足以支持司法部有权解释现行俄罗斯法律”的结论,将苏联司法部提交的声明视为决定性证据,原因是该声明是由美国政府通过官方“外交渠道”取得的一份文件,但这完全不等于说外国政府提交的所有声明都可以作为决定性的证据。

4. 对等不需要

上诉法院主张,美国政府期望在类似事情上得到外国法院的何种尊重和对待,就应当给予外国政府同样的尊重和对待。然而,最高法院认为,虽然关注对等原则(reciprocity)是合理的,但这并不意味着第二巡回上诉法院的判决就是正确的。事实上,美国历史上从来没有提出过外国法院有义务接受美国政府对法律的定性,或者排除考虑其他相关证据的观点。

对于一国政府明确表达的对其本国法律的观点,法院通常应当予以实质性的考量,但非决定性的考量,这一观点还与两项国际公约,即《有关外国法律信息的欧洲公约》《有关证明外国法律信息的美洲公约》不谋而合,这两个公约确立了一个正式机制,据此一国政府可以从另一国政府得到有关为其法律定性的官方声明。公约明确规定“在答复中提供的信息对于最初要求提供该信息的司法机关没有拘束力”。虽然美国未加入这些公约,但大法官们认为,这些公约反映出,国际实践亦与第二巡回上诉法院“只要合理就有拘束力”的结论大相径庭。

5. 最高法院的判决以及重审的结果

最高法院认为,虽然在外国法查明的问题上,外国政府的解释或陈述应当得到实质性的尊重,却并不当然对美国联邦法院具有拘束力,法院有权根据外国政府所提交的解释之外的其他相关证据进行综合考量。

由于上诉法院得出的结论与最高法院的结论不一致,因此,最高法院撤销上诉法院的判决,将本案发回,按照最高法院的意见重审。大法官们也强调,对中国法律的正确解释为何并非本案需要解决的问题,因此未予置评。

最高法院的判决作出后,经过重审,美国联邦第二巡回上诉法院维持了原判决,永久性驳回了原告的起诉,中国企业胜诉。

近年来很多中国企业“走出去”到海外做生意,有时在东道国不免涉诉。中国企业海外涉诉后,如何直面诉讼,学习了解东道国的法律,沉着应对,本案具有一定的借鉴意义。

联邦法与州法之间的冲突

新泽西州州长墨菲诉全国大学生体育协会
——州要赌球，联邦莫管

斯韦恩诉梅林
——爱没了，钱还在吗？

监狱长塞克斯顿诉博德罗
——联邦法院应当尊重州法院的决定

新泽西州州长墨菲诉全国大学生体育协会

Murphy v. National Collegiate Athletic Assn.

——州要赌球，联邦莫管

原 案 名：Murphy, Governor of New Jersey, et al. v. National Collegiate Athletic Assn. et al.

判决日期：2018 年 5 月 14 日

案　　号：16 – 476

主　　笔：阿利托大法官（首席大法官罗伯茨和肯尼迪、托马斯、卡根、戈萨奇大法官附议；布雷耶大法官就除判决第Ⅵ-B 之外的部分附议；托马斯大法官发表协同意见；布雷耶大法官发表部分协同部分异议意见；金斯伯格大法官发表异议意见，索托马约尔大法官附议、布雷耶大法官部分附议）

判决主旨：《职业和业余体育运动保护法》限制各州对体育博彩的限制，违反了宪法反强占原则，各州有权自行决定是否将体育博彩合法化。

判决译述

1. 国会禁止体育博彩

体育博彩在美国饱受非议。人们认为，体育博彩极具成瘾性，容易诱惑侵蚀那些热爱体育的青少年，随之而来的贿赂腐败问题也有损体育声誉。因此，从 19 世纪末至 20 世纪 90 年代，美国各地普遍对体育博彩进行了限制。

在此背景下，美国国会于 1992 年通过了《职业和业余体育运动保护法》（Professional and Amateur Sports Protection Act，以下简称《运动保护法》）。该法第 3702(1)节规定,任何州政府及其分支机构都不得以法律或契约形式赞助、运营、宣传、推广、许可或授权任何基于竞技体育运动的彩票、抽奖、赌博或博彩项目;第 3702(2)节则禁止任何个人依据州法律或与州政府的契约来赞助、运营、宣传、推广上述体育博彩项目。

但是该法没有将体育博彩规定为联邦犯罪,而是通过司法部长及体育组织发起民事诉讼来打击违法行为。对业已经营体育博彩的地区,也有"祖父条款"[1](Grandfather Clause)来保障其权益。该法第 3704(a)(1)—(2)节允许内华达州、特拉华州、蒙大拿州和俄勒冈州 4 地继续从事体育博彩,第 3704(a)(3)节还允许新泽西州决定是否在大西洋城将体育博彩合法化,时限是该法实施之日起 1 年内。

2. 新泽西州欲将体育博彩合法化

新泽西州在当年未通过合法化决议,仍维持了对体育博彩的限制。但随着时间的推移与经济下行的压力,新泽西州逐渐改变了主意。2011 年,新泽西州修改了州宪法,为体育博彩合法化扫清了立法障碍。2012 年,新泽西州通过立法(2012 立法),明确批准实施体育博彩。

毫无意外地,美国全国大学生体育协会(National Collegiate Athletic Association,以下简称大学生体协)和三大职业体育联盟以新泽西州的 2012 立法违反联邦《运动保护法》禁制令为由,对新泽西州发起了诉讼。新泽西州则回击称,州有权自主决定是否将体育博彩合法化,《运动保护法》对此进行限制违反了美国宪法的"反强占原则"(Anti-commandeering Principle,源自美国联邦宪法第十修正案,强调除了宪法明确授予合众国的权力,其余权力由各州各自保留)。联邦地区法院和第三巡回上诉法院先后判定,《运动保护法》并未违反"反强占原则",新泽西州就此败诉。

汲取了 2012 年的教训,新泽西州于 2014 年推出了新的立法(2014 立法),2014 立法并未明确批准实施体育博彩,而是部分废除了原有的限制。相同的诉

[1] "祖父条款"是一种法律适用规则,即立法变化以后,旧法适用于既成事实,新法适用于未来情形。这种规则的目的是减少法律制定和执行过程中的政治阻碍,是一种务实的折中手段。

讼再次上演，新泽西州的“技术性处理”并未得到联邦地区法院和第三巡回上诉法院的认同。他们仍然认为，2014 立法与 2012 立法一样都违反了《运动保护法》禁制令，而《运动保护法》并不违反宪法的“反强占原则”。该案最终被上诉至美国联邦最高法院。

3. 禁止体育博彩是否违宪?

最高法院从三个方面分析《运动保护法》是否违宪。

(1) 何为“授权”

本案的起点是《运动保护法》禁止州法律“授权”经营体育博彩，而新泽西州的 2012 立法和 2014 立法被控非法“授权”。那么到底何为“授权”呢?

新泽西州认为，“授权”(authorize)的题中之义是“允许”(permit)，任何有允许之效的州法律，包括部分或全部废除限制，都等同于授权。

大学生体协则认为，“授权”属“肯定性”(affirmative)行为，2014 立法之所以被指控，是因为其肯定性地授予特定组织以经营体育博彩的权利，而非因其废除限制。在大学生体协及美国联邦政府看来，《运动保护法》并非禁止所有对原州法律中限制体育博彩内容的修正，但“非法授权”与“合法修正”的界限到底在哪里，没人能说得清楚。

联邦最高法院认为，一方面，大学生体协及美国联邦政府忽略了制定《运动保护法》的时代背景——当年在美国绝大部分地区，体育博彩都被认定为非法活动。废除这些原有的限制不仅仅是“允许”，还意味着授予权利。另一方面，如果将大学生体协的观点继续推演下去，会得出吊诡的结论，即《运动保护法》在一定界限内允许废除限制，却没有明确的界限标准，如此模糊的规定不应是国会的立法原意。因此，新泽西州的观点是正确的，废除限制即“授权”。

(2) 是否违反“反强占原则”

联邦最高法院对此态度十分鲜明，《运动保护法》的禁止授权条款违反了宪法的“反强占原则”。

美国联邦宪法第十修正案规定，宪法未授予合众国、也未禁止各州行使的权力，由各州各自保留，或由人民保留，此即“反强占原则”的表述。联邦最高法院的判例也相继对此进行了阐释。纽约诉美国案[1]中强调,国会不能强迫各州制定或执行联邦的监管计划,这是对州立法程序的僭越(强占)。普林茨案[2]中则强调,"反强占原则"是宪法对自由的结构性保障。从现实来看,"反强占原则"明确了政治责任划分,防止了联邦将立法成本转嫁至各州。

《运动保护法》的禁止授权条款指示州立法机构什么该做什么不该做,这就已清楚地构成强占,没有必要再区分是强迫执行法律还是禁止重新立法。无论在何种情况下,"反强占原则"的要求都是一贯的,那就是国会不得直接对州立法机构发号施令。

大学生体协主张,禁止授权条款可构成联邦法律对州法律的"优先适用"(preemption),这一观点也被联邦最高法院予以否定。联邦法律要构成"优先适用",须满足两个条件。其一,该法律是由宪法授权国会制定的;其二,鉴于宪法仅授予国会规制个人而非各州的权力,该法律的内容应是针对个人的监管。而《运动保护法》的禁止授权条款既未对个人授予权利,也未对个人施加义务。无论从哪方面看,它都难以被理解为针对个人的监管,因此该条款不构成"优先适用"。

除了禁止授权条款,《运动保护法》第 3702(1)节还规定了禁止"许可"(license)。联邦最高法院认为,二者是一脉相承的,对禁止授权条款的分析同样适用于禁止许可条款,它们都违反了宪法的"反强占原则"。

(3)可否区分适用

既然违宪的是《运动保护法》第 3702(1)节的禁止授权和禁止许可条款,那么可否将这二者删除,让《运动保护法》的其余条款继续适用呢?联邦最高法院的答案是不可以。

首先看第 3702(1)节,如果删除了禁止授权和禁止许可条款,其余的禁止赞助、运营及推广条款就丧失了立法原意。假使国会知道各州可以自由授权私人经营体育博彩,就不会限制各州自己赞助、运营和推广体育博彩了。

其次看第 3702(2)节,禁止各州授权或许可体育博彩是《运动保护法》的核心,其余条款皆围绕其展开。若各州自行放开对体育博彩的授权和许可,则第

[1] New York v. United States, 505 U. S. 144 (1992).

[2] Printz v. United States, 521 U. S. 898 (1997).

3702(2)节对个人赞助、运营及推广体育博彩的禁止也就无从谈起。

最后看第3702(1)节和第3702(2)节中的禁止“宣传”(advertise)条款,如果让这部分单独存续,就会造成联邦法律禁止宣传一项在联邦和州都属合法的活动,这明显不合常理。

最终,第三巡回上诉法院的判决被撤销,《运动保护法》被判违宪,各州有权自行决定是否将体育博彩合法化。

体育博彩合法化是十分复杂的议题,支持者和反对者都可以列出诸多理由,但这些都不是重点。本案的重点在于,国会可以直接监管个人体育博彩,但如果它选择不这么做,那么各州就有权自行管理。《运动保护法》之所以违宪,是因为它限制了州政府对其居民的限制,而宪法并没有授予国会这样的权力。

斯韦恩诉梅林

Sveen v. Melin

——爱没了,钱还在吗?

原 案 名: Sveen et al. v. Melin

判决日期:2018 年 6 月 14 日

案　　号:16 – 1432

主　　笔:卡根大法官(肯尼迪、托马斯、金斯伯格、布雷耶、阿利托和索托马约尔大法官附议;戈萨齐大法官发表异议意见)

判决主旨:规定“离婚后保险合同中指定前任配偶为受益人的条款自动撤销”的法律并不违反联邦宪法中的“不得损害契约条款”。

判决译述

1. 甜蜜时你中有我,翻脸后谁来定夺

1997 年,明尼苏达州的斯韦恩和梅林步入了婚姻的殿堂。次年,斯韦恩购买了人寿保险,指定主要受益人为其新婚妻子梅林,而或有受益人是他与前妻的两个孩子——爱希丽与安东。然而,这段婚姻在维持 10 年之后,于 2007 年无疾而终。在法院发布的离婚令中并没有提到这份人寿保险,斯韦恩也从来没想到要采取任何行动变更保险受益人。人生无常,斯韦恩于 2011 年去世,该人寿保险金成为他遗产的一部分。

那么,谁是这份保险金的受益人呢?斯韦恩的两个孩子(以下简称斯韦恩兄妹)与梅林对簿公堂。

2. 你有州法撑腰，我拿宪法说事

梅林的理由很充分，保险合同中指定其为主要受益人，保险金自然应归她所有。

然而，斯韦恩兄妹提出了相反的主张，表示明尼苏达州有个“离婚即撤销规则”(revocation-on-divorce)，根据这个规则，自其父亲与梅林离婚后，指定梅林为保险受益人的条款即被自动撤销，而他们两人从或有受益人，变成真正的受益人，因此保险金应归他们所有。

那么，这个“离婚即撤销规则”是怎么回事呢？原来，2002 年，明尼苏达州的确制定了一部新的法律，规定如果一方指定其配偶为受益人，只要该指定是可撤销的(revocable)，那么在两人离婚或婚姻被宣布无效时，该指定得以撤销。

也就是说，如果一方指定配偶为人寿保险或类似资产的受益人，那么在他们离婚时，该指定自动撤销，原因是法律推定这正是被保险人所希望的结果。

这一规则成为明尼苏达州公民离婚时的缺省(default)规则，如果被保险人不希望有这个结果，即被保险人仍然希望其前任配偶作为自己的保险受益人，则可以在离婚后重新指定前任配偶为受益人。

法律规定很明确，然而明尼苏达州的该法律是 2002 年制定的，梅林的前夫是在 1998 年购买的保险。梅林指出，当她前夫购买保险并指定其为主要受益人时，该法还没有颁布，如果将事后颁布的法律适用于之前的保险合同，就违反了联邦宪法中的“不得损害契约条款”(Contracts Clause)，该条款禁止各州的“法律损害合同义务”。

宪法中的“不得损害契约条款”，是指美国联邦宪法第 I 条第 10 节第 1 款，其对各州破坏合同安排的权力作了限制，规定“任何州都不得……通过任何……法律损害合同义务”。虽然该条款起源于美国独立战争后各州为减轻债务人对债权人的义务而颁布的立法，但它适用于任何种类的合同，包括本案中的保险合同。

所以，本案当事人斯韦恩兄妹认为，州法律已经自动撤销了指定梅林为受益人的保险合同条款；而梅林则认为，该法律不应适用于其颁布之前订立的保险合同，否则就违反了宪法条款。

双方各执一词，法院也观点不一。

先是联邦地区法院拒绝接受梅林的观点,认为州法律追溯适用并不违宪,因此将保险金授予斯韦恩兄妹。然而,第八巡回上诉法院推翻了这一判决,认为明尼苏达州的“离婚即撤销”规则如果追溯适用,就违反了宪法的“不得损害契约条款”。

最终案件上诉到联邦最高法院,摆在大法官们面前的问题是:宪法中的“不得损害契约条款”是否禁止州的“离婚即撤销规则”溯及适用于之前就存在的有关受益人指定的协议?

3. 离婚,死亡,遗产纠纷——法律之演变

(1)早期英美普通法

遗产诉讼制度的一个主要特点是利用缺省规则来解决纠纷,以期符合死者的意愿——死者已逝,其意愿当然只能被推测。

根据早期的英美普通法,女子的婚前遗嘱在其结婚之时自动撤销;而男子的婚前遗嘱,在结婚和孩子出生之时自动撤销。遗嘱撤销后,立遗嘱人可以重新确认旧的遗嘱有效,或者再签署一份新的遗嘱。但是,如果他什么都没做,那么在他死亡后,其遗产应作为无遗嘱继承遗产来依法分配,而法律一般会优先考虑其子女及现任配偶的利益。

法院推定,当生活中发生了一些干预性事件时,一般人都会愿意这样重新分配遗产,而不愿把遗产按照以前的遗嘱分给原来指定的人。只要来得及,人们就会亲自改写遗嘱。

(2)特留份制度

社会的变革也使撤销遗嘱的法律发生了变化。除了性别差异被消除外,多数州放弃了把婚前或子女出生前所签署的遗嘱整个撤销的普通法规则,而是颁布了新的法律,把死者遗产中的某一特定份额给予现任配偶或子女,而把其他部分根据其遗嘱进行分配。

(3)离婚即撤销规则

后来,越来越高的离婚率导致几乎所有的州在 20 世纪 80 年代都先后采纳了另一种自动撤销法律,即所谓的“离婚即撤销规则”,认为离婚即可避免让前任配偶根据遗嘱取得遗产。正如传统的普通法规则基于“对正常的立遗嘱人可

能有的意愿的判断”一样,这些法律推定普通人不会希望由其前任配偶继承其遗产。

随着时间推移,很多州将这些“离婚即撤销规则”的适用范围从针对遗嘱扩大到也针对“遗嘱替代”,诸如可撤销信托、退休金,以及人寿保险等。这些州以《统一遗嘱认证法》(Uniform Probate Code)为榜样。

《统一遗嘱认证法》是一部示范法,在1990年修订时,包含了这样一个规定:在离婚时,不仅撤销对前任配偶的遗嘱赠与,还撤销指定前任配偶为受益人的条款。起草者们说,这个新法条的目的是统一各州有关经过遗嘱认证(probate)程序与无须遗嘱认证(non-probate)程序转让遗产的法律。背后的观点是,正常人不仅不希望死后由其前任配偶根据其遗嘱获得遗产,而且不希望其前任配偶从其退休金或人寿保险金中取得利益。

财富转移就是财富转移,前任配偶(与现任配偶或子女相比)不太可能是其心目中的受让人。因此,死者如果没能变更受益人,或许是因为“不小心”(inattention)而没有变更,而不会是不“想”(intention)变更。

美国有26个州都赞同这种推定,所以都采纳了类似于《统一遗嘱认证法》中的“离婚即撤销规则”。明尼苏达州就是其中之一。

(4)明尼苏达州的做法

根据明尼苏达州之前的法律,单单离婚并不会影响对受益人的指定,但是法院颁发的具体的离婚令(divorce decree)会影响。

例如,乔指定其妻子安为其人寿保险的受益人,后来两人离婚,但是没有变更过受益人。乔死后,安将会收到保险金,即便乔其实想将这笔钱改送他人,只是忘记去变更,也不会改变这个结果。换句话说,保险合同中的受益人条款在离婚后仍然有效。

换个复杂的例子:法院在离婚令中提到了夫妻之间相互为受益人的指定。与全国各地一样,明尼苏达州的离婚法院“在离婚财产分配方面有宽泛的自主裁量权”。在行使该自主裁量权时,法院既可以撤销指定将要成为前任者为受益人的条款,也可以命令该条款仍然有效。无论处于哪种情况,由法院而非由被保险人来决定前任配偶是否仍然为受益人。

与旧法相反,明尼苏达州新的“离婚即撤销规则”采纳了另一个底线规则:

撤销,而不是继续这种受益人指定条款。2002 年,该州立法者追随《统一遗嘱认证法》,规定“婚姻的解除或宣布无效,得撤销一方通过有效书面文件对前任配偶作出的所有可撤销的处置、受益人指定,或财产处置权指定”。其中,“有效书面文件”(governing instrument)被定义为包含遗嘱及其他遗嘱替代形式,还包括“保险单或年金”。

所以,如果现在乔和安离婚,指定安为乔的保险金受益人的条款会自动被撤销。如果乔在死前什么都没做,那么他的保险金将会给予保险单中指定的或有受益人(如他的女儿艾玛),或者,在没有或有受益人的情况下,保险金会作为他遗产的一部分进行处置。

然而,并不只有上述结果。根据明尼苏达州以前的法律,法院发布的离婚令有可能会改变情况的自然状态。法院可以命令安继续作为乔的保险金受益人,不理会通常的撤销规则。同样重要的是,被保险人本人也可以介入,推翻撤销规则的作用。比如,乔可以在婚姻和解协议中同意,保证安继续作为他的受益人取得利益。或者更简单一些,他可以随时通知保险公司,他希望继续让安作为受益人。

大法官们在列举了上述离婚的例子之后,回到本案的分析上。

4. 违宪分析

美国联邦宪法第 I 条第 10 节第 1 款规定:“任何州都不得……通过任何……法律损害合同义务。”然而,并非所有影响已有合同的法律都违反了该条款。在确定州法是否违反该条款时,联邦最高法院一直采取两步分析法。

第一步,分析州法律是否对合同关系有实质性的损害。为了回答这一问题,法院要考虑州法在何种程度上破坏了合同谈判,干预了一方当事人的合理预期且阻止了该方当事人维护或恢复其权利。

如果上述分析表明有实质性的损害存在,第二步是分析该立法的手段与目的。法院尤其要考虑州法是否以“适当”和“合理”的方式促进了“一个重要和合法的公共目的”。

(1) 第一步分析:是否对合同关系有实质性损害?

的确,在撤销受益人指定上,明尼苏达州的法律作出了重大改变。然而,这是否严重损害了梅林前夫的合同安排呢？大法官们对此进行了细致的分析。

第一，明尼苏达州新法律规定的目的是反映被保险人的意愿，因此支持而非损害了被保险人的合同安排。

立法者一直以来都需要对经历过重大生活变故的死者在其立遗嘱时可能有的意愿作出推断。基于此，他们很早之前便颁布法律，通过制定法撤销死者之前订立的遗嘱。有关离婚的立法推定现在尤其普遍——或许因为它们准确反映了多数离婚当事人的意愿，即他们并不渴望通过离婚让他们的前任配偶发财。明尼苏达州的法律（与《统一遗嘱认证法》相同）将这种理解适用于人寿保险及其他遗嘱替代中的受益人指定。

这种扩大适用的确引出了一个新型的宪法问题，遗嘱不是合同，因此没有宪法问题，但保险单是宪法中“不得损害契约条款”项下的一份合同。

然而，老的立法推定同样适用于新情况：正如一个人不希望其前任配偶从其遗嘱中获益一样，其也不希望前任配偶从其人寿保险中获益。或者换种说法，被保险人在离婚后没能变更受益人，更可能是出于疏忽而非出于选择。这就意味着明尼苏达州的法律尊重合同的唯一关心其受益人条款的一方的意愿，而非破坏该意愿。法律无疑改变了保险合同的运作，但是否这样就一定损害了保险合同呢？对于很多被保险人而言，结果正相反。

第二，明尼苏达州新法律规定不可能妨碍任何被保险人的预期，因为法律所做的，也不过是离婚法院一直都可以做的。

即便推定的意愿与实际意愿有偏差，明尼苏达州的法律也不可能推翻被保险人在订约时的预期。这是因为被保险人不可能在离婚后还合理地依赖未经变更的受益人指定。如上所述，离婚法院在婚姻终止时有宽泛的自主裁量权在配偶之间分配财产。住房、汽车、运动器械，都可供分配。配偶的人寿保险以及受益人条款也是一样。虽然这些分配没有出现在斯韦恩与梅林的离婚令中，却完全有可能出现。

离婚法院针对保险单的权力影响一方是否应合理预期指定受益人的条款在婚姻破裂后还有效。大法官们说，我们冒险猜测，很少有人在购买人寿保险时会想到离婚时会发生什么。即便某人的确想到了，他也只能说……他不可能知道。所以他的依赖利益几近于零。这与“不得损害契约条款”所提供的保护相悖。

第三,明尼苏达州新法律只不过提供了一个缺省规则,被保险人可以即刻对其进行修改。

法律只是推定被保险人希望在离婚后怎么做。但是如果该推定是错误的,被保险人完全可以将其推翻,可以简单通过给保险人发一份变更受益人的表格来完成。卡根大法官说,或者他也可以希望自己永远受其约束,就像尤利西斯自愿把自己绑在桅杆上以逃避海妖塞壬的诱惑一样,他可以同意在离婚协议中继续保持其前任配偶的受益人身份。这样做就可以让他的前任配偶恢复到离婚前的地位,这样做也就使州法不再起作用。所以,这个法律规定,最后就仅仅是一个提交书面文件的要求(并且是一个相对不太麻烦的要求):提交表格,然后法律规定的缺省规则就让步于最初的受益人指定。

说到这里,大法官们认为,根据第一步的分析,明尼苏达州的“离婚即撤销规则”并未实质性损害已有的合同安排,因此,没有必要做第二步的分析。

(2)相关问题的延伸讨论

大法官们又从头到尾捋了一遍历史上有关是否违反“不得损害契约条款”的案件。

在 19 世纪时,联邦最高法院就判定那些施加最低的书面要求负担的法律并未违反“不得损害契约条款”。尤其提到一系列判例中涉及的所谓登记法是否违宪,这些法律要求,除非在政府机构及时登记,否则合同利益消灭。

例如,1830 年的杰克逊案[1]中有这样一条法律规定:在土地转让中,如果在先受让人没有登记契据,则土地所有权属于在后受让人。联邦最高法院认定该法并未违反“不得损害契约条款”。法院认为,无论未经登记的契据是在该法律颁布前还是颁布后签署的都无关紧要;因为该法所要求的并不费事的登记条件没有损害合同义务。

同样,在 1883 年的万斯案[2]中,法院支持了一个规定抵押未经登记对第三人不发生效力的法律,即便该抵押发生在法律颁布之前。大法官们认为,法

---

〔1〕 Jackson v. Lamphire, 3 Pet. 280 (1830).

〔2〕 Vance v. Vance, 108 U. S. 514 (1883).

律对于现存合同给予了适当的注意,因为它仅要求抵押权人进行公示登记,并给他们好几个月的时间来登记。

更近一些,在1982年的德士古案[1]中,联邦最高法院分析过一项法律,即除非所有人向县政府提交"主张陈述",否则既有的采矿权便会终止,联邦最高法院认为该法并未损害合同利益从而违反宪法。因为提交"主张陈述"的要求非常简单,满足该要求事实上会保障任何合同的义务或权利。

联邦最高法院很久以来也反对用"不得损害契约条款"来攻击要求通知或登记的法律。例如,在1872年的柯蒂斯案[2]中,法院讨论的某州法律规定,在税务销售中购买土地"证明"的买方,必须通知欠税的财产所有人,后者可以提供必要的资金以防止土地最终被卖给买方。根据这个法律,如果买方没能依法通知欠税的所有人,则不能取得土地;而如果他依法通知欠税的所有人,则其取得土地的机会就会降低。这个法律回溯性地影响买方的利益,但法院还是肯定了该法律的有效性,没有支持认为其违反了宪法中的"不得损害契约条款"的主张。法院认为,并非每个影响到合同价值的法律都损害了合同义务。因为法律所要求的通知很容易遵守,并未引发宪法问题。

同样,在1883年的吉尔菲兰案[3]中,某州的法律规定,没有书面拒绝和解提议的债券持有人将被认为同意该交易。该法事实上减少了没有回应的投资者所取得的利益。然而,联邦最高法院并不认为其违反了"不得损害契约条款",而是认为如果债券持有人不希望放弃其权利,只要用书面形式表达出来就行了。

大法官们举出的最后一个例子,是1923年的康利案[4]。在该案中,州法律在抵押合同的赎回权取消条款中增加了一个完成书面宣誓证书的要求。联邦最高法院认为这仅仅是该法为实现其目的而要求的一个条件,一个很容易就能遵守的条件,因此并未违反"不得损害契约条款"。

最后,大法官们回到本案,认为明尼苏达州的法律并未给合同当事人增加

---

〔1〕 Texaco, Inc. v. Short, 454 U. S. 516 (1982).

〔2〕 Curtis v. Whitney, 13 Wall. 68 (1872).

〔3〕 Gilfillan v. Union Canal Co. of Pa., 109 U. S. 401 (1883).

〔4〕 Conley v. Barton, 260 U. S. 677 (1923).

更大的义务,同时对于未遵守者施加了较轻的惩罚。即便假定被保险人希望其前任继续作为其人寿保险的受益人,也只要向保险公司提交一份变更受益人的表格就行了,这和向土地所有人提供通知或将买卖契据进行登记一样"容易"。只要付出很少的努力,就可以保护原来的合同利益。同样,如果他并不希望放弃旧的权利并接受新的,他只需要以书面方式说不。如果有更坏的情形发生,如他希望其前任配偶继续作为受益人但是没有提交表格,但这后果比起之前提到的案件来说根本不算什么。例如,一个人忽视了登记义务,可能失去他所有的合同权利;但是当明尼苏达州的被保险人没有重新将其前任配偶指定为受益人时,其作为被保险人的权利并未失去;结果只是其或有受益人(本案中是他的子女)收到了这笔钱。这种对保险金的再分配当然不是无关紧要的,但是被保险人可以轻易地完全避开法律的后果。因此,根据联邦最高法院的先例,这里也并未违反"不得损害契约条款"。

梅林敦促大法官们分辨法律可以影响合同的两种方式。她认为,明尼苏达州的法律通过直接改变明确的条款(被保险人的受益人指定条款)对合同发生影响。相反,那些要求登记的法律仅仅给没能遵照一个协议之外的"程序性"的义务(州的登记或通知法)带来了后果。在她看来,这种区别跟权利与救济之间的区别相类似:明尼苏达州的法律明确改变了某人根据合同有权取得的利益,而登记法律干预了此人针对他人实施该权利的能力。

然而,大法官们并未看出有什么区别,认为上述针对判例讨论的关键点都是当遵守合同之外的书面文件要求时所涉及的合同利益。

5. 死亡并非结束

联邦最高法院推翻了上诉法院的判决,将本案发回重审,重审时应遵循联邦最高法院的意见。也就是说,梅林作为已经离婚了的前任配偶,在其前夫去世后,无权取得其前夫的人寿保险金。

戈萨奇大法官对此发表了异议意见,主要提出明尼苏达州法律的溯及既往的适用是不恰当的。然而,本案中的8个大法官中,7个大法官的意见都出奇一致。

最后,把卡根大法官在判决一开始引用的一句谚语写在这里结束本译述:

所有优秀的信托与遗产律师都知道，“死亡并非结束，还有遗产诉讼”（Death is not the end; there remains the litigation over the estate）。

这句话，放在哪个国家好像都适用。一个负责任的人，应当提前把身后事安排清楚。

监狱长塞克斯顿诉博德罗

Sexton v. Beaudreaux

——联邦法院应当尊重州法院的决定

原 案 名:Michael Sexton, Warden v. Nicholas Beaudreaux

判决日期:2018 年 6 月 28 日

案　　号:17 - 1106

主　　笔:隐名(*Per Curiam*)

判决主旨:联邦法院在决定是否要给予被州法院判定有罪的申请人人身保护令时,应当着重考虑对州法院的决定"有利"的论证,而非对其决定"不利"的论证。并且,联邦法院应当充分尊重州法院的裁决,即采取遵从性审查的标准,而非抛开州法院的裁决采取重新审查的标准自行重新分析论证。

判决译述

1. 联邦人身保护令的限制与例外

人身保护令(Habeas Corpus)是普通法国家重要的司法救济方式。在美国,受到州法院定罪判刑而身陷囹圄的公民可以向联邦法院申请人身保护令,联邦法院可以据此审查州法院的定罪和量刑,这种联邦人身保护令的实质在于以联邦司法权干预州司法权。[1] 这在强调联邦与州分权的国度尤其敏感,因此美国对该制度的运用十分审慎,并且以尊重州的司法权为基本前提。

---

〔1〕 参见郑曦:《暮色中的微光:美国联邦人身保护令制度》,载《比较法研究》2014 年第 6 期。

在这一前提下，美国对联邦人身保护令的适用设置了诸多限制。广为人知的便是“穷尽救济”规则，即申请人应先在州法院内用尽所有可行的救济途径。此外，根据《美国联邦法典》第28编第2254(d)节的规定，对于州法院已经就实体问题作出判决的诉请，联邦法院不可授予联邦人身保护令。换句话说，联邦法院只可能同意程序方面的诉请。但第2254(d)节也规定了例外情形：(1)该州法院的裁决所造成的后果不符合已有的联邦法律，或是对已有联邦法律的不恰当适用；(2)该州法院的裁决所产生的后果是在已呈给州法院的证据基础上对事实的不当归纳。在这两个例外情形下，联邦法院可以接受实体方面的诉请。该规定在实践中引发了不同的解读，本案即围绕第2254(d)节展开。

2. 博德罗被指认为杀人凶手

2006年的一个深夜，博德罗与德拉蒙德发生了争执，在这个过程中，德拉蒙德被射杀，艾斯豪与克劳德皆是此次案件的目击者。第二天，克劳德告诉警方，他初中的时候就认识凶手，但是他不知道凶手的名字。艾斯豪则描述了凶手的外貌特征，但他也不知道凶手的名字。在此事发生17个月之后，克劳德因另一起案件被逮捕。被捕期间，警方给他看了一本有博德罗照片的初中纪念册，以及一组包含博德罗在内的照片，克劳德立马确认博德罗为枪杀案中的凶手。

在这之后，警方又向艾斯豪了解情况。面对一组包括1张博德罗的近照和5张其他男性的照片时，艾斯豪在犹豫中辨认出博德罗，描述说博德罗的照片“更接近”凶手的形象。后来，警方找到一张博德罗在枪杀案发生前后拍的照片，对比这两张照片，博德罗的外貌已经发生了一些改变。于是，警方又拿着这张新找到的照片和另外5名男性的照片给艾斯豪辨认，艾斯豪再次锁定了博德罗，他告诉警方，这张照片和凶手“十分接近”。但艾斯豪还是有一些犹豫，说需要见到本人才能完全确定他是不是凶手。后来在听证会上，艾斯豪见到了博德罗本人，在没有任何人提示博德罗是凶手的情形下，他指认博德罗就是凶手。

基于克劳德和艾斯豪的证词，加利福尼亚州的一审法院认为博德罗构成一级谋杀罪和二级抢劫罪，于2009年判处其50年至终身监禁，二审亦维持了一审判决。

3. 人身保护令的申请波折

一审判决后,博德罗申请了一次州人身保护令,但法院没有准许。2013 年,博德罗再次申请州人身保护令。他认为,在一审阶段,他的律师没有以非法证据为由排除艾斯豪的证言,这属于律师无效协助的情形。加利福尼亚州上诉法院再次拒绝了他的申请,而加利福尼亚州最高法院拒绝再审。于是,博德罗转而向联邦法院申请联邦人身保护令。

联邦地区法院拒绝了他的申请,但是剧情在联邦第九巡回上诉法院发生了反转。在联邦第九巡回上诉法院看来,从辨认照片的安排(只有博德罗同时出现在两组照片中)到辨认凶手的听证会环境,这些环节都十分具有暗示性。这些瑕疵违反了正当程序原则,使艾斯豪的证词效力大打折扣。博德罗的律师未就此申请排除非法证据,这就足以构成无效协助,这种无效协助构成了对博德罗的侵害。综上所述,联邦第九巡回上诉法院认为应当依据《美国联邦法典》第 28 编第 2254(d)节的规定,给予博德罗人身保护令。值得注意的是,联邦第九巡回上诉法院的分析方式是重新分析(de novo analysis),且许多论据连博德罗都未曾陈述过。

控方不服,上诉至美国联邦最高法院。

4. 州法院的自由裁量权应得到尊重

美国联邦最高法院就此进行了讨论。

首先,1996 年《反恐及有效死刑法》(Antiterrorism and Effective Death Penalty Act)为申请联邦人身保护令制定了很高的标准。根据《美国联邦法典》第 28 编第 2254(d)节,在州法院对诉请的实体部分已有结论的情况下,只有符合两个例外情形时,联邦法院才可以授予申请人人身保护令。在本案中,即使州法院对于实体问题并没有作出判决,联邦法院也应当考虑何种论证和理论会支持州法院的判决。另外,应当考虑一个理性的法官是否有可能会认为这些论证和理论会符合该联邦法院的先例;如果这种可能性存在,那么就不应当授予联邦人身保护令。也就是说,授予联邦人身保护令的标准实在是非常之高,而这正是立法的初衷。

其次，若要确认律师实施了无效协助，需同时证明两个方面，一是瑕疵行为，二是造成侵害。在本案中，瑕疵行为的标准就没有达到，因为非法证据排除的动议本就不太可能成功，律师的行为并不构成瑕疵行为。

至于正当程序问题，只有当执法人员实施的辨认程序同时满足“暗示性”和“非必要性”时，正当程序问题才能成立。而要达到“不被允许的暗示”程度，辨认程序须“极可能造成不可挽回的后果”。如果仅仅是在某些方面不够完美，不足以构成正当程序问题。在本案中，只能说程序并不十分理想，却没有造成无法挽回的结果。同时，如果证人证言足够可靠，那么也可以克服程序的“暗示性”缺陷。本案中的博德罗并没有证明艾斯豪的证言不可靠。虽然艾斯豪的指认发生在案发 17 个月后，但在辨认时，在没有人给艾斯豪压力的情况下，两次他都指认博德罗的照片为凶手的照片。而且虽然一开始他的指认模糊不清，但他见到博德罗本人之后马上就确认其为凶手。

联邦最高法院最后指出，联邦第九巡回上诉法院不仅仅裁判有误，更是犯了严重的基础性错误。第一，联邦法院在审查联邦人身保护令时应当考虑的是对州法院观点“有利”的论证和理论，而非对其“不利”的论证和理论，而且博德罗本人在申请州人身保护令时根本没有提出这些不利的论证。第二，在审查博德罗的律师是否存在无效协助情形时，联邦第九巡回上诉法院没有给予州法院足够的尊重，而这是联邦最高法院想要避免的。联邦最高法院认为，由于法律的规定比较含糊，所以应当给予州法院多一些自由裁量权，即采取尊重标准（deferential standard），联邦第九巡回上诉法院非但没有尊重州法院的自由裁量权，反而另起炉灶进行了重新分析，这与立法的初衷背道而驰。

最终，联邦最高法院撤销了联邦第九巡回上诉法院的判决，发回重审。联邦人身保护令制度需以尊重州法院司法权为前提，这一点在本案中再一次得到了体现与强调。

Chapter 2

第二章　公权力之间的制衡

司法与行政的制衡

有关美国政府案

——儿童非法移民暂缓遣返计划引起的两权斗争

石油能源公司诉格林能源集团

——专利复审是否违宪?

有关美国政府案
In re United States
——儿童非法移民暂缓遣返计划引起的两权斗争

原 案 名:In re United States, et al.

判决日期:2017 年 12 月 20 日

案　　号:17 - 801

主　　笔:隐名(*Per Curiam*)

判决主旨:在政府作为被告的案件中,如果政府提出异议,认为案件所涉内容为行政机关行使自由裁量权的行政行为,法院对其不具有司法审查权,则法院必须首先解决这一基础性问题,听取政府的申辩,给予行政机关应有的尊重。

判决译述

1. 行政命令 v. 国家立法

童年入境者暂缓遣返计划(Deferred Action for Childhood Arrivals,DACA)是时任美国总统奥巴马于 2012 年 6 月推出的一项非法移民保护政策。这项政策最初源自 2001 年几个议员的议案,然而在共和党的阻挠之下一直未经国会通过形成法律。奥巴马绕过国会,以直接签署行政令的方式开始实施 DACA。

根据该政策,如果满足首次进入美国境内时不满 16 岁、已在美国居住 5 年以上、没有犯罪记录等条件,就可以申请在美停留及工作 2 年,暂时免遭遣返,2 年期满后可以重新申请。虽然其受益者无法获得美国公民身份,但该计划依然受到不少“追梦人”的追捧。许多年幼时被父母带入境的青少年非法移民据此取得了在美居留的合法身份。DACA 的受益者有近 80 万人,以拉美裔为主,多经由墨西哥北上进入美国,在美国 1100 万的非法移民中占比不足 10%。

与此同时,DACA 饱受诟病,理由主要是影响了美国本国公民在就业、升学、安全等方面的利益,阻碍了美国人的"美国梦"。据此,时任美国总统的特朗普在竞选期间就承诺要废除 DACA。

需要说明的是,DACA 仅是一项行政令而非法律。行政令是美国宪法赋予总统的行政特权,也是总统实现自己政策目标的一样关键武器。行政令由总统签字后直接下达给联邦政府,无须经国会批准。虽然行政令能否越过国会立法、DACA 是否违法的争论一直存在,但有一点是肯定的,就是美国下届总统有权否定上届总统的行政令,也就是说,特朗普决定废除 DACA,从法律角度上讲没有任何瑕疵。

2017 年 9 月 5 日上午,时任美国司法部长塞申斯(Jeff Sessions)宣布,"政府将开始着手'有序并合法地陆续停止'DACA",因为该计划不仅违反美国宪法,还使美国西南边境没有陪伴的未成年人数激增,并且把工作机会给了非法移民,而使得成千上万的美国人面临失业。

时任美国国土安全部(Department of Homeland Security)代理部长杜克(Elaine Duke)亦作出了相关决定,即"立即采取措施,在 2018 年 3 月 5 日之前彻底废除 DACA",并表示"自即日起,DACA 将不接受任何新的申请"。该决定一出,纽约特朗普大厦附近就聚集了大量移民示威游行。

2. 行政裁量权的界限

不久,加利福尼亚州北区联邦地区法院同时受理了 5 起针对这一决定的案件,被告包括美国联邦政府、美国国土安全部代理部长和美国总统等(以下统称政府方)。该 5 起案件的原告一致认为,时任美国国土安全部代理部长杜克废除 DACA 的决定不合法,因为该决定违反了《行政诉讼法》和美国联邦宪法第五修正案的正当程序条款,以及该条款所体现的平等保护原则——不经正当法律程序,任何人不得被剥夺生命、自由或财产。

杜克则表示,废除 DACA 有理可循。诚如塞申斯所言,DACA 允许的事项恰恰是立法部门拒绝批准的,这种规避移民法的做法实质是奥巴马政府违宪使用了行政部门的权力,相当于“单方面行政大赦”。为证明这一点,政府方在10月6日向法院提交了一份长达256页的行政记录,其中近200页是各地法院对DACA所允许事项的反对意见。据政府方所言,该记录已囊括了杜克作决定过程中参考的所有非审议材料(nondeliberative material)。

然而原告认为,该记录并不完整,因为其只包含了杜克本人直接参考的文件,而缺少了其他间接材料,故要求政府方按照《美国联邦法典》第5编第706节的规定提供完整的行政记录。

2017年10月17日,加利福尼亚州北区联邦地区法院支持了原告要求政府方“提供完整行政记录”的动议,要求政府方所提供的行政记录必须包含属于下列范畴的电子邮件、信件、备忘录、备注、多媒体材料、意见和其他材料:(1)杜克在作出废除DACA决定的过程中所参考的一切材料;(2)曾向杜克提出过相关书面意见的所有政府工作人员的材料;(3)曾向杜克提出过相关口头意见的所有政府工作人员的材料;(4)杜克向其顾问、下属或其他人提出的,有关废除DACA的所有看法、询问及回应;(5)时任国土安全部代理部长凯利(John Kelly)在2017年2月的备忘录上作出“不得废除DACA”决定时,直接或间接参考的所有材料。

政府方不服,在向第九巡回上诉法院的上诉中提出了管辖权异议,认为地区法院的判令中,第2、3、4项要求有越权之嫌。根据《美国联邦法典》第5编第701(a)(2)节的规定,杜克决定废除DACA是“行使自由裁量权”的行政行为,不在司法审查的范围之内;此外,根据《移民与国籍法》(Immigration and Nationality Act)的规定,地区法院对此类问题也没有管辖权。

虽然第九巡回上诉法院的法官们内部对此有不同意见,但最终仍然裁定驳回了政府方的上诉,维持原判。

然而3天后,原告要求第九巡回上诉法院暂停执行要求政府方提供完整记录的判令,而等待地区法院对双方动议的裁决。第九巡回上诉法院没有同意,只是将其判令暂停实施1个月。在此期间,政府方向地区法院提起申诉,同时向联邦最高法院提起上诉。联邦最高法院同意调卷审理。

3. 无法可依,有理可循

联邦最高法院指出,加利福尼亚州北区联邦地区法院本来应同意原告方提出的暂停执行法院判令的动议,先解决两个基础性问题,即对案涉问题以及根据《移民与国籍法》法院是否有管辖权这两个问题进行分析。如果这两个问题中任何一个的答案为否定的话,则地区法院都无须要求政府方提供完整的行政记录。

最后,联邦最高法院撤销了第九巡回上诉法院的裁定,发回重审,并要求第九巡回上诉法院采取适当的措施保证下列步骤得以完成:首先,地区法院应当针对政府方提出的管辖权基础问题进行裁决;其次,第九巡回上诉法院或者地区法院可以考虑缩小要求政府需要披露的行政记录范围是否必要和适当。无论如何,地区法院不能不给政府申辩的机会,就强迫政府披露其认为有权保密的文件。

大法官们最后还特意强调,这份裁决并未对原告的主张或政府方的抗辩孰是孰非作出评判,也并不意味着地区法院针对政府要求驳回起诉的动议与原告方要求法院采取禁制令的动议所作的裁决需要暂缓执行。也就是说,仅就这份裁决而言,我们并不能看出联邦最高法院对于废除 DACA 的决定是支持还是反对。翘首以盼的公众对联邦最高法院这种模糊的态度显然有些失望,但是这也怪不了法院,毕竟面对 80 万人的抗议,特朗普都不得不模糊其词:“DACA 作为一项行政令肯定是经不起法律推敲的,所以针对非法移民问题,国会将在半年内拟定出相应的替代法案。”谁也不知道非法移民者究竟何去何从。

石油能源公司诉格林能源集团

Oil States Energy Services v. Greene's Energy Group

——专利复审是否违宪?

原 案 名:Oil States Energy Services, LLC v. Greene's Energy Group, LLC, et al.

判决日期:2018 年 4 月 24 日

案　　号:16－712

主　　笔:托马斯大法官(肯尼迪、金斯伯格、布雷耶、阿利托、索托马约尔和卡根大法官附议;布雷耶大法官发表协同意见,金斯伯格、索托马约尔大法官附议;戈萨奇大法官发表异议意见,首席大法官罗伯茨附议)

判决主旨:专利复审程序由行政部门执行,并没有僭越司法权。判例法历来支持将有关公共权利的事务交予行政部门裁判,此举不违反美国联邦宪法第Ⅲ条的"司法独立"及美国联邦宪法第七修正案的"陪审团审判权"。

判决译述

1. 行政程序与司法程序结果迥异

美国《专利法》规定美国专利及商标局(Patent and Trademark Office,以下简称专利商标局)负责对专利进行审查。《美国发明法》(the Leahy-Smith America Invents Act)规定了一个"多方复审程序"(inter partes review),授权专利商标局对已授权专利进行复审。

专利所有人以外的任何人都可以申请启动多方复审程序,专利所有人也可以提交声明阻止启动多方复审程序。专利商标局局长认为申请人提出的理由足以合理地撤销至少一项权利要求的,就可以启动该程序。专利听证及复审委员会(Patent Trial and Appeal Board)随即执行多方复审程序。对该委员会决定不服的,可以寻求联邦巡回上诉法院的救济。

石油能源公司(Oil States Energy Services, LLC,以下简称石油公司)和格林能源集团(Greene's Energy Group, LLC,以下简称格林集团)均为油井设备服务公司。2001年,石油公司获得了一项保护液压状态下油井设备的专利。2012年,石油公司向联邦地区法院提起诉讼,状告格林集团侵犯了其该项专利权。格林集团予以回击,既在法院质疑该专利的有效性,又向专利商标局申请启动多方复审程序,两个程序同时进行。

2014年,联邦地区法院作出判决,不认同格林集团的质疑,认为石油公司的专利具有"可专利性"(patentable)。专利听证及复审委员会则认为石油公司的专利存在合理的"不可专利性"(unpatentable),遂启动了多方复审程序。换句话说,石油公司在法律程序中胜诉,却在多方复审程序中败诉。

石油公司不服行政裁决,就此向联邦巡回上诉法院提起新的上诉,提出专利听证及复审委员会的多方复审程序违宪,原因是专利的撤销必须由美国联邦宪法第Ⅲ条所授权设立的法院("第Ⅲ条法院"[1])经过陪审团审理后作出裁判,专利商标局无权对此裁判。

就在该案悬而未决之时,联邦巡回上诉法院在一桩类似案件中否定了多方复审程序裁定撤销专利为违宪的主张,所以对此案也采取相同的态度,判决维持了专利听证及复审委员会的决定,即石油公司的专利不具有可专利性。

案件被上诉到联邦最高法院,大法官们需要判断由专利商标局主导的多方复审程序是否违反了美国联邦宪法的第Ⅲ条和美国联邦宪法第七修正案。

---

〔1〕"第Ⅲ条法院"即美国联邦最高法院及其下级法院。这类法院系由美国联邦宪法第Ⅲ条授权设立,目前包括13个联邦巡回上诉法院,91个美国地区法院(包括华盛顿特区和波多黎各)和美国国际贸易法院。——译者注

2. 专利、特许、复审与公共权利

(1) 公共权利问题属于政府管辖

美国联邦宪法第Ⅲ条赋予了联邦法院司法权,那么国会便不能授予其他实体以司法权,这是毋庸置疑的。那么何时才须祭出司法权呢?联邦最高法院认为这就需要先区分“公共权利”和“私权利”,公共权利可以交由行政部门裁决,而私权利需由法院裁判。但一直以来二者都没有被明确区分过,适用“公共权利原则”的先例也不尽一致。

联邦最高法院在1899年审理的杜尔案[1]中支持国会指定其他实体来对属于“公共权利”的事务进行裁定。之后,联邦最高法院在1932年审理的克罗威尔一案[2]中再次确认,政府和公民之间的事务被“公共权利原则”涵盖,而它受制于行政或者立法部门宪法职能的履行。简单来说,政府与公民之间的事务涉及公共权利,因此不需要司法决断,可以交由行政部门裁决。

(2) 专利授予属于公共权利问题

联邦最高法院早已认可专利授予是一项涉及公共权利的事务,它是一种“公共特许经营权”(Public Franchisees)——政府从公共权利中攫取权利,然后授予专利权人,并排除他人使用。美国联邦宪法第Ⅰ条也赋予了国会自己授予专利权的权力,但国会自始至终都将该权力授予行政部门行使。

多方复审程序和专利初审所关涉的都是相同的利益,并无本质不同,仍然是政府和其他人之间的事务,其特征与“公共权利原则”严丝合缝,这些问题都无须用司法权决断。所以说,专利商标局既然有权授予专利,自然也可以撤销之,宪法对此并无禁止。

(3) 专利权来自成文法

石油公司援引了3个先例,以说明专利权是一种私有财产,不涉及公共权利。但联邦最高法院认为,专利是一种特殊的财产权形式——公共特许经营权。石油公司所提及的先例也认可专利权源自法律并受其约束。要知道,专利特许权是成文法而非普通法的产物。多方复审程序正是这样一种成文法的产

---

〔1〕 United States v. Duell, 172 U. S. 576 (1899).

〔2〕 Crowell v. Benson, 285 U. S. 22 (1932).

物。专利法中也有类似规定,专利须受专利法条款——多方复审程序的约束。更何况从反面来看,这些先例也没有排除对专利的行政复审权。

这些先例中还提到这样一句:有权对专利置之不理、取消或者纠正的,只有法院,而非授予专利的部门。联邦最高法院认为该裁判所依据的 1870 年版本的《专利法》,对授权后的专利缺乏行政审查规定,这些先例最好被理解为对那个时代法律的描述。

(4)历史分析

石油公司认为多方复审程序违反了一般性原则,任何事务依其性质是受普通法、衡平法或海事法约束的,国会都不得妨碍其受司法管辖。在 18 世纪的英国,专利的有效性是在法院中决定的,任何人都可以在大法官法院(Court of Chancery)质疑专利是否有效。但联邦最高法院认为,历史也没有强调该问题必须由法院来决定,历史实践并不是决定性因素。比如,在“公共权利原则”下,根据所涉事务的性质,可以采用不同的处理方式,国会可以自己决定,或者授权给行政部门、法院来决定。

联邦最高法院以彼之道,还施彼身,认为既然要谈历史,英国历史上的枢密院(Privy Council)司法委员会其实就类似于多方复审程序。它由枢密院顾问组成,与司法大臣协同处理专利上诉案件,依法认定专利的有效性。后来该司法委员会与法院司法审判共存,直至 18 世纪末才消失。可以说,美国专利法的条款是在英国体系下写就的,了解英国枢密院司法委员会的实践,才能更好地理解行政系统撤销专利的肇始。最后,既然本案各方都对立法者是否了解或者认可这种实践缄口不提,联邦最高法院也就没有进一步深究。

从历史来看,国会可以设置条件和测试标准解决专利性问题。联邦最高法院也认为多方复审程序理所应当属于这些条件或者测试标准。

3. 复审程序并非司法程序

石油公司认为多方复审程序违反了美国联邦宪法第Ⅲ条,因为它与司法权的运行存在诸多重要的雷同之处,比如,程序上的审前动议、证据发现、证人交叉询问等。术语上也采用了审判、法官、判决的表述。事实上,使用类似法庭的程序并不意味着行使司法权,即使该行政裁决对当事人具有终局性和约束力。

联邦最高法院也从未判定这种使用了类似法庭程序的裁决是不当的，即使其发生在“第Ⅲ条法院”之外。

4. 第七修正案问题

多方复审程序是否违反美国联邦宪法第七修正案所规定的“陪审团审判权”？联邦最高法院对石油公司在美国联邦宪法第Ⅲ条问题上的驳斥同样适用于它在美国联邦宪法第七修正案上提出的质疑。因为当国会指定专利商标局进行裁决时，也就没有陪审团参与的可能了。

联邦最高法院的先例也表明，当国会适当地授予非“第Ⅲ条法院”某项事务的裁决权时，“第七修正案不构成对非陪审团裁判事实的独立禁制令”。这就说明没有陪审团参与也是可以的。

联邦最高法院强调，本案仅仅是对于多方复审程序合宪性的判决，并没有延伸到其他方面，如多方复审程序溯及适用问题、正当程序问题等。要知道在该专利授予的时候，多方复审程序尚未实施。

5. 最终判决

多数大法官认为，政府与其他人之间的事务属于公共权利问题，可以由法院之外的部门来裁决。即使由法院裁判，没有陪审团参与也没问题。所以，多方复审程序并未违反美国联邦宪法第Ⅲ条以及美国联邦宪法第七修正案。

戈萨奇大法官持不同意见。他认为，在被授予专利权后，专利权人所拥有的专利无疑是一项财产，应与其他私人财产享受同等的保护，这是由诸多先例确立的。并且，专利权与垄断的特许经营权非常不同。更令他担心的是，放弃独立法官的裁判绝不是一件小事，他引用先例慷慨陈词道：在与政府的纠纷中，人民历来拥有的独立法官的权利，不应该是“宪法上的马其诺防线”，被如此“简单的策略”给“轻易地绕过”！

最终，联邦最高法院维持了联邦巡回上诉法院的判决。

联邦与州法院的管辖权冲突

赛恩公司诉比弗县雇员退休基金

——证券集体诉讼管辖权归谁？

威尔森诉监狱长塞勒斯

——如何推定上级法院维持原判且没写理由的判决的理由？

赛恩公司诉比弗县雇员退休基金
Cyan, Inc. v. Beaver County Employees Retirement Fund
——证券集体诉讼管辖权归谁?

原 案 名:Cyan, Inc., et al. v. Beaver County Employees Retirement Fund et al.

判决日期:2018 年 3 月 20 日

案　　号:15 – 1439

主　　笔:卡根大法官(全体大法官一致同意)

判决主旨:1998 年《证券诉讼统一标准法》规定,依 1933 年《证券法》提起的集体诉讼以州法院、联邦法院并行管辖为原则,一般不得申请移审。国会无意剥夺州法院对此类案件的管辖权,只想确保无论在哪个法院审理,都适用联邦法而不是州法的标准来审查证券欺诈案件中原告的起诉资格,防止滥诉。

判决译述

1. 美国证券诉讼制度:从提供保护到防止滥诉

证券市场关系着一国资本市场的命运,其重要性毋庸置疑。在 1929 年股市大崩盘后,美国国会连续颁布了两部法律,即 1933 年《证券法》(Securities Act)和 1934 年《证券交易法》(Securities Exchange Act),首次在证券领域为私人创设了诉讼权利,从此,除了证券交易委员会(Securities and Exchange Commission),私人亦有权提起证券民事诉讼,以此来遏制证券欺诈行为,促进证券市场的诚信建设。但这两部法律针对的阶段、划定的管辖权均不相同。《证券法》规制证券的初始发行,且联邦法院和州法院对所有依该法提起的私人诉讼具有并行管辖权(concurrent jurisdiction)。尤为特殊的是,该法禁止将此类诉讼从州法院移送至联邦法院审理。《证券交易法》则规制后续证券交易,联邦法院对依该法提起的私人诉讼具有专属管辖权。

随着集体诉讼制度(class action)被纳入《联邦民事诉讼规则》(Federal Rules of Civil Procedure),以及"市场欺诈理论"(fraud-on-the-market theory)的形成,集体诉讼成了美国投资者民事索赔最有力的武器。[1] 然而,由于原告起诉的成本与被告因此负担的证据开示成本严重失衡,这种诉讼形式在给投资者提供保护的同时,也为投机性诉讼提供了温床。

为了防止原告滥用诉权,美国国会又于 1995 年出台了《私人证券诉讼改革法》(Private Securities Litigation Reform Act)。《私人证券诉讼改革法》的改革内容颇为丰富,既有同时适用于州法院和联邦法院的实质性改革,如创设了大名鼎鼎的"安全港"条款(Safe Harbor),规定公司管理人员等主体在职责范围内作出的预测性信息,在符合一定条件时,即使与实际情况存在差异,也不必承担民事责任;也有仅适用于联邦法院的程序改革,如原告在起诉时必须书面宣誓"购买相关股票时,没有接受投资顾问的指导"。

然而,在美国的法律体系之下,联邦与各州都有自己的证券法,在法律适用与裁判标准上存在诸多差异,而原告有权依据不同的准据法来自由选择管辖法院。由于《私人证券诉讼改革法》为原告设置的程序性障碍仅适用于联邦法院,故许多原告选择直接在州法院提起证券集体诉讼,这架空了《私人证券诉讼改革法》的适用。于是国会在 1998 年再度出手,颁布了《证券诉讼统一标准法》(Securities Litigation Uniform Standards Act,以下简称《统一标准法》)。然而,新规的适用并非一帆风顺,本案的当事人就对其产生了疑惑。

本案是一起集体诉讼案件,原告包括 1 位个人投资者与 3 家养老基金(以下合称投资者),被告是赛恩有限责任公司及其高管、董事会(以下合称赛恩)。投资者购买了赛恩首次公开发行的股票,不幸遭遇贬值,便以赛恩在证券发行中有虚假陈述为由,依《证券法》向州法院提起了赔偿之诉。

---

[1] 参见任自力等:《证券集团诉讼:国际经验 & 中国道路》,法律出版社 2008 年版,第 55 页。

2.《统一标准法》新增"例外条款"

本案涉及前述美国国会于1998年颁布的《统一标准法》,即收编为《美国联邦法典》第15编的两项执行条款[第77p(b)节、第77p(c)节],两项相关定义[第77p(f)(2)节、第77p(f)(3)节],和两项在《证券法》基础之上作出的补充性修改(conforming amendments)[1][第77v(a)节],让我们先来看看这些规定。

首先,第77p(b)节规定,依州法提起的、指控"特定的证券"(covered security)欺诈行为的、某些"特定的集体诉讼"(covered class action),无论是州法院还是联邦法院,都应当驳回。[2] 第77p(f)(2)节和第77p(f)(3)节分别解释道,"特定的集体诉讼"是指原告一方超过50人的集体诉讼;"特定的证券"是指可以在全国性的证券交易所内流通的证券。

其次,第77p(c)节规定,第77p(b)节指称的这些"特定的集体诉讼"案件,不仅受第77p(b)节的约束,如果是在州法院起诉,还应移送到联邦法院审理。

最后,以《证券法》为背景规则(background rule)的第77v(a)节新增了两项补充性修改。一项是在州法院与联邦法院的管辖权上,除了第77p节规定的"特定的集体诉讼"外,对于该分章[3]的其他案件,坚持《证券法》确定的并行管辖原则。联邦最高法院将这一规定称为"例外条款"。另一项是关于移审的规定,除了第77p(c)节规定的案件,本章其他案件如果在州法院起诉,不得移送至联邦法院审理。

本案中的投资者在州法院针对塞恩提起了诉讼,赛恩认为州法院应当驳回起诉,理由是上述"例外条款"剥夺了州法院对"特定的集体诉讼"的管辖权。投资者并没有以该案"不属于'特定的集体诉讼'因此不适用'例外条款'而应

---

[1] 不改变既有原则,只进行补充说明或者增加少数例外情形的修改。

[2] No covered class action based upon the statutory or common law of any State...may be maintained in any State or Federal court by any private party alleging—(1) an untrue statement or omission of a material fact in connection with the purchase or sale of a covered security; or (2) that the defendant used or employed any manipulative or deceptive device or contrivance in connection with the purchase or sale of a covered security.

[3] 《美国联邦法典》第15编第2A章第I分章(Title 15 Chapter 2A Subchapter I Domestic Securities)。

当遵循并行管辖的一般原则”为由进行抗辩,而是选择直接回怼——《统一标准法》完全保留了州法院对所有依《证券法》提起的集体诉讼案件的管辖权,既然是“完全保留所有”,自然包括“特定的集体诉讼”。投资者的主张得到了州初审法院和州上诉法院的支持。

赛恩遂向美国联邦最高法院提起上诉。联邦政府作为法庭之友也提出了一个相关问题,即根据《统一标准法》的规定,当“特定的集体诉讼”在州法院提起时,被告是否有权申请将案件移送到联邦法院审理?

美国联邦最高法院同意调卷,并对上述两个问题进行了分析。

3. 驳赛恩公司:州法院有管辖权

赛恩认为,“例外条款”规定“第 77p 节”所称的集体诉讼案件只能由联邦法院审理,这里的“第 77p 节”应当解释为“第 77p(f)(2)节”(前提)。由于第 77p(f)(2)节是一个定义条款,仅规定“特定的集体诉讼”的内涵是“原告一方超过 50 人的集体诉讼”,而没有提及准据法。据此理解,“例外条款”相当于规定了原告一方超过 50 人的集体诉讼,无论依州法还是联邦法提起,一概由联邦法院审理,这不就相当于剥夺了州法院对此类案件的管辖权吗?

按上述逻辑,赛恩的观点貌似解释得通,但最关键的其实是前提:首先从技术上来说,“第 77p 节”能不能解释为“第 77p(f)(2)节”?其次从目的上来说,为什么要把“第 77p 节”解释为“第 77p(f)(2)节”?

(1)技术上行不通

联邦最高法院一针见血地指出,无论是参考文法格式、探究法条的背景规则,还是对法条进行体系解释,把“第 77p 节”解释为“第 77p(f)(2)节”都有悖常理。

从微观的文法格式而言,一来,以章节、条款、段落等形式划分层次是国会立法的一贯做法,如果要特指某部分内容,一般会单独成段,而第 77v(a)节内部并未分段。二来,即便没有单独成段,法条会使用“except as provided in…”(除非……另有规定)这样的表述来规定例外情形,而第 77p(f)(2)节亦未采取该种形式。

从中观的背景规则而言,如果把“第 77p 节”解释为“第 77p(f)(2)节”,就相当于突破了《证券法》所确定的，联邦法院、州法院对集体诉讼案件并行管辖的一般原则。但从第77v(a)节可知，“例外条款”并未否定并行管辖的原则，其实质只是一条冲突规则：当第77v(a)节与第77p节冲突时，优先适用第77p节。但第77p节只禁止法院(包括联邦法院和州法院)审理依州法提起的“特定的集体诉讼”，并未禁止州法院审理依《证券法》提起的集体诉讼。

从宏观的立法体系而言，如果把“第77p节”解释为“第77p(f)(2)节”，那么任何依《证券法》提起的、原告一方超过50人的集体诉讼，州法院都无权管辖，这超出了《统一标准法》的规制范围——《统一标准法》只规制可以在全国性证券交易所内流通、涉及整个联邦利益的证券欺诈，对于那些不能在全国性证券交易所内流通的证券欺诈，应当由州法进行规制。相应地，此类集体诉讼案件应当由州法院进行审理。

联邦最高法院还提到，长达65年以来，州法院一直有权审理依《证券法》提起的集体诉讼案件，如果真要颠覆传统，国会也不可能采用这种不易觉察的方式。

(2)目的上无必要

对于为什么要把“第77p节”解释为“第77p(f)(2)节”，赛恩提出了两点理由。第一个理由是，根据相关立法文件，《统一标准法》的诞生就是为了改变《私人证券诉讼改革法》被架空的命运。此前集体诉讼的原告们之所以能绕过《私人证券诉讼改革法》，就是因为其有权依《证券法》直接在州法院起诉，被告却无权申请将案件移送到联邦法院审理。如果《统一标准法》不剥夺州法院的管辖权，怎能达成初衷呢？而要得出《统一标准法》剥夺州法院管辖权的结论，必须把“第77p节”解释为“第77p(f)(2)节”。

对此，联邦最高法院直接指出，《统一标准法》不剥夺州法院的管辖权也能完成使命，扭转《私人证券诉讼改革法》被架空的局面。

首先，阅读该法的序言可知，《统一标准法》的目标只是防止某些目的不纯的案件，而不是禁止一切依《证券法》提起的集体诉讼案件在州法院进行审理。

其次，此目标的实现并不依赖于完全剥夺州法院的管辖权。《私人证券诉讼改革法》不仅提高了原告提起集体诉讼的程序性标准(仅联邦法院适用)，还提高了实质性标准(州法院和联邦法院均适用)，就算原告在州法院起诉，规避了程序要求,依然受实质性要求的约束。

再次,虚假陈述、内幕交易等行为,不仅会发生在《证券法》规制的证券初始发行阶段,更大量地产生于《证券交易法》所规制的后续证券交易过程之中。现行法律已明确规定,依《证券交易法》提起的集体诉讼专属于联邦法院管辖,这意味着大多数证券集体诉讼案件本就只能在联邦法院审理。

最后,联邦最高法院特别指出,虽然不清楚为什么国会不规定依《证券法》提起的诉讼也像依《证券交易法》提起的诉讼一样必须由联邦法院审理,但法院必须尊重现行法律的固有内涵,不能过度解读。

赛恩的第二个理由是,如果不把"第77p节"解释为"第77p(f)(2)节",州法院无权管辖的集体诉讼案件就会非常少——一个案件必须满足"第77p节"罗列的所有条件,而不是仅满足"第77p(f)(2)节"这一个条件,州法院才无权审理。换言之,州法院依然能审理绝大部分的集体诉讼案件。这样一来,"例外条款"在现实中便几乎没有用武之地,国会设置这个条款有什么意义呢?这就好比父母告诉孩子,晚饭后除了棒棒糖,什么水果都能吃。棒棒糖本来就不属于水果,这句"除了棒棒糖"不是多此一举吗?

投资者认为,对于一些既可以依《证券法》,也可以依州法起诉的案件,由于第77v(a)节、第77p节存在冲突,准据法的选择直接影响案件的命运,因此国会以"例外条款"明确规定优先适用第77p节,以解决冲突。

然而,联邦最高法院认为,如果仅为解决法条冲突,"例外条款"可有可无:说有必要吧,其实联系上下文就能知道冲突时该怎么办,用不着新增一个条款;说没必要吧,难保律师不会把法官偶尔的疏忽当作"先例",歪曲法条的适用,那还不如用"例外条款"先把话说清楚。考虑到国会一贯谨慎的态度,这个条款更像是一种防止律师玩文字游戏的自动防故障措施(fail-safe device)。还是用前面父母不允许孩子吃棒棒糖的例子,因为"棒棒糖不能吃"作为例外规则优先于"水果能吃",所以即使孩子耍赖说"橙子口味的棒棒糖也可以算作水果",但只要它还是棒棒糖,孩子就不能吃。

总而言之,在联邦最高法院的大法官们看来,把"第77p节"解释为"第77p(f)(2)节"不仅超出了文义范围,还颠覆了《证券法》所确定的管辖原则。如果非要这么解释,就必须有十分充足的理由,但显然赛恩的抗辩不足以让人信服。

由此,联邦最高法院认为"例外条款"并未剥夺州法院对"特定的集体诉讼"的管辖权。

4. 驳联邦政府:以州法为准据法才能移审

联邦政府作为法庭之友(以下简称政府),对州法院有管辖权这一点并无异议,他们的问题在于,根据第77(c)节,什么样的诉讼案件可以移审。

再次回顾一下第77(c)节的规定:"任何在州法院提起的、涉及(b)款中所规定的'特定证券'的'特定集体诉讼'应移送到联邦法院审理……"[Any covered class action brought in any State court involving a covered security, as set forth in subsection (b) of this section, shall be removable to the Federal district…]

政府认为,根据"就近原则"(rule of the last antecedent),"(b)款中所规定的"仅指代"涉及的'特定证券'"这一短语,另外,(b)款中只列明了(b)(1)、(b)(2)两种具体的证券欺诈行为,因此,任何在州法院提起的"特定集体诉讼",只要是指控(b)(1)、(b)(2)规定的这两种证券欺诈行为,无论是以州法还是联邦法为准据法,都应移送至联邦法院审理。

联邦最高法院将政府的上述逻辑抽丝剥茧地分析之后,予以了驳斥。

首先,根据语法规则,当指代词前后是一个意义完整的长句时,"就近原则"不能适用。比如,"如图所示,一个女人盛装打扮,手里拿着一把伞"这句话,"如图所示"指的肯定是后面的全部内容,而不是仅指"一个女人"或"一把伞"。同理,"任何在州法院提起的'特定集体诉讼'"与"涉及'特定证券'"两个短语不是独立的,而是组合在一起共同描述了一种类型的集体诉讼案件,故而没有理由认为"(b)款中所规定的"仅指代"涉及的'特定证券'"这个短语。

其次,即使这里可以适用"就近原则",政府也没有用对,因为只有名词或者名词短语才能被指代。还是上面那个例子,"如图所示"可以指"拿着伞的女人",但不能指"女人拿着伞"这个动作。因此,"(b)款中所规定的"可以指"特定证券"这一名词短语,却不能如政府所言,指代"涉及'特定证券'"这一动词短语。

最后,从文义出发,"特定证券"与"证券欺诈行为"这两个短语的内涵截然不同。如果国会的本意和政府一致,法条应该会直接规定"所有在(b)(1)和

(b)(2)中所规定的"证券欺诈行为,而不是像现在这样词不达意。

那么,正确的理解究竟是什么呢？联邦最高法院认为法条的本意是:向州法院提起"特定的集体诉讼",只有以州法为准据法时,方应先把案件移送到联邦法院,再由联邦法院驳回;如果是以联邦法为准据法,仍需遵守《证券法》确定的一般原则,由已经立案的州法院继续审理,而不能移送到联邦法院。

问题是,第 77(p)(b)节已经规定以州法为准据法的案件,无论是州法院还是联邦法院都要驳回,反正都要驳回,为什么还要大费周章先移送到联邦法院呢？在回答这个问题时,联邦最高法院的大法官们援引了联邦第七巡回上诉法院在2006 年审理科什案[1]时对第 77p(c)节的理解:不是让这类案件换个法院进行实质性审理,而是确保驳回起诉、终结诉讼,因为有时州法院不一定会贯彻执行第 77p(b)节的规定,还是联邦法院把最后一关靠谱。

归根结底,联邦政府犯了和赛恩一样的错误,先入为主地以为,国会出台《统一标准法》的初衷是希望所有依《证券法》提起的集体诉讼都专属于联邦法院管辖,从而曲解了法条。这个案件也提醒大家,除了了解立法背景、解读法条外,还是要严格遵循法律解释的方法,不能靠主观臆测。

---

〔1〕 Kircher v. Putnam Funds Trusts, 547 U. S. 633 (2006).

威尔森诉监狱长塞勒斯

Wilson v. Sellers

——如何推定上级法院维持原判且没写理由的判决的理由?

原 案 名:Wilson v. Sellers, Warden

判决日期:2018 年 4 月 17 日

案 号:16 - 6855

主 笔:布雷耶大法官(首席大法官罗伯茨和肯尼迪、金斯伯格、索托马约尔、卡根大法官附议;戈萨奇大法官发表异议意见,托马斯和阿利托大法官附议)

判决主旨:在审查州法院未经解释的判决时,联邦法院应该"穿透"该判决,审查上一个给出判决理由的相关州法院的判决及判决理由,且联邦法院应该推定该未经解释的判决适用的是相同的判决理由。

判决译述

1. 死囚犯申请州人身保护令被拒

威尔森(Marion Wilson)因故意杀人罪被判处死刑后,向佐治亚州高级法院请求州的人身保护令,声称他的律师在其定罪量刑时没有提供有效辩护,这违反了美国联邦宪法第六修正案。佐治亚州高级法院驳回了该请求,认为律师的辩护不存在瑕疵,也没有损害威尔森获得公正审判的权利。于是威尔森向佐治亚州最高法院上诉,佐治亚州最高法院在没有给出解释的情况下驳回了他的上诉。

然而威尔森并没有放弃,他以同样的理由向佐治亚中区联邦地区法院申请联邦人身保护。

2. 联邦法院审查州法院判决的标准

根据 1996 年的《反恐及有效死刑法》,针对州法院的判决向联邦法院提出人身保护异议的被告需要证明该州法院的判决与明确确立的联邦法相悖,或者涉及对明确确立的联邦法的不合理适用,或者系基于州法院对事实作出的不合理的认定。

要确定州法院的判决是否“涉及”对联邦法的不合理适用,或者“基于”对事实作出的不合理认定,联邦法院需要审查为什么州法院会拒绝受理被告基于联邦法提起的诉求,并应对州法院的判决给予适当尊重。

如果州法院在拒绝受理被告的联邦法诉求时在判决中解释了原因,联邦法院只需要审查州法院在判决中给出的具体理由,只要合理,给予尊重即可。然而,当州法院拒绝受理这类案件却没有给出具体理由,而是仅仅用一个词,如“维持原判”或者“拒绝授予”时,情况就变得困难了。本案中,佐治亚州最高法院在拒绝授予被告人人身保护令的判决里就没有给出理由。这时联邦法院该怎么办呢?

3. 各联邦巡回上诉法院做法不一

本案中的联邦地区法院受理本案后,认为威尔森的律师在辩护时确实存在瑕疵,但是在判决时仍然尊重了州最高法院的结论,理由是,尽管律师服务存在瑕疵,但是该瑕疵并未损害威尔森获得公正审判的权利——这正是佐治亚州高级法院在判决中给出的理由。这种做法“穿透”(look through)了州最高法院的判决,而采纳下一级法院的判决中所包含的理由。

然而,当案件上诉至联邦第十一巡回上诉法院时,该上诉法院虽然维持了该判决,即仍拒绝对威尔森颁发人身保护令,但是认为联邦地区法院不应“穿透”州最高法院作出的未经解释的判决,而审查上一个给出判决理由的相关州法院的判决,并理所当然地推定该未经解释的判决适用的是与此前判决相同的判决理由。

上诉法院的法官们认为,联邦法院应该思考州最高法院拒绝让威尔森上诉的理由是什么,而不是单纯地“穿透”州最高法院的判决去审查州内下级法院的判决意见。为了重新考虑本案法官们所提出的方法论问题,上诉法院的所有法官重新听审了此案,但就该问题仍然分歧很大,最终这个“皮球”被踢给了联邦最高法院。

4.“穿透”推定没问题但不绝对

本案的难点在于联邦人身保护法院需要如何识别州法院的判决理由,特别是当州最高法院仅对实体问题作出判决,却没有给出判决理由时。

联邦最高法院的大法官们认为,联邦法院应该“穿透”这一未经解释的州最高法院的判决,而去审查上一个给出判决理由的相关州法院的判决。联邦法院应该推定(presume):州最高法院作出的未经解释的判决的理由与给出判决理由的下一级州法院作出的判决的理由相同。然而,州政府可以通过其他方式来否定该推定(rebut the presumption),只要能证明未经解释的判决依据的是不同的理由而非下一级相关州法院的判决理由即可。

联邦最高法院在此前的判例中已经适用了“穿透”推定的方法。在伊斯特案[1]中,联邦最高法院判定:若州法院的判决推翻了申请人基于联邦法律提起的诉请,且该判决给出了判决理由,则后续的判决无论支持前述判决或否定相同诉请,只要没有给出判决理由,就推定为基于与前述法院的判决理由相同的理由而作出的判决。在伊斯特案中,联邦最高法院认为最后一个法院若以程序瑕疵为由驳回了被告的诉请,则推定后续驳回相同诉请的判决不会无视前一个法院的程序瑕疵理由,也不会重新对事实问题进行考虑。

在伊斯特案判决前,许多上诉法院已经在采用“穿透”推定方法了。该方法非常实用,在实际审判中,州上级法院的法官们在审查了下级法院的判决及判决理由后,若不存在重大分歧,上级法院的法官们一般情况下都会直接作出即决判决。

---

〔1〕 Ylst v. Nunnemaker, 501 U. S. 797(1991).

佐治亚州给出的其他抗辩理由也没能说服大法官们。佐治亚州认为“穿透”推定法不能为州上级法院的判决准确地识别出法律依据。但是联邦最高法院认为“穿透”推定法并不是一个绝对的方法。在伊斯特案中没有充分的补充证据来反驳该推定,并不代表在其他案件中不会出现充分的补充证据使联邦法院得出不同的结论。

因此,联邦最高法院推翻了联邦第十一巡回上诉法院的判决,发回重审。看来威尔森想要拿到人身保护令蛮难的。

上下级法院的关系

美国制造商协会诉国防部
——“美国水域”归谁管?

卫生与公众服务部长诉加尔萨
——未成年少女的堕胎之旅

奥蒂斯诉美国
——军事法官能否身兼文职?

美国制造商协会诉国防部
National Association of Manufacturers v. Department of Defense
——“美国水域”归谁管

原 案 名:National Association of Manufacturers v. Department of Defense et al.

判决日期:2018 年 1 月 22 日

案　　号:16 – 299

主　　笔:索托马约尔大法官(全体大法官一致同意)

判决主旨:涉及《水域规则》诉讼的初审管辖权在联邦地区法院,而非联邦上诉法院。

判决译述

1. 何谓“美国水域”

水是生命之源,而美国的工业化进程一度造成严重的水污染。1972 年,美国国会通过了《清洁水法》(the Clean Water Act),旨在限制污染排放,保护美国水域。但是,“美国水域”的定义究竟是什么?《清洁水法》对此语焉不详,这导致了一系列的争议。2015 年,美国环保局和美国陆军工兵部队制定了《美国水域规则》(The Waters of the United States Rule, 以下简称《水域规则》),对水域作出进一步界定,但是该规则被认为极大地扩展了“美国水域”的包含范围,引发了相关利益方的不满。包括美国制造商协会在内,多个团体在美国各地发起了针对《水域规则》的诉讼。

那么,针对《水域规则》的合宪性提起的诉讼应当由联邦地区法院受理,还是由联邦上诉法院受理呢？本案就涉及这一管辖权争议。

2. 管辖权之争

针对美国环保局提起的诉讼,通常情况下是根据行政诉讼法由联邦地区法院管辖,但是《清洁水法》第 1369(b)(1)节列举出 7 类情形直接专由联邦上诉法院管辖,其中就包含与本案相关的两种情形,即美国环保局“根据第 1311、1312、1316、1345 节批准或颁布任何排污及其他限制”及“根据第 1342 节颁发或否决任何许可”的情形。

在针对《水域规则》的诉讼中,有许多是在美国各联邦地区法院提起的。而又有许多团体(不包括美国制造商协会)担心《清洁水法》第 1369(b)(1)节可能会导致联邦地区法院丧失管辖权,因此向各联邦上诉法院提起了“保护性”诉讼。向联邦上诉法院提起的诉讼最终被整合移转至联邦第六巡回上诉法院,与此同时各联邦地区法院的相关诉讼继续进行。

在向联邦第六巡回上诉法院提起的诉讼中,美国制造商协会等一些团体主张联邦上诉法院没有管辖权,而美国政府认为《水域规则》属于《清洁水法》第 1369(b)(1)(E)节和第 1369(b)(1)(F)节规定的情形,相关诉讼应直接诉至联邦上诉法院。

联邦第六巡回上诉法院同意美国政府的观点,认为相关诉讼的初审管辖权在联邦上诉法院,因此驳回了美国制造商协会的主张。最终该案上诉至联邦最高法院。

3. 要实事求是,不要断章取义

联邦最高法院的观点十分简洁明了,全体大法官一致认为《水域规则》不属于《清洁水法》第 1369(b)(1)节列举的范围,相关诉讼的初审管辖权应在联邦地区法院。其推理论证如下。

第一,在涉及《水域规则》的诉讼上,无论是《清洁水法》第 1369(b)(1)(E)节还是第 1369(b)(1)(F)节都没有赋予联邦上诉法院以初审管辖权。

从法条文义出发,《清洁水法》第 1369(b)(1)(E)节可分解为 3 个要素,一是“排污限制”，二是“其他限制”，三是“根据第1311、1312、1316、1345节”作出的行为。《水域规则》仅仅对“美国水域”这一法律术语进行了行政解释，并没有创设“排污限制”或类似的“其他限制”，且创设《水域规则》的行为也是基于《清洁水法》第1361(a)节的授权，而非“根据第1311、1312、1316、1345节”。美国政府认为《水域规则》的实际效果是限定了水域，使《清洁水法》第1311节下的限制得以实施。这一理解缺乏法条支持，会使其他法条成为冗余，忽视了国会在《清洁水法》第1369(b)(1)节中列举7类情形的特殊安排。

在《清洁水法》第1369(b)(1)(F)节上亦是如此，该规定要求“根据第1342节颁发或否决任何许可”，《水域规则》同样不满足这一要求。美国政府援引联邦最高法院对皇冠辛普森案[1]的判决，认为《水域规则》的实际作用与“颁发或否决许可”类似，因此《水域规则》满足《清洁水法》第1369(b)(1)(F)条的要求。这种观点脱离了法律规定本身，是对皇冠辛普森案的曲解，亦会使其他法条成为冗余。

第二，政府的政策依据不能脱离法律明文规定的约束。首先，美国政府认为联邦上诉法院初审将有助于避免联邦地区法院与联邦上诉法院间的司法分歧。其次，美国政府认为联邦上诉法院初审将有助于提高司法效率。但是司法效率不是国会立法的唯一目标，如果国会有意提高此处的司法效率，它大可以像在《清洁空气法》中一样，将所有相关案件的初审管辖权授予联邦上诉法院，而不是在《清洁水法》第1369(b)(1)节中列举7种情形。再次，美国政府认为联邦上诉法院初审有助于推动全国法规统一这一重要目标。这或许有些道理，但国会并没有不惜一切代价追求这一目标。最后，与美国政府观点相反的是，联邦上诉法院初审在此处并不适用，因为《清洁水法》第1369(b)(1)(E)节和第1369(b)(1)(F)节的范围已由法律明确规定。

最终，联邦最高法院认为这一类案件仍应由联邦地区法院受理，联邦第六巡回上诉法院的判决被撤销，案件被发回并依据上述意见重审。

---

〔1〕 Crown Simpson Pulp Co. v. Costle, 445 U. S. 193(1980).

卫生与公众服务部长诉加尔萨

Azar v. Garza

——未成年少女的堕胎之旅

原 案 名:Alex M. Azar,Ⅱ,Secretary of Health And Human Services,et al. v. Rochelle Garza

判决日期:2018 年 6 月 14 日

案　　号:17 - 654

主　　笔:隐名(*Per Curiam*)

判决主旨:请求允许其堕胎的怀孕少女在下级法院胜诉后,在等待上诉法院判决的过程中,单方面采取行动成功做了堕胎手术,导致所争议的问题失去了实际意义,此时鉴于衡平考量,应发回重审,并驳回其主张。

判决译述

本案当事人一方是美国联邦政府卫生与公众服务部(Department of Health and Human Services)部长,另一方是一名由其诉讼监护人代理的非法潜入美国的未成年少女。由于法院在判决中使用化名(Jane Doe)对其进行保护,本译述中用“小花”来指代之。

1. 未成年少女怀孕后偷渡到美国

未成年少女小花违法进入美国边境,被拘禁后送往卫生与公众服务部的避难安置办公室(Office of Refugee Resettlement,以下简称安置办),此时她已有8周身孕。后来安置办将其转移到得克萨斯州的一个由联邦政府资助的庇护所。在经过初步体检后,小花要求做人工流产,然而安置办不允许她到可以做流产手术的诊所去,原因是安置办有个政策,除非有紧急医疗情况,否则庇护所的任何工作人员不得"在没有安置办主任的指示和批准的情况下,采取任何措施为堕胎提供便利"。

小花的诉讼监护人加尔萨,代表小花和"所有其他安置办监管的、无人陪同的、怀孕的未成年人",针对安置办政策的合宪性提起了集体诉讼。

2. 能否堕胎,一波三折

(1)联邦地区法院允许堕胎

2017年10月18日,联邦地区法院颁发了临时禁制令,允许小花立即做人工流产手术。

根据得克萨斯州的法律,每位决定堕胎者必须在手术24小时前与将要为其实施手术的同一位医生进行术前咨询。小花于10月19日参加了术前咨询,也就是说,10月20日小花就可以经由这位医生做堕胎手术。该诊所的医生一般每周轮值。

(2)上诉法院合议庭不允许堕胎

然而,政府针对此禁制令上诉至华盛顿特区巡回上诉法院,数位合议法官撤销了临时禁制令中的相关部分,认为政府假定小花有堕胎的宪法权利,安置办的政策并不是一个不当负担。因此,小花的手术没能做成。

(3)上诉法院全席法官撤销了不允许堕胎的决定

4天后的10月24日,华盛顿特区巡回上诉法院的全体法官作出全席(en banc)决定,撤销了合议法官的决定,将此案发回联邦地区法院重审。

(4)联邦地区法院再次允许堕胎

同日,小花的诉讼监护人加尔萨要求法院再次颁布禁制令。其律师要求联邦地区法院命令政府让小花得以"参加州法律要求的人工流产术前咨询以及流产手术"。联邦地区法院同意,并随之命令政府照办。

随即,小花的诉讼监护人与医院预约将于次日(10月25日)早晨7:30将小花送去诊所。

(5)政府将要求联邦最高法院紧急审核应否允许堕胎

政府则通知对方律师和联邦最高法院,其将于 10 月 25 日早上提出中止禁制令执行的申请,要求联邦最高法院对华盛顿特区巡回上诉法院的全席决定进行紧急审核。他们估计,小花必须按照州法律的要求重复做术前咨询,所以堕胎手术在 10 月 26 日之前都不会做。从 10 月 18 日到 10 月 25 日,短短一周时间,该案就在数个法院进行了数轮程序,可见其紧迫性。

3. 提前堕胎,木已成舟

大家都没想到,10 月 24 日晚上,有关预约的时间和性质发生了改变。之前已经对小花进行过咨询的那位医生正好值班,于是,本来早上 7:30 的预约提前到凌晨 4:15,且预约的目的并非术前咨询,而变成直接实施堕胎手术。

10 月 25 日上午 10 点,加尔萨的律师们通知政府,小花"今天早晨已经做了流产手术"。

手术已做使得相关主张(政府认为法院不应颁发禁制令允许小花人工流产的主张)变得不再有实际意义,于是政府就没再提出紧急中止执行禁制令的申请。相反,政府向联邦最高法院提出调卷申请。

4. 已经 moot 的案件怎么办?

本来诉讼双方的争议点是原告能否堕胎,结果法院还没判决,原告已经堕胎了,原来的争议点就不再有实际意义(moot)了,此时法院该怎么处理这个案件呢?

当联邦系统的法院正在处理的民事案件变成一个不再有实际意义的案件时,联邦最高法院通常的做法是"推翻或撤销下级法院的判决,发回重审,并指示其在重审时驳回上诉"。

由于这种做法基于衡平理论,决定是否撤销原判转而取决于"特定案件的条件和情形"。可以明确的是,如果某案失去实际意义是在下级法院胜诉的一方单方面的原因所致,此时就应当撤销原判。理由是:如果允许原告胜诉,然后采取自愿行动导致争议失去实际意义，最后还保留胜诉判决的利益，那么显然是荒谬的。

大法官们认为，本案中有关小花（允许其堕胎）的临时禁制令的诉讼正好符合联邦最高法院业已确立的做法：小花个人有关禁制令救济的主张在其堕胎后失去了实际意义。加尔萨及其律师在哥伦比亚特区巡回上诉法院胜诉后，采取了自愿的、单方面的行动，让小花比最初约定的时间提前做了堕胎手术，并因此保留了胜诉判决的利益，对这一点毫无争议。

政府还提出，对方律师作出了实质性的错误陈述和蓄意隐瞒，目的是阻挠联邦最高法院的审核。

大法官们认为，联邦最高法院对政府提出的这种主张非常慎重，因为司法伦理道德对于维持司法系统内的文明与相互信任的文化而言非常必要。一方面，所有的律师必须意识到积极为当事人辩护并不应取代他们作为法庭官员（officers of the court）的义务。尤其是在类似于本案的一些快速、紧急程序中，律师和法院对相互间的陈述都能够依赖，这一点至关重要。另一方面，律师对他们的客户也有职业道德义务，并非所有的交流障碍都构成不当行为。大法官们认为他们无须钻研双方提出的事实争议。

最终，联邦最高法院撤销了华盛顿特区巡回上诉法院的全席判决，将本案发回重审，要求华盛顿特区巡回上诉法院在重审中遵照联邦最高法院的意见，以失去实际意义为由，驳回小花请求（允许堕胎的）禁制令的相关主张。

小花要求法院允许其堕胎，最后成功做了堕胎手术，所以即便其申请被驳回好像也没有什么损失。但是对于律师而言，意义可能就有些深远了。

奥蒂斯诉美国

Ortiz v. United States

——军事法官能否身兼文职？

原 案 名：Ortiz v. United States

判决日期：2018 年 6 月 23 日

案　　号：16 – 1423

主　　笔：卡根大法官（首席大法官罗伯茨和肯尼迪、托马斯、金斯伯格、布雷耶、索托马约尔大法官附议；托马斯大法官发表协同意见；阿利托大法官发表异议意见）

判决主旨：美国法律对于军事法官同时担任文官有限制性规定，但此限制可根据明确的法律授权被豁免。国会对于军事委员会审查法院法官的指定便是明确的法律授权，从而使得军事法官身兼文职成为可能。

判决译述

1. 美国军事法院体系初探

本案涉及军队人员的犯罪行为，负责审判的是美国军事法院。在探讨案情之前，有必要先了解一下美国的军事法院体系（court-martial system）。

美国法院体系整体采用“双轨制”，分为联邦法院体系和州法院体系两部分。而联邦法院体系又可以大致分为两类，一是根据美国联邦宪法第Ⅲ条设立的宪法性法院，也称普通法院，自下而上包括联邦地区法院、联邦上诉法院和联邦最高法院；二是根据国会立法设立的立法性法院，也称专门法院，美国军事法院便属于专门法院体系。

有别于其他联邦法院,军事法院是美国国会为行使其对于军队和军队服役人员的权力所专门设立的用以审判军事案件的法院。由基层至高层,美国军事法院体系大致由以下几部分构成:

(1)军事法庭(the Court-Martial)。军事法庭是军事法院体系的基层审判机关。该法庭完全由军官(officer)领导,负责确定对军队服役人员实施犯罪(包括某些与军事无关的犯罪行为)者定罪量刑。

(2)刑事上诉法院(the Court of Criminal Appeals,CCA)。刑事上诉法院是军事法庭的上诉法院,通常由3位法官组成合议庭,法官可由军官或文官(civilian)担任,对军事法庭作出的涉及"惩罚性罚款、1年以上有期徒刑和死刑等刑罚的判决"进行复审。根据军种差异,刑事上诉法院具体分为陆军刑事上诉法院(CCA for the Army)、海军/海军陆战队刑事上诉法院(CCA for the Navy-Marine Corps)、空军刑事上诉法院(CCA for the Air Force)和海岸警卫队刑事上诉法院(CCA for the Coast Guard)。

(3)武装部队上诉法院(the Court of Appeals for the Armed Forces,CAAF)。武装部队上诉法院是军事法院体系的最高复审机关。武装部队上诉法院由5位法官组成,法官全部由文官担任,每位法官的任职期限为15年,负责复审重大案件和虽经刑事上诉法院复审但被告提出合理请求的案件。

(4)美国联邦最高法院。美国联邦最高法院虽非军事法院体系的一部分,但根据《美国联邦法典》第28编第1259节,美国联邦最高法院拥有对武装部队上诉法院判决进行调卷复审的管辖权。

除美国军事法院体系外,本案涉及的另一个具有司法性质的机构,是美国军事委员会审查法院(the Court of Military Commission Review,以下简称军委法院)。军委法院由美国国会设立,专门负责复审关塔那摩岛(Guantanamo Bay)军事委员会作出的决定。在司法职能上,军委法院不同于军事法庭,历史上军委法院曾被用来在军事管制或临时军政府期间代替民事法院,或用以审判违反战争法的敌军成员。

本案核心人物便是一位同时在这两个司法体系中任职的法官——米切尔法官(Judge Mitchell)。

2. 一场穷尽军事法院体系的诉讼

此案源于一起军人犯罪事件,程序方面自下而上穷尽了美国军事法院体系中的所有法院层级,直至联邦最高法院复审。原审被告奥蒂斯(Keanu Ortiz)是美国空军的一名一级飞行员,他因故意持有和传播儿童色情作品而被指控违反了《军事审判统一法》(the Uniform Code of Military Justice)。军事法庭受理了此案,认定奥蒂斯有罪,判处其2年有期徒刑并开除军籍。奥蒂斯对此判决不服,向空军刑事上诉法院提起上诉,后者维持了军事法庭的判决。

米切尔法官是奥蒂斯案的上诉机关——空军刑事上诉法院的审判庭成员,他还有一个很特殊的身份——军委法院法官。在奥蒂斯看来,米切尔法官身兼两职的行为不符合美国宪法和法律的规定,因而他的空军刑事上诉法院法官身份存疑,作出的判决也自然无效。就此问题,奥蒂斯向武装部队上诉法院提起上诉,但这一诉求未得到武装部队上诉法院的支持,武装部队上诉法院最终认定米切尔法官同时在空军刑事上诉法院和军委法院任职的行为并不违法和违宪,并维持了空军刑事上诉法院对于奥蒂斯的判决。

最终,奥蒂斯上诉至联邦最高法院。那么,对于米切尔法官身兼两职的行为,联邦最高法院会如何认定呢?

3. 联邦最高法院能否复审武装部队上诉法院的判决?

在讨论实体问题之前,联邦最高法院首先探讨了对于武装部队上诉法院判决的管辖权问题。

实际上,联邦最高法院对于武装部队上诉法院判决的管辖权具有明确的法律依据。根据《美国联邦法典》第28编第1259节的规定,联邦最高法院可以"通过调卷令复审武装部队上诉法院的判决"。并且,本案的原被告双方均未对管辖权提出异议。但作为本次审判的法庭之友,弗吉尼亚大学法学院的班扎伊教授(Aditya Bamzai)认为,联邦最高法院对武装部队上诉法院判决的管辖权超出了美国联邦宪法第Ⅲ条的范围。由于以往联邦最高法院曾9次复审武装部队上诉法院的判决,但在这些复审案件过程中从未遇到此类异议,因而对此问题联邦最高法院给予了高度重视并进行了详尽的分析。

如班扎伊教授所述,联邦最高法院的管辖权分为两类:初审管辖权(original jurisdiction)和上诉管辖权(appellate jurisdiction)。根据美国联邦宪法第Ⅲ条,联邦最高法院对于“影响大使、其他公使、领事以及一国作为当事方的案件”[1]拥有初审管辖权,对于武装部队上诉法院判决的复审显然不属于此。那么,问题的关键在于,能否证明联邦最高法院对武装部队上诉法院的判决拥有上诉管辖权?

对于上诉管辖权,美国联邦宪法第Ⅲ条仅规定联邦最高法院根据事实和法律,对于认为应当具有上诉管辖权的案件,进行上诉管辖。可以说,这一规定无明确限制,亦无明确指导。班扎伊转而援引经典的“马伯里诉麦迪逊案”(以下简称马伯里案)中马歇尔大法官对此问题的观点:“判断上诉管辖权最重要的标准在于,此类管辖权修改或纠正了一个已经开始的案件程序,而非开创了一个新案件的审理。”据此观点,他认为本案与马伯里案类似,属于一个新案件的审理,因而不属于联邦最高法院上诉管辖权的范畴。

对于班扎伊的上述观点,联邦最高法院并不认同。联邦最高法院认为,本案在上诉至联邦最高法院之前已经开始审理,本案的刑事司法程序源自基层的军事法庭,而非联邦最高法院。换句话说,联邦最高法院对此案行使管辖权时,并非首个对此案进行审判的司法机关。

为巩固上述结论,联邦最高法院又对军事法院的“司法性”进行了分析。联邦最高法院认为,“司法性”是整个军事法院体系的显著特征,这一点与普通法院体系存在很大的相似性。作为军事法院体系“司法性”的体现:程序方面,军事法院在审理案件时,严格遵守联邦法,且给予受审的军队成员与普通刑事审判中相类似的程序保护;判决方面,军事法院体系作出的终审判决具有已决案件一事不再审(res judicata)的效力,且遵循禁止双重危险规则(double jeopardy);管辖权方面,军事法院体系负责对军队成员进行刑事审判,其管辖权范围与普通联邦法院或州法院的刑事管辖权存在重叠。因此,军事法院行使的是司法权力,而非仅仅一种军事命令。

---

〔1〕 原文:“According to Art. Ⅲ of the US Constitution, the Supreme Court has original jurisdiction of cases ‘affecting Ambassadors, other public Ministers and Consuls, and those in which a State shall be Party’.”

班扎伊还提出,武装部队上诉法院不属于美国联邦宪法第Ⅲ条所规定的法院类型,因而联邦最高法院对武装部队上诉法院的判决没有管辖权。但根据前述对美国联邦法院体系和军事法院体系的分析,武装部队上诉法院本来就不属于美国联邦宪法第Ⅲ条规定的宪法性法院,而是国会立法创设的立法性法院,这一点并不影响联邦最高法院对武装部队上诉法院的上诉管辖权。联邦最高法院的回应是:联邦最高法院除对美国联邦宪法第Ⅲ条规定的法院所作出的判决具有上诉管辖权外,对某些由国会创设的非第Ⅲ条规定的法院同样具有管辖权。最典型的如领土法院(territorial courts)以及哥伦比亚地区法院(District of Columbia courts)。在帕尔默尔案[1]中,联邦最高法院认为军事法院、领土法院和哥伦比亚地区法院均属于国会为特殊需求或在特殊地区设立的法院,这是宪法授权国会在美国联邦宪法第Ⅲ条外创设法院的"额外权力"。

综上,联邦最高法院确定了对武装部队上诉法院判决的上诉管辖权。

4. 刑事上诉法院法官能否同时担任军委法院法官?

解决了管辖权问题,联邦最高法院开始对本案核心问题进行讨论——米切尔法官同时在军委法院和空军刑事上诉法院任职究竟是否合法合宪呢?

(1)总统的补充委任是否违反双重任职限制?

为探究米切尔法官身兼两职的合法性,需要从他究竟怎样被选任为军委法院法官说起。有关军委法院法官的选任,依据《美国联邦法典》第 10 编第 950f(b)节的规定,主要可以通过两种方式进行。

第一种是国防部长指定。根据《美国联邦法典》第 950f(b)(2)节,美国国防部长可以指定(assign)担任军事法院上诉法官者作为军委法院的法官。

第二种是总统委任。根据《美国联邦法典》第 950f(b)(3)节,美国总统可以根据参议院的建议和同意,委任(appoint)军委法院的其他法官。

米切尔被选任为军委法院法官的历程有些特殊,他经历了前述两种方式的叠加。其刚就职于空军刑事上诉法院不久,美国国防部长便基于前述《美国联邦法典》第 950f(b)(2)节的授权,指定已经是空军刑事上诉法院法官的米切尔

---

[1] Palmore v. United States, 411 U.S. 389 (1973).

担任军委法院法官。但与此同时,哥伦比亚特区巡回法院在埃尔纳西里案[1]中建议,基于宪法考虑,总统和参议院应委任国防部长已指定的军委法院法官(下文将对此建议的缘由进行分析)。这个建议最终被采纳,总统对于包括米切尔在内的数位军委法院法官进行了补充委任,参议院对委任进行了确认。

就此任职程序,本案原审被告奥蒂斯认为有违《美国联邦法典》第10编第973(b)(2)(A)节中对法官身兼数职的限制性规定。根据《美国联邦法典》第973(b)(2)(A)节的规定,除法律另有授权外,像米切尔法官这样的现役军官,不得担任联邦政府的文官职位(civil office)或行使联邦政府文官职权(以下简称双重任职限制规定)。而军委法院法官属于"文官职位"之一,因而在选任已经担任空军刑事上诉法院法官的米切尔作为军委法院法官时,必须存在其他法律的授权。奥蒂斯据此提出,由于米切尔的军委法院法官任命最终由总统作出,但《美国联邦法典》第950f(b)(3)节对"总统委任"的规定中未明示委任对象包括"军事官员",这不满足双重任职限制规定中对于法律授权的要求,因此总统委任无效。

联邦最高法院对奥蒂斯的观点进行了驳斥。联邦最高法院认为,整体而言,虽然米切尔的军委法院选任经历了国防部长指定和总统委任两步,但用于豁免双重任职限制规定的授权法条是唯一的,即《美国联邦法典》第950f(b)(2)节,而非奥蒂斯所强调的《美国联邦法典》第950f(b)(3)节。对于第一步,也就是国防部长对米切尔的指定,由于在《美国联邦法典》第950f(b)(2)节中进行了明确授权,所以奥蒂斯对此并无异议。重点在于奥蒂斯对第二步,也就是对总统委任的质疑。根据总统呈递参议院的军委法院法官任命书中的表述,总统请参议院确认委任米切尔为军委法院法官,此委任"与国防部长根据《美国联邦法典》第950f(b)(2)节指定其担任军委法院法官的现状保持一致"。也就是说,总统对米切尔的委任,可以理解为一种对国防部长指定的批准或延续。最终交由参议院确认时,实际上已经根据《美国联邦法典》第950f(b)(2)节为双重任职开了绿灯,也就无须在《美国联邦法典》第950f(b)(3)节中继续纠结了。

---

〔1〕 In re al-Nashiri, 791 F.3d 71 (2015).

(2)军事法官身兼文职是否违宪?

根据美国联邦宪法第Ⅱ条中的“委任条款”(appointment clause),“对于美国高级别官员(principal officer),美国总统需参考参议院的意见并取得参议院的同意后进行委任;而对于一些低级别官员(inferior officer)的任命,美国国会可将委任权授予总统(独立行使)、法院或部门首长”。前文中提及的哥伦比亚特区巡回法院在埃尔纳西里案中的建议便是基于此条规定,认为军委法院法官属于此条规定的高级别官员,应由总统进行委任并获得参议院的同意。通常情况下,案件当事人对此条的援引往往是为了对官员选任的程序违法提出反对,但奥蒂斯的思路并非如此。他援引此条认为,从委任方式来看,空军刑事上诉法院法官属于此条中规定的低级别官员,而军委法院法官属于高级别官员。如果同一人身兼这两种职务,则很有可能因其同为高级别官员而对其他低级别官员产生工作中的不当影响,因而身兼两职的行为应被委任条款禁止。

联邦最高法院则认为,奥蒂斯的论断实属对委任条款的过分解读。首先,联邦最高法院从未将委任条款用于解决一人身兼数职的问题;其次,即使将委任条款用于解释空军刑事上诉法院法官和军委法院法官的级别差异,联邦最高法院也无法得出奥蒂斯指出的结论。空军刑事上诉法院并非军委法院的下级机关,军委法院无权对空军刑事上诉法院的判决进行复审,且此二机关的管辖权范围并无重叠,因此联邦最高法院认为这两个机关实质属于两个独立的司法系统,空军刑事上诉法院法官也不会受军委法院法官的约束或影响。因此,即使米切尔法官同时担任空军刑事上诉法院法官和军委法院法官两职,也不构成对委任条款的违反,即不违宪。

5.案件结果

最终,联邦最高法院认定,米切尔法官同时担任空军刑事上诉法院法官和军委法院法官两职的行为既不违反《美国联邦法典》第973(b)(2)(A)节对于双重任职的限制,亦不违反宪法中的委任条款。因此,联邦最高法院维持了武装部队上诉法院的判决。

Chapter 3

第三章　宪法权利的保护

诉讼资格与条件

美国诉桑切斯

——案件无争议，则审判无意义

美国诉桑切斯
United States v. Sanchez-Gomez
——案件无争议,则审判无意义

原 案 名:United States v. Sanchez-Gomez et al.

判决日期:2018 年 5 月 14 日

案　　号:17 – 312

主　　笔:首席大法官罗伯茨(全体大法官一致同意)

判决主旨:案件获得法院受理的前提是其存在实际的、具体的争议,并且争议须存在于审理阶段的始终;若在任一节点丧失争议,法院不得继续审理。

判决译述

1. 上诉期间争议丧失

美国南加州联邦地区法院在当地联邦法警局(U. S. Marshals Service)的建议下采取了一项政策:审前羁押的被告应当手脚都戴上全套镣铐,除非法官准许其不戴。包括桑切斯在内的 4 名审前被羁押的另案被告针对此项政策,联合以原告身份(以下统称原告)提起了诉讼,认为此项政策侵犯了他们在美国联邦宪法第五修正案下的正当程序权利。美国联邦宪法第五修正案规定,未经正当法律程序,任何人不得被认定为有罪。然而,美国南加州联邦地区法院驳回了他们的诉请,于是他们向联邦第九巡回上诉法院提起上诉。

在上诉期间,这几位原告其自身的刑事案件都已结案,因此已不再受镣铐政策的约束。根据美国联邦宪法第Ⅲ条的规定,法院受理案件的前提是案件存在争议,否则法院会以这些案件不具有实际意义为由拒绝审理(以下简称无争议则不审理规则)。根据这一规则,本案已经不存在案件或争议,属于没有实际意义的案件。

但无争议则不审理规则也有例外,其中之一是集体诉讼。联邦第九巡回上诉法院认为,本案的4名原告不仅是为他们自己寻求救济,还在为南加州地区被羁押的所有犯罪嫌疑人寻求救济,因此本案有类似集体诉讼的诉请以及类似集体诉讼的救济方式,可以视为具有集体诉讼的功能。因此联邦第九巡回上诉法院裁定,本案具有实际意义,南加州地区的镣铐政策违宪。

然而原告不认同联邦第九巡回上诉法院的说理,认为他们的案件不受无争议则不审理规则的约束并非基于他们的案件属于集体诉讼,而是基于无争议则不审理规则的另一个例外——争议将会重复发生却逃避法院审理(controversy that is capable of repetition, yet evading review)的情况。理由在于,4名原告中的2名——桑切斯和帕特里克是因非法入境而被羁押,有报告指出38%的非法入境者犯罪后会再犯,且经济和家庭的压力将会迫使他们再次非法入境,然后被逮捕送回审前羁押;联邦最高法院的先例也支持此类观点。

于是,案件被上诉到联邦最高法院。

联邦最高法院的大法官们首先回顾了美国联邦宪法第Ⅲ条中有关无争议则不审理规则的规定。根据宪法的授权,联邦法院只能裁决"对当事人有直接影响的、实际的、具体的争议",并且这种争议"必须存在于审理的所有阶段,而不是仅仅存在于起诉阶段"。因此,如果一个案件在审理的任何阶段不再存在符合美国联邦宪法第Ⅲ条精神的实际意义上的案件或争议,即变得没有实际意义,联邦法院不再对其具有管辖权。其次,联邦最高法院对联邦第九巡回上诉法院提出的集体诉讼例外和原告提出的争议重复发生例外分别进行了分析。

2. 无争议则不审理规则的集体诉讼例外

对于联邦第九巡回上诉法院提出的集体诉讼例外规则,联邦最高法院认为,联邦第九巡回上诉法院对格斯坦案[1]的援引是错误的。格斯坦案适用的

---

〔1〕 Gerstein v. Pugh, 420 U. S. 103 (1975).

是《联邦民事诉讼规则》(the Federal Rules of Civil Procedure)第23节的集体诉讼规则。在格斯坦案中,在法院确认该案构成集体诉讼之前,指定的集体代表已经被释放或其他原因导致其个人案件已经没有实际意义。法院认为该集体案件可以继续审理,因为审前羁押是临时的,集体诉讼的确认却需要耗费较长的时间,所以集体代表不太可能会一直被羁押到法院批准集体诉讼。因而即便集体代表被释放或其他原因导致其个人案件失去实际意义,但集体中其他成员的案件不会因此失去实际意义,因为其他成员仍然与案件的结果有利害关系。

格斯坦案并没有脱离集体诉讼的语境去讨论案件没有实际意义的例外情形,并且《联邦刑事诉讼规则》并未建立类似于《联邦民事诉讼规则》第23节的集体诉讼规则,联邦最高法院从未允许刑事案件中的被告在个案中联合起来,代表一个集体寻求未来的救济,而本案是基于刑事案件的被告提起的集体诉讼,并非民事案件的当事人提起的集体诉讼。下级法院不能随意认定一个案件构成普通法上的集体诉讼(common-law kind of class action)或者事实上的集体诉讼(de facto class actions)。

3. 无争议则不审理规则的争议重复发生例外

对于原告提出的争议可能重复发生的例外规则,联邦最高法院认为,刑事被告因再次“违反现行有效的刑法而被起诉”的情形不构成争议可能重复发生这一例外情形。“争议将会重复发生”作为无争议则不审理规则的例外情形,必须同时满足下列条件:一是在诉讼中止或终止前,诉讼持续的时间太短以至于诉讼没有充分进行;二是有合理理由相信原告将会再次受到争议行为的影响。

本案的原告没能证明第一个条件,且对第二个条件纯属主观判断。原告不恰当地引用了霍尼格案[1]和特纳案[2]。在霍尼格案中,原告因实施破坏性行为,被学校勒令中止在学校学习,原告针对学校的行为提起诉讼。考虑到原告是一名不能控制其过激行为的残疾人,法院认为有合理理由相信,原告将会再次实施不当行为,并且再次被勒令中止学习。在特纳案中,原告因屡次拖欠子

---

〔1〕 Honig v. Doe, 484 U. S. 305 (1988).

〔2〕 Turner v. Rogers, 564 U. S. 431 (2011).

女抚养费而被法院裁决为藐视法庭。考虑到原告负有 13,000 美元的债务,且距离下一次听证仅有 5 个月,法院认为原告被拒绝指定律师的情况将会重复发生。这两个先例中,当事人都无法控制自己不去实施违法行为。

而本案中的桑切斯和帕特里克能够控制自己不去再次实施此前的犯罪行为,且法律要求他们不去实施违法犯罪行为。他们进入美国境内的个人动机以及有可能升高的非法入境犯罪的重复率,并不意味着他们无法控制自己的行为。

4. 案件结果

因此,大法官们一致认为,4 名原告提起的关于正当程序权利的诉讼已经不具有实际意义。同时指出,上述结论不影响其他人针对南加州地区有关给犯罪嫌疑人戴上全套镣铐的政策提起诉讼,但是鉴于本案已经不具有实际意义,联邦最高法院在此问题上不再发表意见。最终联邦第九巡回上诉法院的判决被撤销,案件被发回重审。

选举权

俄亥俄州州务卿诉伦道夫协会
——有权不用，过期作废

明尼苏达州选民联盟诉曼斯基
——选举日莫要乱穿衣

吉尔诉惠特福德
——选区划分诉讼中的诉讼资格

贝尼塞克诉马里兰州选举委员会
——共和党与民主党的较量

得克萨斯州州长阿博特诉佩雷斯
——选区划分的程序问题

北卡罗来纳州诉科文顿
——立法机构不得根据种族划分选区

俄亥俄州州务卿诉伦道夫协会

Husted v. A. Philip Randolph Institute

——有权不用，过期作废

原 案 名：Husted，Ohio Secretory of State v. A. Philip Randolph Institute et al.

判决日期：2018 年 6 月 11 日

案　　号：16－980

主　　笔：阿利托大法官（首席大法官罗伯茨和肯尼迪、托马斯、戈萨奇大法官附议；托马斯大法官发表协同意见；布雷耶大法官发表异议意见，金斯伯格，索托马约尔和卡根大法官附议；索托马约尔大法官发表异议意见）

判决主旨：俄亥俄州基于住所变更将选民从选民名册移除的程序没有违反联邦法律中的任何条款。

判决译述

1. 搬家了就不能在老地方选举

美国每个州都要求选民只能在他们居住的地区进行选举投票。然而，由于每年有超过 10% 的美国人离乡迁移，所以各州就需要将那些迁出原选区的选民从选民名册上移除，而这并非易事。

长久以来，都是各州自己保持选民名单的准确性，以使有资格者得以在联邦选举中投票。直至 1993 年，国会颁布了《全国选民登记法》（The National Voter Registration Act，以下简称《选民登记法》），要求各州尽合理的努力将因死亡或住所变更而产生的不合格选民移出名单。《美国联邦法典》第 52 编第

20507(a)(4)节规定了将不合格选民从州选民名册中移除的相关事项,其中包括因住所迁移而产生的不合格选民。

根据《美国联邦法典》第52编第20507(d)节的规定,州政府仅可在以下两种情况下基于住所变更的理由移除选民:(1)有书面文件证明登记者已迁移;(2)登记者未能退回州政府向其发出的一张包含法定内容的预填地址且预付邮费的"回执卡",且未在接下来大约4年期间的两次联邦选举(two consecutive general elections, usually about four years)中投票。

该节规定了提前通知义务(prior notice obligation),即向住所可能已变更的选民发送回执卡加以确认,是为了避免一些州的选民在自己不知情的情况下被取消选民资格的现象再度出现。当州政府收到证明选民是否移居的回执卡时,应根据回执卡上的相应信息将选民移出或保留在选民名册中。但如果回执卡未被寄回,该怎么办呢?国会显然早就预料到了这一点,便在上述《美国联邦法典》第52编第20507(d)节中将该情形与选民未参加接下来的两次联邦选举投票的情形结合在一起视为选民移居的证据。

除此之外,《美国联邦法典》第52编第20507(b)(2)节[又称未投票条款(failure-to-vote clause)]规定:(1)各州"不能仅基于某人未投票"而将其移出选民名册;(2)未投票条款不禁止一州因登记者未退回回执卡且未参加接下来的两次联邦选举投票而将其移出名册。

2. 未投票是否可以被移除出选民名册?

同其他州一样,俄亥俄州也要求选民在他们居住的地区参加选举投票,并自1994年起适用两种因住所变更而移除选民的程序:一是《选民登记法》中规定的邮政服务公司选项(postal service option),即该州给邮政服务公司(美国邮政服务公司,前身是美国邮政部)认定为已经迁居的选民发送相关通知。然而,因为将近40%的人迁居时并不会通知邮政服务机构,所以俄亥俄州不再单独依赖该信息;二是补充程序(supplement process),俄亥俄州将两年未参与投票的选民粗略认定为已经迁居,然后向他们发送符合《美国联邦法典》第52编第20507(d)节的通知。

具体而言,俄亥俄州将两年未参与选举投票的选民粗略认定为选民已迁移,然后向这些选民发送一张预填地址、预付邮费的卡片,以确认其是否仍居住于该地址;凡没有将卡片寄回且未在接下来4年内(两次联邦选举期间)参与选举投票的选民将会被视为已经迁移出原居住地,并被移出选民名册。

伦道夫协会(Randolph Institute)是由美国著名的民权运动家伦道夫和拉斯丁共同成立的一个组织,其宗旨是为美国工人持续追求社会、政治以及经济方面的公正待遇。伦道夫协会认为,俄亥俄州这种基于住所变更而移除选民的程序违反了联邦法律,因为该程序可能使得一些并未实际离开该州的选民被移除出选民名单,且该程序违反了未投票条款,因为未投票的情形在程序中起到了重要作用,其既是发送通知的启动程序,又作为判断是否移居的标准之一,换言之,俄亥俄州"两次"使用了未投票情形。

联邦地区法院驳回了伦道夫协会的请求,判决俄亥俄州的程序符合联邦法律的要求。但是联邦第六巡回上诉法院推翻了初审判决。案件上诉到联邦最高法院。

3. 未投票情形的适用范围有限制吗?

伦道夫协会认为,未投票情形只能适用于《美国联邦法典》第52编第20507(d)节规定的范围内,即只能在选民未寄回通知后作为一项考虑标准,而不能当作程序启动的原因。联邦最高法院基于三方面原因驳回了伦道夫协会的这一观点。

首先,伦道夫协会曲解了2002年《协助美国投票法》(the Help America Vote Act,以下简称《协助投票法》)对《选民登记法》的补充解释的真实意思,该补充解释并没有创造"不能使用未投票情形"的一种例外,也未规定"除了符合《美国联邦法典》第52编第20507(c)节和第20507(d)节规定外不得使用未投票情形"。该规则是解释性规则而非创造例外的限缩性规则。

其次,根据伦道夫协会的解释,《协助投票法》的规定显得十分多余。就算抛开《协助投票法》不看,也不会有理智的人将未投票条款解释为禁止《美国联邦法典》第52编第20507(c)节和第20507(d)节所明确允许的事项,这会引起法律之间的冲突,然而根据伦道夫协会的解读,这正是《协助投票法》所追求的目标。未投票条款并未禁止第20507(c)节和第20507(d)节规定的事项,所以将《协助投票法》的新规定解释为第 20507(c)节和第 20507(d)节创设在未投票条款下的例外毫无法律意义。

最后,大法官们认为,伦道夫协会的解读令人难以理解国会为什么要在同一部法律中设置另一条款,即《美国联邦法典》第 52 编第 21083(a)(4)(A)节,"没有选民会仅仅因为未投票而被移除"(no registrant may be removed solely by reason of a failure to vote)。依据伦道夫协会的解读,未投票条款禁止的内容远超过《美国联邦法典》第 52 编第 21083(a)(4)(A)节所规定的内容。但是第 21083(a)(4)(A)节除了允许在符合第 20507(c)节和第 20507(d)节的情况下使用未投票情形外,也允许在其他情况下使用该情形,只要其不是作为取消选民资格的唯一原因即可。伦道夫协会的解释就如同《协助投票法》包含了如下两条规定:(1)禁止血液中的酒精含量超过 0.08 的人驾车;(2)禁止血液酒精含量超过 0.10 的人驾车。第 2 条规定明显是多余的。

联邦最高法院的解读为《协助投票法》的解释规定增添了真实且实质的效力(real and substantial effect),该规定阐述了"禁止基于未投票事项取消选民资格"的实在含义,这是一个困扰各州许久的问题。

伦道夫协会以及法院异议意见称,若不将《协助投票法》的补充规定解释为禁止将未投票一事作为发送通知的起因,该规定将毫无意义。这也是一种错误的理解,因为在联邦最高法院的解读下,《协助投票法》的规定仍有许多意义,如禁止各州将未投票作为认定任何取消选民资格的原因(不仅仅是住所变更)是否成立的唯一标准。

4. 没寄回回执卡能作为住所变更的证据吗?

伦道夫协会还提出,许多已经妥善登记的选民一接到回执卡,通常就会直接将其丢弃,因此将没有寄出卡片作为住所变更的证据毫无意义。

联邦最高法院认为,伦道夫协会的这一结论是建立在不可靠的经验基础上的,国会显然不会认为不寄回回执卡没有任何证明价值,因为其将该行为认定为《美国联邦法典》第 52 编第 20507(d)节下将选民移除的两个要求之一。法院没有权利质疑国会对回执卡证明价值的肯定。国会给予了各州设置宪法性选举资格的权力,也授权各州以不违反宪法的方式设置选举的具体"时间、条件和方式”。

况且无论关于不愿寄回回执卡的“人性”是怎么样的,《美国联邦法典》第52编第20507(d)节下的寄回通知与我们日常生活中将由商业产品或为索要捐赠发来的招徕广告丢弃是不同的。此处的通知警告了收到通知的选民,除非他们将预填地址且预付邮费的“回执卡”寄回或者在网上更新其有关信息,否则他们将会被移除出选民名单。国会认为,没有一个与选举有利益关系的理智的人会忽视这样的通知。

5. 两年未投票可以作为启动通知程序的前提吗?

伦道夫协会还称,两年未投票不能作为认定选民住所可能变更、进而启动通知程序的可靠证明,联邦最高法院认为这一观点同样不能成立。国会在《美国联邦法典》第52编第20507(d)节将未寄回回执卡与未在接下来4年内的两次联邦选举中参与投票结合在一起,作为基于住所变更取消选民资格的一种情况,可见国会认可一定期间内未投票与住所变更之间存在联系。同样,俄亥俄州法律也认为两年内未投票足以与住所变更相关联,因此将其作为启动通知程序的前提。

无论是《美国联邦法典》第52编第20507(d)节还是《选民登记法》中的其他任何条款都没有要求一个州在发送通知前有具体定量的关于住所变更的证明要求,只要发送通知的前提是“统一的,无歧视的以及符合《选举权利法》的”(uniform, nondiscriminatory, and in compliance with the Voting Rights Act),那么各州可以采取任何其认为的最好的方案来启动通知程序。

伦道夫协会还试图从《美国联邦法典》第52编第20507(c)节为其论点找支撑,该节规定,“一州向经邮政服务公司显示为已迁居的选民发送相关通知,便可以满足(may meet)其承担的移除不合格选民的义务”,伦道夫协会认为该规定含蓄地设置了最低限度的可靠性要求,只有当启动通知程序的依据像邮政服务公司收到的选民住所变更信息一样有证明力(probative)时,州政府才可以发送通知。联邦最高法院认为第20507(c)节并没有对发送通知施加任何最低限度的可靠性要求;相反,该节仅提供了一种证明住所变更的方式,诚如伦道夫协会所说,这也并不是唯一的方式。

6. 俄亥俄州的程序并未违法

异议意见称,俄亥俄州主要依据选民未寄回回执卡这一情形作判断违反了《美国联邦法典》第 52 编第 20507(a)(4)节的规定,该规定要求各州移除不合格选民时应尽"合理的努力"(reasonable effort)。联邦最高法院认为无论第 20507(a)(4)节中的"合理"是何含义,异议意见的主要论点都不能成立,因为重视是否寄回回执卡这一情形的不是俄亥俄州法律,而是联邦《选民登记法》,国会在第 20507(d)节的规定显然反映了国会认为"未能寄回回执卡且未在一定时间内投票"可以作为住所变更的可靠证明,法院没有特权去判断国会制定该规定的合理性。

联邦最高法院认为未投票条款自订立时禁止的便是将未投票情形作为判断的"单一原因"(sole causation)。国会在《协助投票法》对《选民登记法》的补充解释中清楚地阐明,选民未回复通知且在一定期间内未投票才会被移除出选民名单。只有当一州将未投票作为取消选民资格的唯一原因时才会违反未投票条款。对未投票条款的解读一定要与《美国联邦法典》第 52 编第 20507(d)节一同进行,且应依据联邦最高法院在 2009 年审理的里奇案[1]中的判决,"以能使两条款都有效的方式进行解读",俄亥俄州基于住所变更将选民从选民名册移除的程序没有违反联邦法律中的任何条款。

最终,联邦最高法院撤销了联邦第六巡回上诉法院的判决,判定俄亥俄州基于住所变更将选民从选民名册移除的程序没有违反联邦法律中的任何条款。

---

[1] Ricci v. DeStefano, 557 U. S. 557 (2009).

明尼苏达州选民联盟诉曼斯基
Minnesota Voters Aliance v. Mansky
——选举日莫要乱穿衣

原 案 名:Minnesota Voters Alliance et al. v. Mansky et al.

判决日期:2018 年 6 月 14 日

案　　号:16 – 1435

主　　笔:首席大法官罗伯茨(肯尼迪、托马斯、金斯伯格、阿利托、卡根和戈萨奇大法官附议;索托马约尔大法官发表异议意见,布雷耶大法官附议)

判决主旨:在美国“秘密投票”模式下,政府可以对公民在投票地点的言论表达进行一定的限制,甚至可以限制公民穿着的“政治性服饰”。这一限制本身不违背美国联邦宪法第一修正案的“言论自由”规定,但限制规定若用词模糊、易被滥用,则会被认定为违宪。

判决译述

1. 由公开选举到秘密投票

现如今,美国的选举活动已高度秩序化:选民们有序排队等候,在与民选官员进行简单互动后,通过匿名投票的方式作出自己的选择。

但是,这种井井有条的投票方式并非原生的。回首 19 世纪中期,选民选举的方式是通过选举窗口将各自的选票递交给选举官员,而每位选举官员根据其所代表的候选人的差异,分别在不同的房间收取选票。在那个时代,选举活动实际上是公之于众的,选民之间会因各自支持对象的不同而相互干扰和阻挠。

换句话说,美国早期公开化的选举模式对民主政府的信仰者并不友好。

19 世纪后期,为增强选举的可靠性,美国各州开始了选举改革。大约在1888 年至 1896 年间,几乎所有的州接受了“秘密投票”(secret ballot)这种选举模式。同时,各州相继颁布了选举日当天在选举点附近“言论中立”(viewpoint-neutral)的限制规定。

本案所讨论的核心法律条文,便是州法中对选举活动的限制。

2. 选举日当天不得随意穿衣!

明尼苏达州选民联盟(Minnesota Voters Alliance,以下简称选民联盟),是一家明尼苏达州的非营利机构,该机构成员希望通过选举的方式来选择更优政府。基于此目的,选民联盟成员希望在选举活动中选择穿戴某些带有特殊图案或文字的服装和徽章来展示其政治态度。然而,这一行为不为明尼苏达州法律所允许。

基于《明尼苏达州州法》第 211B. 11(1)节的规定,“任何人(包括选民)不得在选举日佩戴政治性标签、胸针或其他带有政治色彩的装饰物进入投票点”〔1〕[以下简称政治性服饰禁制令(political apparel ban)]。政治性服饰禁制令专门适用于在选举地点和选举日当天,规制的范围包括带有政治性配饰的服装和配饰本身。作为监管者,明尼苏达州选举官有权判断某一服装或配饰是否具有“政治性”。若违反该禁制令,选举官将要求选民更换服装或对政治性配饰进行遮挡;选民若拒绝选举官的要求,虽仍可参与选举,但其违法行为将被记录在案。此后,该选民将接受明尼苏达州行政听证办公室的行政程序,并有可能因其违法行为承担民事处罚,或因轻罪受到检方的刑事指控,接受最高 300 美元的罚款。

因此,以选民联盟为代表的类似组织决定于 2010 年 11 月的选举日前夕挑战明尼苏达州法律,以政治性服饰禁制令违背了美国联邦宪法第一修正案规定的“言论自由”为由,向美国联邦地区法院提起诉讼。不出意外,美国联邦地区

〔1〕 原文:“Minnesota law prohibits individuals, including voters, from wearing a ‘political badge, political button, or other political insignia’ inside a polling place on Election Day。”

法院拒绝了原告的诉求,允许政治性服饰禁制令在接下来的大选中继续有效。

明尼苏达州政府也对该诉讼作出了回应,通过颁布选举日政策(election day policy)的方式为政治性服饰禁制令的执行作出指导,对政治性服饰进行了以下非穷尽式的列举:

(1)带有任何明尼苏达州政党名称的服饰(items displaying the name of a political party)。

(2)带有任何候选人名字的服饰(items displaying the name of a candidate)。

(3)用以支持或反对某一投票问题的服饰(items supporting or opposing a ballot question)。

(4)带有旨在影响或影响投票的问题导向材料的服饰(issue oriented material designed to influence or impact voting)(具体包括像'Please I. D. Me'的徽章)。

(5)带有支持某一团体明确政治主张的材料的服饰(material promoting a group with recognizable political views)(如Tea Party、MoveOn. org 等)。

对于美国联邦地区法院的裁决和明尼苏达州政府的回应,以选民联盟为代表的明尼苏达州选民在大选中表示了抗议。在度过了一个混乱的选举日后,双方继续对簿公堂,以选民联盟为首的原告所持的态度是:一方面,政治性服饰禁制令表面违宪(unconstitutional on its face);另一方面,明尼苏达州政府根据该禁制令限制选民着装的行为具体违宪(unconstitutional as applied)。

不出所料,美国联邦地区法院和上诉法院又一次站在了明尼苏达州政府这边,驳回了原告的起诉。

3. 言论虽自由,但需受限制

以选民联盟为代表的原告所依据的美国联邦宪法第一修正案,的确对限制"言论自由"的法律进行了禁止。那么,是否可以反过来理解:但凡限制言论自由的法律法规都会违背美国联邦宪法第一修正案呢?

(1)言论自由限制因场所而异

乍一看,明尼苏达州的政治性服饰禁制令限制了人们通过选择不同服饰来进行言论表达,这似乎确实有违美国联邦宪法第一修正案。但需要特别关注的是,政治性服饰禁制令对言论自由的限制仅仅在“投票点”这一特定区域适用。因而在对该禁制令进行合宪性评估时,联邦最高法院将采用“基于场所的方法”(forum-based approach)。依照该方法,场所类型主要有以下 3 种:传统意义上的公共场所、指定的公共场所以及非公共场所。

对于前两种场所,公民言论自由的受保护程度非常高,但凡限制言论自由的法律规定都要受到尤为严格的违宪审查;而对于第三种场所——非公共场所(non-public forum),政府可以更为灵活地制定法律法规,对在该场所进行的言论表达加以限制。但这种限制必须满足两个前提:

第一,针对场所的既定目的而言,这种限制规定是合理的(reasonable)。

第二,这种限制规定不能纯粹因为言论观点与政府意见相左,而构成具有歧视性的“言论镇压”(suppress expression)。

对于“基于场所的方法”,联邦最高法院的态度非常清晰明确。在 1985 年审理的科尼利厄斯案〔1〕中,联邦最高法院认为:宪法并未要求政府无条件授予每个公民在任何一种类型的政府土地上行使言论自由的权利,言论自由权利的行使必须符合该场所的性质并且要考虑言论者的行为可能对该场所造成的干扰。

回到本案,明尼苏达州的投票点属于“非公共场所”。对于政治性服饰禁制令的合宪性审查必须以“非公众场所”为出发点进行判断。由于明尼苏达州政府的政治性服饰禁制令并非仅仅针对选民联盟的政治观点,因此选民联盟并没有把“言论镇压”这一前提条件作为其申诉理由。因而留待联邦最高法院判断的问题便是:明尼苏达州的政治性服饰禁制令对于明尼苏达州投票点的目的而言是否合理?

(2)政治性服饰禁止符合投票目的

为判断本案中政治性服饰禁制令的合理性,联邦最高法院援引了 1992 年的先例伯森案〔2〕。在该案中,田纳西州法律将距离投票点入口 100 英尺的区

〔1〕 Cornelius v. NAACP Legal Defense & Ed. Fund, Inc., 473 U.S. 788 (1985). 该案主旨为:美国联邦宪法第一修正案赋予公民言论自由的权利因场所类型而异。由于案涉场所为“非公共场所”,政府可以根据该场所的设置目的和周边环境对言论自由的权利作出一定程度的限制。

〔2〕 Burson, Attorney General and Reporter for Tennessee v. Freeman, 504 U.S. 191 (1992). 该案主旨为:当美国联邦宪法第一修正案所赋予的言论自由权利与公民在选举中不受恐吓、欺诈进行投票的权利存在明显冲突时,州政府有权通过设置一定禁区等方式对言论自由权利进行限制。

域规定为“非竞选活动区”(campaign-free zone)。在该区域内,任何人不得为某一候选人或政党招揽投票、分发竞选材料或展示竞选海报、标志或其他竞选材料。联邦最高法院在分析此案时,充分考虑了以往竞选活动中在投票点附近欺诈、恐吓、迷惑投票者等危害投票点的行为,一致认为在投票点外设置“非竞选活动区”对于保护秘密投票以及投票权的行使非常必要。作为类比,本案中的政治性服饰禁制令也是符合投票地点目的的。

然而,选民联盟对伯森案的判决和明尼苏达州政治性服饰禁制令之间的关联性表示质疑:选民联盟认为伯森案中受限制的是积极竞选活动,而政治性服饰禁制令对应的是投票者消极、默示的自我表达。

联邦最高法院认为,尽管“竞选服装”之类的字眼并未在伯森案的答辩、判决中出现,但这很大程度上是因为判决意见中将竞选活动类型化了。同时,田纳西州州法包括了禁止“展示”与竞选有关的信息。

最后,联邦最高法院总结道:伯森案中田纳西州州法的“非竞选活动区”的规定是为了给投票者留下最后一块净土,避免党派纷争的影响,保证每个公民都能在投票日自由地投出自己宝贵的一票;在本案中,从目的角度分析,明尼苏达州的政治性服饰禁制令同样是为了避免政治服装中信息的传达对投票人的选择造成干扰。因而实际上本案与伯森案不谋而合,本案中所涉及的政治性服饰禁制令符合投票点的投票目的。

4. 何谓“政治性”,界限不清

通过上述分析,可以明确的是:明尼苏达州的投票点属于“非公共场所”的一种类型,政府可以在该地点对言论自由进行一定程度的限制,这种限制也符合实施的前提条件。此时,明尼苏达州政府认为,几乎可以确定联邦最高法院会认可其政治性服饰禁制令,然而最终得到的竟然是联邦最高法院的否定答复,这又是为什么呢?

联邦最高法院否定政治性服饰禁制令的核心观点是:根据明尼苏达州州法中的规定和明尼苏达州政府的选举日政策对州法的解释,怎样的服饰属于“政治性服饰”并不明确,以至于公民对合法和非法的界限判断并不清晰。

在明尼苏达州法中,“政治性的”(political)这一概念的使用非常模糊。有关该词的理解,通过查阅韦氏(Merriam-Webster)新国际字典,联邦最高法院认为可作广义解释:任何与政府、政府事务、国家结构等有关的,都可理解为“政治性的”。因此,基于文义解释,佩戴印有“请求投票”的徽章的确属于“政治性的”。但明尼苏达州政府并不支持这一过分宽泛的解释,其认为只有投票点处公民服装上的文字、标志等使正常人合理地认为该信息与投票选择相联系,这类服装才属于“政治性的”。

为解释明尼苏达州州法中的“政治性的”一词,明尼苏达州政府在选举日政策中对符合该特性的服装进行了五项列举。但这种列举没有从根本上解决明尼苏达州州法中用词模糊的问题,只有列举的前三项较为明确,后两项甚至加重了明尼苏达州州法中“政治性的”一词的不确定性:

(1)对于第 4 项规定的“旨在影响或影响投票的问题导向的材料”,明尼苏达州政府认为任何候选人或政党所持的立场都可视作此处的“问题”,那么该规定就暗示了选举官必须熟悉所有候选人或政党的任一政治主张和立场,这种要求对于选举官而言显然不合理。

(2)对于第 5 项规定的“支持某一团体明确政治主张的材料”,明尼苏达州政府并没有对表达政治主张的“团体”加以限制。因此,任何协会、教育机构、企业和宗教组织等都可以就“选民面临的问题”发表意见,而对于这一意见的判断又成为选举官的一大难题。

5. 意图受尊重,做法待商榷

本案是州政府在公民政治话语权和投票权之间作出妥协的典型。与其他州一样,明尼苏达州试图以政治性服饰禁制令的方式取得二者的平衡,使选民有机会避免竞选活动的喧嚣,在一片净土中自主行使自己的投票权利。虽然这种价值取向值得尊重,但明尼苏达州的制度设计确实存在被滥用的风险,难以实现其真实意图。

最终,上诉法院的判决被联邦最高法院撤销,将按联邦最高法院的意见重审。

吉尔诉惠特福德

Gill v. Whitford

——选区划分诉讼中的诉讼资格

原 案 名:Gill, et al. v. Whitford, et al.

判决日期:2018 年 6 月 18 日

案　　号:16－1161

主　　笔:首席大法官罗伯茨(肯尼迪、金斯伯格、布雷耶、阿利托、索托马约尔和卡根大法官附议,托马斯和戈萨奇大法官除第三部分外,附议;卡根大法官发表协同意见,金斯伯格、布雷耶、索托马约尔大法官附议;托马斯大法官发表协同意见,戈萨奇大法官附议)

判决主旨:当个人寻求联邦法院救济时,应当证明自己具有美国联邦宪法第Ⅲ条规定的诉讼资格,即证明"结果关乎个人利益",个人权利受到事实上的损害,而不能只证明其所属团体遭受了损害。党派团体纠纷不具有可诉性。

判决译述

1. 两党相争,选民不满

威斯康星州宪法赋予州立法机关根据人口普查重新划分选区的职责。然而,由于州立法机关与州长在划分新选区的问题上时常不能达成共识,近几十年里,该职责实际上都是由美国联邦最高法院代为实施的。在此期间仅出现过两次僵局被打破的情形:一次是在 1983 年,州立法机关和州长都属于民主党阵营;另一次是在 2011 年,州立法机关和州长都属于共和党阵营。也正是由于后一次通过的第 43 号法(Act 43),共和党赢得了 2012 年、2014 年州众议院多数席位。

2015 年 7 月,12 名州选民以州立法委员会的数名成员为被告,向联邦地区法院提起诉讼。他们认为第 43 号法违反了美国联邦宪法第一修正案(言论自由)和美国联邦宪法第十四修正案(平等保护),因为该法形成了“为特定方的利益而划分的选区”(gerrymander),不公平地偏袒了共和党选民和候选人,而对民主党选民采取了“分散”(cracking)〔1〕或“集中”(packing)〔2〕的策略。

2. 在地区法院的较量

多诺休(Mary Lynne Donohue)等 4 名原告声称,不管他们所在地区遭受了“分散”还是“集中”策略,他们最终都“被选区操控(的行为)所伤害”,因为民主党在州范围内没有拥有同等的成为选举代表人的机会。

然而被告提出动议,认为原告缺乏诉讼资格,无法挑战第 43 号法的合宪性,选民个人的选举权利益仅局限于他们所在的选区。联邦地区法院否定了被告的该动议,因为原告不仅在自己所在选区的选举代表权被弱化,在全州范围内的权利也被削弱了,其不能有效地将自己的选票转化为立法席位。该损害波及个人(personal)且相当严重(acute)。所以,原告可以提起针对全州范围的诉讼请求。

原告的专家证人加迪(Ronald Gaddie)承认,其参与设计的选区地图使得共和党更有可能获得多数席位。此外,原告提出用“效率差距”(efficiency gap)来量化“分散”与“集中”的程度。后经由专家分析,确定了选区划分的结果对共和党有利。

被告专家则认为,“效率差距”检测并不可靠。共和党之所以有优势,部分是因为政治地理原因:民主党都集中在大城市而不注重地区分布。对此,联邦地区法院认为,政治地理分布的差异不足以使共和党拥有巨大优势。

---

〔1〕 将一个党派的支持者分到多个地区,使其在每个地区都达不到多数,从而输掉全局。

〔2〕 将一方的支持者尽量集中在几个地区,使他们以压倒性的优势获胜,但在全局上无法形成优势。

联邦地区法院提出了一个“三步违宪测试”(three-part test)。第一,严重阻碍公民个人基于其政治派别投票的效力;第二,存在影响;第三,不存在其他正当理由。

联邦地区法院认为,本案选区划分的方式符合该测试,遂判决第 43 号法违反了美国联邦宪法第一修正案、美国联邦宪法第十四修正案,并禁止其适用。被告不服,直接上诉到联邦最高法院。

3. 先例回顾

联邦最高法院在过去的 50 年里一直被要求回应此类重新划分选区的问题,大法官们虽然在如何确定损害、如何界定联邦司法角色的问题上未达成统一,但近年来都能够形成法庭多数意见。

在 1986 年的戴维斯案[1]中,法庭多数意见认为此案具有可诉性。随后,大法官们要求原告证明其是否遭受了“事实上的歧视”(actual discriminatory),但原告未能予以证明。法庭少数意见则认为,美国联邦宪法第十四修正案的平等保护条款不提供司法裁决的标准,不具有可诉性。

在 2004 年的维特案[2]中,原告同样声称立法机关创设了一个不合常规的选区,从而对共和党有利。斯卡利亚大法官发表了法庭多数意见,认为原告的请求不具有可诉性,因为案件缺乏“司法上可辨认和可操作的标准”。肯尼迪大法官对此表示认同,并且认为“在选区划分上尚未有一致认可的实质公平原则”。但仍有 4 位大法官持有基于不同理由的反对意见。

在 2006 年拉丁美洲公民联盟案[3]中,法庭多数意见认为案件仍然缺乏可诉性。值得一提的是,原告提出以“对称性标准”(symmetry standard)来检测“党派偏见”(partisan bias)。对于这一标准,大法官们内部存在争议。肯尼迪大法官认为这种检测并不可靠,因为它的前提是假定的,也很难量化。苏特、金斯伯格大法官则认为该标准可行,只需运用该标准对单个选区进一步考察

---

〔1〕 Davis v. Bandemer, 478 U. S. 109 (1986).

〔2〕 Vieth v. Jubelirer, 541 U. S. 267 (2004).

〔3〕 League of United Latin American Citizens v. Perry, 548 U. S. 399 (2006).

即可。

4. 联邦最高法院的判断

联邦最高法院认为本案要回答两个问题。第一,原告的诉讼资格问题;第二,原告的请求是否具有可诉性。

关于第一个问题,根据 2016 年思博科公司案[1]的标准,原告是否有诉讼资格需要满足三点。第一,遭受了事实上的损害(suffered an injury in fact);第二,被告的行为有迹可循;第三,有司法救济的可能。第一点"事实上的损害"最为重要,它必须是"具体且特定地"(concrete and particularized)影响到个人的合法权利。

(1)诉讼资格以个人权利的损害为前提

本案中,原告认为他们的选票被"分散"或"集中"稀释,这种损害来自自己的选区。联邦最高法院也认同这种观点,主张损害是限定于特定地区的,损害的程度跟选区划分和选民构成相关。在 2015 年亚拉巴马州黑人立法小组案[2]中,即使当时的选区划分基于种族歧视,联邦最高法院的大法官们也认为不能一下子使全州的选区划分都无效,必须关注单个选区,一个选区一个选区地进行诉讼。

紧接着,原告进一步声称损害不只限于个人,选民集体遭受了损害。但在 1962 年贝克案[3]、1964 年雷诺兹案[4]中,原告们声称"全州范围内的选区都被不公平地划分",但最终都落脚于个人的不利地位上,他们的请求也是基于个人的。

迄今为止,此类个人权利损害案件都难以满足美国联邦宪法第Ⅲ条规定的对诉讼资格的要求。虽然联邦法院不是"一个处理对整体(状态)不满的法院",但这并不意味着其能够处理所有对个人状态不满的案件,关键还是要证明个人权利受到的损害,而本案这种共同的普遍利益受损是不可诉的。

---

[1] Spokeo, Inc. v. Robins, 578 U. S. 330 (2016).

[2] Alabama Legislative Black Caucus v. Ala-bama, 575 U. S. ___ (2015).

[3] Baker v. Carr, 369 U. S. 186 (1962).

[4] Reynolds v. Sims, 377 U. S. 533, 561 (1964).

原告还认为,最高法院是唯一能够解决该政治失灵的机构,必须(must)有所作为。但大法官们认为,最高法院只凭法律原则行事,凛然回绝。

(2)原告"答非所问"

原告提出了三点证据,但联邦最高法院认为,其错误地将主要精力放在全州范围的集体损害上,而没有关注个人权利受到的损害。

第一,个人证据。惠特福德教授表明共和党选民集体利益受损,但没有提及对个人的损害,他甚至认为第 43 号法对他个人没有产生影响。大法官们只能认为他的不满是源于选举结果没有达到他的预期。

第二,选区地图的制作。原告证明地图制作者在划分选区时是深思熟虑的,进行了不同的配置,甚至标出了选区是否"安全""倾斜""摆摇",共和党"有所加强""被削弱""有可能失守"等。然而,联邦地区法院认为,这只是一种理解党派影响的方式,关键还是要有事实上或者即将产生的损害。

第三,第 43 号法的对称性。被上诉人采用百瑞案所使用的对称性理论来衡量"党派对称性"(partisan symmetry)。此外,"效率差距"也能证明对称性:该值越大,越不对称,一方就越能将选票转化为立法席位。但大法官们认为,这些方法并不能表明每个公民所受的影响,其影响仍然是在政党层面,"效率差距"值并不能区分个体间权利损害的大小。

由于原告并未充分证明其具备诉讼资格,所以大法官们认为暂不需要考虑其诉讼请求是否具有可诉性问题。

5. 最终判决结果

在联邦最高法院看来,本案关乎政党团体的利益而非个人权利。依据宪法,联邦最高法院的角色是维护个人权利,而非干涉党派纠纷。

最终,根据联邦最高法院的意见重审。原告应重新提供确凿的事实来证明他们的个人权利所受到的损害,以确保自己具有诉讼地位。

贝尼塞克诉马里兰州选举委员会
Benisek v. Lamone
——共和党与民主党的较量

原 案 名:O. John Benisek, et al. v. Maryland State Board of Elections, et al.

判决日期:2018 年 6 月 18 日

案　　号:17 - 333

主　　笔:隐名(*Per Curiam*)

判决主旨:法院对是否颁发初步禁制令具有自由裁量权。初步禁制令的适用要考虑申请人是否可能遭受不可弥补的损害,是否应出于衡平考量赋予其救济,以及是否符合公共利益。具体案件中,还要考虑申请人的初步禁制令申请是否及时。

判决译述

1. 案外背景:选区划分的乱象

美国每隔 10 年进行一次全国人口普查,相应地,各州的立法机关都会根据新的人口普查重新划分本州选区。如果州议会被某一党派控制,便可能通过一个不公平的选区划分法,形成一个“gerrymander”,意为“为特定方的利益而划分的选区”。

这个切口源自 1812 年,时任马萨诸塞州州长的格里(Elbridge Gerry),签署了一项法律,蓄意重划选区,以确保自己的党派在州议会选举中能赢得多数议席。其中的一个选区形状怪异,形似蝾螈(salamander),媒体便将州长“Gerry”

与“salamander”结合,变成“Gerrymander”。

为什么把选区划得奇形怪状就能影响选举结果呢?或者说是依据什么划成这么不规则的形状?这就涉及一种叫“分散”(cracking)、“集中”(packing)的选区地图划分策略,详情请见本书“吉尔诉惠特福德——选区划分诉讼中的诉讼资格”。

选区划分设计的初衷是让选区适应人口变化,但现实总是比制度更精彩,精心绕过法规禁区、按党派利益划区的例子比比皆是,甚至出现不少极端情况。联邦最高法院在党派纠纷这一问题上一贯敬而远之。

2. 本案案情:共和党选民不满选区划分

2017 年 5 月,几个共和党阵营的选民向马里兰州联邦地区法院提起诉讼,他们认为自己所在的州第 6 选区是一个“为特定方的利益而划分的选区”,这是民主党控制多数席位的州议会于 2011 年重划选区的结果,无非是以报复(retaliation)为目的,扼制共和党选民的政治表达。原告要求马里兰州联邦地区法院立即禁止州选举官员展开选举事项。他们声称“如果这一违宪行为(不公正的选区划分)延续到 2018 年选举,将会造成明显而无法弥补的伤害”。随即,他们请求法院务必在 2017 年 8 月 18 日前颁布初步禁制令(preliminary injunction),为重划选区争取时间。

2017 年 8 月 24 日,马里兰州联邦地区法院出于两个原因,拒绝颁发初步禁制令,并暂停(stay)此案等待后续诉讼程序。其一,本案关系到选区划分的合法性与合宪性的标准,马里兰州联邦地区法院想进一步观望联邦最高法院在相关案件——吉尔案[1]中对选区划分问题的意见;其二,原告并未展现出较大的胜诉可能,而且原告要求马里兰州联邦地区法院颁布初步禁制令的时间已过。

然而,原告急不可耐,直接上诉到联邦最高法院,要求撤销马里兰州联邦地区法院的决定,发回重审,重新决定本案是否适用初步禁制令。

---

〔1〕 Gill v. Whitford, No. 16 - 1161.

3. 联邦最高法院意见

联邦最高法院审查了自身的管辖权,以及马里兰州联邦地区法院是否滥用了自由裁量权。大法官们提到,初步禁制令是一种额外救济,而非申请人的权利。法院是否赋予这一衡平法上的救济,其考量的出发点并不是申请人胜诉的可能性,而是申请人是否可能会因为得不到这一禁制令而遭受不可弥补的损害,因而有必要出于衡平考虑赋予其救济,且颁布这一禁制令符合公共利益。

在本案中,大法官们认为,即便假设原告可能胜诉,颁布禁制令仍不符合衡平考量和公共利益,理由如下:

第一,寻求初步禁制令的一方必须展现出合理的勤勉(diligence)。可是原告直到选区划分 6 年后才申请救济,在这期间已经进行了 3 次普选。原告回应称,他们之所以一再延迟,是因为该案程序错综复杂,以及州议会官员拒绝合作。然而,记录显示,产生拖延的情形大多是原告可控的,原告于 2013 年首次起诉时只是声称选区划分违宪,直到 2016 年他们才申请初步禁制令,并且修改了诉状,要求调查州议会官员的动机是否出于党派报复。诚然,州议会的立法特权阻碍了调查,但无可辩驳的是,原告应当更早申请初步禁制令,故其并不满足勤勉要求。

第二,马里兰州联邦地区法院拒绝颁布初步禁制令,案件留待审理,是对公共利益的适当考量,并无不妥。虽然原告一直强调要在 2017 年 8 月 18 日之前下达禁制令,但马里兰州联邦地区法院作出裁定时,这一日期已经过了。联邦最高法院没能在这一截止日前作出裁定,是因为对原告的救济还存在法律上的不确定性,联邦最高法院当时中止审理的吉尔案的判决可能会影响本案关键问题的审理,或是为本案提供一个“框架”(frame)。在马里兰州联邦地区法院看来,此时先行作出判决肯定不是明智的选择,至少在其看来,初步禁制令将会“对选举程序造成不必要的混乱和破坏性的影响”(chaotic and disruptive effect upon the electoral process),对公共利益造成不利后果。马里兰州联邦地区法院还认为,原告申请初步禁制令,不是因为可能出现不可弥补的损害,而仅仅是想在政党竞争中维持其相对地位。

4. 最终判决结果

综上，联邦最高法院认为，申请初步禁制令的原告并未尽到应有的勤勉，而马里兰州联邦地区法院虽然表面上没有提及，但实质上是综合考虑了初步禁制令对公共利益的影响，以及原告是否遭受了损害。最后，联邦最高法院认为本案不适用初步禁制令，马里兰州联邦地区法院没有滥用其自由裁量权，故维持了马里兰州联邦地区法院的裁定。

裁定由联邦最高法院在 2018 年 6 月 18 日作出。其后，本案发回重审，马里兰州联邦地区法院判决重新规划 2020 年选举的选区地图，不得再使用 2011 年的方案。被告不服判决，又上诉到联邦最高法院。案件最新进展请见下一年度的判例译述。

得克萨斯州州长阿博特诉佩雷斯

Abbott v. Perez

——选区划分的程序问题

原 案 名:Abbott, Governor of Texas, et al., Appellants v. Perez, et al.

判决日期:2018年6月25日

案　　号:17－586、17－626

主　　笔:阿利托大法官(首席大法官罗伯特和肯尼迪、托马斯、戈萨奇大法官附议;托马斯大法官发表协同意见,戈萨奇大法官附议;索托马约尔大法官发表异议意见,金斯伯格、布雷耶、卡根大法官附议)

判决主旨:各级联邦法院发布的、能实质性影响当事人权利的命令,即便非以禁制令的形式发布,美国联邦最高法院对其亦有上诉管辖权;通常情形下"谁主张,谁举证"是最基础的举证责任分配原则,没有理由要求被告首先举证。

判决译述

1. 选区划分频频涉诉

每年都会有若干关于选区划分的案件被上诉到联邦最高法院。有的案件事关选区划分的实体问题,有的则主要涉及程序问题。

划分选区并非易事,既要考虑州内规则,又要关注联邦法对于种族因素复杂而微妙的平衡。例如,美国联邦宪法第十四修正案的平等保护条款(equal protection clause)禁止出现"依据种族因素划分的选区"(racial gerrymandering),换言之,在没有充分理由的情况下,不得故意地依据种族因素将公民分配到一个选区。但1965年的《选举权法》(Voting Rights Act)在一定程度上允许各州立法者在划分选区时考虑种族因素。该法第2节规定,选区计划不能减少少数族裔选举代表的机会;同时第5节规定,禁止选区变动,除非能证明该变动不会导致少数族裔选举能力降低。

立法容易司法难。比如,一个人的种族身份及其党派倾向总是密不可分的,法院很难判断选区划分到底是基于种族还是基于党派偏好。联邦最高法院也认为,要求立法机关在州法律与联邦法律之间斡旋,极易导致"对抗性的责任风险"(competing hazards of liability),所以其在2017年的库珀案[1]中就表明:只要理由充分,那么遵守《选举权法》便是一种必要,不应该过于狭隘地考虑种族因素。

2. 本案前期的来龙去脉

根据每10年1次的人口普查结果,得克萨斯州立法机关(以下简称州议会)于2011年采用了新的议会选区计划(以下简称2011计划)和选区地图,以确保人口变化能及时反映在议会席位上。然而,该选区计划从未被施行,一直处于诉讼状态,后本案被起诉到得克萨斯州西部地区联邦法院(以下简称得州联邦地区法院),并由3位法官合议审理。

得州联邦地区法院命令得克萨斯州政府(以下简称州政府)在选举中不得采用该计划,而州政府向哥伦比亚特区联邦法院(以下简称特区联邦法院)提交预先许可(preclearance)申请,希望可以进行选区变动。得州联邦地区法院之后基于中立原则(neutral principles)推出临时计划,但仍与立法机关的2011计划有很大出入。

州政府又上诉到联邦最高法院,联邦最高法院撤销原判决,发回重审,要求得州联邦地区法院从州议会的2011计划出发,并对其加以适当调整以符合美国联邦宪法、《选举权法》的相关要求。2012年8月,特区联邦法院否决了州政府的预先许可申请。得州联邦地区法院基于以上情况,随即又推出新的临时计划。

---

〔1〕 Cooper v. Harris, 581 U. S. ___ (2017).

2012 年选举迫近,州政府只能采用该计划,但同时对特区联邦法院的决定提起了上诉。然而,预先批准的地区范围问题在 2013 年谢尔比县案[1]中被联邦最高法院判定为违宪,各州选区变更也就不再受限于此。2013 年,州议会通过临时计划(以下简称 2013 计划),但较之前变动很小。2014 年和 2016 年选举便采用 2013 计划,先前的 2011 计划自然被废除。

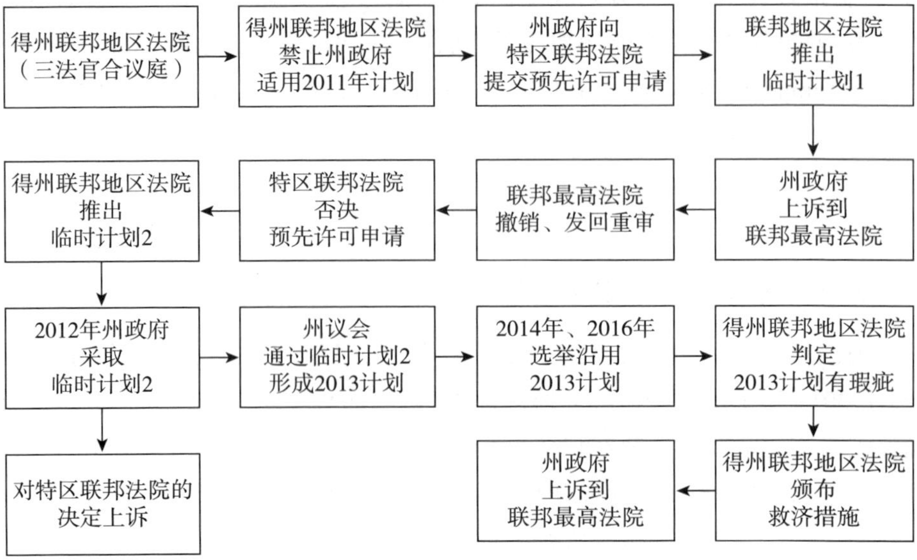

图 3-1 本案的来龙去脉

3. 第一次上诉至联邦最高法院

联邦最高法院在州政府先前上诉时就强调,重划选区主要是各州的义务和责任(duty and responsibility of the State),并对得州联邦地区法院提出两个要求。第一,在美国联邦宪法、《选举权法》允许的范围内,尊重立法机关的 2011 计划。第二,明确要求得州联邦地区法院调整选区计划,修改到让原告的任何实质指控都不成立。联邦最高法院清楚地知道,他们的做法异常谨慎,2011 计划必须修改,而无须证明美国联邦宪法或《选举权法》确实要求进行这些修改。

[1] Shelby County v. Holder, 570 U. S. 529 (2013).

得州联邦地区法院重审时确实作出了修改。

既然2011计划被废除,那么州政府认为针对这一计划的诉讼也变得无意义。但就在2013年,得州联邦地区法院又允许原告修改诉请,从而能够对2013计划提出指控,并且认为关于2011计划的诉讼依然有效,因为原告只是对先前的指控“自愿中断”(voluntary cessation)。言下之意是,原告又能够重启诉讼程序,挑战已经生效的2013计划。得州联邦地区法院的此举自然令州政府无法接受。

2017年8月,得州联邦地区法院裁定2013计划中的数个选区无效,认为2011计划因涉嫌歧视而被“污染”(tainted),且2013计划并没有消除该“污染”问题。随后,得州联邦地区法院又颁布了两个救济令,意在解决2013计划中存在的问题。州政府当然不能接受得州联邦地区法院的做法,在寻求特区联邦法院无果后,转而上诉至联邦最高法院,联邦最高法院连同先前收到的有关管辖权的争议,决定并案处理,案号分别为17-626、17-586。

4.第二次上诉至联邦最高法院

这一次,联邦最高法院同意州政府的观点,得州联邦地区法院的两条命令事实上就是禁制令,因为该命令禁止州政府依据现行有效的选区计划实施选举,这对州政府的权力构成了极大障碍。

(1)管辖权争议

1789年的《司法法》(The Judiciary Act)确立了一项总的原则,即只有联邦地区法院的终局裁决才能在上诉中进行审查。但存在两种例外情况,其中之一就是当联邦地区法院由3位法官合议审理时,如果准许或者拒绝发布禁制令,那么联邦最高法院便具有管辖权。本案便是如此,虽然得州联邦地区法院的裁定并非以禁制令形式发布,但联邦最高法院认为不应该拘泥于形式,而应关注命令的文本内容(text)及其适用情形(context)。本案已然对当事人产生了实质性影响(practical effect),因为州议会不可能在3天内拿出救济措施,而得州联邦地区法院实际上准备了新的选区计划,伺机颁布施行。故本案应当适用1789年《司法法》中规定的例外情形。

被上诉人辩称,目前有关救济措施的具体规定、影响主体、何时实施都不确定,上诉管辖无从谈起;并且一旦联邦最高法院接受选区划分的上诉,便会备受诉累。联邦最高法院则认为,管辖问题是否产生在于合法有效的选区计划能否被适用,而救济措施是后话;对于诉累问题,前述《司法法》已经给出了上诉限制,在严格适用条款时兼顾合理性,并不会造成此类上诉案件激增。

(2)谁主张,谁举证

原案中,得州联邦地区法院要求州政府说明 2013 年立法机关如何应对“污染”的做法显然有错。

在雷诺案[1]中,联邦最高法院认为,如果有人指控州的法律存在歧视,指控人应当承担举证责任,而不应由政府举证。这条规则在选区划分案中尤为重要。联邦最高法院认为,过去存有歧视并不意味着政府具有难以洗清的原罪。虽然立法历史背景、歧视意图等都是考虑因素,但绝不会改变举证责任的分配。而得州联邦地区法院违反了上述规则,要求身为被告的州政府承担举证责任,因为其认为 2013 年的这一届议会有责任为前一届“赎罪”(expiate),他们本可以采取审议程序去除 2011 计划中的“污染”,却没有这样做。毫无疑问,得州联邦地区法院这样做存在重大的缺陷,错误的举证责任分配必然导致对于歧视意图(discriminatory intent)这一事实的认定站不住脚。州政府没有理由去推翻对己方有利的善意推定(presumption of good faith),也不用去证明州议会存在歧视意图,因为,联邦最高法院在米勒案[2]中明确表示,在选区划分案件中,应该假定州议会具有善意。

(3)关于“歧视意图”的直接证据

联邦最高法院也强调,他们并不认为 2011 计划的意图是不重要的,或者说 2013 计划是无懈可击的,但这些都得综合直接、间接的证据加以考量。

从直接证据来看,州议会通过 2013 计划是无可指摘的事情,因为法院所承受的压力、选举期迫近、诉讼成本、选区影响等因素都支持这一观点。并且没有证据表明州议会意识到该计划是非法的。此外,得州联邦地区法院声称,州议会通过该计划不是为了结束诉争,因为原告们绝不可能同意,此举说明州议会另有他意。联邦最高法院选择相信州议会,这么做是为了简化并且加速这一案

---

〔1〕 Reno v. Bossier Parish School Bd., 520 U.S. 471 (1997).

〔2〕 Miller v. Johnson, 515 U.S. 900 (1995).

件的程序，这一点是原告方也认同的。

(4) 关于“歧视意图”的间接证据

间接证据也不能证明州议会存有歧视意图。第一，2013 计划也经由得州联邦地区法院修改过，难道法院也存在歧视意图吗？第二，得州联邦地区法院的法官并没有指出该计划是非法的。第三，联邦最高法院明确要求得州联邦地区法院对该计划作出修改以适应《选举权法》的规定。第四，得州联邦地区法院对各选区的分析和调整很到位。以上这些恰好说明，州议会有理由相信法院通过的计划是完全合法的。

得州联邦地区法院和异议意见在此提出两点质疑。第一，州议会采用特殊会议的形式通过 2013 计划存在嫌疑。但法庭多数意见并不认为此举能够打破“善意推定”，因为当时常规立法会议正处于休会期间，并且该计划经过多方修订，并不需要冗长的一般议会程序。第二，众议院选区重划委员会有意忽视 2013 计划的缺陷。关于这一点更是站不住脚，因为对于法院已经通过的临时计划，州议会要想顺利地颁布施行，不能不作调整，但也只能小修小补。说到底，正是因为得州联邦地区法院对临时计划的背书，以及州议会对立法效率、成本的考量，才使州议会以不太寻常的方式通过了 2013 计划。

在特区联邦法院拒绝州政府预先许可申请的问题上，得州联邦地区法院的论证依然不够充分。州议会在 2013 计划上已经对特区联邦法院提出的选区瑕疵作了对应的修改，还有部分瑕疵是得州联邦地区法院在颁布临时计划时已经修改过的。可以说，2011 计划可能存在的歧视意图已经被 2013 计划纠正。

5. 联邦最高法院对问题选区的逐个剖析

得州联邦地区法院有关歧视意图的判定均被联邦最高法院驳回，还有 3 个选区的原判决被判无效，1 个选区维持原判。

(1) 金格斯三要素

如果一个少数族裔的选区符合“金格斯三要素”（Gingles factors），法院就需要评估该少数族裔的选举权是否受到减损,[1]也就是《选举权法》第 2 节的“影响力”测试(effect test)。该三要素为:第一,地理上紧凑的少数族裔人口足以在单一选区中形成多数;第二,少数族裔之间形成政治凝聚力;第三,多数派可以通过投票来淘汰少数族裔的候选人。满足以上三点,才会存在削弱少数族裔的选举权的情况。

(2)违反《选举权法》第 2 节的选区

得州联邦地区法院认为参议院选区(Congressional District,CD)27 选区符合“金格斯三要素”,存在削弱拉丁裔选举权的情况。因为 CD27 选区涵盖了纽埃西斯县(Nueces County),而该县主要由 20 万拉丁裔人口组成,如果该县被划分到其他单一的拉丁裔选区,则能获得公平的选举权,而在 CD27 区内,他们人口不占优势,选举权将遭到削弱。但联邦最高法院仍然发现了其中的不足:现实情况下,没法为纽埃西斯县找到一个拉丁裔选区。如果该区存在削弱选举权的情况,那也是一个客观而非人为的结果。

在 CD35 选区问题上,得州联邦地区法院认为,该区是因为存在歧视意图被判令无效的,而不是因为违反了《选举权法》第 2 节,因为它首先就不满足“金格斯三要素”的第三点,故不存在削弱选举权的问题。然而,联邦最高法院认为有两个问题比较严重。第一,得州联邦地区法院对选区问题的分析没有全面扎实地贴近选区来进行,只研究了部分地区,就认为该选区不存在一个非拉丁裔的多数派。第二,州议会有理由相信 CD35 选区是一个拉丁族裔的机会区。有充分证据显示,该州选区普遍满足“金格斯三要素”的第三点,就连特区联邦法院也确认该区是合法的,故得州联邦地区法院对 CD35 选区的判断有误。

联邦最高法院认为,众议院选区(House District,HD)32、34 选区也没有违反《选举权法》第 2 节。因为各方都认为很难再划出一个选区比这两个选区更能提高拉丁裔的选举能力,所以反过来推知,也不存在一个满足“金格斯三要素”的拉丁裔机会选区。

---

[1] 一个少数族裔选区首先要满足“金格斯三要素”,再去判断是否存在削弱选举权的情况。因为如果一个少数族裔选区达不到一定规模和条件(选出自己的民意代表),所谓削弱他们的选举权就无从谈起。——译者注

(3)违反平等保护条款的选区

2011 年划分选区时,州议会迫于拉丁族裔的压力,要将 HD90 选区塑造成一个拉丁裔的机会选区。此后,州议会便将更多拉丁裔人口划入该区,认为在这种情况下,有足够的理由去遵守《选举权法》第 2 节,即运用库珀案规则:只要理由充分,那么遵守《选举权法》便是一种必要,可以考虑种族因素。联邦最高法院表示认同,但认为州议会始终没能完成对该理由的证明,最后维持了关于 HD90 选区是一个种族歧视选区的判定。

回溯全案可以看出,这一次联邦最高法院在选区划分的敏感问题上作出了带有明确立场的判决。州政府第一次上诉至联邦最高法院时,大法官们认为划分选区是州的责任和义务,明确要求得州联邦地区法院在尊重州议会的前提下指导州议会修改选区计划。可意想不到的是,得州联邦地区法院后期颁布的两项禁制令导致州政府第二次上诉至联邦最高法院。而这一次,大法官们详细论证了联邦最高法院具备上诉管辖权,得州联邦地区法院在举证责任的分配上存在重大失误。基于这两项基本判定,联邦最高法院对问题选区作出了前述判决。

最终,联邦最高法院撤销了管辖权上诉案(17 - 586),对于涉及禁制令等具体问题的上诉案(17 - 626),部分撤销,部分维持。两起案件均被发回,需按联邦最高法院意见进行重审。

北卡罗来纳州诉科文顿
North Carolina v. Covington
——立法机构不得根据种族划分选区

原 案 名:North Carolina, et al. v. Sandra Little Covington, et al.

判决日期:2018 年 6 月 28 日

案　　号:17 - 1364

主　　笔:隐名(*Per Curiam*)

判决主旨:联邦地区法院可以根据选区的形状、人口构成等间接证据来判定选区是否依据种族而划分。但在处理州选区划分的问题上,联邦地区法院既要充分行使自由裁量权,又要恪守权力的边界。

判决译述

1. 与本案关联的此前案件

2011 年,北卡罗来纳(以下简称北卡)州议会(North Carolina General Assembly,以下简称州议会)根据 2010 年的人口普查结果,对州立法选区进行重新划分。部分选民在北卡州中部联邦地区法院(以下简称联邦地区法院)提起诉讼,声称州议会在划分他们的选区时存在种族歧视(racially gerrymandered their districts),表面上是为了遵守 1965 年《选举权法》的要求,但实际上有 28 个参、众议院选区大多数由黑人选民构成。[1]

联邦地区法院作出了支持原告的判决,也就是说,联邦地区法院认为选区的划分的确存在种族歧视,因此颁布了补救命令,指示州议会采用新的分区地图,要求这些地区举行特殊选举。

联邦最高法院维持了该判决,但是撤销了联邦地区法院的补救命令。联邦最高法院注意到,联邦地区法院只对上述"特殊选举"的利益进行了"最粗略"的审查,联邦地区法院的自由裁量权"几乎没有行使",联邦最高法院将案件发回重审以进行进一步的补救程序。

2. 联邦地区法院重审经过

联邦地区法院命令州议会在 1 个月内为州参、众议院绘制补救地图,完成后提交联邦地区法院批准。于是州议会指示划分选区的地图绘制者作出"合理的努力以避免将现任众议院和参议院议员配对",并且在划分新选区时避免使用"能够辨认个人或选民种族的数据"。然而,原告对新地图仍然提出了反对意见。他们认为参议院第 21、28 区,众议院第 21、57 区仍然以种族为基础隔离选民。此外,原告还反对州议会重新划分位于威克县(Wake)和梅克伦堡县(Mecklenburg)的 5 个州众议院选区的决定。他们认为那 5 个地区"没有违反美国宪法,也不邻近违反美国宪法的地区",这些选区的边界修订构成了 10 年中期的选区重划[2](mid-decade redistricting,以下简称中期选区划分),违反了北卡州的宪法。

对此,联邦地区法院任命了一名特别专家,允许其在遵守某些既有标准的情况下,重新划定涉案选区,必要时甚至可以对上述不邻近的选区进行划分。联邦地区法院还指示特别专家要建立相对密集的选区,避免割裂市、县,并且可以考虑种族因素,只要确保能够纠正本案的违宪情形即可。

---

〔1〕 这是一种"集中"策略,将竞选一方的支持者尽量集中在几个选区,使他们以压倒性优势获胜,但在全局上无法形成优势。——译者注

〔2〕 根据每 10 年 1 次的全国人口普查结果,美国各州进行选区重新划分,而在该 10 年期内,若无充分理由,不应再次划分选区。——译者注

(1)补救后的 4 个选区仍然违宪

在收到特别专家的报告后,联邦地区法院支持了原告的反对意见,因为立法机构重新划分的地区基本保留了此前违宪选区的核心形态。例如,立法机构为参议院第 21 区制定的补救方案照搬了先前计划中的费耶特维尔市(Fayetteville)的马蹄形区域,该区域覆盖了主要的黑人选区,并且排除了该市主要的白人选区。尽管被告解释说,此举是为了保留该市的核心区域,但是联邦地区法院认为被告没能说明为何市中心的白人选区被排除出去。类似情况发生在其他 3 个选区中,以至于补救后选区内的黑人比例依旧很高,联邦地区法院认为补救方案仍然违宪。

(2)中期选区划分违反州宪法

北卡州的宪法禁止州议会进行中期选区划分,除非联邦法律或司法命令另有规定。如果法院必须亲自划分补救选区,那么法院必须在补救违宪选区划分的必要范围内重新划分,而阿珀姆案[1]要求联邦地区法院的救济令不得轻易干涉州重新划分选区。本案中,州议会进行中期选区重划,的确超出了联邦地区法院对其授予的权力范围。

最后,联邦地区法院采纳了特别专家的选区划分方案。特别专家向法院表示选区划分没有任何种族目标,而是为了最大化紧凑、保留区县边界,并且“完全遵循了种族中立的原则”。联邦地区法院命令被告执行该选区方案并进行选举。在等待上诉的过程中,被告北卡州政府向联邦最高法院申请暂缓执行联邦地区法院的命令。

3. 联邦最高法院的意见

联邦最高法院对以下问题进行了讨论。

(1)联邦地区法院是否享有管辖权

首先,北卡州政府辩称联邦地区法院在作出补救命令上没有管辖权。因为如果对一项法令的有效性提出质疑,那么当这项法令被撤销时,该质疑就失去意义。因此,当州议会为州参、众议院制定了补救计划并废除了旧的选区后,原

---

〔1〕 Upham v. Seamon, 456 U.S. 37 (1982).

告关于旧选区的主张就不复存在了。

联邦最高法院认为,北卡州政府错误地理解了原告的主张。原告提出那些主张是因为他们“根据种族”被“划分到了不同的地区”。但是原告起诉的基础是选区划分对原告造成的隔离,而不是单纯的选区划分。正因如此,原告的主张才不会因州议会重新划分选区而失去意义。况且,原告认为重新划分的选区仅仅是旧选区的延续,种族隔离依然存在,因而联邦地区法院享有管辖权。

(2)州立法机构划分选区的依据是否是种族

北卡州政府认为其在 2017 年划分选区时没有考虑种族因素,补救计划也没有把种族因素作为补救方案的目的,故诉讼应当终止。

联邦最高法院认为,2017 年立法机构指示划分选区的地图绘制者在补救时不要考虑种族因素,各方对此没有争议。但被告北卡州政府对联邦地区法院的涉案调查也是没有争议的,因为被告没有在相应程序中提出反对。

联邦地区法院根据调查得到的间接证据,发现种族原因是这 4 个选区形状的决定因素。原告既可以根据选区的形状、人口构成等间接证据证明其主张,也可以根据立法机构的目的等更加直接的证据证明其主张,即北卡州政府依种族划分选区。被告北卡州政府虽然坚持补救选区划分地图时没有考虑种族因素,但这并不影响联邦地区法院得出以上结论。

(3)任命特别专家是否滥用了自由裁量权

北卡州政府辩称联邦地区法院滥用了自由裁量权,安排特别专家重划选区,实际上,州议会对于此类事项具有类似主权性质的义务。

联邦最高法院认为,联邦地区法院有责任在选举前通过合法程序纠正选区的违宪行为。联邦地区法院判断“为议会提供第二次机会”有可能“进一步拖延程序的进程,并且潜在地打乱 2018 年的选举周期”。因而联邦地区法院任命特别专家不是自由裁量权的滥用。

(4)考虑种族因素是否等于以种族因素为动机

北卡州政府认为,特别专家的补救方案“具有明显的种族意识”,并且成功“迫使州(政府)采纳原告选择的种族配额”。因此,联邦地区法院采取这样的方案是错误的。联邦最高法院则认为,他们一直注意区分“考虑种族因素和以种族因素为动机”二者之不同。联邦地区法院允许特别专家在确保方案能够纠正违宪划区的情况下考虑选民种族身份,但这并不等于“种族配额”。总之,北卡州政府在这一问题上没有做到有的放矢,其应该努力证明联邦地区法院授意特别专家达成某些种族目标,否则其主张不成立。

(5)联邦地区法院的权限

联邦最高法院认为,联邦地区法院的命令应该得到支持,因为它为参议院选区 21、28 以及众议院选区 21、57 提供了法院制定的补救办法。然而,联邦最高法院不支持对威克县和梅克伦堡县的中期选区划分,理由如下:

第一,联邦地区法院的救济应当以损害为限。其对威克县和梅克伦堡县作出的重新划区与原告遭受的损害无关。

第二,联邦地区法院误解了法律规定。法律规定,除非“根据联邦法律或司法命令”,否则北卡州宪法的禁制令必须被遵守。但在禁制令被违反的情况下,联邦地区法院是否能够司法介入,尚不确定,还须考虑其他因素。

第三,联邦地区法院僭越了权力界限。“州立法机构在立法重新分配问题上享有首要管辖权(primary jurisdiction)”,除非联邦法律另有规定,否则联邦地区法院应当尊重州立法机构的政治行为,立法机构能够自由地确定选区补救方案。

第四,一旦联邦地区法院确保本案中涉及的选区问题得到纠正,它在该程序中的作用就结束了。

4. 联邦最高法院的判决

最终,联邦最高法院撤销了联邦地区法院在威克县和梅克伦堡县执行特别专家选区方案的命令,但是驳回了被告的其他申请。故联邦地区法院的命令被部分维持,部分撤销。

言论自由与限制

萨普诉监狱长塞勒斯

Tharpe v. Sellers

——陪审员乱发种族歧视言论引发的争议

原 案 名:Keith Tharpe v. Eric Sellers, Warden

判决日期:2018 年 1 月 8 日

案　　号:17－6075

主　　笔:隐名(*Per Curiam*;托马斯大法官发表异议意见,阿利托和戈萨奇大法官附议)

判决主旨:若被告认为其之所以被判死刑是因为有陪审员种族歧视,并据此提出人身保护令,应准许其在法庭上向法院证明其主张。

判决译述

1. 一宗 27 年前的谋杀案

萨普(Keith Tharpe)的妻子在 1990 年离开了萨普,并申请法院颁发了禁止萨普接触她的禁制令,然而,萨普还是经常给她打骚扰电话。某日,萨普开车拦截了妻子和她的姐姐杰奎琳(Jaquelin Freeman),枪杀了杰奎琳,将其尸体扔进阴沟。杀人后,萨普还绑架并强奸了他的妻子。由于萨普不但采取极端残忍手段谋杀他人,还暴力绑架了受害者,初审法院的陪审团对萨普作出死刑判决。

2. 萨普在州内申请人身保护令遭遇失败

在萨普被宣判的 7 年后,萨普的律师从曾经作为萨普陪审员的贾迪(Barney Gattie)那里拿到了一份宣誓证言,其中表明当年做陪审员时他基于种族偏见投票裁决萨普死刑。于是萨普在佐治亚州内寻求定罪后救济,即申请州人身保护令,主张不当的种族歧视影响了陪审团的审议。

州法院拒绝了萨普的主张,原因有二:第一,萨普不能证明贾迪的不当行为,因为佐治亚州的法律不允许将陪审员在审判结束后的陈述作为证词对判决提出申诉;第二,萨普的主张存在程序瑕疵,因为他没能在直接上诉中提出他的主张,并且该程序瑕疵没能通过证明是贾迪的种族歧视导致萨普获得死刑判决来克服。其中,第一点是基于不得质疑规则(no-impeachment rule),第二点是基于程序瑕疵规则(procedural default rule)。

3. 不得质疑规则和程序瑕疵规则

不得质疑规则,是指对陪审团裁决或起诉书的合法性进行调查时,陪审员不能对陪审团评议期间的任何事项或陈述作证,也不能对涉及评议事项的作用、影响其他陪审员赞成或反对该裁决的心理或感情因素,或者与此相关的陪审员的思想过程作证。不管是陪审员的宣誓,还是陪审员陈述的任何证据,都不能为此目的而被采信。但该规则也存在例外情况,即陪审员可以对以下问题作证:是否有不公正的外部信息不恰当地引起了陪审团的注意,陪审员是否不当承受了外部的影响。

程序瑕疵规则,在州层面,是指被告对有罪判决不服而申请"人身保护令"这一定罪后救济时必须遵循州的程序规则,否则法院将以程序瑕疵为由驳回被告的申请,除非被告能证明存在例外情形;在联邦层面,是指若被告在州法院的人身保护令申请因程序瑕疵被驳回,则不得再向联邦法院申请联邦人身保护令。

联邦程序瑕疵规则也有例外:若被告能提出未能遵守程序规则的抗辩理由,并证明驳回人身保护令申请将导致司法不公,则联邦程序瑕疵规则不适用。符合美国宪法规定的无效律师协助即属于这一例外。联邦程序瑕疵规则旨在确保申请人在申请联邦法院救济时穷尽了州法院救济，同时确保州法院对该诉请有充分审理的机会，不受联邦法院的随意干涉。

萨普的州内人身保护令申请失败后，他转而到联邦法院提起人身保护令申请。

4. 第一次联邦人身保护令申请

萨普向佐治亚州中部地区的联邦地区法院就陪审员偏见提起了人身保护令申请。联邦地区法院认为萨普的案件此前在州法院存在程序瑕疵，并且萨普没有通过证明存在律师无效协助的情况克服程序瑕疵问题，因此，萨普没能提供明确且令人信服的证据推翻州法院的决定。联邦地区法院遂认为贾迪没有因种族歧视而投票裁决萨普死刑，因而拒绝了萨普的人身保护令申请。

联邦第十一巡回上诉法院确认了联邦地区法院的裁决，也拒绝了萨普人身保护令的申请。

5. 第二次联邦人身保护令申请

2017 年 6 月，萨普根据美国《联邦民事诉讼规则》第 60(b) 节再次向联邦地区法院提起了联邦人身保护令申请的动议，该节规定了当事人可以不受判决约束的具体情形，如发生错误、有新发现的证据、欺诈等。该规则最后有个兜底条款，即第 60(b)(6) 节，规定法院可以为任何值得救济的其他原因而撤销某判决，然而，只有在“情节特别严重”的情形下才可以适用这一兜底条款。

萨普同时指出，根据联邦最高法院巴克案〔1〕以及潘拿案〔2〕的判决，本案因情节特别严重，属于美国《联邦民事诉讼规则》第 60(b)(6) 节规定的其他可以使被告不受判决拘束的情形。

萨普认为巴克案确立了如下规则：被告由于种族偏见被判死刑属于情节特

---

〔1〕 Buck v. Davis, 580 U. S. ___ (2017). 该案的判决译述见本系列《美国联邦最高法院判例 2016～2017 年判例译述》第 3.04.001 号案例。

〔2〕 Pena-Rodriguez v. Colorado, 580 U. S. ___ (2017). 该案的判决译述见本系列《美国联邦最高法院判例 2016～2017 年判例译述》第 3.04.002 号案例。

别严重的情形,可以适用美国《联邦民事诉讼规则》第 60(b)(6)节。萨普还认为,潘拿案确立了如下规则:当有明确的陪审员陈述表明陪审员因种族偏见投票裁决被告死刑时,州法律中的不得质疑规则就不再适用。

联邦地区法院拒绝了萨普的动议。法院认为,首先,州法院的裁决发生在潘拿案之前,因此该案确立的规则不具有溯及力。其次,在潘拿案中,陪审员明确声称其种族偏见是其判定被告有罪的主要促动因素,而在本案中,州法院已经对贾迪及其他 10 名陪审员进行了取证,贾迪及其他 10 名陪审员均表示没有因种族偏见影响其投票,州法院对该证词予以采信。因而即便根据潘拿案确立的规则,州法院的裁决也并不与其相悖。

萨普又向联邦第十一巡回上诉法院提出申请,同样遭到拒绝,联邦第十一巡回上诉法院的理由是萨普没有拿出其宪法权利被侵犯的确凿证据,且未能证明是贾迪的种族歧视实质上导致了其被判刑的结果。

6. 联邦最高法院的判决

萨普在被执行死刑前,又向联邦最高法院申请了调卷令,请求中止死刑的执行。

联邦最高法院认为联邦第十一巡回上诉法院的裁决完全是基于州法院的事实认定,即萨普没能证明贾迪的行为实质上影响了陪审团对萨普作出死刑裁决。在没有明确且令人信服的相反证据的情况下,州法院的事实认定对联邦第十一巡回上诉法院和联邦最高法院均具有约束力。

但是萨普提供了一份贾迪署名的宣誓证言,上面写着贾迪认为"黑人可以分为两类,即普通黑人和黑鬼",而本案的萨普"在我看来不是好人,他应当为他的恶行付出代价,应当用电椅处死他","其他的陪审员投票裁决萨普死刑是因为希望以儆效尤,但这不是我投票裁决萨普死刑的原因","在读了圣经之后,我在想黑人是否有灵魂"。贾迪没有对这份宣誓证言予以否认,而这份宣誓证言有力地证明了萨普的种族影响了贾迪对萨普是否应当处以死刑的投票。萨普是否已经给出了清楚且令人信服的证据表明州法院的事实认定是错误的这一点,至少是可以争辩的。因此,联邦第十一巡回上诉法院的认定是错误的。

联邦最高法院进一步认为,联邦第十一巡回上诉法院拒绝萨普上诉令申请的唯一理由是萨普没能证明是贾迪的偏见导致了陪审团作出死刑决定，但是否应当准许萨普的申请应当考量更多的因素。

美国《联邦民事诉讼规则》第60(b)节是当事人不受判决约束的情形中的兜底条款，因而必须在极端情况下才可以使用。而本案中如果存在极端情况，则应当是联邦地区法院在拒绝萨普的动议上滥用了司法裁量权，但这一点萨普很难证明，如果通过第60(b)(6)节申请上诉，萨普可能不会拿到上诉令。因此，联邦最高法院的审查不会局限于联邦地区法院拒绝萨普动议的理由，而会基于本案的特殊情况。同时，联邦第十一巡回上诉法院的审查不应当基于以法官的标准判断贾迪的投票不存在种族歧视是不是无可争议的这一个角度。

然而，托马斯、阿利托和戈萨奇大法官反对多数大法官的意见，认为法院的判决在反歧视上并不够勇敢，该判决只是推迟了萨普的死刑，重新审判毫无意义。联邦地区法院拒绝萨普人身保护令申请的两点理由是任何法官都无法辩驳的。此外，联邦第十一巡回上诉法院应当尊重州法院对贾迪是否存在偏见的调查结果，除非该调查结果的公正性被明显的错误推翻；受理人身保护令申请的联邦法院应当尊重州法院的事实认定；联邦上诉法院应当尊重联邦地区法院在美国《联邦民事诉讼规则》第60(b)节项下的司法裁量权。

最终，联邦最高法院还是撤销了联邦第十一巡回上诉法院的判决并发回重审，要求联邦第十一巡回上诉法院重新考虑萨普是否有权获得上诉令。

这样，在27年前残忍地杀害了妻姐的萨普，虽然早已被判死刑，却因初审陪审员的一番不负责任的种族歧视言论，有可能再次逃避死刑的制裁。

结合此前的巴克案和潘拿案，说明联邦最高法院在涉及种族问题的刑事判决上，态度一向是严格坚定的，丝毫不容许种族偏见影响陪审员的判决。

名作蛋糕店诉科罗拉多州民权委员会
Masterpiece Cakeshop, Ltd. v. Colorado Civil Rights Comm'n
——有史以来最受争议的一块蛋糕

原 案 名: Masterpiece Cakeshop, Ltd., et al. v. Colorado Civil Rights Commission et al.

判决日期: 2018 年 6 月 4 日

案　　号: 16 – 111

主　　笔: 肯尼迪大法官(首席大法官罗伯茨和布雷耶、阿利托、戈萨奇、卡根大法官附议;卡根大法官另行发表协同意见,布雷耶大法官附议;戈萨奇大法官发表部分同意的协同意见,阿利托大法官附议;托马斯大法官发表部分同意的协同意见,戈萨奇大法官附议;金斯伯格大法官发表异议意见,索托马约尔大法官附议)

判决主旨: 科罗拉多州民权委员会在评估蛋糕店店主拒绝为同性伴侣制作婚礼蛋糕的理由时,带有一定的宗教偏见,这违反了美国联邦宪法第一修正案的宗教中立条款。

判决译述

1. 同性情侣买婚礼蛋糕被拒

科罗拉多州的丹佛市城郊有一家名为"名作蛋糕店"(Masterpiece Cakeshop)的烘焙店,店主是菲利普(Jack Phillips),一名非常虔诚的基督徒。这家商店提供种类繁多的烘焙商品,包括饼干、面包,以及为生日、婚礼等活动定制的特殊蛋糕。

2012年,一对打算结婚的同性情侣克雷格与穆林思(Charlie Craig and Dave Mullins)走进这家"名作蛋糕店",询问店主是否可以订购一个婚礼蛋糕。当时科罗拉多州并没有认定同性婚姻合法,他俩打算在马萨诸塞州登记结婚,在科罗拉多州的丹佛市与亲朋好友举行婚礼。可是,据店主菲利普本人所说,他这辈子的主要目标就是聆听耶稣基督在他生命的各个方面的教导,而且希望通过他在蛋糕店的工作来荣耀上帝。菲利普的宗教信仰中有非常重要的一条——"根据上帝的旨意,婚姻从始都是一男一女的结合"。菲利普看了看他俩,说他可以为他们做生日蛋糕,但是,为他们设计、制作服务于同性婚姻的婚礼蛋糕违背了他的宗教信仰,因此拒绝为他们制作婚礼蛋糕。

第二天,克雷格的妈妈给店主打电话,质问店主为什么拒绝为她儿子制作婚礼蛋糕。店主菲利普也以同样的理由回答了她,还以当时科罗拉多州并不承认同性婚姻作为理由。

2. 科罗拉多州的反歧视法

从历史上看,科罗拉多州向来就有禁止歧视的法律传统。1885年,也就是科罗拉多州建州不到10年的时间,州会就通过了《全民民权保护法》(An Act to Protect All Citizens in Their Civil Rights),其中规定所有公民无论种族、肤色还是过去的身份都对公共场所(public accommodation)享有平等且充分的使用权。而现在的《科罗拉多州反歧视法》(the Colorado Anti-Discrimination Act,以下简称《反歧视法》)更是进一步阐明了这一法律传统。该法于2007年及2008年制定了禁止因性取向而歧视他人的相关规定,还把公共场所的定义扩展为"任何向公众提供商品或服务的商业场所或者是其他用于宗教目的的场所"。

《反歧视法》建立了一套针对歧视行为的投诉处理行政系统。针对涉嫌违反《反歧视法》的歧视行为的投诉首先由科罗拉多州民权局(Colorado Civil Rights Division)受理。若科罗拉多州民权局认定该投诉具有合理根据,则会将该投诉交给科罗拉多州民权委员会(Colorado Civil Rights Commission),而该委员会将会举行由州行政法官(State Administrative Law Judge)参与的听证会。州行政法官在听取了证据及辩论后会签署一份裁定,该裁定可以被上诉至科罗拉多州民权委员会,若该委员会认为的确存在歧视行为,将会采取法定的补救手段,包括废除歧视法规、采取平权行动(张贴平权告示)等。但根据法律规定,该委员会无权评估金钱方面的损失。

克雷格与穆林思认为,该店主因他们的性取向而拒绝为他们服务的行为违反了《反歧视法》的规定,因此向科罗拉多州民权局投诉。科罗拉多州民权局经调查发现,菲利普不仅拒绝了这一对同性情侣,还有其他6对同性情侣都被他拒绝了。因此科罗拉多州民权局将该案移交给科罗拉多州民权委员会,后由州行政法官受理。因事实明确,故州行政法官认定菲利普的行为构成歧视,克雷格与穆林思胜诉。

但是菲利普提出了两个抗辩理由:

第一,《反歧视法》强迫他违背自己的宗教信仰为同性恋做蛋糕,这相当于强迫菲利普通过他的艺术天分表达他不想表达的信息,这违反了美国联邦宪法第一修正案的言论自由原则。但该观点没有被州行政法官采纳。州行政法官认为,做一个蛋糕并不算是一种应当被保护的言论,也不算强迫蛋糕设计者表达观点。

第二,《反歧视法》强迫他做蛋糕侵犯了美国联邦宪法第一修正案的宗教信仰自由原则。该观点也没有被州行政法官采纳。州行政法官认为《反歧视法》本身是一部"具有普遍适用性的、有效的、立场中立的法律"(a valid and neutral law of general applicability),因此该法适用于菲利普,并没有违反宗教信仰自由原则。

科罗拉多州民权委员会完全支持州行政法官的意见,判令店主停止以拒绝销售蛋糕或其他商品的方式向同性恋者实施歧视行为,并令店主在未来两年内每季度向科罗拉多州民权委员会提交关于拒绝顾客服务的记录报告,并在该报告中记录拒绝服务的原因以及相关的救济措施。此外,该蛋糕店的全体员工还需深入学习《反歧视法》中的"公开场所"一节的全部内容;蛋糕店的内部规章也应当全面修订以符合《反歧视法》的规定。

菲利普将此案上诉至科罗拉多州上诉法院,但科罗拉多州上诉法院并不认为给同性情侣做一个婚礼蛋糕就含有蛋糕设计人对同性婚姻祝福的信息,也不认为科罗拉多州民权委员会作出的判令违反了美国宪法的宗教信仰自由原则,因此没有采纳菲利普的观点。而科罗拉多州最高法院拒绝受理此案。最终,本案上诉至联邦最高法院。

3. 平权与宗教的价值冲突

联邦最高法院受理此案后,首先回顾了同性恋人群权益的保护与宗教信仰之间长期以来存在的纠葛。同性恋人群以及同性恋配偶并没有被社会抛弃,也不是社会中的下等人,这是美国现代社会达成的普遍共识。因此,美国联邦宪法和法律在某些情况下必须保护此类人群的公民权利。在具有普遍适用性的、立场中立的法律规定下,社会经济领域的商家与个人从业者不能侵犯被保护人群公平地享有商品和服务的权利。联邦最高法院在纽曼案[1]中也提到:若立法机关有理由相信某一特定群体成为歧视行为针对的目标,州的立法机关有权颁布不违反美国联邦宪法第一修正案或美国联邦宪法第十四修正案的法律规定,以制止这一行为。

与此同时,法律也保护宗教或哲学领域中存在的反对同性婚姻的观点。正如联邦最高法院在奥伯盖费尔案[2]中的审理意见:美国联邦宪法第一修正案应当确保宗教组织和个人在传授对他们的生活和信仰至关重要的原则时得到适当的保护。

因此,如果某位神职人员基于道德和宗教的原因反对同性婚姻,那么法律就不能否定这名神职人员拥有美国联邦宪法第一修正案赋予的宗教自由的权利,也不能强行要求他主持同性伴侣的婚礼仪式。但是这样的例外应当是极为有限的,如果这种规定没有界限,那么无数的人会以这样的理由为借口拒绝提供服务,而法律多年维护的公平和正义也就毁于一旦。

但是本案的店主菲利普不是神职人员,他售卖蛋糕的行为也属于经济行为。如果把本案的案情修改为店主拒绝向所有的同性恋群体销售蛋糕,这就是一件非常单纯的歧视行为,应当受到具有普遍适用性的、立场中立的法律的约束。

---

〔1〕 Newman v. Piggie Park Enterprises, Inc., 390 U. S. 400 (1968).

〔2〕 Obergefell v. Hodges, 576 U. S. 644 (2015).

可是店主菲利普主张,他并不拒绝与同性恋者交易商品,但是他自己设计的婚礼蛋糕代表了他对婚礼的祝福。这种观点就意味着强迫店主设计、售卖同性恋的婚礼蛋糕侵犯了店主拥有的言论自由、宗教信仰自由的权利。况且当时科罗拉多州的法律尚未将同性婚姻合法化,而且州法赋予了店主有权拒绝某些过分要求的权利,因此店主菲利普当时作出拒绝提供服务的决定并不算不合理。

4. 不能容许双重标准

联邦最高法院在审理本案时,大法官阵容分别是自由派倾向的金斯伯格、布雷耶、卡根、索托马约尔大法官;保守派倾向的罗伯茨、托马斯、阿利托、戈萨奇大法官;还有中立派的肯尼迪大法官。因此外界猜测,本案的判决仍会出现各自抱团的投票态势,自由派法官可能会保护同性恋不受歧视;保守派法官则可能认为蛋糕制作人的宗教信仰可以让他拒绝提供有悖于自己信仰的蛋糕。最后的结果就看肯尼迪大法官的摇摆票如何选择。

然而,案件的结果是出人意料的 7∶2——蛋糕店店主菲利普以大比分获胜。因为联邦最高法院的大法官们从另一个角度解决了本案的矛盾,科罗拉多州民权委员会的审理记录显示科罗拉多州民权委员会在审理本案时对菲利普持有“明确且不可被容许的敌意”(clear and impermissible hostility)。

在审理过程中,科罗拉多州民权委员会的一个委员称:“菲利普可以坚持他的宗教信仰,但是在科罗拉多州,他不能将其宗教信仰作为指导商业行为的准则。”另一个委员甚至说出了更狠的话:“宗教在历史上被用于为奴隶制和大屠杀正名,我这辈子见过最低劣的狡辩手段之一就是假借宗教的名义伤害他人。”

在本案中,科罗拉多州民权委员会认为,本案的蛋糕包含的信息应当来自顾客,而不属于店主,而且认为即使店主愿意向这对同性伴侣销售其他商品,这些行为也不在本案的讨论范围内,由此认定店主拒绝客户的行为违法。但讽刺的是,科罗拉多州民权委员会之后还审理了另外 3 桩类似的案件(杰克诉甜品店案[1]、

---

〔1〕 Jack v. Gateaux, Ltd., Charge No. P20140071X (Mar. 24, 2015).

杰克诉面包店案[1]、杰克诉烘焙店案[2])。这3桩案件的共同原告杰克(William Jack)从2014年开始逆向碰瓷,专门找蛋糕店订制蛋糕并要求在蛋糕上写上反对同性恋的信息,不出所料地被所有的蛋糕店主拒绝。这位杰克老兄也把这些店主告上科罗拉多州民权委员会。科罗拉多州民权委员会在这几桩案件中却认为,因顾客要求的蛋糕含有贬低他人的含义,况且店主愿意向顾客销售其他商品,判定店主拒绝制作蛋糕的行为符合《反歧视法》的规定。而科罗拉多州上诉法院在支持这两类判决时,也没有很好地解释为什么这两类案件会有不同的处理方法。

最终,联邦最高法院认定,科罗拉多州民权委员会在菲利普案中并没有对菲利普的宗教信仰表现出应有的忍耐或尊重。这样的处理方式违反了美国联邦宪法第一修正案的宗教中立原则,因此撤销了科罗拉多州上诉法院作出的判决。

5. 狭窄的判决

本案充满了同性恋平权、言论自由、宗教自由这些极具争议的话题,从一开始就吸引了美国乃至全世界的关注。名作蛋糕店的这块蛋糕也变成了有史以来最具争议的蛋糕。

本案发生后,模仿的案例层出不穷。无数自由派人士去蛋糕店、披萨店要求店主制作违反其宗教信仰的蛋糕、披萨,一旦被拒绝便提起索要巨额赔偿的诉讼。而保守派也毫不示弱,出现了如判决书中提到的逆向碰瓷事件——要求蛋糕店制作含有反同言论的蛋糕,这同样引发了无数争议。美国社会左右派的分裂态势也因此愈演愈烈。

在无数人翘首以盼的情况下,联邦最高法院作出了以上判决。虽然所有人都认为这是美国基督教保守派的一次重大胜利、自由派平权运动的一次重大挫败,但是美国主流媒体对本案的报道都用了一个关键词:狭窄(narrow)。

正如本案判决书的主笔人肯尼迪大法官在最后所写的:"法院应当在之后

---

[1] Jack v. Le Bak-ery Sensual, Inc., Charge No. P20140070X (Mar. 24, 2015).

[2] Jack v. Azucar Bakery, Charge No. P20140069X (Mar. 24, 2015).

的类似案件中作出进一步的细化审理。我们也应认识到,面对这些争端时我们需宽容以待,既应尊重真诚的宗教信仰,也应制止对同性恋群体的侮辱与歧视。”联邦最高法院虽然判令撤销原判,可是本案的争议焦点并没有得到解决,本案的多数意见对蛋糕师制作的蛋糕算不算蛋糕师所发表的言论这一争议没有表态,更不用提在同性恋平权与宗教自由这些重要的价值之间如何作出取舍。只有金斯伯格大法官与索托马约尔大法官在异议意见中明确表示,科罗拉多州民权委员会的双重标准以及表现对宗教观点的敌意并不代表菲利普可以胜诉,而认为应当维持原判,停止菲利普拒绝销售蛋糕的行为。

看来,本案的判决并不是一个简单的结束。

杰纳斯诉美国州、县与市政工人联合会第 31 分会
Janus v. State, County and Municipal Employees
——不是工会会员也要交会费?

原 案 名:Janus v. American Federation of State, County, and Municipal Employees, Council 31, et al.

判决日期:2018 年 6 月 27 日

案　　号:16 – 1466

主　　笔:阿利托大法官(首席大法官罗伯茨和肯尼迪、托马斯、戈萨奇大法官附议;卡根大法官发表异议意见,金斯伯格、布雷耶、索托马约尔大法官附议)

判决主旨:工会不得向不愿加入工会的劳动者收取集体谈判产生的费用,因为这种做法违反了美国联邦宪法第一修正案对言论自由权利的保护。

判决译述

1. 被强制收取的会费

(1)非工会会员拒付会费惹麻烦

在美国,工会常常代表一定数量的劳动者,同资方就工资薪金、工时等问题展开谈判。根据《伊利诺伊州公共劳动关系法》(Illinois Public Labor Relations Act,以下简称《劳动关系法》)的规定,该州工会经劳动者投票表决取得谈判代表权后,该谈判权是排他的,即个体劳动者不能再单独与资方谈判,而只能通过工会的渠道。不过也正因为谈判权利的“垄断性”,法律要求工会必须公正地维护全体劳动者利益。

值得注意的是,不是所有被代表的劳动者都自愿加入享有代表权的工会。一些与工会观点相左的劳动者即使被代表了,也坚持自己非工会会员(nonmember)的身份。而本案的主人公——杰纳斯(Mark Janus),就是这样一位"特立独行"的非工会会员。

杰纳斯是伊利诺伊州卫生保健和家庭服务部(Illinois Department of Healthcare and Family Services)的一名儿童护理专家,而美国州、县与市政工人联合会第 31 分会(American Federation of State, County and Municipal Employees, Council 31,以下简称工会第 31 分会)经投票表决,成为包括杰纳斯在内的 35,000 余名公职人员的集体谈判代表。

但是,由于不认同工会第 31 分会在伊利诺伊州财政危机中的立场(工会不赞成伊利诺伊州政府提出的节约劳动成本计划),杰纳斯拒绝参加该工会。不仅如此,杰纳斯还拒绝支付工会费(每月 44.58 美元,一年共计约 535 美元)。

杰纳斯的拒付行为实际上违反了伊利诺伊州的法律。根据《劳动关系法》的规定,非工会会员须支付工会因"代表全体劳动者进行集体谈判、合同执行及追踪工资薪金、工时和其他劳动条件等事项"产生的费用(costs incurred in the collective bargaining process, contract administration, and pursuing matters affecting wages, hours, and conditions of employment)。这笔费用被称为"代理费用"(agency fee)。

在收取"代理费用"的过程中,工会无须就费用的计算与非工会会员协商,而只需在确定费用数额后向非工会会员发送一份"哈德逊告知书"(Hudson notice,因哈德逊案[1]而得名)。该告知书主要是为了向非工会会员提供费用明细,如果非工会会员对其有疑义可提出复议。

(2)州长帮忙提诉讼

伊利诺伊州州长得知了杰纳斯的情况,为之所动,向联邦地区法院提起诉讼,请求宣告上述《劳动关系法》中关于强制缴纳"代理费用"的规定违宪。伊利诺伊州司法部长作为被告应诉,指出伊利诺伊州州长不具有诉讼资格,因为《劳动关系法》没有对其造成损害。

---

〔1〕 Teachers v. Hudson, 475 U. S. 292 (1986).

联邦地区法院认同伊利诺伊州州长不具有诉讼资格的主张,驳回了伊利诺伊州州长的诉讼请求。但是,由于杰纳斯和其他两名劳动者在诉讼过程中参与进来,所以联邦地区法院允许他们基于重新提交的诉状继续诉讼程序。

在修正过的诉状中,杰纳斯等人主张,基于美国联邦宪法第一修正案,工会不应向非工会会员收取任何费用。被告则援引先例阿布德案[1]作为抗辩。

根据阿布德案,工会的支出可以分为"应付款项"(chargeable expenditures)和"非应付款项"(nonchargeable expenditures)。前者指工会为代表全体劳动者(无论是否为工会会员)产生的日常费用,即使是非工会会员也需要向工会付费;后者则是工会在从事政治性活动(political and ideological projects)时产生的费用,对此非工会会员无须付费。被告认为,《劳动关系法》规定的"代理费用"属于"应付款项",非工会会员应当向工会缴纳。

联邦地区法院和联邦第七巡回上诉法院都支持了被告的主张,判处原告败诉,即非工会会员亦应缴费。原告上诉至联邦最高法院。

2. 阿布德案带来的争议

本案的核心问题是阿布德案这一先例是否应被推翻,因此有必要了解阿布德案的事实经过和判决。

(1)阿布德案的缘起

在1977年联邦最高法院审理的阿布德案中,原告阿布德是底特律的一名公职教师,同杰纳斯一样拒绝参与代表他的工会。然而根据底特律教育委员会同工会签署的集体代表协议,阿布德需要向工会缴纳一笔与会费等额的代理费用。阿布德拒绝支付此项费用,并提起诉讼。

初审法院驳回了阿布德的请求,但上诉法院推翻了初审判决,认为基于宪法,工会不得向非会员索取为履行代表义务以外目的产生的费用,如为发展工会产生的支出。上诉法院的这一观点意味着非工会会员仍需向工会支付必要的代表费用。

对于非工会成员缴纳的这笔费用,法院还提供了两个理由作为支撑:一是

[1] Abood v. Detroit Bd. of Ed., 431 U.S. 209 (1977).

维护“劳资关系有序”(labor peace),二是防止有人“搭便车”(free riders)。所谓“劳资关系有序”,是指只有劳动者被工会统一代表,才能防止出现个体谈判内容相互冲突的状况。而防止“搭便车”,是指避免非工会会员免费享受到工会代表其参与谈判的好处。

(2)对阿布德案的质疑

如今,联邦最高法院改变了态度,认为“劳资关系有序”和防止“搭便车”都不能成为工会向非工会会员强制收费的理由。

首先,“劳资关系有序”与是否收费无关。联邦法律和伊利诺伊州以外 28 个州的法律都规定了工会代表权的排他性,却未允许工会向非工会会员收取费用。从结果来看,劳资关系没有因为工会不能向非工会会员收费而陷入混乱。因此这二者之间的关联性无法成立。

其次,“搭便车”的思想缺乏合理性。联邦最高法院认为确认非工会会员“搭便车”往往建立在这样的基础上:(1)工会原本不愿意代表非工会会员参与谈判;(2)工会在不向非工会会员收取费用的情况下,还被要求公正代表所有会员和非会员利益是不公平的。

然而,工会原本不愿意代表非工会会员参与谈判吗?联邦最高法院认为,答案是否定的。相反,工会一直都热衷于在劳动者的票选中胜出并取得代表权。因为代表权可以带来很多好处:资方被要求只能与具有代表权的工会展开协商;工会能掌握被代表劳动者的信息;会费可以从劳动者工资中直接扣除。联邦最高法院认为,工会获得的这些好处已经超过了代表非工会会员谈判所增加的负担。不仅如此,由于法律规定资方不能在签订集体合同时歧视非工会会员,因此工会在谈判过程中原本就需要兼顾非会员的利益,以求与资方达成协议。

再者,要求工会公正地维护非工会会员利益,却不允许工会向非工会会员收取费用有失公平吗?联邦最高法院给出的答案同样是否定的。联邦最高法院认为,既然法律赋予工会排他地享有谈判的权利,就意味着非工会会员的权利受到了限制。如果工会不能公正地兼顾会员与非会员的利益,那么非会员的权益将会处于不受保护的状态。公正地行使代表权与代表权的排他性是对等的,而收费不是公正行使代表权的理由。故防止“搭便车”的观点也没办法站稳脚跟。

(3)对异议意见的反驳

除了就阿布德案提出的观点予以反驳外,本案中持多数意见的大法官们还就审理过程中被告及持异议意见的大法官们提出的观点作了回应。

首先,被告指出,劳动者作为一个群体时,不享有美国联邦宪法第一修正案项下的言论自由。但是联邦最高法院认为这一观点与过去数十年间的先例相冲突。另外,被告为证明劳动者作为群体时不享有言论自由,举例说1806年的一部法律禁止军事单位雇员侮辱总统,1801年的一项法令则限制了政府高级官员参与竞选活动。但是联邦最高法院认为,这些证据只能显示国会有权为了维护重要政府利益而限制劳动者的言论自由,并不代表劳动者的言论自由完全不受保护。因此美国联邦宪法第一修正案不保护劳动者群体的观点不能得到支持。

其次,被告和异议意见认为阿布德案符合皮克林案[1]的判决精神。在皮克林案中,一名教师因写信批评其所在学校的行政管理而被学校开除,这一开除行为后来被认定为违反了美国联邦宪法第一修正案。但是,皮克林案的判决还指出,当劳动者的言论是其职责的一部分时,劳动者的言论自由将会受到限制。

然而联邦最高法院认为,阿布德案不可以套用皮克林案的判决,否则无异于削足适履。第一,皮克林案涉及个体劳动者的言论与其公共责任的关系,而阿布德案涉及的是全体劳动者是否必须一律资助工会的言论,即使他们可能不赞成这些言论。第二,皮克林案针对的是与政府职能相关的公共言论,而阿布德案还包括私人关切的言论,如工资、工时等。第三,在皮克林案中,劳动者的政治性言论自由因公共利益被限制,而根据阿布德案,工会的政治性言论不属于非工会会员需要付费的范畴,因此这两个案件对待政治性言论的方式是不同的,两案具有很大差别。

另外,被告及异议意见认为皮克林案还产生了一个问题:阿布德案中州政府的利益是否优先于非工会会员言论自由的利益。针对这一点,前文对于"劳

---

[1] Pickering v. Board of Ed. of Township High School Dist. 205, Will Cty., 391 U.S. 563 (1968).

资关系有序"和"搭便车"问题的分析表明了联邦最高法院的立场。不过除了上述两项利益,阿布德案的拥护者还提出了一项州政府利益——与具有排他权利的代理人谈判的利益。他们认为,政府作为雇主,只有与具有排他代表权的工会进行谈判,才能保证政府的运行效率。然而联邦最高法院认为,政府不是在所有情况下都像皮克林案中那样扮演雇主的角色,因此并非所有的言论限制都能以政府谈判利益为理由。

3. 阿布德案被推翻

在审查是否推翻先例时,有 5 个因素需要被考量:(1)先例的合理性(quality);(2)先例的可行性(workability);(3)先例与其他相关案例的一致性(consistency with other related decisions);(4)先例产生以来时代的发展(developments since the decision was handed down);(5)对先例的依赖程度(reliance on the decision)。

第一,就阿布德案的合理性而言,联邦最高法院予以否定。除了上文中被反驳的观点外,联邦最高法院认为阿布德案援引汉森案[1]和斯特里特案[2]作为依据也是不合理的。被告及异议意见试图通过这两个案例中联邦最高法院支持"工会代理"条款(agency shop,指在工会代理制企业中,工会作为全体雇员的代表与雇主订立集体合同,非工会会员也要向工会缴纳与工会会员相同数量的入会费和会费)证明"代理费用"条款的合理性。

然而,联邦最高法院认为本案中工会向非工会会员收取的费用与"工会代理"条款是完全不同的问题。汉森案主要探讨了"商业条款""正当程序条款",而对美国联邦宪法第一修正案只是稍作提及;斯特里特案涉及的是实体法结构问题,完全没有涉及宪法问题。另外,阿布德案对上述两案的错误引用还导致其没有区分公共部门和私人部门工会向非工会会员收取费用的区别。在公共部门中,工会代表劳动者同政府打交道,而这一集体谈判行为很难不涉及公共利益,因此性质上带有政治色彩。然而根据阿布德案判决的划分,工会的政治

[1] Railway Employes v. Hanson, 351 U. S. 225 (1956).

[2] Machinists v. Street, 367 U. S. 740 (1961).

性活动产生的费用属于“非应付款项”,不应向非工会会员收费。故这种自相矛盾也是阿布德案判决不合理的体现。

第二,就阿布德案的可行性而言,联邦最高法院予以否定。如上所言,阿布德案区分工会是否可以收费的标准具有模糊性,尤其不适宜在雇主为政府的情况下适用。除此之外,工会提供给非工会会员的“哈德逊告知书”中,一般简单地列出“工会总支出”“应付款项总额”两项,而非工会会员很难区分工会的具体支出中哪些部分属于“应付款项”,哪些部分属于“非应付款项”。

第三,就阿布德案与相关案例的一致性,联邦最高法院予以否定。根据诺克斯案〔1〕及之后的若干案件,当涉及侵犯美国联邦宪法第一修正案项下的言论自由权利时,法院应进行严格的审查(exacting scrutiny)。然而阿布德案的判决没有满足对美国联邦宪法第一修正案权利一贯的谨慎审查要求。

第四,就阿布德案判决产生以来时代的发展而言,联邦最高法院认为阿布德案没有跟上时代的步伐。政府部门工会兴起于20世纪60年代末70年代初,即阿布德案判决作出前不久。然而随着时代的发展,政府部门工会的数量越来越多,作用也越来越重要。很多时候政府部门工会与政府之间的集体谈判会关系到一州的财政状况。然而阿布德案判决没有体现出政府部门工会与私人企业工会之间的区别,因此不再符合现实情况。

第五,就对阿布德案的依赖程度而言,联邦最高法院亦予以否定评价。被告和异议意见认为,现在所有工会在签订集体谈判协议时都会纳入“代理费用”条款,且以此交换劳动者其他方面的利益。但是联邦最高法院认为,一方面,集体谈判协议都是有期限的,工会在今后的制定过程中可以取消“代理费用”条款;另一方面,阿布德案提供的标准是模糊不清的,无法继续作为依据。

综上,联邦最高法院推翻了阿布德案的先例,认为工会不得向不愿加入工会的劳动者收取集体谈判产生的费用,而这被视为对美国联邦宪法第一修正案项下言论自由权利的保护。也因此,联邦最高法院撤销了联邦第七巡回上诉法院的判决,发回下级法院,按联邦最高法院的意见重审。

---

〔1〕 Knox v. Service Employees, 567 U.S. 298 (2012); Roberts v. United States Jaycees, 468 U.S. 609 (1984); United States v. United Foods, Inc., 533 U.S. 405 (2001).

国家家庭与生命维权组织诉加利福尼亚州司法部长贝塞拉

National Institute of Family and Life Advocates v. Becerra

——法律能迫使诊所告知怀孕女性有关堕胎的信息吗?

原 案 名:National Institute of Family and Life Advocates, DBA NIFLA, et al. v. Becerra, Attorney General of California, et al.

判决日期:2018年6月28日

案　　号:16-1140

主　　笔:托马斯大法官(首席大法官罗伯茨和肯尼迪、阿利托、戈萨奇大法官附议;肯尼迪大法官发表协同意见,首席大法官罗伯茨和阿利托、戈萨奇大法官附议;布雷耶大法官发表异议意见,金斯伯格、索托马约尔及卡根大法官附议)

判决主旨:州政府不可以强迫诊所向怀孕女性告知与诊所的观点相悖的堕胎等信息,这一强迫行为剥夺了诊所在美国联邦宪法第一修正案下的言论自由权。

判决译述

1.《生育法》的规定惹官司

加利福尼亚州出台的《生育自由、问责、全面护理和透明度法》(California Reproductive Freedom, Accountability, Comprehensive Care, and Transparency Act,以下简称《生育法》)要求有堕胎执照的诊所(以下简称有执照诊所)告知怀孕女性,州政府可为其堕胎提供低收费甚至免费服务,且应将咨询电话号码告诉她们,目的是让居民知道其所拥有的权利以及可获得的服务;而无堕胎执照的诊所(以下简称无执照诊所)需告知怀孕女性它们不能为其提供堕胎服务,目的是让怀孕女性知道为她们提供服务的诊所是否专业、是否有执照。

两家意外怀孕中心(crisis pregnancy center,其中一家有执照,另一家没有执照)和一个意外怀孕中心组织反对堕胎,于是针对《生育法》中的告知义务提起了诉讼,认为该规定剥夺了诊所在美国联邦宪法第一修正案下所拥有的言论自由权,从而违反了宪法。

联邦地区法院和联邦第九巡回上诉法院都认为《生育法》的规定没有问题,案件上诉到联邦最高法院。

2. 有执照诊所没有告知义务

联邦最高法院的大法官们首先分析了有执照诊所的情形。美国联邦宪法第一修正案保护机构的言论自由权。联邦最高法院的先例将对言论自由的限制分为基于内容(content-based)的限制和内容中立(content-neutral)的限制。"基于内容的限制"指的是法律直接限制某言论的发表,如法律规定不得发表有损领导形象的言论就是基于内容的限制;"内容中立的限制"则是指法律只是对言论发表的时间、地点、方式等加以限制,而不限制言论的内容。总体而言,基于言论内容的限制违宪,除非州政府可以证明其采取这些规定是为了达成某些重要的州利益。在审查时,法院一般采取严格标准。

本案中,要求有执照诊所向怀孕女性告知某些内容的规定即为基于内容的限制规定,因为诊所必须按照政府提供的模板进行告知,告知的内容包含与堕胎相关的信息。然而,联邦第九巡回上诉法院在审查该规定时,没有对其进行严格审查,理由是该法所要求的告知内容属于"专业性言论"(professional speech),从而理应受到更多的限制。但联邦最高法院认为,一项言论不能只因为它是专业性言论就应受到更多的限制。

联邦最高法院之前也有对专业性言论提供较少保护的先例,第一类先例认为,当一项法律规定专业人员在发表商业性言论时应当披露事实性的且无争议的信息时,对这类专业性言论可以提供较少的保护,即对这类专业性言论在一定限度内的限制不违反美国联邦宪法第一修正案。第二类先例认为,当州政府规制某专业性行为(professional conduct)时,如果该行为碰巧与言论相关,那么对其在一定限度内的限制也不违反美国联邦宪法第一修正案。

在扎德尔案[1]中,审查的法律要求律师在推销其风险代理服务时告知当事人可能需要给付费用。联邦最高法院判定该法并未违反美国联邦宪法第一修正案,但强调这一披露义务的前提是律师在进行"商业推销",且披露的内容为"提供服务的条件,且该条件为纯事实性、无争议的信息"。然而本案中的《生育法》要求的告知内容并非"提供服务的条件",而是关于州政府所提供服务的信息(如堕胎),因此,法律要求披露的内容与诊所提供的服务不存在任何关系。

在凯西案[2]中审查的是宾夕法尼亚州的一部法律,该法要求医生在进行堕胎手术之前得到病人的知情同意,具体而言,医生在手术前需告知病人"堕胎程序、堕胎的健康风险以及未出生胎儿的胎龄"等信息,并提供州政府印制的相关材料。虽然该法所限制的言论碰巧与专业性行为相关,但联邦最高法院认为其未违反美国联邦宪法第一修正案。法院认为,只有当言论是行医的一部分时,才可以受州的规制。本案中的《生育法》所要求的告知内容却并非为了获得病人的知情同意,因为其与任何医疗程序都无关。

很明显上述先例所确立的例外规则都无法适用于本案。何况如果州政府想让低收入女性知晓政府所提供的医疗服务,要求有执照诊所进行告知也不见得是一个好方法。他们完全可以在诊所边的公告栏上发布此类公告,而不是非要求这些诊所进行告知。总而言之,无论从哪个角度看,这一针对有执照诊所的告知要求都不合法。

3. 无执照诊所也没有告知义务

接下来分析是否可以要求无执照诊所履行告知义务。经过分析,联邦最高法院的大法官们认为,扎德尔案并不适用于此情形,因为扎德尔案中所涉及的要求披露的法律不可以是"不正当的或负担过重的"(unjustified or unduly burdensome),披露所针对的潜在威胁应当"不仅仅是假设的,还应极有可能是

---

[1] Zauderer v. Office of Disciplinary Counsel of Supreme Court of Ohio, 471 U. S. 626 (1985).

[2] Planned Parenthood of Southeastern Pa. v. Casey, 505 U. S. 833 (1992).

真实的”(potentially real not purely hypothetical),且州政府应对此承担证明责任。然而,加利福尼亚州政府远没有证明其所制定的法律并非不正当的或负担过重的,也没有证明无执照诊所需告知的内容所针对的威胁“不仅仅是假设的”。

即使加利福尼亚州政府证明了要求的告知内容所针对的威胁“不仅仅是假设的”,《生育法》也给言论造成了不必要的负担。例如,其要求机构的告知内容需与州政府提供的内容一字不差,甚至对格式都有严格要求,且该告知内容所针对的还是特定的一部分人,即无执照诊所。对于这种区分,联邦最高法院向来不看好。

总而言之,大法官们认为要求无执照诊所做的告知也不符合扎德尔案的情形。最终,联邦最高法院认为,《生育法》实际上违反了美国联邦宪法第一修正案关于言论自由的规定,故撤销联邦第九巡回上诉法院的判决,发回下级法院,由其按联邦最高法院的意见重审。

宗教自由与限制

苏斯诉保尔

——当第一修正案遇上第四修正案

苏斯诉保尔

Sause v. Bauer

——当第一修正案遇上第四修正案

原 案 名:Mary Anne Sause v. Timothy J. Bauer, et al.

判决日期:2018 年 6 月 28 日

案　　号:17 – 742

主　　笔:隐名(*Per Curiam*)

判决主旨:执法机构在特定情况下可以打断他人的祷告,然而警察的入室行为是否违反了美国联邦宪法第四修正案,即便上诉人没有提起,法院也需对其中一些重要问题进行审查。

判决译述

1. 警察入室打断信徒祷告

安(Mary Ann)在没有聘请任何律师的情况下,自己准备了诉讼材料,把堪萨斯州的路易斯堡镇的政府官员、警察局、前任与现任市长(以下统称被诉方)告上了联邦地区法院。她起诉的主要原因是,两名警察因接到有关噪声扰民的投诉,造访了安的公寓,在进入公寓后,警察实施了一系列奇怪且滥用职权的行为。安声称,当时她正跪着做祷告,而其中一个警察命令她停下。

此外,安声称曾经向另一名警察投诉自己受到公寓大楼住户的袭击,但是该名警察拒绝开展调查,并且威胁她如果敢将此事向警局报案,将对她采取传唤等措施。安在诉讼中称,警局局长没有如约对自己的手下进行调查,而小镇的前任和现任市长对小镇警察的违法行为都知情。

安认为,被诉方的行为侵犯了她根据美国联邦宪法第一修正案享有的宗教自由权利,以及美国联邦宪法第四修正案赋予的无正当理由不被搜查或抓捕的权利。被诉方则认为己方享有豁免权。

联邦地区法院驳回了安的诉请,案件被上诉到联邦第十巡回上诉法院。联邦第十巡回上诉法院同意被诉方享有豁免权,维持了联邦地区法院的判决。

2. 警察打断祷告并未违反第一修正案

安不服,上诉到联邦最高法院,并将诉讼的火力集中在美国联邦宪法第一修正案上,认为执法机构无权打断一个正在祷告的人,这种打断行为明显违反了美国联邦宪法第一修正案赋予她的宗教自由权。

对此,联邦最高法院给出了明确的回应——虽然美国联邦宪法第一修正案赋予了宗教自由的权利,祷告也无疑是人民行使宗教自由权利的方式之一,但是,警察在特定情形下可以合法地阻止祷告行为。例如,当警察正在逮捕嫌疑人,并要求嫌疑人坐上开往监狱的警车时,嫌疑人无权要求为完成祷告而延迟警察的押送。

3. 是否违反第四修正案需要重审

联邦最高法院认为,虽然安只以警察行为违反美国联邦宪法第一修正案提起上诉,但被诉的调查行为同时涉及是否违反美国联邦宪法第四修正案的问题。因此,本案还有很多问题没有被调查清楚,其中包括警察进入安公寓的行为是否基于安的同意;警察进入并待在安公寓的行为是否符合美国联邦宪法第四修正案的要求;警察进入公寓并持续待在里面的行为是否违反了法律规定。

对于前述未决问题,安并没有在上诉期间发表任何观点,也没有提到警察打断她的祷告后有无让她做什么事情。由于缺乏这些相关事实的审查,很难就安的诉请作出支持与否的判断。而且,安不提这些问题,不代表法院就不需要审理。

最终,联邦最高法院撤销了联邦第十巡回上诉法院的判决,并将案件发回重审。

正当程序

克里尔诉弗吉尼亚州

——“一事不再理”原则的适用

克里尔诉弗吉尼亚州

Currier v. Virginia

——“一事不再理”原则的适用

原 案 名：Currier v. Virginia

判决日期：2018 年 6 月 22 日

案　　号：16 – 1348

主　　笔：戈萨奇大法官（对于本判决第Ⅰ、Ⅱ部分，首席大法官罗伯茨和肯尼迪、托马斯、阿利托大法官附议；对于第Ⅲ部分，首席大法官罗伯茨和托马斯、阿利托大法官附议；肯尼迪大法官发表部分协同意见；金斯伯格大法官发表异议意见，布雷耶、索托马约尔、卡根大法官附议）

判决主旨：当一次审判涉及多项罪名的起诉，而被告人同意将多项罪名分别起诉并分别审理时，不违反“一事不再理”原则。

判决译述

1. 数项犯罪分开审理

本案源于一起盗窃案。加里森（Paul Garrison）报案，声称家里的保险箱丢了，保险箱里有枪支和 71,000 美元。后来警察在河中找到了这个保险箱，枪支仍在，现金却不翼而飞。通过调查，警察锁定嫌疑人是加里森的侄子。在对证过程中，加里森的侄子迅速坦白犯罪事实并指认了另一名共犯，也就是本案原告克里尔（Michael Currier）。与此同时，加里森的一名邻居也证明在案发时间曾看到克里尔离开加里森家。鉴于证据确凿，大陪审团（grand jury）指控克里尔犯有入室盗窃、重大盗窃罪和非法持有枪支重罪,其中关于非法持有枪支重罪的指控是因为克里尔偷窃的财物中恰好有枪支。

由于控方在证明非法持有枪支重罪时要引用入室盗窃、重大盗窃的证据,而克里尔担心这些证据会使陪审团对自己产生偏见,所以克里尔与政府协商将这几项指控分开起诉。他请求法院先审理入室盗窃、重大盗窃案,然后再审理非法持有枪支案,针对这种情况,有些联邦地区法院会驳回申请,但为了避免上述偏见,法院会向陪审团说明只有在审查持有枪支重罪时才能考虑被告之前的定罪;也有些联邦地区法院会同意被告的申请。本案的初审法院就同意了克里尔提出的分开起诉的请求。

在审理第一个案件时,加里森的侄子和邻居均作证说克里尔参与了盗窃,但是克里尔辩称加里森的侄子在撒谎,而邻居的话不可信,最终陪审团判决克里尔无罪。然而,克里尔在第二个案件开庭前对他提出的数项指控分别审理的要求反悔了,声称第二次开庭违反了"一事不再理"原则,并请求法院禁止政府以第一个案件中的任何事项为由重新起诉,如他认为法院应将有关入室盗窃、重大盗窃的一切证据排除在新的诉讼程序之外。初审法院裁定这并没有违反"一事不再理"原则,于是第二个案件继续开庭。最终,陪审团裁决克里尔犯有非法持有枪支重罪。

克里尔多次重申第二次审理违反了"一事不再理"原则,然而弗吉尼亚州上诉法院认为,"一事不再理"原则的核心在于避免控方通过连续审判而对被告人产生压迫和过度干预,本案并没有这种情况,因为分别起诉更符合克里尔的利益和意愿。弗吉尼亚州最高法院同样支持了弗吉尼亚州上诉法院的观点。

2."一事不再理"原则的适用范围

"一事不再理"原则又称禁止双重危险原则(double jeopardy clause),是指同一个人不能因同一个罪行而遭受两次审判。该原则承认,如果任由控方对公民的一项犯罪行为实施反复多次的刑事指控,从而达到定罪的结果,将导致主权力量的压迫、刑事审判形势严峻以及刑事司法不公。与此同时,联邦最高法院也说过,"如果并不存在控方的压迫",该原则也就不构成"司法不可克服之障碍"。

在本案中,克里尔援引了联邦最高法院于1970年判决的阿西娅案[1]作为自己的论据。在阿西娅案中,被告人抢劫了共处一室的6名扑克牌手,政府对该被告人进行了数次起诉。在第一次审理中,陪审团裁决被告人抢劫第一名受害者的行为不构成犯罪。接着,政府试图针对被告人抢劫第二名受害者提起指控。联邦最高法院认为,第二次起诉违反了"一事不再理"原则,因为第一次审理判定被告人无罪后,后续的审理很可能会使陪审团质疑先前的无罪判决,从而给被告人定罪。这样一来,第二次起诉相当于对第一次审理已解决的问题重新提起指控。

阿西娅案说明,只有当控方在被告人已被判无罪的案件中胜诉才能确保被告人能够被定罪时,才必须禁止第二次审理。当陪审团在第一次审理中作出无罪裁决后,在第二次审理中对定罪的关键事实不合理地作出了不利于被告人的裁决时,才可以说第二次审理违反了"一事不再理"原则。

联邦最高法院认为,本案与阿西娅案有明显的区别。在本案中,假设法院没有审查克里尔的第二次审理是否满足阿西娅案中的标准,但克里尔本人同意进行第二次审理。在此,联邦最高法院引用了杰弗斯案[2],被告人为了避免审判偏见而请求分别起诉,法院同意了该申请。在第一次审理中,陪审团给被告人定了轻罪(a less-included offense),于是被告人认为,控方以后不能再以重罪的名义起诉他。原则上,"一事不再理"原则同时涵盖了轻罪和重罪,即如果被告人被陪审团判决二级谋杀,那么之后控方不能再就同样的事实起诉其一级谋杀。但是在杰弗斯案中,被告同意将本来可以一次审理的案件分为两次进行。因此,当一次审判中涉及多项罪名的起诉,而被告人选择将该案分别审理时,不违反"一事不再理"原则。

3. 最后的抗辩

克里尔请求法院参考哈里斯案[3]和特纳案[4]等案件,但是联邦最高法院

[1] Ashe v. Swenson, 397 U.S. 436 (1970).
[2] Jeffers v. United States, 432 U.S. 137 (1972).
[3] Harris v. Washington, 404 U.S. 55 (1971).
[4] Turner v. Arkansas, 407 U.S. 366 (1972).

认为,这些案件不过是阿西娅案的适用,它们并不能解决被告人同意进行第二次审理的情况是否违反“一事不再理”原则的问题。

克里尔继续主张,他除了请求分别起诉之外别无选择,如果不进行第二次审理,那么第一次审理的陪审团必然考虑入室盗窃、重大盗窃等因素,从而对自己不利。

联邦最高法院对此认为,在本案中,克里尔面临的是两个合法的选择,他只能选择保护一项宪法权利而放弃另一项宪法权利,尽管这个决定很难,但是他不得不这样做。

最终,联邦最高法院支持了弗吉尼亚州最高法院的判决,等待克里尔的将是再一次的审判。

Chapter 4

第四章　移民与外国人保护

移民法

詹宁斯诉罗德里格兹

——等待递解出境程序的移民不得要求召开保释听证会

司法部长塞申斯诉迪马亚

——外国移民犯罪后的驱逐出境标准

珀雷拉诉司法部长塞申斯

——未写明时间地点的出庭通知

特朗普诉夏威夷州

——“禁穆令”的最终对决

詹宁斯诉罗德里格兹

Jennings v. Rodriguez

——等待递解出境程序的移民不得要求召开保释听证会

原 案 名:Jennings et al. v. Rodriguez et al. , Individually and on behalf of All Others Similarly Situated

判决日期:2018 年 2 月 27 日

案　　号:15 – 1204

主　　笔:阿利托大法官(首席大法官罗伯茨和肯尼迪大法官附议;托马斯、戈萨奇大法官除第二部分外附议;索托马约尔大法官就第三部分 C 节附议。托马斯大法官同意判决结果并发表部分同意的协同意见,戈萨奇大法官除脚注 6 外附议;布雷耶大法官发表异议意见,金斯伯格、索托马约尔大法官附议。卡根大法官未参与本案的判决)

判决主旨:在等候递解出境期间,被拘留的移民无权要求召开保释听证会。

判决译述

1. 移民官员的拘留权

美国移民官员每天需要和大量复杂的移民案件打交道,并作出谁能进入美国以及谁能合法地留在美国的决定。但有时作出这些决定并非易事,因此法律允许移民官员在某些递解出境程序中拘留移民。《美国联邦法典》第 1225(b)节、第 1226(a)节及第 1226(c)节分别针对不同类型的移民规定了相应的逮捕、拘留和保释程序。

具体而言,《美国联邦法典》第1225(b)节针对的是入境时的移民,包括不应入境者、寻求庇护者以及其他入境申请者。其中,不应入境者是指一开始就因欺诈、文件造假等原因而不应被允许入境的人,这类人通常适用快速递解出境程序,所以一般不对其召开听证会或作其他审查。对于寻求庇护者,移民官员应当在庇护面谈中对该移民进行"迫害恐惧可信度"(credible fear of persecution)审查。如果该移民具有"迫害恐惧可信度",那么移民官员在进一步决定是否同意其庇护申请前有权拘留该移民。对于其他的入境申请者,移民官员在决定该移民是否可以合法进入美国前,也有权将其拘留。同时,以上被拘留的移民有权基于"紧急的人道主义或显著的公众利益"申请临时假释。但即使获得临时假释,也不意味着将被允许入境,且一旦假释条件消失,移民将立即被继续拘留。

《美国联邦法典》第1226节则规定了对处于美国境内的移民进行逮捕、拘留的程序。其中第1226(a)节是一般规定,即司法部长可以对等候递解出境程序的移民签发逮捕令或拘留令,除第1226(c)节规定外,司法部长可以通过保释听证会或者有条件假释,释放被拘留的移民。第1226(c)节则是特殊规定,该规定中的移民均因触犯了法定种类的刑法(如恐怖活动犯罪等)而被递解出境。司法部长应当对这类人进行羁押,且仅当法定的必要条件(如出于保护证人的目的)成就时,才能释放该移民。

总而言之,《美国联邦法典》第1225(b)节、第1226(a)节及第1226(c)节均赋予移民官员在递解出境程序中拘留移民的权力,而本案的争议焦点就在于如何对上述3节规定作出合理的解释。

2. 被拘留的移民是否有权要求听证

本案的主角是拥有美国绿卡的墨西哥籍男子罗德里格兹(Alejandro Rodriguez)。2004年4月,罗德里格兹被判犯有毒品罪和盗窃汽车罪,政府计划将其递解出境,同时根据《美国联邦法典》第1226节的规定,政府对其实施了拘留。同年7月,移民法院作出裁判,命令将罗德里格兹递解出境。罗德里格兹上诉至移民上诉委员会败诉后,向联邦第九巡回上诉法院提起了上诉。

在漫漫的上诉过程中,罗德里格兹不知不觉被政府拘留了3年多,于是他在2007年5月向法院申请人身保护令。罗德里格兹认为,他有权要求召开保释听证会,以确定政府对他的长期拘留是否合法。与此同时,与罗德里格兹同样被长期关押的移民们也发起了集体诉讼。

在集体诉讼中,罗德里格兹和其他被关押的移民们认为,上述《美国联邦法典》第1225(b)节、第1226(a)节及第1226(c)节并未授权政府在不召开保释听证会的情况下无限期地拘留移民。同时,上述规定没有给予被拘留者要求召开保释听证会的权利,因此违背了美国联邦宪法第五修正案中的正当程序条款。他们请求法院要求政府为等候递解出境程序的移民们提供保释听证会,同时要求政府在听证会上证明其长期拘留行为的合法性。

3. 联邦第九巡回上诉法院:政府不得超期羁押

针对人身保护令的申请,初审法院和联邦第九巡回上诉法院均认为原告的要求有道理,政府应当为原告定期召开听证会,因此判决政府释放罗德里格兹等人。联邦第九巡回上诉法院认为,根据"避免宪法问题的解释原则"(the cannon of constitutional avoidance)[1],应当对《美国联邦法典》第1225(b)节、第1226(a)节及第1226(c)节重新进行解释。对于第1225(b)节和第1226(c)节中规定的移民,政府对其拘留的期限不得超过6个月;而对于第1226(a)节中规定的移民,政府可以对其进行拘留,但是该类移民有权要求每6个月召开一次保释听证会,且仅当政府能够证明其拘留行为合法时,才得以继续拘留这些移民。

为何联邦第九巡回上诉法院认为拘留期限不得超过6个月呢?这就要讲到萨维达斯案[2]了。该案确定了一条规则:对于已经被裁定递解出境的移民,司法部长应当在90日内将其遣返,在此期间该移民应当被拘留。90日后,若该移民尚未被遣返,可以拘留该移民(may be detained)。但是如果该移民在"合理的可预见的未来"(in the reasonably foreseeable future)没有极大的被遣返的

〔1〕 当某法条的文字可能会产生多种解释时,法院应避免采用有可能引发严重宪法歧义的解释,而采纳可以避免这些问题的解释。

〔2〕 Zadvydas v. Davis, 533 U. S. 678 (2001).

可能性(there is no significant likelihood of removal),政府对其拘留期限不得超过“合理期间”,否则违宪。在该案中,“合理期间”被推断为 6 个月。

基于萨维达斯案,联邦第九巡回上诉法院认为政府拘留等候递解出境程序的移民的期限也不得超过 6 个月,否则可能违宪。政府上诉到联邦最高法院。

4. 联邦最高法院:管辖权无障碍

梳理本案之前,首先要解决的是联邦最高法院对本案的管辖权问题,对此大法官们持有不同的看法。

一是关于《美国联邦法典》第 1252(b)(9)节的规定,“对于根据本分节(包括第 1225 节和第 1226 节)为遣返移民而提起的任何诉讼或其他程序所引起(arise from)的所有法律问题和事实问题的司法审查,包括对宪法和法律的解释和适用,仅适用于本节项下的最终裁定”。

以托马斯大法官为代表的大法官们认为,根据上述规定,联邦最高法院不具有对本案的管辖权。阿利托、罗伯茨和肯尼迪大法官则认为,不能对上述规定中的“arise from”作过于宽泛的解释(如移民因拘留期间受到狱警的虐待而提起的诉讼就不属于上述规定中不能进行司法审查的情况)。在本案中,被告并没有要求联邦最高法院审查遣返裁定或拘留决定,甚至没有要求联邦最高法院审查决定遣返的任何环节,因此,《美国联邦法典》第 1252(b)(9)节不会构成管辖权障碍。

二是关于《美国联邦法典》第 1226(e)节的规定,“不应审查司法部长就第 1226 节的适用所作出的自由裁量决定。任何法院都不得撤销司法部长根据本节就拘留、释放移民或准予、撤销、拒绝听证或保释而作出的任何决定”。对此,联邦最高法院多数法官认为,本规定并没有禁止审查司法部长的法定拘留权的权限。本案中,被告首先质疑的是政府的拘留权是否超过法定限度,其次质疑的是该法律是否符合美国联邦宪法第五修正案,不属于上述规定中的“自由裁量决定”,因此该规定也不会构成管辖权障碍。

5. 联邦最高法院:法条明确无须援引其他原则

对于联邦第九巡回上诉法院的判决,联邦最高法院毫不留情地指出,联邦第九巡回上诉法院用错了“避免宪法问题的解释原则”。当且仅当制定法语词模糊时,法院才可适用该原则,且即便联邦第九巡回上诉法院要适用该原则,也只能在法律框架下对法条进行解释,而非将法条重写。

联邦最高法院重新梳理了对萨维达斯案的推理。在萨维达斯案中,《美国联邦法典》第1231(a)(6)节规定的是,90日的法定拘留期限过后,特定的移民可以被拘留。该节没有规定拘留期限,因此“可以”在这里的解释具有模糊性,它意味着司法部长在决定是否拘留移民时具有“自由裁量权”,但未必具有“无限制的自由裁量权”。因此,根据“避免宪法问题的解释原则”,联邦最高法院认为,不能无期限地拘留该案中的移民,而合理期限被推定为6个月。

可是《美国联邦法典》第1225(b)节的语词并不模糊。它规定的是在移民官员作出是否准予入境决定前,入境申请者应当被拘留(shall be detained)。拘留的期限也很清楚,即拘留到移民官员作出决定时。

至于《美国联邦法典》第1226(c)节,联邦最高法院认为该节规定得就更加清晰了。第1226节适用于已经在美国境内的移民,其中第1226(c)节规定,司法部长应当对符合第1226(c)节要求的移民进行羁押(shall take into custody any aliens)。拘留的期限是到移民官员决定是否将其递解出境时为止。该节在语词上不会产生任何歧义,并且绝对不可能合理得出“拘留期限6个月”的结论。事实上,该节规定的“当且仅当法定的必要条件(如出于保护证人的目的)成就时,司法部长才能释放移民”进一步印证了上述观点。

《美国联邦法典》第1226(a)节是缺省规则,即不符合《美国联邦法典》第1226(c)节的移民适用本节。联邦第九巡回上诉法院要求政府若要继续拘留移民,就必须每6个月召开一次保释听证会以证明其行为的合法性。然而,联邦最高法院认为,第1226(a)节规定司法部长可以(may)通过保释听证会或者有条件假释,释放被拘留的移民,但该节既没有要求政府必须提供保释,也没有要求保释前的拘留不得超过6个月期限。

综上所述,联邦最高法院得出结论:由于《美国联邦法典》第1225(b)节、第1226(a)节及第1226(c)节的规定不会产生歧义,故不能通过“避免宪法性问题的解释原则”对其进行解释,而应当遵从法条的本义。因此,等候递解出境程序的移民无权要求定期召开保释听证会。

联邦最高法院最终撤销了联邦第九巡回上诉法院的判决,这一决定限制了移民在递解出境程序中长期被拘留时获得保释听证会的机会,释放出与时任美国总统特朗普对移民采取强硬态度相同的信号。

司法部长塞申斯诉迪马亚
Sessions v. Dimaya
——外国移民犯罪后的驱逐出境标准

原 案 名:Sessions, Attorney General v. Dimaya

判决日期:2018年4月17日

案　　号:15-1498

主　　笔:卡根大法官(金斯伯格、布雷耶、索托马约尔大法官附议;戈萨奇大法官对第Ⅰ、Ⅲ、Ⅳ-B和Ⅴ部分的判决意见和判决结果附议,并发表协同意见;首席大法官罗伯茨发表异议意见,肯尼迪、托马斯、阿利托大法官附议;托马斯大法官发表异议意见,肯尼迪、阿利托大法官对第Ⅰ-C-2、Ⅱ-A-1和Ⅱ-B部分的判决意见附议)

判决主旨:用于判定外国移民是否满足"驱逐出境"标准的核心法条,因内容过于模糊,违反了美国联邦宪法第五修正案的"正当程序"条款,所以无效。

判决译述

1. 外国小偷被驱逐出境:合法还是违宪?

作为一个移民国家,美国的发展和进步确实离不开留居美国的外国移民,然而有时外国移民的犯罪问题也着实让美国政府头痛。本案所讨论的便是对在美国犯罪的外国移民如何适用"驱逐出境"这一问题。

1992年,迪马亚(James Dimaya)离别故土菲律宾,漂洋过海来到美国,决心在自由女神脚下闯荡。然而,这位移民并非遵纪守法之良民,其在异国他乡逐渐成长为一名行窃专家,先后两次被加利福尼亚州法院判处“一级入室盗窃罪”。

加利福尼亚州政府在迪马亚第二次获罪后,决定将这位惯偷驱逐出境。加利福尼亚州的移民法庭和移民上诉委员会皆支持加利福尼亚州政府的决定,理由为迪马亚的罪行达到了《移民与国籍法》规定的将外国移民依法驱逐出境的标准,故下令将其遣返菲律宾。

迪马亚不愿就此离开美国,因而上诉至联邦第九巡回上诉法院。峰回路转,联邦第九巡回上诉法院根据约翰逊案[1]的判决意见,认为判处迪马亚驱逐出境的核心法条违背了美国联邦宪法第五修正案的“正当程序”条款,因过于模糊而无效(void for vagueness),迪马亚不应被驱逐出境。

最终,案件被上诉至联邦最高法院。

2. 犯罪的外国移民一定要被遣返吗?

对于留居美国的外国人而言,“驱逐出境”是一种极其严厉的处罚。按照2017 年李宰案[2]的说法,“外国移民甚至宁愿在美国遭受牢狱之灾,也不愿被驱逐出境”。那么,是否所有在美国犯罪的外国移民都会被美国移民部门施此重刑、遣返回国呢?

依照《移民与国籍法》的规定,“任何外国人进入美国后,若犯严重重罪(aggravated felony),将被驱逐出境”。为了解释何为“严重重罪”,《移民与国籍法》列举了数种类型的刑事犯罪,其中就包括“被判处 1 年以上有期徒刑的暴力犯罪”。很明显,在以上表述中,“暴力犯罪”(a crime of violence)一词仍需进一步解释,联邦地区法院考虑到这一概念与刑法息息相关,就选择了《美国联邦法典》第 18 编“刑事犯罪和刑事诉讼”中的第 16 节对该词进行了进一步阐释:“暴力犯罪”,是指对他人的人身或财产使用、企图使用或威胁使用武力的犯罪(an offense that has as an element the use, attempted use, or threatened use of physical

---

〔1〕 Johnson v. United States, 576 U. S. J91 (2015).

〔2〕 Jae Lee v. United States, 582 U. S. ___(2017). 该案的判决译述见本系列《美国联邦最高法院判例 2016 ~2017 年判例译述》中的第 3.02.003 号案例。

force against the person or property of another)；或任何其他类型的重罪，依据该罪的性质，在实施该罪罪行的过程中蕴含着对他人人身或财产施以实质性武力的重大危险(any other offense that is a felony and that, by its nature, involves a substantial risk that physical force against the person or property of another may be used in the course of committing the offense)。

回到本案，外国人迪马亚触犯的是加利福尼亚州法律下的"一级入室盗窃罪"，显然不属于《美国联邦法典》第18编第16(a)节中表述的"使用、企图使用或威胁使用武力"的犯罪，那么该罪是否符合第16(b)节呢？

在判断犯罪是否符合第16(b)节时，法院往往会采用一种较为特殊的方法——"分类分析法"(categorical approach)，这种方法将依照某种犯罪的性质、而非依据具体的犯罪事实进行判断。具体而言，参考联邦最高法院在2007年审判詹姆斯案[1]时的判决意见，法官运用该方法来考察第16(b)节时，将不再考虑行为人的具体犯罪行为是否会引起危险，也不会判断制造这种危险的行为是否是具体犯罪的法定构成要件，而是重点分析该犯罪的"通常性质"，换句话说，就是必须通过假定此类犯罪的常例(ordinary case)，来判断该犯罪是否包含实施武力的重大危险，从而确定该类犯罪是否属于第16(b)节所规定的"暴力犯罪"。

正是根据上述方法，联邦地区法院依照迪马亚的犯罪性质判定其犯罪存在使用武力的实质危险，属于第16(b)节规定的"暴力犯罪"。

然而，联邦第九巡回上诉法院否定了联邦地区法院的判决意见。联邦第九巡回上诉法院对《美国联邦法典》第18编第16(b)节本身的有效性提出了质疑，认为该规定因违宪而无效。那么，联邦最高法院又怎么看这一结论呢？

3. 先例约翰逊案中被判违宪的兜底条款

在判定《美国联邦法典》第18编第16(b)节违宪与否时，联邦第九巡回上诉法院援引了联邦最高法院在约翰逊案中的判决意见，此案讨论的核心便是法条是否会因内容过于模糊而违背美国联邦宪法第五修正案中规定的"正当程

---

〔1〕 James v. United States, 550 U.S. 192 (2007).

序”要求。

约翰逊案认定违宪的法条为《美国联邦法典》第 18 编第 924(e)节,是《武装职业犯罪法》(the Armed Careered Criminal Act)的一部分。该节规定:“任何曾犯过三次以上暴力犯罪的持枪重犯,应被判处至少 15 年有期徒刑”,“暴力犯罪为任何超过 1 年刑期的:(i)对他人的人身或财产使用、企图使用或威胁使用武力的犯罪;或(ii)盗窃、纵火、勒索、使用爆炸物或任何其他对他人有造成实质性损害的严重的潜在危险的犯罪(otherwise involves conduct that presents a serious potential risk of physical injury to another)”。其中,该法条(ii)款的结尾部分,被称为第 924(e)节的兜底条款(residual clause),是该案争议的焦点。

在审理该案时,联邦最高法院认为,上述法条的兜底条款存在两个过于模糊的特征,导致其违背美国联邦宪法第五修正案中的“正当程序”条款:首先,在评估某一犯罪所制造的危险时,该法条既没有关注“具体案件事实”,也没有考察案件的“法定要件”,反而仅仅通过假定犯罪的“常例”这种方式。联邦最高法院反问道:“法院究竟应该怎样依照该法条作出假定呢?是通过数据分析、调查,还是专家意见,甚至在谷歌上搜索?在这一点上《武装职业犯罪法》完全没有作出任何指导,使得对于犯罪‘常例’的假设尤为不确定。”其次,该法条没有厘清引发“暴力犯罪”的危险程度门槛,而只是以“潜在严重危险”进行表述,这更是加剧了该规定的不确定性。因此,联邦最高法院总结,该法条的兜底条款因过于模糊而违背了宪法中“正当程序”的要求。

比对约翰逊案所涉及的《美国联邦法典》第 18 编第 924(e)节的“兜底条款”和本案涉及的第 16(b)节,会清晰地发现二者从形式到内容都极为相似,甚至都具有引起模糊的类似特征。那么,本案涉及的第 16(b)节是否会与约翰逊案中的第 924(e)节的兜底条款一样违宪无效呢?

4. 孪生法条《美国联邦法典》第 18 编第 16(b)节是否同样违宪无效?

(1)“模糊性”审查的适用门槛

在约翰逊案中,最高法院适用了“模糊性”原则(void for vagueness doctrine)来审查相关法条。基于此原则,过于模糊的法条被认定无效。这实际上是一种对美国宪法“正当程序条款”的体现,也是对“三权分立”精神的尊重。因为通过实施这一原则,一方面,保证了每个公民都能得到法律的“清楚通知”(fair notice),有能力合理注意法律规定;另一方面,防止了执法机关因法条表意不清而肆意、武断执法。那么在本案中,是否应当适用该原则呢?

加利福尼亚州政府方面认为,“驱逐出境”本身是一个民事问题,而非约翰逊案中所涉及的刑事问题,因此“模糊性”原则在本案中适用时应将审查标准降低。对比联邦最高法院对于民事和刑事法条“模糊性”的容忍程度,在先例霍夫曼庄园案[1]中,联邦最高法院表示,“相较于刑事立法,最高法院对模糊的民事立法的容忍程度要高得多,因为其所造成的后果远没有刑法严重”。因此,加利福尼亚州政府认为,即使《美国联邦法典》第18编第16(b)节对于“暴力犯罪”的认定存在一定的模糊性,在适用于“驱逐出境”这个民事问题时,也是联邦最高法院所能容忍的,全然不需动用美国联邦宪法第五修正案所要求的“模糊性审查”而认定该法条无效。

联邦最高法院对于这一观点进行了驳斥。以卡根大法官为代表的多数大法官们认为,虽然“驱逐出境”本身不是一个刑事规定,但其严重程度一点都不比刑罚弱,甚至对于外国移民而言,其宁可接受有期徒刑也不愿被驱逐出美国。“驱逐出境”相当于另一种形式的终生流放,是极度严厉的惩罚措施。另外,根据美国外国移民法律,“驱逐出境”措施往往与外国移民的刑事犯罪相联系。戈萨奇大法官同样支持多数派法官的意见,但他的立场是:强调刑事和民事问题的结果,只会将“模糊性”审查适用于刑事问题时的标准提高,而非对于民事问题的标准减弱。因此,联邦最高法院认为,即使是适用于“驱逐出境”问题,本案核心法条《美国联邦法典》第18编第16(b)节也要接受严格的“模糊性审查”。

(2)两案中的兜底条款是否存在实质性差异?

既然本案和约翰逊案中都需要对核心法条进行严格的“模糊性”审查,那么本案的审查是否能类比约翰逊案呢?对于这个问题,联邦最高法院的自由派和保守派大法官们存在较大分歧,核心在于两案中的兜底条款是否存在影响其清晰程度的实质差异。

---

[1] Hoffman Estates v. Flipside, Hoffman Estates, Inc., 455 U.S. 489 (1982).

加利福尼亚州政府和异议意见的代表——首席大法官罗伯茨认为,约翰逊案中的《美国联邦法典》第 18 编第 924(e)节的"兜底条款"和本案所涉及的第 16(b)节具有以下三点表述上的差别,导致第 16(b)节在实质上适用时更为清晰明确,因而在认定"模糊性"时,不能与约翰逊案等同看待。

首先,第 16(b)节中提到使用武力的重大危险必须是源自"实施犯罪的过程中"(in the course of committing the offense),这一表述具有"时间限制"(temporal limit)的效果,排除了在犯罪行为实施之后可能发生的使用武力的危险。而在约翰逊案兜底条款中没有这种限制。

其次,第 16(b)节所强调的是施以"暴力行为"(physical force)的危险,而约翰逊案兜底条款所强调的是遭受"人身伤害"(physical injury)的危险。前者仅仅对犯罪中的行为进行分析,后者则在行为分析的基础上对行为和损害之间的因果关系链进行二次考察。因此,约翰逊案中的兜底条款因需双重考察更为模糊,而第 16(b)节的考察更具体化。

最后,约翰逊案中的法条在兜底条款前列举了一系列范例罪名,如盗窃、纵火、勒索、使用爆炸物等罪名,这些罪名并没有对兜底条款起到任何明确指导的作用,反而使其变得更加模糊。而第 16(b)节中不存在这些画蛇添足的范例罪名。

基于上述三点差异,联邦最高法院的多数派法官分别进行了回应:

首先,"时间限制"对两个法条的适用结果而言并无差异。由于两个法条都是要考察犯罪的"常例",仅仅会关注"常例"中犯罪行为实施过程中的危险,对于犯罪发生后的危险将不予考虑,所以"时间限制"对两个条款而言实则是多余的。

其次,对于"暴力行为"和"人身伤害"的考察实际上并无明显差异。虽然后者较前者多了一层考察项目,但实际上对行为的考察通常是最困难的一步。而且联邦最高法院认为,"暴力行为"意指"能够造成人身伤害的武力",故在进行行为分析时,往往伴随着对其潜在后果的判断。因此,《美国联邦法典》第 18 编第 16(b)节并未因少一重考察而更加清晰具体。

最后,对于"范例罪名"清单,仅仅是没有有效解决约翰逊案兜底条款的模糊问题,但很难说这些范例制造了模糊。

因此,联邦最高法院得出结论,本案和约翰逊案中的核心法条并不存在实质性差异,可以类比适用"模糊性"原则进行审查。

(3)《美国联邦法典》第18编第16(b)节因"过于模糊"而无效

如主笔约翰逊案判决书的斯卡利亚大法官所说:"重复做一件同样的事情,但期待着发生不同的结果,乃疯子所为。"既然约翰逊案已经认定了《美国联邦法典》第18编第924(e)节的兜底条款因过度模糊而违宪,联邦最高法院亦无法期待与约翰逊案兜底条款高度相似的《美国联邦法典》第18编第16(b)节能够通过"模糊性"审查,因此认定第16(b)节同样违宪。

具体而言,第16(b)节与约翰逊案的兜底条款具有类似的特征:首先,在确定犯罪的"常例"方面,第16(b)节也缺乏明确的指引,结果也是难以预测的;其次,对于构成"暴力犯罪"的危险程度,第16(b)节中"重大危险"的表述同样不甚清晰。总而言之,最高法院认为第16(b)节也是一个过于模糊的条款,其不可预测性已超过宪法中"正当程序"条款所能承受的程度,故构成违宪。

最终,联邦最高法院认可了联邦第九巡回上诉法院的判决。结果是来自菲律宾的移民迪马亚在入室盗窃数次被判刑之后,幸运地免除了被驱除出境的命运。

5. 迪马亚案的影响

"美国优先"是特朗普政府内政外交的核心。自特朗普上任以来,美国便通过各种行政手段收紧移民政策,其中就包括利用本案所涉及的《移民与国籍法》条款将合法移民遣返回国。然而,由于原法条对"暴力犯罪"的界定过于模糊,政府部门便武断地将大量刑事犯罪认定为需被遣返的犯罪类型,这使得部分触犯轻罪的外国移民的合法留居权利无法得到保障。

本案判决作出后,原本用于认定"暴力犯罪"的兜底条款——《美国联邦法典》第18编第16(b)节被废除,这可以说是部分外国移民的福音。诸如撞车逃逸、酒后驾车、小额盗窃、公众吸毒、故意破坏、使用虚假ID、卖淫和未使用武器袭击等大部分州认定为轻罪的犯罪类型,将不会因《美国联邦法典》第18编第16(b)节的规定再被认定为"暴力犯罪"。曾因上述类型犯罪而被美国政府部门实施遣返程序的外国移民也可依本案判决意见上诉翻案,避免遭受"驱逐出境”的处罚。

但值得注意的是,将部分轻罪排除在“暴力犯罪”之外并不代表今后“绿卡犯罪”都不会被遣返,如犯有谋杀、非过失杀人、强奸、抢劫等严重犯罪依然会被“驱逐出境”;特朗普政府一直以来严肃打击的非法滞留、非法入境美国等无证移民行为也依旧不会被饶恕。

珀雷拉诉司法部长塞申斯

Pereira v. Sessions

——未写明时间地点的出庭通知

原 案 名:Pereira v. Sessions, Attorney General

判决日期:2018 年 6 月 21 日

案　　号:17 – 459

主　　笔:索托马约尔大法官(首席大法官罗伯茨和肯尼迪、托马斯、金斯伯格、布莱耶、卡根、戈萨奇大法官附议;肯尼迪大法官发表协同意见;阿利托大法官发表异议意见)

判决主旨:非美国居民在接到遣返程序的出庭通知时,若已在美国境内持续居留超过10 年,则可以申请取消遣返;然而,如果遣返程序的出庭通知中未载明具体时间和地点,便无法触发"停止计算时间规则",涉案非美国公民的居留时间将持续计算。

判决译述

1. 非居民在美居留时间能否持续计算至关重要

根据美国 1996 年《非法移民改革与移民责任法》(Illegal Immigration Reform and Immigrant Responsibility Act)第 1229(b)(1)(A)节的规定,身陷遣返程序的非永久居民可在满足一定条件下申请取消遣返,条件之一便是非永久居民在截至该申请时已在美国境内持续居留超过 10 年。

但是,根据该法第 1229(d)(1)(A)节规定的"停止计算时间规则"(stoptime rule),非永久居民在收到该法第 1229(a)节规定的出庭通知后,其在美国的持续居留时间终止计算,也就是说,在计算此人在美国境内持续居留时间时,收到出庭通知后的时间不能计入。第 1229(a)节也规定,在遣返程序中,政府应向被遣返人送达一份书面的出庭通知,并应在可行(practicable)的情况下载明出庭的时间和地点。

不过,1997 年的《联邦第 10332 条例》(Federal Regulation 10332)规定,向非公民(noncitizen)提供的“出庭通知书”仅“在可行的情况下”才需要提供首次遣返听证的时间、地点和日期。近些年来,美国国土安全部在其认为载明出庭的时间和地点不可行时,一般不在通知书中写明该等信息。

美国移民上诉委员会(Board of Immigration Appeals)认定,即使出庭通知没有载明时间和地点,也能触发“停止计算时间规则”。

2. 两次出庭通知均有瑕疵

巴西人珀雷拉(Wescley Fonseca Pereira)于 2000 年作为非移民访客来到美国,并在护照到期后超期滞留。后来,他在美国结婚并育有两个女儿(都是美国公民)。2006 年,他因酒驾在马萨诸塞州被捕。在其被拘留期间,美国国土安全部向其直接送达了“出庭通知书”。但是,该通知书中未载明听证的日期和地点。

1 年后的 2007 年 8 月 9 日,美国国土安全部向波士顿移民法庭提交了其此前向珀雷拉送达的通知。其后,波士顿移民法庭向珀雷拉送达了一份更为具体的通知,明确了听证的时间和地点。不过,波士顿移民法庭的第二份通知并没有寄到珀雷拉向美国国土安全部提供的地址,所以,珀雷拉并未收到,他自然也没有在指定日期出庭。波士顿移民法庭作出当事人未能出庭、予以遣返的裁定。对此毫不知情的珀雷拉仍留在美国。

3. 申请取消遣返失败

截至 2013 年,珀雷拉已经在美国待了超过 10 年。但就在这一年,他因违反小型机动车驾驶规则而再度被捕。在珀雷拉证明其从未收到 2007 年的出庭通知(上述第二份通知)后,法庭重新启动遣返程序。这时,珀雷拉向法院申请取消遣返,主张美国国土安全部2006年发出的第一份通知未能触发“停止计算时间规则”,因为这份通知没有明确遣返听证的日期和时间。波士顿移民法庭不予认可,反而认为法律规定相当明确,美国国土安全部签发出庭通知并不需要包含具体日期才能生效。据此,波士顿移民法庭认定珀雷拉在第一份通知送达时在美国居留未满10年,不满足上述《非法移民改革与移民责任法》第1229(b)节的规定,不符合申请取消遣返的条件,应予遣返。

其后,美国移民上诉委员会驳回了珀雷拉的上诉。珀雷拉又上诉到美国联邦第一巡回上诉法院。联邦第一巡回上诉法院援引联邦最高法院于1984年判决的谢弗龙案[1]的规则,即政府对模糊法条可以作出合理解释,认为在本案中,应当允许美国移民上诉委员会对《非法移民改革与移民责任法》第1229(b)节进行合理解读,毕竟该节并没有明确出庭通知必须包含听证的日期和时间。

珀雷拉不服判决,案件上诉至联邦最高法院。

4. 联邦最高法院:出庭通知要载明时间和地点

本案的争议焦点是:没有根据《非法移民改革与移民责任法》第1229(a)(1)(G)(i)节载明听证时间和地点的出庭通知是否会触发“停止计算时间规则”?联邦最高法院的大法官们认定,没有向非公民载明遣返程序进行的时间和地点的推定性通知(putative notice)不是第1229(a)节下的出庭通知,因而不能停止计算非公民在美的居留时间。

大法官们认为,本案无须援引谢弗龙案,因为法律条文本身明确无误,足以解决本案的争议。根据《非法移民改革与移民责任法》第1229b(d)(1)节所规定的“停止计算时间规则”,“当向外国人(alien)送达第1229(a)节规定的出庭通知时,外国人在美国的持续居留时间终止”,立法明确提到第1229(a)节并规定了“出庭通知”的含义。第1229(a)节明确了通知是指“出庭通知”,且应是载有“遣返程序进行的时间和地点的书面通知”。因此,要触发“停止计算时间规则”,政府必须送达载有时间和地点的遣返听证通知。

---

〔1〕 Chevron U. S. A. Inc. v. Natural Resources Defense Council, Inc., 467 U. S. 837 (1984).

《非法移民改革与移民责任法》第 1229(a)节共有三段话。其中,第一段明确了“出庭通知”的含义。第二段允许遣返程序变更或延期至另一个时间和地点,也支持了联邦最高法院的大法官们对法条的解释。而这一规定的前提就是,政府已按第 1229(a)(1)(G)(i)节的规定出具了载有时间和地点的出庭通知,并已经送达。

另一个相邻的条款,《非法移民改革与移民责任法》第 1229(b)(1)节进一步支持了大法官们的观点。第 1229(b)(1)节强制要求听证日期只能安排在听证通知送达后的 10 日以后,以确保非公民有机会在遣返听证举行日期前聘请律师。要使得这一规定有意义,出庭通知就必须载明时间和地点。

最后,大法官们认为,作为常识,出庭通知的基本功能就是“通知”时间和地点等信息,如果没有传达这些信息,政府就不能合理期待非公民参与他们的遣返程序。

5. 政府的反驳理由无效

政府和持异议者提出了一连串的反驳意见,但是都不具有说服力。

首先,政府错误地认为《非法移民改革与移民责任法》第 1229(a)节关于出庭通知的规定不是定义性(definitional)的。大法官们却认为该节采用了定义性的措辞,要求出庭通知指定“遣返程序进行的时间和地点”,否则该通知就不是法定的出庭通知。

阿利托大法官发表的异议意见支持了政府和持异议者的观点,认为未能指定时间和地点的出庭通知仍然可以触发“停止计算时间规则”。他们认为,《非法移民改革与移民责任法》第 1229b(d)(1)节规定,“当向外国人送达依据(under)第 1229(a)节规定的出庭通知时,外国人在美国的持续居留时间终止”,其中的“依据”(under)一词只是为了衔接《非法移民改革与移民责任法》第 1229(a)节规定的出庭通知,并不是说一定要严格遵从该节的组成部分。出庭通知需要载明包括时间、地点在内的数项内容,但即使缺少其中一点,出庭通知的性质也未改变。然而,联邦最高法院的多数意见并不认同该解释。

其次,政府和持异议者提出了一系列实用性上的考量,但联邦最高法院认为,这些考量在明确的法律规定面前都不值一提。

第一,有关政府所说的立法目的、历史,很难得到支持。第二,反过来看,要求出庭通知中提供时间和地点完全符合国会的立法目标,这样能防止非公民利用行政延误来积累更长时间的居留时间。第三,阿利托大法官的异议意见提出了一个很现实的问题:出庭通知是由美国国土安全部发出的,有关遣返程序的聆讯却是由波士顿移民法院进行的。在一个"三权分立"的国家,行政机关根本不可能指定司法机关的开庭时间、地点,甚至无法知晓后者的时间安排,"在可行(practicable)的情况下载明出庭的时间和地点"将实际上变得难以操作。由此看来,立法者着实给司法者和行政者出了一个难题。

最后,联邦最高法院撤销了联邦第一巡回上诉法院的判决,发回下级法院重审。

特朗普诉夏威夷州

Trump v. Hawaii

——“禁穆令”的最终对决

原 案 名:Trump, President of the United States, et al. v. Hawaii et al.

判决日期:2018 年 6 月 26 日

案　　号:No. 17 – 965

主　　笔:首席大法官罗伯茨(肯尼迪、托马斯、阿利托和戈萨奇大法官附议;肯尼迪、托马斯大法官发表协同意见;布雷耶大法官发表异议意见,卡根大法官附议;索托马约尔大法官发表异议意见,金斯伯格大法官附议)

判决主旨:时任美国总统的特朗普签署的为保护美国国土安全,禁止一部分国家公民入境美国的第 9645 号公告既符合《移民法》的规定,又没有违反美国宪法的政教分离条款。

判决译述

1. 反反复复的“禁穆令”

2017 年 1 月 27 日,时任美国总统的特朗普签署了一份名为“阻止外国恐怖分子进入美国的国家保护计划”(Protecting the Nation From Foreign Terrorist Entry Into the United States)的行政命令(No. 13769,以下简称 1 号行政命令),禁止伊朗、伊拉克、利比亚、索马里、苏丹、叙利亚和也门 7 个伊斯兰国家的公民在美国入境。

该行政命令被联邦地区法院下达的临时禁制令(temporary restraining

order)冻结后,特朗普政府在同年3月6日宣布撤回1号行政命令,同时颁布了一个新的行政命令。虽然该命令名义上是新的,但名字仍为"阻止外国恐怖分子进入美国的国家保护计划"(No. 13780,以下简称2号行政命令),内容也没有大的改动。于是,2号行政命令又被国际难民援助计划(International Refugee Assistance Project,以下简称国际难民组织)与夏威夷州政府告上法院,2号行政命令也毫无例外被两家联邦地区法院下达了初步禁制令(preliminary injunction)。最终该案被上诉至联邦最高法院。

国际难民组织与夏威夷州政府认为:第一,2号行政命令的制定表面上是为了保护国家安全,实际上是对伊斯兰国家的敌视,带有宗教性目的,因此2号行政命令违反了美国联邦宪法第一修正案的政教分离条款(establishment clause of the first amendment);第二,2号行政命令违反了《移民与国籍法》(Immigration and Nationality Act),虽然《移民与国籍法》在《美国联邦法典》第8编第1182(f)节中规定:"为使美国利益免受损害,美国总统有权禁止全部或部分外国人入境",但是并没有明确的证据证明2号行政命令能够保护美国利益免受损害,因此时任美国总统的特朗普签署的2号行政命令超越了《移民与国籍法》规定的总统权限。

联邦最高法院并没有直面回答国际难民组织与夏威夷州政府提出的问题(是否违反了《移民与国籍法》与美国联邦宪法第一修正案的政教分离条款),而是侧面认为,初步禁制令影响了与美国个人或实体有真实可信的善意联系的外国公民的利益。因此联邦最高法院判决部分支持特朗普政府的上诉请求,从"外国公民是否与美国个人或实体具有真实可信的善意关系"的角度解除了初步禁制令的部分内容。[1]

2. 得寸进尺的新公告

特朗普赢得诉讼后,2017年9月27日,2号行政命令到了规定的失效日期。特朗普政府再次发布了与2号行政命令相似的公告——《关于加强审查能

[1] Trump v. IRSP & Hawaii. 该案的判决译述见本系列《美国联邦最高法院判例2016~2017年判例译述》中的第1.04.002号案例。

力和审查程序以侦查恐怖分子或其他威胁公共安全者企图进入美国的公告》(Enhancing Vetting Capabilities and Processes for Detecting Attempted Entry Into the United States by Terrorists or Other Public-Safety Threats,No. 9645,以下简称第 9645 号公告)。

第 9645 号公告声称,若特朗普总统认为某个国家提供的公民信息不足以使美国评估该国公民是否会造成公共安全威胁,则该国家公民将被禁止入境美国。

第 9645 号公告同时说明了制定该公告的来龙去脉。

首先,美国国土安全部、美国国务院及情报局共同制定了外国政府在提供入境者信息时需要符合的基本要求(baseline),以确定此类入境者是否会构成公共安全威胁。该基本要求包括三个部分:第一,身份管理信息,即关注外国政府提供的信息是否满足了入境旅行文件的完整性(包括电子护照,是否有护照丢失、被盗的报告和其他额外身份信息);第二,外国政府的配合程度,即外国政府在多大程度上披露了入境者的犯罪历史和涉嫌恐怖分子联系的信息,以及是否预先提供了旅行证件样本,为美国接收有关前往美国的飞机乘客和机组人员的信息提供便利;第三,一系列的其他考察因素,包括该国是否庇护了已知或者有嫌疑的恐怖分子,是否曾拒绝接收美国遣返该国公民等。

其次,美国国土安全部据此评估了所有的外国政府,认定有 16 个国家存在提供不充足信息的行为,又有 31 个国家满足不了上述基本要求而存在潜在的危险,美国国土安全部给予这些国家 50 日的宽限期,其间大多数国家均予以配合,最终美国国土安全部认定,有 8 个国家(乍得、伊朗、伊拉克、利比亚、朝鲜、叙利亚、委内瑞拉、也门)仍没有提供充分的材料洗脱他们国家公民危险的嫌疑。美国国土安全部同时说明尽管索马里满足了基本要求,但是索马里国内存在恐怖分子的可能性非常高,而且身份证件管理上存在缺陷;伊拉克政府虽然没有满足基本要求,但是伊拉克政府与美国之间有一种"亲密关系",而且伊拉克政府承诺打击基地恐怖组织(the Islamic State of Iraq and al-Sham,ISIS),因此最终建议总统禁止乍得、伊朗、索马里、利比亚、朝鲜、叙利亚、委内瑞拉、也门的公民入境。

特朗普总统采纳了此建议,根据《美国联邦法典》第 1182(c)节及第 1185

(a)节,发布了第9645号公告,禁止美国认为无法提供充足信息的国家公民入境,直至这些国家的配合达到维护美国国家安全的要求。

第9645号公告还设置了一些例外情况。对于伊朗、朝鲜、叙利亚此类不配合美国工作的国家,该公告禁止此类国家的所有公民入境(拥有留学生签证、交流签证的伊朗公民除外);对于乍得、利比亚、也门此类虽然信息提供不全面但属于"有价值的反恐合作伙伴"的国家,该公告禁止其拥有移民签证、商业签证以及旅游签证的公民入境(言外之意是持有其他签证类型的公民可以入境);至于索马里这种虽然满足了基本要求但是有特殊危险因素的国家,该公告禁止其拥有移民签证的公民入境,而拥有非移民签证的公民入境时,美国将对其进行额外的审查。

基于上一轮案件的审判结果,该公告还"人性化"地设立了个案豁免项目(case-by-case waivers),如已获得合法永久居民身份或者庇护资格,或者已证明了自己处于极大的困境且入境符合美国国家利益、不威胁公共安全的公民(如近亲属居住在美国、急需美国的医疗帮助、履行极为重要的商业义务等),仍可以入境。

每180日,美国国土安全部可向总统提出修改建议。在第一个180日结束后,根据建议,特朗普解除了对乍得公民的入境限制。

3. 兜兜转转再起诉

夏威夷州政府、3个自然人以及夏威夷州穆斯林协会又将美国政府告上了法院。原告中,夏威夷大学雇佣和录取了来自被禁止入境国家的教师和学生;3位自然人拥有美国国籍或永久居留权,但是有来自伊朗、叙利亚和也门的正在申请签证的亲属;而夏威夷州穆斯林协会是在当地运营一家清真寺的非营利性组织。

原告们认为:首先,第9645号公告违反了《移民与国籍法》的规定;其次,该公告违反了美国联邦宪法第一修正案的政教分离条款,因为该公告并不是为了国家安全,而是出于对伊斯兰教的敌意。

联邦地区法院受理本案后,下达了对第9645号公告的全国范围内的初步禁制令。联邦地区法院认为,该公告违反了《移民与国籍法》第1182(f)节(总统没有足够的证据证明被禁止入境的外国公民威胁了公共安全)和第 1152(a)(1)(A)节(该公告对移民签证的申请人实施了国别歧视)的规定。

美国政府要求加快审理并对联邦地区法院下达的初步禁制令提起上诉。联邦第九巡回上诉法院同意部分解除禁制令,但对与美国没有真实可信的善意联系的外国公民恢复第 9645 号公告的效力。最终,该案再次上诉到联邦最高法院。

4. 管辖权问题无须判断

联邦最高法院的大法官们首先需要回答一个问题——联邦最高法院是否有权处理此案。

特朗普政府在答辩时非常直截了当地提出:此事与法院无关。根据领事权不受审查的原则(the doctrine of consular nonreviewability),原告们对第 9645 号公告提出的控告并不是一个法院有权裁判的争端(not justiciable),因为外国公民并没有入境美国的请求权(claim of right),而将外国公民驱逐出境是国家权力行使的最基本的主权(a fundamental act of sovereignty),在法律没有明文规定的情况下,这部分国家权力并不归属于司法权力(法院),而是掌握在行政机构(政府)的手中。《移民与国籍法》虽然规定了司法权力审查驱逐令的全面框架,但该框架只对地理上身处美国境内的外国人有效,而本案的外国人都还没有入境。

联邦最高法院的大法官们承认这个问题有点棘手,但仍然认为《移民与国籍法》本质上没有明确地剥夺法院的审查权。最后,大法官们认为,本案的审理将建立在一个前提之上,即法院对原告的请求是否有管辖权这一问题(包括领事权不受审查的原则是否适用于本案或是否存在其他法律对管辖权的规定)不作具体判断。当然,这也隐含了该问题并不影响判决结果的意思。

5. “禁穆令”符合《移民与国籍法》

联邦最高法院的大法官们阐明了一个非常鲜明的结论——特朗普政府发布的第 9645 号公告完全符合《移民与国籍法》的规定。

(1)总统的权力有多大?

《移民与国籍法》中有一个特别简单的基础原则——在境外的外国公民有可能不被授予签证或不被准许入境。美国国会也赋予了总统禁止或限制外国公民在某些情况下入境的权力。

联邦最高法院认为,《移民与国籍法》第1182(f)节其实赋予了总统较大的自由裁量权,而特朗普总统根据广泛、多机构的调查报告,正当合法地行使了这种自由裁量权。用主笔大法官罗伯茨的话来说,《移民与国籍法》第1182(f)节的字里行间都透露着对总统的信任[§1182(f)exudes deference to the President in every clause]。《移民与国籍法》第1182(f)节规定:

> 在任何时间,若美国总统发现任一或任何群体的外国公民进入美国将会对美国利益产生损害,美国总统有权发布公告在总统认为合适的时间段内暂停全部或任一群体的外国公民入境,无论该外国公民是否为移民;美国总统亦有权对移民入境行为施加总统认为合适的任何限制。[1]

正如在赛尔案[2]中,法院曾认为该节非常明确地规定总统有权为阻止非法移民进入美国而建立海上封锁;又如在阿伯莱兹克案[3]中,法院认为美国总统在补充《移民与国籍法》中拒绝入境的根据时拥有决定性的权力。

首先,第9645号公告正好就落在《移民与国籍法》第1182(f)节对总统的授权范围内——特朗普政府的国土安全部及其他探员基于制定的信息基本要求,对每一个国家进行全面的合规性评估;其次,特朗普发布的第9645号公告说明了外国政府(其中有一些甚至是恐怖主义的支持者)在保护美国利益方面存在的缺陷(如没有为美国提供完全的公民信息以供风险评估);最后,出于保护国

---

〔1〕 原文:"Whenever the President finds that the entry of any aliens or of any class of aliens into the United States would be detrimental to the interests of the United States, he may by proclamation, and for such period as he shall deem necessary, suspend the entry of all aliens or any class of aliens as immigrants or nonimmigrants, or impose on the entry of aliens any restrictions he may deem to be appropriate."

〔2〕 Sale v. Haitian Centers Council, Inc., 509 U.S. 155 (1993).

〔3〕 Abourezk v. Reagan, 785 F.2d 1043 (CADC 1986).

家利益以及督促外国政府配合的目的,特朗普总统根据调查评估结果,认为对没有足够信息可供审查的外国公民实施禁止入境的措施符合美国的国家利益,并予以实施。

因此,联邦最高法院认为,第 9645 号公告制定的限制措施能够鼓励外国政府积极配合美国的反恐行动,这完全符合《移民与国籍法》第 1182(f)节的规定。

原告们从各个方面攻击第 9645 号公告,但这些都被预先作好功课的特朗普政府一一化解。

第一,原告认为,第 9645 号公告没有提供一个令人信服的逻辑框架,而只是简单粗暴地以入境者的国籍为判断入境者是否会影响美国国家利益和公共安全的标准;其次,在缺乏充分审查的情况下,该公告却允许这些国家中的部分持有非移民签证者入境。

联邦最高法院认为,原告的这一论点需要有一个前提——《移民与国籍法》第 1182(f)节的规定不仅需要总统作判断(入境行为是否影响了国家利益),而且要求总统准备充分的细节以备司法审查(judicial review)。这其实是有问题的,首先,总统不一定要为司法审查准备充分的证据;其次,特朗普政府对此次公告的重视程度也非常高,第 9645 号公告长达 12 页,详细说明了前因后果以及补救办法,相比之下,前任总统发布的类似公告都相当敷衍,例如时任美国总统的克林顿用一句话解释了禁止苏丹政府及其军队人员入境;时任美国总统的里根用 5 句话解释了美国东南部限制非法移民的入境政策……但这些公告都是有效的。

第二,原告认为第 9645 号公告不符合《移民与国籍法》第 1182(f)节的规定,如第 1182(f)节中的"暂停入境"(suspend)意味着"之后将会解除入境限制",而特朗普总统没有设置固定的失效日期;又如法条中"任一群体"(class)的意思是这个群体应当根据某个特性来划分,而不应当依据国籍划分,且这个群体涵盖量不能过多(特朗普以国籍划分,且涵盖量过多)。

但是联邦最高法院认为,"暂停"一词并不意味着要求总统为入境限制政策制定一个固定的期限,因为《移民与国籍法》第 1182(f)节还写着"总统认为合适的时间段内",总统有权将这个时间段制定得准确或者模糊,如里根和奥巴马总统都曾规定暂停入境的措施，但没有规定固定的失效期限。而关于群体的定义，第 1182（f）节也没有规定不能以国籍划分。至于涵盖量的问题，更是无稽之谈，因为国会压根儿没提过此事。

（2）原告的论证不充分

原告们转而从《移民与国籍法》的法律体系和立法目的上入手。他们认为，第一，第 1182（f）节并没有赋予总统取消国会制定法律的权力，特朗普总统的第 9645 号公告恰恰替代了国会制定的《移民与国籍法》的相应内容——国会已经制定了外国入境审查系统，还通过签证豁免项目（visa waiver program）来鼓励部分国家与美国建立信息共享机制。第二，这次的入境限制并没有必要，因为美国的领事官员可以直接对没有完成证明入境资质的外国公民拒签。第三，从第 1182（f）节制定的历史背景来看，特朗普政府还突破了该节隐藏的一些额外限制（如总统应该仅限于紧急情况下使用该节下的权力）。第四，原告又拿出第 1152（a）（1）（A）节（在发放入境签证时不得以种族、性别、国籍、出生地或居住地等原因歧视他人），认为该节的反歧视思想也应该延至第 1182（f）节。

对此，联邦最高法院的回答是：

第一，即使假设《移民与国籍法》第 1182（f）节没有允许总统可以制定能够替代《移民与国籍法》的相关政策，原告也没有好好地去论证第 9645 号公告与现在的《移民与国籍法》建立的审查系统有什么矛盾。该公告反而完善了国会的个人入境审查体系。再加上第 9645 号公告与签证豁免项目本身没有什么矛盾，签证豁免项目是为了让 38 个国家的公民在没有签证的情况下以短期访问者的身份入境美国，需要对这些国家进行全方位的安全评估。该签证豁免项目是为了“美国最亲密的盟友”的利益，而不是对特定的高危险性国家采取更高的限制措施。因此，特朗普政府的公告触及了《移民与国籍法》没有规定的部分，并不属于替代《移民与国籍法》。

第二，对于此次入境限制的必要性问题，原告忽视了该公告说明的重要内容——某些国家的政府本身无法提供准确的公民信息，以至于美国无法得知该国公民是否会对美国造成威胁，除非领事官员直接拒签该国的全部签证，不然必定会有一些没有可信度的文件出现在公民的证明文件当中。因此，美国对境外国家的政府做一次全面性的可信度评估还是很有必要的。

第三,所谓的“额外限制”,鉴于《移民与国籍法》第 1182(f)节本身规定得清晰、明了,再加上从过往的实例看,奥巴马、克林顿及里根总统都曾经发布过相似的公告,且不属于紧急情况下使用,原告所说的法条背后的含义就不值得考虑了。

第四,至于《移民与国籍法》第 1152(a)(1)(A)节,原告并没有认识到该节与第 1182(f)节的区别(一个是发放签证,另一个是判断入境资格)。根据第 1182 节,不得入境的外国公民可以被标记为“无法获得签证者”,但是即使领事官员对某位外国公民发放了签证,也不能保证他能够入境美国(移民局有权拒绝他入境)。因此,第 1152(a)(1)(A)节与第 1182 节是在两个不同的维度运行的,后者规定了所有的外国人中有哪些可以入境,前者禁止了签证发放时不得因某些特征歧视申请人,二者不可混为一谈。

6.“禁穆令”不违宪

(1)原告是否有资格为他人维权?

在解决第 9645 号公告的合宪性问题之前,首先需要解决的是原告是否有资格提起诉讼的问题。

根据美国联邦宪法第Ⅲ条的规定,联邦法院只有权裁决案件(cases)或者争议(controversies),而这两者均要求原告“因其所控告的行为而遭受”了“具体、特定的损失”。本案中,被拒绝入境的并非原告本人,而是原告的家属、教师和学生。原告进而认为,第 9645 号公告潜移默化地形成了一种负面的观念(disfavored faith),因此伤害了原告的精神和自尊。

联邦最高法院认为,撇去自尊不谈,原告中的 3 位自然人其实已经说明了自己受到了损害——家人因第 9645 号公告无法入境,因此分离两地。这已经足以使得原告以美国联邦宪法第Ⅲ条为依据提起有关政教分离条款争议的诉讼。

(2)观其言还是察其行?

原告认为,第 9645 号公告禁止伊斯兰国家的公民入境是对穆斯林的一种负面对待,是“宗教性质的区分”(religious gerrymander),所谓的国家利益和审查机制全是托词。而特朗普在竞选总统期间一直发表阻止穆斯林进入美国的讲话,如"穆斯林恨美国""美国人对穆斯林进入美国有意见",在特朗普任总统后不久,特朗普就开始发布1号行政命令等一系列有关伊斯兰国家公民暂停入境的行政命令,这和其之前的言论有密切的关系。

联邦最高法院认为,本案的目的并非批判特朗普总统的这些言论,而是要讨论这些言论在特朗普总统行使权力的行为中起到了多大作用,因此联邦最高法院的多数意见认为还是应该观察特朗普政府的行为本身。

(3)违宪审查的标准

在孟德尔案〔1〕中,当时的司法部长因为政治问题拒绝了一名被斯坦福大学邀请参会的比利时记者孟德尔(Ernest Mandel)入境。斯坦福大学的教授们为他发声,认为拒绝孟德尔入境的行为违反了美国联邦宪法第一修正案(禁止剥夺言论自由)。虽然联邦最高法院认为,政府拒绝孟德尔入境的行为涉嫌侵犯宪法授予教授们接收信息的权利,但是联邦最高法院确认的审查标准是,当行政权力基于表面上合法善意(facially legitimate and bona fide)的原因行使时,法院既不会审查这种自由裁量权的实际行使,也不会通过权衡其动机来挑战它。

孟德尔案所确立的标准已在入境及移民案件与国家安全的交叉领域中形成了惯例。基于此,只要该类政策表面上有善意合法的理由,司法权力的违宪审查就到此为止,不再去审查其动机。

但是,在本案中,特朗普政府暗示联邦最高法院可以在孟德尔案的表面中立标准下再严格一点。〔2〕 联邦最高法院也就顺势将本次违宪审查以合理性基础检验法的标准审查第9645号公告的背后含义,即该公告与其宣称的"保护国家安全、改进审查程序"的目的是否有合理的联系。(索托马约尔大法官的异议意见对此持明确质疑态度:本案不仅涉及国家安全与外国人入境,还涉及政教分离条款,不应当采用如此简单的审查标准,考虑到该公告的时代背景以及特

〔1〕 Kleindienst v. Mandel, 408 U. S. 753 (1972).

〔2〕 该处原文:"the Government has suggested that it may be appropriate here for the inquiry to extend beyond the facial neutrality of the order."

朗普总统的言论,联邦最高法院本应当采取中等标准审查。[1])

(4)合理性基础检验法

联邦最高法院的大法官们坦诚地说,以合理性基础检验法这种较低要求的标准审查,联邦最高法院很少会认定某项政策不合宪,而在极少数被联邦最高法院认定为不合宪的案件中,其所涉及的法律都只有一个目的——侵犯某个小众团体的利益,如联邦最高法院曾经认定某个州的州宪法修正案违宪,因为该修正案拒绝将同性恋群体列入反歧视法的保护范围,联邦最高法院认为制定该修正案的目的只是憎恨(inexplicable by anything but animus)。

而本案第 9645 号公告不一样,至少有令人信服的证据表明该公告暂停入境的规定有国家安全方面的正当考虑。该公告中写得非常明白,目的是阻止没有被充分审查过的外国人进入美国以及鼓励外国政府改进他们的措施。该公告中丝毫没有提及宗教信仰,虽然被禁止入境的 7 个国家中有 5 个是伊斯兰国家,但单单以此并不能认定这份公告就具有宗教敌意,更不用说这些国家还都曾被国会或者前一届政府认为具有危害美国国家安全的风险,且这些国家只包含全世界穆斯林人数的 8% 。该公告还反映了特朗普政府对全球范围内所有国家评估的工作成果。原告单纯靠自己的感觉去审视该公告的效果和目的,联邦最高法院对此很难予以认同。

另外,还有三个事实能够说明第 9645 号公告具有保护国家安全的目的:

第一,从 2017 年 1 月特朗普采取暂停入境措施以来,伊朗、苏丹及乍得已经被移出暂停入境的国家名单。

第二,此公告并没有对被暂停入境国家的所有公民一刀切,而是列出了许多例外,允许符合例外的公民入境(拥有留学生、交流人员签证的伊朗公民,持有除商务、旅游签证以外其他签证的利比亚、也门公民,索马里非移民签证的

---

〔1〕 在美国,若一项政策或法律被质疑为违宪,法院可对其进行违宪审查,但是,在涉及划分不同的人群和利益时,会适用 3 档不同的合宪性审查标准:第一,合理性基础检验法(rational basis test),这是最宽松的审查标准,只要求该政策或法律有合情合理的目的,且与该目的有合理的联系("legitimate purpose + rationally related")即可;第二,中等标准审查(intermediate scrutiny or heightened scrutiny),即中间级的审查标准,要求该政策或法律有重要的现实目的,且与该目的有紧密联系("important actual purpose + substantially related");第三,严格标准审查(strict scrutiny),这是最严格的标准,要求该政策或法律必须是为了极其重要的现实目的,且是实现该目的的必要手段("compelling actual purpose + necessary")。

公民）。

第三，该公告还建立了个案豁免项目，并对所有被暂停入境的外国公民开放。（布雷耶大法官对此表示明确质疑：实际数据显示，个案豁免项目只是名义上的规定，实际上并没有被执行，而符合例外情况的外国公民只有很少一部分获得了美国入境签证。）

联邦最高法院多数意见认为，第 9645 号公告通过了合理性基础检验法的考验，符合美国宪法的规定。

最终，联邦最高法院认为，原告的诉请不能得到支持，下级法院裁定的初步禁制令是对特朗普政府自由裁量权的非法干涉，因此予以撤销，案件被发回下级法院，按照联邦最高法院的精神重审。

7. 留下的问题比解决的多？[1]

联邦最高法院的 9 名大法官在本案中吵得不可开交，最终投票达成了 5∶4 的险胜，其多数意见也被投反对票的大法官们质疑。本案也给美国法律界留下了三大疑问：

第一，原本应当中立的联邦最高法院，为什么因为政府的建议而改变了其审查标准？正如前文所述，法院本不打算审查第 9645 号公告的目的，但因特朗普政府的提议而改变了审查标准——从表面中立标准变为合理性基础检验法，联邦最高法院因此开始审查该公告是否有正当目的及合理联系。这可能导致政府意识到行政权力是有可能影响司法权力的，借此修改、披露、制定政府的行政文件，以后也将不再作出类似的让步。

第二，到底要什么样的证据才能触发更高的违宪审查标准？歧视是一个很难证明的行为，行为人往往不会以歧视为理由实施歧视行为，很容易找一个借口掩盖歧视行为，因此在就业歧视案中，法院以举证责任倒置的规则来加重行为人的举证责任。正如索托马约尔大法官在异议意见中所说，特朗普的言论已经非常明显地将暂停入境的行政命令与歧视穆斯林群体的动机联系在一起了，

---

〔1〕 First Amendment-Establishment Clause-Judicial Review of Pretext-Trump v. Hawaii, 132 Harv. L. Rev. 327 (2018).

即便如此,法院也没有采用更高的违宪审查标准。这就意味着以后类似案件胜诉的可能性变得微乎其微。

第三,在国土安全领域,法院对政府说辞的信任会出现什么问题?这里分两个维度,一个是法院对政府行为的专业性予以信任,另一个是法院对政府行为的合法性予以信任。在专业性上,法院相信特朗普政府的说辞——第 9645 号公告是多部门协作并对全世界国家全面评估的结果,虽然已经有一些报告指出了其中的破绽;在合法性上,法院也没有明确解答政府什么样的行为才算是具有保护美国国土安全的动机。这可能导致"为了美国的国土安全"的说辞变成保护美国的"万金油"。

这三个未解之谜究竟又会留下什么新隐患呢?只能拭目以待了。

Chapter 5

第五章　刑事诉讼程序与刑罚

搜查与扣押

伯德诉美国

Byrd v. United States

——警察能搜公民借来的车吗？

原 案 名：Byrd v. United States

判决日期：2018 年 5 月 14 日

案　　号：16 - 1371

主　　笔：肯尼迪大法官（托马斯大法官发表协同意见，戈萨奇大法官附议；阿利托大法官亦发表协同意见）

判决主旨：当租车人违反租车协议，允许他人驾驶其所租赁的汽车时，即使后者在租车协议上未被列为授权驾驶人，只要他对该汽车具有排他的支配和控制权，就有合理的隐私保护期待，政府对该汽车的搜查就必须合法、合理，否则可能违反美国联邦宪法第四修正案。

判决译述

1. 一人租车给另一人开

2014 年 9 月 17 日，里德（Latasha Reed）和伯德（Terrence Byrd）一起来到新泽西州维恩镇的一个租车点准备租车。伯德在停车场等候，里德进入租车点并租用了一辆福特汽车。在签署租赁协议时，里德没有把伯德列入授权驾驶员（authorized driver）。而根据租赁协议，未在合同中列明的人不得驾驶该汽车。若里德允许未经授权者驾驶汽车，将构成违约，租赁协议中约定的所有保险将归于无效。然而里德仍然将租来的福特汽车交由伯德驾驶。

伯德把私人物品放入该车的行李箱后,开车前往宾夕法尼亚州的匹兹堡。途中有骑警看到伯德坐得离方向盘很远,双手握的位置又很奇怪,觉得可疑,因此把他拦下来。在核查证件时,骑警发现伯德驾驶的汽车是租来的,而他本人并非汽车租赁协议中的授权驾驶员,骑警还发现伯德有买卖武器和毒品的前科。于是骑警质问伯德车内是否有非法物品,伯德承认车内有大麻烟并提出将主动上交。然而骑警更希望直接搜查伯德的车辆,他们认为伯德并非汽车租赁协议中的授权驾驶员,所以无须经其同意就可以直接搜查汽车,包括后备厢里的物品。于是,骑警将汽车里里外外搜了个遍,在车内发现了防弹衣和 49 块海洛因,随之将伯德告上法庭,指控伯德犯有经销海洛因、以经销为目的持有海洛因,以及违法持有防弹衣等罪行。

2. 另一人是否有隐私保护期待

在审前阶段,伯德提出,骑警搜车的行为违反了美国联邦宪法第四修正案(人民的人身、住宅、文件和财产不受无理搜查和扣押),因此向法院提出动议,请求排除在车辆中搜查到的证据(防弹衣和 49 块海洛因)。初审法院拒绝了他的动议,随后联邦第三巡回上诉法院也支持初审法院的裁定,他们都认为,伯德不属于租赁协议中的授权驾驶员,因此对于该汽车,他不享有合理的隐私保护期待(a reasonable expectation of privacy),从而否定骑警的行为构成"搜查",故而也不必探讨骑警的搜查行为是否有合理根据(probable cause)。

要确定政府对公民的干涉行为是否受美国联邦宪法第四修正案的保护,需要解决两个问题:(1)政府的行为是否构成搜查?(2)如果构成搜查,该搜查是否合理、合法?只有在确定政府行为构成"搜查"后,才可能对搜查行为的合法性进行考察。政府行为若不构成搜查,警察在实施该行为时所获的证据就无须排除了。联邦最高法院在 1967 年的卡茨案[1]中确立的"合理的隐私保护期待"的标准解决的是上述第一个问题,该标准成为判断政府行为是否构成搜查的标尺。

"如果租赁协议上没有添加其他授权驾驶员,租赁汽车的唯一占有者是否

[1] Katz v. United States, 389 U. S. 347 (1967).

享有合理的隐私保护期待?”各巡回法院对这一问题的看法存在分歧,于是联邦最高法院同意复审此案。

值得说明的是,伯德向联邦最高法院提出,里德出于信任将该租赁的车辆转交给他,因此他属于英美法中的保管受托人(bailee),享有该租赁车辆的财产利益,所以享有合理的隐私保护期待。对此,联邦最高法院认为,伯德没有在一审、二审中提出该观点,而联邦最高法院的职责在于对法律问题进行再审而不是初审,因此,联邦最高法院不会考虑伯德是否对该车辆享有保管受托人层面上的财产利益。

3. 非授权驾驶员也有隐私保护期待

政府认为,并不是车内所有的人都享有隐私保护期待。政府的观点基于联邦最高法院于 1978 年审理的拉卡斯一案[1]。该案中,拉卡斯在乘坐他人驾驶的汽车时,因该汽车与另一辆抢劫逃逸的车辆相似而被警察拦了下来。警察搜查了该车辆,并在车中发现了枪支弹夹等。在审判中,拉卡斯的律师以美国联邦宪法第四修正案为由请求排除上述证据。联邦最高法院认为,由于拉卡斯既不是汽车的所有者,也不是汽车的有权占有者,因此他对汽车不享有隐私保护期待。

基于该案,政府运用了以下三段论进行推理:在拉卡斯案中,乘客不享有对汽车的隐私保护期待;在本案中,如果租车人开车,未经授权的司机(如伯德)在法律上仍属于乘客;因此未经授权的司机不能享有对租赁汽车的隐私保护期待。

联邦最高法院却认为,政府的大前提完全是对拉卡斯案的误读,因为该案的判决并没有说乘客不享有隐私保护期待,而仅指出有“合法在场前提”(legitimate presence on the premises of the place searched,如乘客对于他所乘坐的车辆有合法在场前提,但没有财产利益)并不足以使其享有美国联邦宪法第四修正案规定的权利。同时,政府的三段论推理离题了,本案和拉卡斯案完全不同,因为本案中根本没有乘客,伯德是租赁车辆的司机和唯一占有者。反而

---

〔1〕 Rakas v. Illi-nois, 439 U. S. 128 (1978).

是 1960 年的琼斯案[1]与本案有一些相似之处。在琼斯案中,琼斯虽然不拥有他朋友的公寓的所有权,但对该公寓有完全的支配、控制和排他的权利,于是法院判定其享有合理的隐私保护期待。本案中,伯德对朋友的汽车也拥有完全且排他的支配和控制,所以也拥有合理的隐私保护期待。至于汽车是朋友自己的还是租来的,在所不问。

总之,联邦最高法院的大法官们不同意政府的主张。财产利益和合理的隐私保护期待并不完全对等。对某项财产享有合理的隐私保护期待的公民并不一定拥有该项财产的财产利益。公民对搜查地点有"合法在场前提"也不足以说明公民享有合理的隐私保护期待,否则会导致美国联邦宪法第四修正案的权利范围过大。正如拉卡斯案的判决书所指出的:大法官们并不认为"合法在场前提"与合理的隐私保护期待无关,但也不认为这两者是绝对对等的关系。

"财产概念"对"确定隐私利益存在与否"具有指导意义。联邦最高法院认为,尽管没有详尽的清单去界定人们在什么情况下享有合理的隐私保护期待,但是,法官"在确定社会的合理隐私保护期待时,应参考动产和不动产方面的法律以及社会承认并接受的各种隐私观念",即法律和社会习俗。而本案的解决思路在于考虑两个概念:第一,财产权的一项主要权利是排除他人的权利;第二,一个拥有或合法拥有或控制财产的人可因财产的排他性特点而拥有合法的隐私保护预期。

政府一方主张,若汽车驾驶者不在汽车租赁协议规定的授权司机范围内,则其因没有得到汽车租赁公司的授权而不享有合法的隐私保护预期。伯德则主张,租借车辆的单独使用人(sole occupant)对该车有单独的占有和控制,并因此享有隐私保护期待。联邦最高法院虽然更加倾向于伯德的主张,认为政府的观点过于限制了美国联邦宪法第四修正案的保护范围,但也认为伯德的主张并没有考虑到一些极端情况,如偷车贼虽然也是单独使用人,但肯定不能对所偷汽车拥有隐私保护期待。

政府还主张,伯德驾驶汽车的行为违反了里德签署的租赁协议,因此伯德没有权利基础来主张其隐私保护利益。但是联邦最高法院指出,只要租过车的

---

[1] Jones v. United States, 362 U. S. 257 (1960).

人就会知道，租车协议里写满了各种各样的限制条款，如不准在非路面行驶、不准在开车时使用手机等，但违反这些条款并不能与合理的隐私保护期待挂钩。

政府又主张，把车借给一个未经授权的驾驶者与违反租车协议的其他条款并不相同，因为这一违约行为过于严重以至于导致协议失效。联邦最高法院反驳道，协议中并没有这种条款。这种违约行为最多也就是多付点罚款或者超出保险理赔范围，但绝对不会和失去合理隐私保护期待扯上关系。

联邦最高法院认为，本案的核心问题在于合法占有（lawful possession）。合理的隐私保护期待不但要求对被搜查场所具有完全且排他的支配和控制，还要求该支配和控制是合法的。如果当事人是偷车贼，那么无论如何支配、控制汽车，当事人都不能享有隐私保护期待。

政府还主张，伯德是因为有犯罪记录无法租车，所以故意让第三人代他租车以满足他运输海洛因的犯罪目的，所以伯德因为他的犯罪行为而无法对车有合法的支配和控制，也就无法享受合理的隐私保护期待。但是政府的这个“阴谋论”没有在一审和二审中提出，对于联邦最高法院来说，该“阴谋论”仍处于真伪不明的状态，因此联邦最高法院对该问题不作判断。

最后，政府认为即使伯德对汽车享有合理的隐私保护期待，骑警也有合理根据认为汽车内可能藏有犯罪证据而启动不需搜查令的调查程序。但是因为联邦第三巡回上诉法院直接认定伯德缺少合理的隐私保护期待，所以并没有讨论这一问题。联邦最高法院对此不作判断。

综上所述，联邦最高法院认为，只要司机合法地占有和控制汽车，即便其没有被列为租赁协议的授权驾驶员，也可能享有合理的隐私保护期待。但由于本案仍有诸多问题需要下级法院重审判断，最终，联邦最高法院裁定撤回原判，发回重审。

柯林斯诉弗吉尼亚州

Collins v. Virginia

——无证搜查，止于庭园

原 案 名：Collins v. Virginia

判决日期：2018 年 5 月 29 日

案　　号：16 – 1027

主　　笔：索托马约尔大法官（托马斯大法官发表协同意见；阿利托大法官发表异议意见）

判决主旨：美国联邦宪法第四修正案保护人民的人身、住宅、财产等不受无理搜查和扣押，但是允许在有充分理由的情况下，对流动性强的机动车进行无证搜查。然而，该"机动车例外"不适用于停放于宅院内的机动车，因为此时对该机动车的无证搜查将会侵犯公民对其宅院所享有的隐私权。

判决译述

1. 无证搜查引争端

某日，弗吉尼亚州奥尔伯马尔郡（Albemarle County）的警员麦考尔（Matthew McCall）看到一辆改装过的橘黑色摩托车违章通行。麦考尔想要拦停，但该摩托车超速逃脱。几周后，麦考尔的同事罗兹（David Rhodes）也看到一辆橘黑色摩托车超速行驶。通过比对记录，警员们认为这两起案件中的摩托车是同一辆。后经进一步侦查，警员们发现涉事摩托车系被盗车辆，且为柯林斯（Ryan Collins）所占有。

恰巧,警方在柯林斯的脸书页面上看到了一张停放在房子旁的橘黑色摩托车的照片。于是罗兹警员顺藤摸瓜,凭借照片的细节找到了柯林斯的住处,并了解到柯林斯的女友住在这栋房子内,柯林斯本人每周会回来住几晚。罗兹警员还发现屋旁的角落里停放着一辆被白色防雨布盖住的改装摩托车,位置和柯林斯脸书照片里显示的一模一样。他在人行道上给那辆车拍了照,然后在没有搜查令的情况下径直来到摩托车停放处。为了能更仔细地检查,罗兹警员将防雨布掀开并比对了车牌号,确定这就是那辆被盗摩托车。于是罗兹又给没有遮盖的摩托车拍了张照,然后回到自己的车内坐等柯林斯归来。

没等一会儿,柯林斯就回到家中。罗兹警员上前敲门,柯林斯出来应答并承认摩托车是他买的赃物。之后柯林斯被罗兹警员逮捕,并被弗吉尼亚州大陪审团〔1〕指控其接收被盗财产。柯林斯为此提出了审前动议程序(pretrial motion),提出罗兹警员无证搜查所取得的证据应当排除。他还指出罗兹警员非法闯入他人庭园(curtilage),这违反了美国联邦宪法第四修正案。然而柯林斯的审前动议被驳回,经过审理,法院判其有罪。

弗吉尼亚州上诉法院维持了一审判决,并指出罗兹警员有充足的理由相信柯林斯家旁的摩托车就是曾经在他身旁飞驰而过的那辆。弗吉尼亚州上诉法院还认为罗兹警员没有违反美国联邦宪法第四修正案,因为虽然他没有搜查令,但是在紧急时刻进入他人私域、查看车辆并记录车牌号是允许的。

弗吉尼亚州最高法院则基于不同的理由支持了下级法院的判决,认为本案可以适用美国联邦宪法第四修正案的"机动车例外"(automobile exception),因为罗兹警员有理由相信屋外的摩托车是赃物,在此种情形下对摩托车这一交通工具的无证搜查是合法的。

柯林斯不服,上诉至联邦最高法院。

2. 细研美国联邦宪法第四修正案

美国联邦宪法第四修正案与本案相关的部分如下:"人民的人身、住宅、文

---

〔1〕 大陪审团的职责为受理刑事指控,听取控方提出的证据,决定是否将犯罪嫌疑人交付审判,而不是认定其是否有罪。

件和财产不受无理搜查和扣押的权利,不得侵犯。"(The right of the people to be secure in their persons, houses, papers, and effects, against unreasonable searches and seizures, shall not be violated.)本案涉及的美国联邦宪法第四修正案的法理体现在两个部分:(1)关于搜查令的"机动车例外";(2)对美国联邦宪法第四修正案项下权利的保护是否可以延伸到住宅的庭园。

首先,对于"机动车例外",联邦最高法院最早在1925年的卡罗尔案[1]中作出了清晰的表述。在该案中,执法人员在检查过路车辆时怀疑一辆车上有非法酒品,于是将其拦停并果然查获非法酒品若干,随后车主被逮捕。联邦最高法院认为,对商店、住宅或其他建筑的无证搜查与对轮船、摩托艇、货车、汽车等的无证搜查有很大不同,因为交通工具可以快速地转移到搜查令授权的搜查地点之外。这种"随时移动"(ready mobility)的特性成为"机动车例外"的理论基础,并被之后的很多判决采纳。

后来,联邦最高法院又在1976年的奥佩曼案[2]中对"机动车例外"从另一方面进行了解释:"与房屋不同,机动车会一直受到政府规章的管控,包括定期检查和颁发执照。正如我们每天都能看到的那样,警察会拦停车辆并查看车牌或证贴是否过期,或是检查诸如冒烟、发出异常噪音、车灯或安全设备失效之类的问题。"因此联邦最高法院承认机动车需要与房屋区别对待,警员只要有充分理由即可对机动车进行无证搜查。

其次,美国联邦宪法第四修正案对庭园的保护在联邦最高法院看来同样是毫无疑问的,因为庭园环绕着房屋并成为住宅的一部分,从而应当被视为美国联邦宪法第四修正案的保护对象。执法人员在没有搜查令的情况下闯入庭园收集证据显然是不合法的。

3. 案件发回重审

当联邦最高法院将上文提到的先例规则运用到本案的具体事实中时,最先考虑的问题是:停放涉事摩托车的小道是否属于庭园的一部分?

---

〔1〕 Carroll v. United States, 267 U. S. 132 (1925).

〔2〕 South Dakota v. Opperman, 428 U. S. 364 (1976).

根据证据中的照片,小道紧挨着草坪,离房子的外沿只有几米的距离。小道的两旁是大约汽车高度的砖墙,还有一端是房子的墙壁,因此其被三面封死。在房子与小道所形成的半封闭空间之间有一扇侧门作为通道,访客想要到达房子的前门需要途经小道,但是不必走至小道深处,而可直接转身登上几级台阶进入前廊。在罗兹警员搜查时,摩托车停放在小道形成的半封闭空间里靠房屋墙壁的那一端。联邦最高法院认为,对"庭园"的理解应当基于日常生活的常识,本案中摩托车停放地点与房屋相连,且属于房屋主人生活作息活动区域的一部分,因此应当被视为庭园。罗兹警员无证搜查显然侵犯了柯林斯基于美国联邦宪法第四修正案所享有的权利。

联邦最高法院还指出,现有的法律允许警方在公共场合进行无证逮捕,但是并不允许其闯进民宅进行无证逮捕,因为这不仅是对逮捕权的滥用,还是对住宅神圣不可侵犯性(sanctity of the home)的亵渎。同样,在他人庭园中进行无证搜查不仅是对美国联邦宪法第四修正案项下权利的侵犯,更是对庭园神圣不可侵犯性(sanctity of the curtilage)的破坏。

至于"机动车例外",联邦最高法院认为其只是针对交通工具可移动性的例外,当某一交通工具被停放于房屋内或庭园中时,该例外就不应适用,否则会构成对个人住宅隐私的侵害。

值得一提的是,弗吉尼亚州政府在本案中提出,法院应当采取一个更加清晰的标准,以方便界定"机动车例外"不适用的区域与其他相类似的建筑区域,否则执法人员在执法过程中需要逐一判断从而造成困扰。然而联邦最高法院并不认为需要有一个清晰的标准,因为长期以来执法人员都会评估某一区域是否能进行搜查,这足以体现出根据具体情况进行判断的可行性。况且不具备清晰的标准并不能成为在没有搜查令的情况下闯入他人庭园的理由。再者,如果清晰地划分出诸如停车位之类的区域属于所谓的庭园,就会对那些没有钱买车库的人造成不公,因为他们平时停放交通工具的地方很可能并不在界定标准范围之内,却构成了生活空间的一部分。

最终,联邦最高法院认为,在本案中适用"机动车例外"是不恰当的,因此将该案发回重审,下级法院可根据现有证据,考察罗兹警员的搜查是否有诸如"紧急状况例外"(exigent circumstances exception)等其他的依据,从而重审此案。

卡朋特诉美国

Carpenter v. United States

——公民对手机定位信息有隐私期待权

原 案 名:Carpenter v. United States

判决日期:2018 年 6 月 22 日

案　　号:16－402

主　　笔:首席大法官罗伯茨(金斯伯格、布雷耶、索托马约尔和卡根大法官附议;肯尼迪大法官发表异议意见,托马斯和阿利托大法官附议;托马斯大法官发表异议意见;阿利托大法官发表异议意见,托马斯大法官附议;戈萨奇大法官发表异议意见)

判决主旨:公民对手机定位信息拥有合理的隐私期待权,受美国联邦宪法第四修正案保护。在没有特例的情况下,政府必须有合理根据,并依此申请法院的搜查令之后,才能获取该信息。

判决译述

1. 政府强制获取抢劫嫌犯的定位信息

美国拥有 3.26 亿人口,但是却有 3.96 亿手机用户。手机通过基站连入网络,基站不仅仅设置在专门的基站塔上,还设置在灯柱、旗杆、教堂尖顶以及其他建筑物上。基站通常有几个方向的天线,覆盖区域往往由几个扇形区域组成。即便在用户没有使用手机时,为了能够获取最佳的信号,手机仍然会在一分钟之内数次接入无线网络。每一次接入基站,手机都会产生一个基站位置信息的时间戳,从而为手机定位。此信息的精确度取决于单元站点所覆盖的地理区域的大小,基站密度越高,覆盖面积越小。随着手机数据流量的增加,无线运营商安装了更多的手机站点来处理流量,这导致基站的覆盖面日益缩小,特别是在城市地区更是如此。

无线运营商收集和存储基站位置信息(以下简称定位信息)是基于他们自己的商业目的,包括发现他们无线网络中的薄弱环节,以及向借用他们基站的其他运营商收取漫游费等。虽然长期以来运营商一直通过通话的开始和结束储存用户的定位信息,但近年来,电话公司也通过短信和常规数据收集这些信息。因此,现代手机产生了越来越多、越来越精确的定位信息。

2011 年,警方在底特律市逮捕了 4 名涉嫌抢劫沙克无线电商店(Radio Shack)和德国电信(T-Mobile)商店的男子。其中 1 名嫌犯供出了其余同伙及其之前曾抢劫过密歇根州和俄亥俄州的 9 家商店等的犯罪历史,并向联邦调查局提供了他们的手机号码。联邦调查局随后查看了他们的通话记录,以确定他们在抢劫案发生前后拨打的电话号码。

《存储通信法》(Stored Communications Act)规定,只要有具体和明确的事实能够表明某特定通信记录与正在进行的罪案调查实质性相关,政府就有权迫使记录拥有者向政府披露该通信记录。于是,检察官依据《存储通信法》向法院申请获取卡朋特(Timothy Carpenter)和其他几名犯罪嫌疑人的手机记录。

联邦地区法官批准了该申请,要求卡朋特的手机无线运营商披露在一系列抢劫事件发生的 4 个月期间卡朋特拨打和接听电话时的定位信息。无线运营商因此向政府提供了卡朋特 12,898 个位置点的信息,记录了卡朋特在 127 日内的定位——平均每天 101 个。最终,卡朋特被指控犯有 6 项抢劫罪以及 6 项在暴力犯罪中携带枪支罪。

2. 政府获取定位信息应当申请搜查令

在诉讼开始前,卡朋特提出动议,认为警方获取这些定位信息之前必须从法院获得有合理根据支持的搜查令,否则就违反了美国联邦宪法第四修正案。而本案中,政府依据《存储通信法》向法院申请的强制性信息披露并不是美国联邦宪法第四修正案所要求的有合理根据支持的搜查令,因此,法院不应采纳政府所取得的数据。

联邦地区法院否决了这一动议。在审讯中,卡朋特的其他 7 名同伙声称卡朋特是这次行动的领导者。检察官在审判中使用了这些定位信息记录,证明卡朋特的手机在抢劫案发生时出现在 4 个抢劫地点附近。除一项持枪罪外,卡朋特被指控的所有罪名均成立,最后被判处 100 多年监禁。

卡朋特提起上诉,联邦第六巡回上诉法院维持了原判,认为卡朋特对于联邦调查局所收集的其定位信息并没有合理的隐私期待权(a reasonable expectation of privacy),因为这些信息是他自愿与无线运营商共享的。鉴于手机用户自愿将手机基站位置信息传输给运营商作为"一种建立联系的手段",法院的结论是,由此产生的商业记录不受美国联邦宪法第四修正案的保护。卡朋特上诉到联邦最高法院。

(1)美国联邦宪法第四修正案分析

联邦最高法院的大法官们首先分析了美国联邦宪法第四修正案的规定。美国联邦宪法第四修正案保护公民的人身、房屋、文件和财物不受无理搜查和扣押的权利。政府若要搜查,必须以合理根据为由申请搜查令。

这项修正案的基本目的是保护个人隐私和安全,防止其被政府官员任意侵犯。美国开国元勋们起草美国联邦宪法第四修正案的最初目的是防止殖民地时期英国官员为寻找犯罪证据而凭借"通缉令"和"协助令"任意搜查公民住宅的行为重演。事实上,正如亚当斯(John Adams)所回忆的,爱国者奥蒂斯(James Otis)于 1761 年发表的谴责协助令的演讲是反对英国武断主张的第一步行动,并帮助推动了革命。

在相当长的历史时期内,美国联邦宪法第四修正案的搜查原则是与普通法上的非法入侵(trespass)联系在一起的,重点是政府是否实质性地侵犯了宪法所保护的场所以获取信息。

1967 年,联邦最高法院改变了态度,认为侵犯财产权不是美国联邦宪法第四修正案所禁止的唯一的侵权行为。在卡茨案[1]中,联邦最高法院认为美国联邦宪法第四修正案保护的是人而不是场所,因此扩大了美国联邦宪法第四修

---

〔1〕 Katz v. United States, 389 U.S. 347 (1967).

正案的适用范围,以保护个人对其隐私的合理期待权。当某个人寻求隐私保护,并且他对隐私的期待是社会愿意承认的合理期待时,政府对私人领域的入侵通常会被视为美国联邦宪法第四修正案下的搜查,需要有合理根据支持的搜查令。

随着技术的进步,政府的搜查水平也日益提高,联邦最高法院认为合理期待的认定标准也应当与政府的水平相协调。因此,在 2001 年的可依罗案〔1〕中,政府通过热成像仪检测该案被告的住宅,联邦最高法院并没有机械地理解美国联邦宪法第四修正案,而是将政府的行为认定为搜查(因为任何其他结论都会让作为房主的被告“任由先进技术摆布”),最终判决政府一方的搜查行为因缺少搜查令而违法。

同样,在 2014 年的莱利案〔2〕中,联邦最高法院认为,因为手机有巨大的存储数据的能力,警方应当获得搜查令才能搜查手机中的内容。

(2)获取定位信息构成搜查

本案中,联邦最高法院认为,要确定政府对公民的干涉行为是否受美国联邦宪法第四修正案的保护,需要先判断政府的行为是否构成美国联邦宪法第四修正案下的搜查。

如前文所述,美国联邦宪法第四修正案下的搜查包括侵犯公民对隐私的合理期待权,因而,首先需要判断政府获取卡朋特的手机定位信息是否侵犯了卡朋特对隐私的合理期待权。联邦最高法院的大法官们为此首先分析了与本案隐私期待权相关的两个问题。

第一个是关于公民对其物理位置信息的隐私期待权的问题。

在 1984 年的诺茨案〔3〕中,政府部门把一种无线发射器放入了嫌疑人的车中,并利用这种发射器成功地跟踪了嫌疑人的车辆。当时的联邦最高法院对此的观点是,汽车驾驶人在公众场合驾驶汽车,显然他知道汽车的行踪将暴露于大庭广众之下,因此驾驶人对汽车的移动信息并没有合理的隐私期待权。

---

〔1〕 Kyllo v. United States, 533 U. S. 27 (2001).

〔2〕 Riley v. California, 573 U. S. 373 (2014).

〔3〕 United States v. Knotts, 460 U. S. 276 (1983).

此后在 2012 年的琼斯案[1]中,联邦调查局暗自启动了被告人车中的防盗全球定位系统(Global Positioning System, GPS),以追踪被告人的行踪,彼时的联邦最高法院认为政府应当有限度地使用无线发射器及类似的装置,否则无论被告人的行踪是否公开,长时间的 GPS 监视侵犯了公民对其物理位置隐私权的合理期待,且违反了美国联邦宪法第四修正案的规定。

第二个是关于判断公民是否放弃隐私期待权的界限的问题。

在 1976 年的米勒案[2]中,政府从银行获取了被告的财务记录。联邦最高法院认为,交易信息是公民自愿交给银行的,银行雇员能够因此知晓这些信息,因而公民对此类信息不存在隐私期待权。

在 1979 年的史密斯案[3]中,联邦最高法院认为,被告对电话公司持有的公民拨出电话号码的记录没有隐私期待权,因为被告自愿将其所拨打的号码传达给电话公司,将这些信息暴露在电话公司的设备中。

大法官们认为,本案并不完全符合已有的先例,而是兼具上述两类先例的特征。一方面,本案中的政府通过手机定位信息来确定一个人过去的活动,这和琼斯案中联邦调查局通过 GPS 监视被告人的活动类似,因为此类数据详细且易获得;另一方面,个人不断向无线运营商透露自己的位置,这又与史密斯案和米勒案类似(个人持续地通过无线设备自愿将其信息提交给第三方)。但是,鉴于手机定位信息的独特性,联邦最高法院认为个人隐私信息掌握在第三方手中并不意味着能够自动地阻却美国联邦宪法第四修正案对公民的保护,史密斯案(毕竟是 1979 年的案件)和米勒案的判例规则并不能适用于本案,具体基于以下几点理由:

首先,联邦最高法院认为,公民仍对其全程的个人行踪有合理的隐私期待权。政府认为,基站的数据没有 GPS 精确。但联邦最高法院认为,定位信息包含公民的生活隐私,允许政府访问手机定位信息破坏了公民的隐私期待权。第一,127 日的位置记录结合其他信息,政府足以推断出卡朋特详细的活动记录。这些活动记录以及附带的时间戳不仅能够说明个人的特定活动,还能体现该人

---

[1] United States v. Jones, 565 U. S. 400 (2012).

[2] United States v. Miller, 425 U. S. 435 (1976).

[3] Smith v. Maryland, 442 U. S. 735 (1979).

的家庭、政治、专业、宗教和性别等相关信息。第二，手机定位信息的获取成本之低足以让政府获取巨大的数据信息。第三，与联邦最高法院在琼斯案中所考虑的车辆 GPS 监控相比，手机定位信息的历史记录显示了更大的隐私问题，因为近 3/4 的智能手机用户报告显示，手机用户大部分时间与手机的距离都保持在 5 英尺之内，12% 的人承认他们甚至在淋浴时使用手机，因此政府跟踪手机的位置等同于实现了近乎完美的监控。再加上基站记录的定位信息还可以储存，而且随着之后的技术发展，基站记录的地理位置信息也会越来越精确。基于以上理由，联邦最高法院认为，政府获取手机上传的位置信息的行为侵犯了卡朋特的合理隐私期待权。

其次，史密斯案和米勒案中第三方收集的是有限的个人信息，而本案中无线运营商收集的地理位置信息则是详尽的，两者天差地别。虽然政府认为史密斯案和米勒案中的第三方原则（The third-party doctrine）应当适用于本案，因为手机定位信息就像史密斯案和米勒案中的记录一样是由无线运营商创建和维护的业务记录，但是联邦最高法院认为，第三方原则在一定程度上源于这样一种观念，即个人在知情的情况下与他人共享信息时对隐私的期待会降低。然而，史密斯案和米勒案中考虑的不仅仅是共享，还包括所共享的信息的性质，据此决定其是否具有隐私期待权。此外，第三方原则的第二个基本原理——自愿公开——在本案中也不成立。联邦最高法院在诺茨案上的态度是"一个人并不享有他在公共场合的位置移动信息的合理隐私期待权，因为任何人都能观察得到这种移动行为本身"，但本案却不一样，手机定位信息并不像人们通常理解的是真正可共享的信息，因为手机及其提供的服务对于每个人参与现代社会生活而言是必不可少的；另外，除了开机，用户没有任何主动分享其位置信息的行为。

因此，政府获取卡朋特的手机定位信息的行为构成美国联邦宪法第四修正案下的搜查，如果政府在没有申请搜查令的情况下获取这些信息，则侵犯了卡朋特的隐私期待权。

（3）政府的搜查没有合理根据

既然构成搜查，那么政府须以合理根据为由申请搜查令。在没有搜查令的情况下，搜查只有在特定例外情况下才算合理。而在本案中，政府根据《存储通信法》从法院获得的授权并不满足合理根据的要求。

根据《存储通信法》,政府只需向法院证明其相信申请获取的记录与正在进行的调查之间有关联,而且对该调查而言十分重要,法院即可允许其获得相关信息。但是这一标准远未达到获取公民对其有隐私期待权的信息(在本案中就是手机的定位信息)所应达到的合理根据规则的要求。因此,政府通过《存储通信法》获得的法院授权并不足以令其有权获得公民的手机定位信息。

因此,联邦最高法院拒绝允许政府无限制地访问无线运营商的物理位置信息数据库。鉴于手机定位信息深刻的揭露性,深度、广度和全面性,以及其收集工作的不可避免性和自动性,虽然此类信息由第三方收集,但这并不减损该信息依据美国联邦宪法第四修正案所应得到的保护。最终下级法院的判决被推翻,案件被发回重审。

被告的诉讼权利

艾斯塔斯诉得克萨斯州刑事司法部惩教处处长

——法院出钱资助杀人犯证明律师的无效协助

麦考伊诉路易斯安那州

——被告才是主导，律师只是协助

艾斯塔斯诉得克萨斯州刑事司法部惩教处处长
Ayestas v. Davis
——法院出钱资助杀人犯证明律师的无效协助

原 案 名:Ayestas, aka Zelaya Corea v. Davis, Director, Texas Department of Criminal Justice, Correctional Institutions Division

判决日期:2018 年 3 月 21 日

案　　号:16 - 6795

主　　笔:阿利托大法官(索托马约尔大法官发表协同意见,金斯伯格大法官附议)

判决主旨:向联邦法院申请人身保护令的理由必须首先已经在州法院的人身保护程序中提出,否则构成程序瑕疵,除非被告能证明律师提供了无效协助。而联邦地区法院可以为被告证明律师的无效协助提供资金支持,且不能以高于法律规定的标准为由拒绝;一旦拒绝,其决定并非为行政决定,而为司法裁决,联邦最高法院有权审查。

判决译述

1. 20 多年前的一场谋杀

1997 年的一天,艾斯塔斯(Carlos Ayestas)与两个同伙闯入了居住在休斯敦的 67 岁的帕娜克(Santiaga Paneque)的家中,不仅把她的财物洗劫一空,还用胶带和电线把她绑住,将她殴打致死。做完这一切,三人逃之夭夭。

事发两周后的一天,艾斯塔斯喝得酩酊大醉,告诉努依拉(Henry Nuila)他最近在休斯敦杀了一个女人。说完,他挥舞着一把乌兹冲锋枪威胁努依拉,如果努依拉不帮他把他的两个同伙杀了,他就要杀死努依拉!随后努依拉报警,艾斯塔斯被逮捕。

在一审中,艾斯塔斯的律师几乎没有为他找到任何可以减罪的证据。经过审理,得克萨斯州初审法院判定艾斯塔斯犯有谋杀罪,并判处其死刑。之后,艾斯塔斯聘请了新的律师,上诉至得克萨斯州刑事上诉法院,但是他的死刑判决仍然被维持。眼见死于非命的帕娜克沉冤将雪,杀人犯艾斯塔斯性命难保,然而,人身保护令程序让艾斯塔斯看到了一线生存的希望。

2. 死囚犯的人身保护令程序

美国为了保障死刑犯的权利,对死刑案件提供了两种救济方式:判决生效前的上诉制度和判决生效后的人身保护令程序。人身保护令程序又分为州内程序和联邦程序两种。

如果被告人在州法院被判处死刑,其想获得救济,必须先向州法院系统申请人身保护令,并可逐级上诉至州最高法院——此乃州内人身保护令程序。只有当州最高法院也拒绝签发人身保护令时,被告人才可以向联邦法院系统申请人身保护令,从联邦地区法院开始,可以逐级上诉到联邦最高法院,这一程序又称为联邦人身保护令程序。但是,如果案件原属联邦法院系统管辖,人身保护令只能向联邦法院系统申请。

需注意的是,被告人若在州层面申请人身保护令,则需遵守各州对此的程序性规定,否则将被视为有程序瑕疵,无法获颁保护令。同样,到了联邦层面也会有程序瑕疵,如果被告人在申请联邦人身保护令时提出了一项在申请州人身保护令时没有提出过的请求,则说明被告在州层面的救济还没有穷尽,因此也存在程序瑕疵,无法获颁保护令。

了解了这些法律制度后,艾斯塔斯不想就死,毅然开始了人身保护令申请之旅。

3. 律师协助无效能抵消程序瑕疵吗?

死刑判决生效后,艾斯塔斯首先向州法院申请人身保护令。他声称,他的一审律师没有争取到他家人的证词，因而没能给予有效的辩护。然而州法院最后认定他的律师已经尽力了，不存在无效协助的情形，拒绝了他的人身保护令请求。

之后他又向联邦地区法院提起了联邦人身保护请求。这一次他提出了新的理由，即他的一审律师没有充分有效地调查他的减罪证据，主要指没能调查他的精神病史及酗酒吸毒的情况，因而他的“获取律师有效协助权”(the right of the effective assistance of counsel)受到了侵犯。联邦地区法院认为，他此前从未在州法院提出过该理由，因而存在程序瑕疵，拒绝颁发人身保护令。

巧的是，那段时间联邦最高法院刚好作出了两个颇具意义的判例。首先，在 2012 年的瑞恩案〔1〕中，联邦最高法院认为，联邦人身保护令的程序瑕疵存在例外情形，即如果存在无效的律师协助(ineffective assistance of counsel)情形，被告在州内人身保护令程序中没有提出某诉求一事，就不会被认定为联邦人身保护令程序的瑕疵。其次，在 2013 年的崔维诺案〔2〕中，联邦最高法院也持相同的观点。

正是由于这两个判例的出现，艾斯塔斯重燃希望，因此他向联邦地区法院要求重审，希望证明存在律师的无效协助情形，以抵消人身保护令的程序瑕疵。

然而，证明存在律师无效协助的情形需要一定的经费。《美国联邦法典》第 18 编第 3599(f)节规定，联邦地区法院“对于被告为获得律师代理而合理需要(reasonably necessary)的调查、专家证人或者其他服务……可以提供资金支持”。因此，在联邦地区法院提起人身保护令程序的申请人可以基于这一条，要求法院给予资金支持，以进一步帮助他证明存在律师无效协助的情形，从而能够使其在联邦层面申请到人身保护令。

艾斯塔斯即依据该条提起调查协助动议。他希望法院为其提供资金，证明他的一审律师和申请州人身保护令时的律师都提供了无效的协助；若证明成功，他就可以依无效律师协助的情形排除程序瑕疵，从而申请到人身保护令。但是，联邦地区法院拒绝为其提供资金，同时拒绝了他的人身保护令申请。

在上诉阶段，联邦第五巡回上诉法院基于先例也拒绝了他的请求，认为基

---

〔1〕 Martinez v. Ryan, 566 U. S. 1 (2012).

〔2〕 Trevino v. Thaler, 569 U. S. 413 (2013).

于《美国联邦法典》第 18 编第 3599(f)节的规定,请求资助的申请人必须表明其对于调查或其他服务有实质性需求(substantial need),同时该请求须在程序上无瑕疵(not procedurally barred)。

艾斯塔斯垂死挣扎,上诉到联邦最高法院。

4. 先决问题:司法裁决 v. 行政决定

联邦最高法院首先要解决的是管辖权问题。

司法机关的司法裁决和行政决定完全是两码事。根据《美国联邦法典》第 28 编第 1291 节、第 2253 节以及第 1254 节的规定,上诉法院拥有在司法能力(judicial capacity)范围内审查地区法院所作决定的权力,此为司法裁决。但司法机关显然也要做很多行政决定,如联邦法院系统一年的预算为 70 亿美元,同时它拥有 32,000 多名工作人员,所以肯定要在设备、人员、供给等方面作出行政决定,但这些决定显然不属于最高法院审查的范围。

由此,本案被告时任得克萨斯州刑事司法部惩教处处长的戴维斯(Lorie Davis)认为,联邦地区法院作出的驳回艾斯塔斯的资金请求的决定属于行政决定,因此联邦最高法院无权审查。

但是联邦最高法院认为,有关资金请求的裁决和上述行政决定完全不同,主要基于以下两个原因:首先,艾斯塔斯的请求是根据联邦人身保护令程序申请的,而这一程序显然是司法程序;其次,是否给予他人身保护令,需要法院对"合理需要"一词予以解释,而该词显然是一个法律上的词汇。因此,无论如何,这都是一个司法裁决,而非行政决定。

但是这里还有一个问题,即根据《美国联邦法典》第 18 编第 3599 节的规定,资金请求程序可以是一个单方(ex parte)审查程序,但是司法程序应当是双方对抗的形式,所以这是不是说明,资金请求程序在本质上就不是司法程序呢?

对此,联邦最高法院认为这一说法并不成立。首先,无论是从申请人身保护令的程序整体来看,还是从其中的个别问题(如资金资助问题)来看,这显然都是双方对抗(adversarial)的程序,因为双方就资助程序的利益诉求完全不同,艾斯塔斯一方希望逃脱死刑的制裁,而戴维斯一方希望判决得到快速执行。而且,所谓的"单方审查"这一特点其实没有那么重要,不过是程序的形式罢了。

其次,戴维斯还声称,资助协议的相关决定可能会被法院行政办公室(Administrative office of the Courts)修改,因而这是一个行政决定。但是联邦最高法院指出,戴维斯这一说法的前提就是错误的,因为根本不存在法院行政办公室修改资助相关决定的事实!虽然戴维斯提到了一些下级法院的行政办公室修改资助决定的案例,但这些案例的申请方都是根据 1964 年的《刑事司法法》(Criminal Justice Act)申请资助,而《刑事司法法》中规定了"资助需在行政部门部长的监督下进行",这才有了这些案例。但是本案中涉及的《美国联邦法典》第 18 编第 3599 节根本没有规定法院行政办公室可以修改监督这一资助的决定,而且戴维斯也没有提到任何法院行政办公室根据第 3599 节的规定修改监督资助的例子。

联邦最高法院还指出,虽然《美国联邦法典》第 18 编第 3599(g)(2)节规定,若给予的资助超过一定限额,则需要巡回上诉法院首席法官或另一位指定的法官同意,并不需要组成三人合议庭对其进行审查,但是这一规定并不会使这一程序变成一个行政程序,因为宪法允许一人法庭审理此类问题,所谓的三人合议庭只是常见现象,而非法律所要求。

综上,联邦最高法院认为,其对此问题有管辖权。

5. 合理必要标准 v. 实质性需求标准

既然联邦最高法院对此有管辖权,那接下来要解决的问题就是应否给予艾斯塔斯该项资金支持的问题,亦即联邦第五巡回上诉法院在决定驳回艾斯塔斯的资金请求时,是否采取了正确的标准。

《美国联邦法典》第 18 编第 3599 节规定,应当给予当事人对专家证人、调查等合理必要的资助请求。但是联邦第五巡回上诉法院所采取的标准是,要求申请人说明其对这类服务有实质性需求。对此,联邦最高法院认为,联邦第五巡回上诉法院所采取的标准过高,提高了艾斯塔斯的举证责任。

在《美国联邦法典》第 18 编第 3599 节的前身——《美国联邦法典》第 21 编第 848(q)(9)节中,其措辞是法院"应当授予",而在现行的第 3599 节中是"可以授予",这一改动其实就给予了联邦地区法院很大的自由裁量权。因而,法院在这一自由裁量权下需考虑的问题是,一个理性的律师是否会认为申请人的资金请求足够重要。这一条实际上并不要求申请人证明如果给予他必要的各种调查服务,他就一定能胜诉,“合理必要”标准只要求他证明,所要求的服务可能会起到相应的作用(the likely utility of the services requested)即可。

另外,资金资助可能会成为申请人克服程序瑕疵最好的机会,因为,如果申请人可以利用这笔资金证明律师提供的是无效协助,这就构成了程序瑕疵的例外情形,那么他就有可能获得联邦人身保护令。因此,如果法院以人身保护令的申请有程序瑕疵为由草率地拒绝给予当事人资金支持,可能会酿成大错。

最后,案件被发回重审。由此看来,20 多年前残忍地杀害了帕娜克女士因而被判死刑的艾斯塔斯眼前又出现了一线生机。

麦考伊诉路易斯安那州

McCoy v. Louisiana

——被告才是主导，律师只是协助

原 案 名：McCoy v. Louisiana

判决日期：2018 年 5 月 14 日

案 号：16 – 8255

主 笔：金斯伯格大法官（首席大法官罗伯茨和肯尼迪、布雷耶、索托马约尔、卡根大法官附议；阿利托大法官发表异议意见，托马斯和戈萨奇大法官附议）

判决主旨：美国联邦宪法第六修正案保护刑事被告人选择辩护目标和策略的权利。若被告人主张无罪辩护，那么辩护律师即使认为有罪辩护是更好的策略，也不可以擅自承认被告人有罪。

判决译述

1. 死不认罪的被告

麦考伊（McCoy）已与妻子尤兰达（Yolanda）分居。2008 年 5 月 5 日，尤兰达的母亲、继父和儿子在路易斯安那州波西尔城的家中被枪杀身亡。警方认为犯罪嫌疑人是麦考伊，因此在数日后将其逮捕，并为其指派了一名公派律师。

波西尔教区大陪审团同意以 3 桩一级谋杀罪起诉麦考伊，且检方给出的量刑意见是死刑。然而在诉讼过程中，麦考伊拒不认罪，坚称在凶杀案发生时他本人并不在路易斯安那州，真正的凶手是因毒品交易失败而杀人灭口的贪腐警察。

2009 年年末和 2010 年年初,麦考伊声称他与被指派的律师的关系已经差到无法挽回,要求更换律师。之后,英格利希(Larry English)律师成为麦考伊新的辩护律师。了解本案的来龙去脉后,英格利希律师给出的诉讼策略是让麦考伊认罪,同时辩称自己存在不正常的精神状态,因此不构成一级谋杀罪,只满足二级谋杀罪的标准,但是麦考伊坚决不认罪。鉴于此,英格利希律师认为控方占据证据优势,若麦考伊不认罪,则几无可能逃脱死刑。据英格利希律师描述,麦考伊当时听完这一结论后就接近癫狂,同时要求英格利希律师仍为他作无罪辩护。

2011 年 7 月 26 日,离开庭只有两天时,麦考伊向法庭要求英格利希律师不再担任他的诉讼代理人,而英格利希律师也提出相同的要求。然而,因当时距离开庭的时间过于接近,法院拒绝了他们的请求,英格利希律师仍将担任他的辩护律师。

2. 出卖队友的律师

在庭审当天的定罪阶段,绝望的英格利希律师决定仍采取原来的诉讼策略。在麦考伊的持续反对下,英格利希律师在庭审中基本上都在承认麦考伊犯了谋杀罪,如“检方的证据百分之百能使陪审团相信麦考伊是杀人凶手”“检方的证据非常明确”“被告人的确犯了三桩谋杀罪”“我在帮检方减负”。而在量刑阶段,虽然英格利希律师以麦考伊患有精神疾病为由请求减轻处罚,但是最后陪审团还是达成死刑裁决的意见。

麦考伊不服并聘请了新的律师,希望案件能够再审。然而路易斯安那州最高法院维持了地方法院的判决,认为英格利希有权在麦考伊不认罪的情况下承认其有罪,因为承认有罪的确是客观上最好的辩护策略。

最后案件被上诉到联邦最高法院,亟待大法官们解决的问题是:当被告人坚决不同意认罪时,被告辩护律师若擅自承认其有罪,这一行为是否违宪?

3. 律师和当事人谁是主导?

联邦最高法院的大法官们认为,美国联邦宪法第六修正案赋予了被告人自主选择辩护目标的权利,这意味着被告人有权要求辩护律师不承认被告人有罪,即使根据辩护律师的办案经验,认罪是避免死刑的最好办法。

大法官们认为,美国联邦宪法第六修正案保障所有的刑事被告人拥有“接受辩护人为其辩护提供协助”的权利。在普通法系国家,刑事被告人有权自我辩护是普通法最基本的准则。因此,美国联邦宪法第六修正案并没有要求被告人将其对案件的所有掌控都交与辩护律师——无论辩护律师的意见有多么专业,辩护律师所起的作用仍为“协助”作用(Speaks of the“assistance”of counsel, and an assistant, however expert, is still an assistant)。在庭审当中,一些重要的决定仍属于保留给被告人的权利,包括是否认罪,是否要求陪审团审查案件事实,是否放弃上诉等。而决定做无罪辩护就属于保留给被告人的权利之一。

诚然,在辩护律师看来,承认有罪,然后在被告人的精神状态上做文章,的确可能是最好的策略,但是麦考伊可能不是这么考虑的。他或许不想被社会谴责,说他杀害了家人;他或许觉得,在监狱里待一辈子也没什么意思,还不如搏一搏,若不成功,就死个痛快。在这种情况下,律师应当放弃自己认为的最佳路径,为实现被告人心中的目标提供协助。

另外,大法官们还指出,本案与尼克松案〔1〕的情形并不相同。在尼克松案中,尼克松的律师虽然也在庭审中为尼克松认罪,但是尼克松在整个庭审策略的讨论过程中几乎没有任何发言,也没有明确反对律师的有罪辩护策略,这实际上并没有否定尼克松的自主决定权,因为直到庭审结束后,他才对律师的有罪辩护策略提出反对意见。本案的案情与尼克松案的案情完全不同。在本案中,麦考伊抓住了一切机会反对他的律师。不管是在庭审前还是庭审中,抑或是在与律师讨论之时,他都提出了反对意见,因此本案并不适用尼克松案的规则。那么,律师这样做是否是为了不违反律师职业道德呢?

路易斯安那州最高法院认为,英格利希这么做是为了遵守路易斯安那州的职业道德准则,该准则禁止律师在明知被代理人具备犯罪事实或者企图作伪证的情况下继续给予被代理人协助。正如在怀特塞德案〔2〕中,怀特塞德告诉律师其想要作伪证,而律师警告怀特塞德,若委托人作伪证,律师根据职业义务将

〔1〕 Florida v. Nixon, 543 U. S. 175 (2004).

〔2〕 Nix v. Whiteside, 475 U. S. 157 (1986).

向法院举报,双方因此产生争议。联邦最高法院在该案中认同了律师的做法。路易斯安那州最高法院由此认为,要求英格利希律师作无罪辩护也同样会让他陷入伦理困境中。

然而联邦最高法院的大法官们认为,本案中并没有出现怀特塞德案那样被告人告诉律师想要作伪证的情况,本案的被告人也没有走上证人席宣誓作证。英格利希这么做并不是为了职业道德而阻止被告人作伪证,他只是单纯希望能为麦考伊争取死刑以下的刑罚。因此,大法官们认为并不存在英格利希不按照被告人的要求做无罪辩护就陷入所谓的伦理困境一说。

4. 本案属于结构性错误

若想纠正律师造成的错误,被告人通常需要证明律师的无效协助,即展示律师的无效协助对其最终审判结果产生了实体上的损害(prejudice)。联邦最高法院认为,律师的无效协助涉及律师的能力问题,但这里涉及的问题关乎被告人的自主决定权,而非律师的能力。因此,本案与律师的无效协助是两码事。

本案对于美国联邦宪法第六修正案规定的被告人权利的违反属于"结构性"错误(structural error)。结构性错误,即为贯穿审判过程始终,且影响审判程序结构的错误。一旦出现结构性错误,就无须评估该错误对被告人造成的伤害是大是小了,因为其对当事人权利的影响为有或无,而非大或小。举个例子,对自我辩护权的剥夺就无法适用"伤害大小"的测试,因为自我辩护权要么被剥夺,要么没被剥夺,不存在"伤害大小"的问题。结构性错误并非用于保护被告人免受错判,而是用于保护被告人的其他利益,如"应准许被告人自行决定保护其自由的最佳途径的基本原则"(the fundamental legal principle that a defendant must be allowed to make his own choices about the proper way to protect his own liberty)。由于本案中出现了这样的错误,所以麦考伊无须证明无效协助即有权获得重审。

最终,联邦最高法院撤销了路易斯安那州最高法院的判决,发回下级法院,按照联邦最高法院的意见重审。

上　诉

克拉斯诉美国
——认罪不等于服法

克拉斯诉美国

Class v. United States

——认罪不等于服法

原 案 名:Class v. United States

判决日期:2018 年 2 月 21 日

案　　号:16 – 424

主　　笔:布雷耶大法官(首席大法官罗伯茨和金斯伯格、索托马约尔、卡根、戈萨奇大法官附议;阿利托大法官发表异议意见,肯尼迪、托马斯大法官附议)

判决主旨:联邦刑事诉讼中,被告人的认罪答辩并不妨碍其就定罪条款的合宪性提起直接上诉。

判决译述

1. 停车惹麻烦

《美国联邦法典》第 40 编第 5104(e)节[以下简称第 5104(e)节]规定:个人不得于国会大厦建筑地面区域或建筑内携带枪支。一位名叫克拉斯(Rodney Class)的男子撞在了枪口上——他停放在国会大厦停车场的吉普车内被发现有枪支。2013 年 9 月,联邦大陪审团决定对克拉斯予以起诉。克拉斯主张,第 5104(e)节未就禁枪的地域范围作出明确的界定与合理的告知,因此该节违反了美国联邦宪法第二修正案以及正当程序条款。这两项主张均被哥伦比亚特区联邦地区法院驳回。

2. 前脚认罪后脚起诉定罪条款违宪

在其抗辩理由被联邦地区法院驳回后,克拉斯与控方达成了控辩协议,即克拉斯承认在国会大厦区域内非法持枪,违反了第5104(e)节的规定,而控方同意撤销其他指控。根据该控辩协议,克拉斯明确同意放弃若干权利,不过放弃的权利中并未涉及就定罪条款的合宪性上诉的权利。在经过一系列法定程序后,联邦地区法院接受了克拉斯的认罪答辩,并判处其 24 日的拘禁以及 12 个月的监外监管。

不料几天后,克拉斯又向哥伦比亚特区联邦巡回上诉法院提起了直接上诉,诉请仍然是第5104(e)节违反了美国联邦宪法第二修正案及正当程序条款。上诉法院认为,在作出认罪答辩后,克拉斯已无权就定罪条款的合宪性提起上诉。克拉斯不服判决,遂上诉至联邦最高法院。

3. 认罪不妨碍起诉定罪条款违宪

联邦最高法院认为,本案的核心问题在于,被告人的认罪答辩是否妨碍其就定罪条款的合宪性提起直接上诉。联邦最高法院认为,答案是否定的。

联邦最高法院的这一论断直接源于过往的一系列判例。在 50 年前的海恩斯案[1]中,法院就指出,被告的认罪答辩显然不构成对先前(合宪性)指控的放弃。当时哈伦大法官执笔的联邦最高法院判决虽然没有就这一观点进行说理,但之后的相关判例均在此基础上加以延伸。联邦最高法院在 1974 年判决的布莱克雷吉案[2]中指出,认罪答辩可以阻却对进入认罪答辩程序前发生的违宪行为的控诉(如大陪审团程序等),但若违宪行为涉及国家对个人的指控权力,则不可以认罪答辩为由阻却违宪控诉。同样,在 1975 年的美娜案[3]中,被告人的诉求是无论其定罪事实如何确凿,政府都不得将其定罪,联邦最高法院因此认为,被告人的认罪答辩不能阻却该诉求。

上述判例衍生出的美娜—布莱克雷吉原则(Menna-Blackledge doctrine)近

---

[1] Haynes v. United States, 390 U. S. 85 (1968).

[2] Blackledge v. Perry, 417 U. S. 21 (1974).

[3] Menna v. New York, 423 U. S. 61 (1975).

年来屡次被联邦最高法院重申,其基本含义就是,被告人的认罪答辩不能阻止其控诉政府的指控违宪。

本案中,克拉斯虽已做认罪答辩,但并未明示或暗示放弃就该指控的违宪提出上诉的权利。从现有记录来看,起诉书、控辩协议的内容与克拉斯的上诉之间并无矛盾。克拉斯承认其行为违反法令,并就该定罪条款的合宪性提起上诉。这种情况涉及国家对个人进行指控的权力的合宪性,因此认罪答辩不能阻却上诉。

控方曾援引《联邦刑事诉讼规则》第11(a)(2)节,认为除非获得法院或控方的书面同意,否则被告人认罪后不得上诉。但是该节规定的是有条件的认罪答辩,而克拉斯做出的是无条件的认罪答辩,该节规定与本案的情形不符。从第11(a)(2)节的描述来看,其也未说明是否需满足特定程序,才可在认罪答辩后提起违宪指控。从该法的立法记录可知,立法者明确知悉联邦最高法院对相关案件的态度。记录明确指出,对属于美娜—布莱克雷吉原则下的违宪指控,第11(a)(2)节不予适用。本案即属于美娜—布莱克雷吉原则规制的情形,因此不适用第11(a)(2)节。

最终,上诉法院的判决被撤销,本案被发回重审。克拉斯虽已认罪,但是有权针对据以判其有罪的法条的合宪性提起上诉。

证 据

美国诉微软公司

——微软爱尔兰数据案

达达诉美国

——窃听风云

美国诉微软公司
United States v. Microsoft
——微软爱尔兰数据案

原　案　名: United States, Petitioner v. Microsoft Corporation

判决日期: 2018年4月17日

案　　号: 17－2

主　　笔: 隐名(*Per Curiam*)

判决主旨: 法院同不同意没关系,国会随时能修改法律。

判决译述

1. 储存在国外的电子数据能不能查?

众所周知,微软公司从1997年就开始向公众提供免费的电子邮箱服务,当然,相关的电子数据也储存在世界各地。2013年12月,美国缉毒局在调查毒品走私案时发现一些电子邮件,检方希望微软公司提供相关的邮件信息。美国缉毒局以"合理根据"(probable cause)为由,根据《美国联邦法典》第18编第2703节的规定向纽约南部联邦地区法院申请了搜查令。该搜查令要求微软公司向执法部门提交某电子邮箱用户的全部电子邮件及其他信息。

根据该搜查令,微软公司开始着手调查该用户的资料,但发现该电子邮箱用户的全部数据只存储在爱尔兰国都柏林的数据中心。微软公司坚持"数据存储地标准",认为该搜查令只适用于美国境内,不能覆盖到爱尔兰。

政府一方认为,执行搜查令无须美国执法人员跑到爱尔兰,微软公司有能力在美国境内进行操作,并向政府披露数据。因此,搜查令事实上并没有适用于美国境外,微软公司有义务配合美国政府获得该数据,即坚持“数据控制者标准”。

美国地区法院的治安法官(Magistrate Judge)认为,根据《存储通信法》的规定,地区法院有权签署调查令以调查储存在国外的信息。地区法院举行了听证会后也认同了治安法官的观点。

微软公司将此案上诉至美国联邦第二巡回上诉法院。

此案在科技界引发了巨大反响。在 2014 年 12 月 15 日这一天,苹果、思科、亚马逊等 28 家全球领先的技术和媒体公司、35 位知名计算机科学家,以及 23 家行业协会和政策倡导组织,一共提交了 10 份“法庭之友”陈述,支持微软公司拒绝交出该用户电子邮件内容的立场。

上诉法院认为,要求微软公司提交该电子数据的搜查令是对《美国联邦法典》第 18 编第 2703 节未经授权的域外执法(unauthorized extraterritorial application),因此撤销了原判决。

最后,该案上诉至联邦最高法院。

2. 司法与立法各司其职:国会说能查就能查!

在案件审理中,法院依据的法律只有 1986 年的《存储通信法》。这将法院置入一个非常尴尬的境地——法院需要通过解释一部互联网尚未普及时就颁布的法律来揣测国会的立法意图,并判断在当前互联网时代如何适用该法。在各级法院审理的过程中,法官们的观点因此各不相同。

然而,在本案待决期间,美国国会起草了《澄清境外合法使用数据法》(Clarifying Lawful Overseas Use of Data Act)。该法意图修改《存储通信法》的内容,并在第 103(a)(1)节明确规定:

> 在本法规定的情形下,电子服务提供商应当将其拥有、监管或控制的用户通信数据、记录及其他信息保存、备份及披露,包括储存于美

国国内以及美国国外的数据。[1]

在2018年2月27日的联邦最高法院庭审现场,金斯伯格大法官说:"把这事儿原地搁置,让这个'勇敢新世界'时代的国会来决定是不是会更好一些?"[2]("So wouldn't it be wiser just to say let's leave things as they are; if Congress wants to regulate in this brave new world, it should do it?")索托马约尔大法官也发表了类似的观点:"我们不如就保持原状,让国会在这个新时代通过一个新法案来解决吧。"("Why shouldn't we leave the status quo as it is and let Congress pass a bill in this new age.")

3月21日,代替《存储通信法》的《澄清境外合法使用数据法》被放入《2018年综合拨款提案》中并在国会表决通过。随着3月23日时任美国总统的特朗普在《2018年综合拨款提案》上的签名,《澄清境外合法使用数据法》在短时间内走完了从草案成为正式法律的历程,即刻生效。

4月17日,联邦最高法院也轻松愉快地公布了该案无效的判决书(只有3页纸)。从此,美国政府可以名正言顺地根据《澄清境外合法使用数据法》要求美国公司披露储存于美国领土外的用户数据了。

---

[1] 原文:"A [service provider] shall comply with the obligations of this chapter to preserve, backup, or disclose the contents of a wire or electronic communication and any record or other information pertaining to a customer or subscriber within such provider's possession, custody, or control, regardless of whether such communication, record, or other information is located within or outside of the United States."

[2] Transcript of Oral Argument at 12, Microsoft Ireland, No. 17 - 2. Justice Ginsburg expressed a similar sentiment. See id. at 6.

达达诉美国

Dahda v. United States

——窃听风云

原 案 名: Dahda v. United States

判决日期: 2018 年 5 月 14 日

案　　号: 17 – 43

主　　笔: 布雷耶大法官(除戈萨奇大法官没有参与本案的审议与判决外,其他大法官均附议)

判决主旨: 政府采用窃听手段进行侦查前,须从法院获得完备的窃听许可令,否则通过窃听所得证据不能被法院采纳,但存在错误的窃听许可令不一定“不完备”。

判决译述

1. 窃听的合法性问题

窃听是一种在被监听者未察觉的情况下进行的、获取与犯罪有关的言词信息的技术侦查手段。对于这种犯罪侦查手段可否用于刑事程序,早年在美国是有争议的。1928 年,在欧姆斯德一案[1]中,联邦最高法院对警察窃听行为的合法性进行了激烈的讨论,最后以 5 : 4 的票数确认警察的窃听行为不受美国联邦宪法第四修正案关于搜查和扣押的正当程序要求的约束。

---

[1] Olmstead v. U. S., 277 U. S. 438 (1928).

但 1934 年《通信法》(Communication Act)对窃听的态度发生了急剧变化,该法第 605 节规定:未经发送者授权,任何人不得对通信进行窃听,不得向公众发布或向任何人泄露窃听的存在、内容、主旨、目的、结果或意义(no person not being authorized by the sender shall intercept any communication and divulge or publish the existence, contents, substance, purport, effect, or meaning of such intercepted communication to any person)。

1968 年,美国国会又通过了《综合犯罪控制与街道安全法》(Omnibus Crime Control and Safe Streets Act,收录于《美国联邦法典》第 18 编第 2510 节),取代了《通信法》,成为美国规范窃听的现行有效文件。该法对窃听的条件、程序、方式及被告人的权利保护等问题作出了详细规定,以实现有效执法与保护公民权利之间的平衡。该法规定,为了预防、侦查、起诉严重的刑事犯罪,相关机构在获得窃听许可令(wiretap order)后,可以进行合法窃听。那么一份窃听许可令要怎么获得,其本身又有什么要求呢?

为了帮助预防、侦查或起诉严重的联邦刑事犯罪,《美国联邦法典》第 18 编第 2510 节允许法官签发窃听许可令。要获得窃听许可令一般需要经过如下程序:

首先,由政府向法官提交申请书,写明拟调查的特定罪行,拟窃听的通信类型,采取窃听的合理理由(probable cause),其他手段不足以或不能够获取相关信息或太过于危险,以及窃听满足其他要求(如经特定政府官员的授权)等。

其次,法官在收到申请后,如果认为窃听有合理理由并决定批准申请,则其签发的窃听许可令应当列明拟窃听通信对象的身份信息、相关通信设备的性质与地点、拟窃听通信类型的详细描述、与窃听相关的罪行陈述、被授权开展窃听的机构信息、授权人员的信息以及窃听期限(一般不得超过 30 日,但可延长)。

最后,根据法律规定,除非法官允许窃听时使用“移动窃听设备”(mobile interception device),否则被授权地点仅限于该法官所在法院的管辖范围内。具体而言,被窃听的电话或者政府的监听站必须至少有一项或全部位于前述法官所在法院的管辖范围内。

《美国联邦法典》第 18 编第 2518(10)(a)节同时规定,如果通过窃听获得的证据存在下列情形,则窃听到的任何电讯或口头交流的内容都不得被法庭采纳:(1)交流的内容被非法窃听;(2)窃听所依据的许可令从表面上看并不完备;(3)实际的窃听行为与窃听许可令的授权或批准内容不一致。

本案就涉及第 2 项“窃听所依据的许可令从表面上看并不完备”的情形。

2. 案涉窃听许可令是否完备

2011 年,美国政府为了调查一桩以堪萨斯州为基地的毒品分销案,向堪萨斯州的一名联邦法官提交了窃听申请,法官批准并签发了 9 份窃听许可令。这 9 份许可令的内容基本都符合法律规定,除了其中的一句话“根据《美国联邦法典》第 18 编第 2518(3)节的规定,本许可令进一步授权,如果 1、3、4 号目标电话被运出本法院管辖权之外的美国境内其他地区,政府仍有权进行窃听”(由于 9 份许可令除了目标电话编号不同,其余表述完全一致,故仅以其中一份许可令为例)。

在此次调查中,政府基本上都在堪萨斯州内的监听站,窃听范围限于对堪萨斯州内的移动电话以及发生在州外的移动通话。仅有一次,政府在密苏里州的监听站窃听了位于加利福尼亚州的 7 号目标移动电话。

2012 年,因为洛斯 · 达达和罗斯福 · 达达(Los and Roosevelt Dahda)在加利福尼亚州购买非法毒品并在堪萨斯州出售,政府就其行为进行起诉。开庭前达达提出,上述 9 份窃听许可令授权的窃听地点范围超出了法律规定,从而导致许可令并不完备,相应地,政府依据该等许可令进行窃听取得的一切证据都不应被采纳。政府针对达达的动议,同意不采用任何来自密苏里州监听站的证据。

联邦地区法院驳回了达达的动议,达达因此向联邦第十巡回上诉法院上诉,认为只要许可令出现任何法律瑕疵,就不完备;而政府认为,不能这么理解,因为这会导致许多从窃听中获取的重大犯罪的证据仅因一些根本不违反立法目的、微不足道的疏漏就不被采纳。

上诉法院站在了政府这边,援引了佐丹奴案〔1〕,认为只有在窃听许可令的不完备会导致许可令不能符合“直接且实质性地体现了国会限制窃听意图的法

〔1〕 United States v. Giordano, 416 U. S. 505 (1974).

律规定”时,这种不完备才属于《美国联邦法典》第18编第2518(10)(a)节规定的“不完备”。上诉法院认为,国会限制窃听的立法意图中的核心关切有二,一是保护公民的通信隐私,二是确定并统一窃听申请的批准基础和条件。据此,上诉法院并不认为本案中的窃听许可令存在不完备的情形。

达达于是继续上诉到联邦最高法院。

3. 联邦最高法院对“不完备”的分析

联邦最高法院并不认同上诉法院的观点,认为本案不宜引用佐丹奴案作为裁判依据。

佐丹奴案涉及的不是《美国联邦法典》第18编第2518(10)(a)节第2项中规定的“不完备”的情形,而是该节第1项中“非法窃听”的情形。该案中的相关机构提交窃听申请时,按规定申请书应由检察长或指定的助理检察长批准,但实际上批准申请的甚至不是助理检察长,而是助理检察长的助理。

在佐丹奴案中政府认为,虽然批准申请的人员不符合法律规定,但并不属于第1项“非法窃听”的情形,因为这里的“非法”仅指“违宪”,而不包括违反一般法律,不然就没有必要进一步规定第2项、第3项违反一般法律的情形了。

对此,联邦最高法院在审理该案时认为,这里的“非法”包括违反了能够体现国会核心关切的法律,且此种理解并不影响第2项、第3项规定具备独立的法律意义。联邦最高法院认定该案中的批准窃听许可令申请的人员不符合法律规定,属于第1项规定的情形。

如果将佐丹奴案中对于核心关切的理念套用在对第2项、第3项的理解上,那么第2项、第3项的适用与第3项就不会有太大差别,第2项、第3项的规定就会显得多余。所以本案涉及的是如何理解第2项的问题,不能适用佐丹奴案解决。

在联邦最高法院看来,达达的理解肯定是不对的——窃听许可令不是出现任何小错误就会“不完备”了。一份窃听许可令如果没有列明《美国联邦法典》第18编第2518(4)节中明确提出的各项内容,则肯定不完备。除此之外,哪些错误属于不完备,每个案件中都会有所不同,联邦最高法院只需要判断本案中的错误是否属于导致许可令“不完备”的情形即可。

首先,大法官从法条的语义本身出发进行分析。根据《牛津词典》《韦氏新国际辞典》的释义,“不完备”是指“有缺陷的”或“缺乏必要内容的”。案涉 9 份窃听许可令虽然有瑕疵,但却不属于有缺陷的或是缺乏必要内容的许可令。其次,双方当事人都认可许可令中有关允许在堪萨斯州外开展窃听的命令,因为违反法律规定的窃听范围根本不发生法律效力。最后,更重要的是,该份有问题的命令其实在整个许可令中实属多余,该份命令并没有和许可令中的其他命令发生任何联系。如果将该份命令从许可令中删除,剩余部分依然可以成为一份有效且完备的窃听许可令。尽管达达认为,如果去掉这条命令,许可令就少了对窃听范围的规定。但该份许可令上已注明了签发许可令的法官的管辖范围,法律本身已将窃听范围限定在法官的管辖范围内,此时许可令的内容依然是完备的。

达达认为,如果联邦最高法院如此裁判,会导致将来如有窃听许可令授权窃听长达 180 日,也会被认定不违反《美国联邦法典》第 18 编第 2518(10)(a)条第 2 项的规定。联邦最高法院认为,不会产生这样的问题,因为如果将有关窃听期限的命令删除,则许可令不会有明确的窃听天数。此外,如果许可令直接将窃听期限限定为 180 日,那么对于超过 30 日之后的窃听,当事人可以以违反第 2518(10)(a)节第 1 项的规定为由提起动议。

基于上述原因,联邦最高法院最终认定本案的窃听许可令不存在不完备的情形,维持了原判。

刑罚与量刑

亚拉巴马州惩教署署长邓恩诉麦迪逊
Dunn v. Madison
——死刑犯忘记自己杀过人就能逃脱死刑吗?

原 案 名:Jefferson Dunn, Commissioner, Alabama Department of Corrections v. Vernon Madison

判决日期:2017 年 11 月 6 日

案　　号:17－193

主　　笔:隐名(*Per Curiam*;金斯伯格大法官发表协同意见,布雷耶、索托马约尔大法官附议;布雷耶大法官发表协同意见)

判决主旨:死刑犯对其所犯罪行失去记忆,不影响其死刑执行的合宪性。

判决译述

1. 死囚犯 30 年后申请停止死刑执行

30 多年前,麦迪逊(Vernon Madison)在警官舒尔特(Julius Schulte)背后开了两枪,导致其中弹身亡。1985 年 4 月,亚拉巴马州陪审团认定麦迪逊的行为构成谋杀罪(capital murder),法院最后判处麦迪逊死刑。2016 年,也就是死刑宣判 30 年后,麦迪逊的死刑执行之日终于临近。此时的麦迪逊已经 67 岁,他以遭受数次中风、身体不适合执行死刑为由,向州初审法院申请停止死刑的执行。

州初审法院审理后认为,根据先例福特案[1]以及帕内蒂案[2]的精神,只要麦迪逊的疾病使他丧失了理解能力,以至于无法知晓所要遭受的刑罚是因为其谋杀行为而导致,那么就可以减轻其刑罚。为此,州初审法院举行了听证会,以听取两名心理学家的意见。其中,法院指派的卡尔医生认为,麦迪逊可以死——尽管麦迪逊遭受了一次严重的脑中风,但他对其自身在本案的处境仍有清晰的认知,对他将接受死刑的具体后果也有清醒的理解。而由麦迪逊的律师所指派的约翰医生则认为,麦迪逊不能死——麦迪逊其实已经彻底失去了与他犯罪有关的记忆,包括实施犯罪行为、被警察逮捕、被法院审判等。根据约翰医生的观点,麦迪逊此时已经忘记了自己曾杀过人。

州初审法院最后认为,虽然麦迪逊已经忘记自己所做的犯罪行为,但他的精神状况还没有那么糟糕——他仍知道自己将要因自身所犯的谋杀罪而接受死刑,且他也明白接受死刑后会走向死亡,因此不符合可以减轻刑罚的要求。最终州初审法院裁定驳回麦迪逊的申请,死刑将如期举行。

2. 忘了曾经杀过人就无须执行死刑?

减刑申请被驳回之后,麦迪逊马上向联邦地区法院申请了人身保护令(writ of habeas corpus)。根据《反恐及有效死刑法》(Antiterrorism and Effective Death Penalty Act)的规定,如果州初审法院的裁定出现以下三种情况之一,则麦迪逊可以获得人身保护令:(1)该裁定被联邦地区法院认定违反了明确确立的联邦法(clearly established Federal law);(2)该裁定使得明确确立的联邦法陷入无法实际执行的地步;(3)证据与之前裁定认定的事实有明显偏差。可惜,联邦地区法院认为这三种情况均没有出现在本案中,就此驳回了麦迪逊的人身保护令申请。

被求生欲所驱使的麦迪逊继续向联邦第十一巡回上诉法院上诉,这次他终于等到了一线生机。上诉法院的多数意见认为,既然认定麦迪逊已经完全忘记了他的犯罪过程,那么他必然无法清醒地理解他的犯罪行为与他所受刑罚之间

---

[1] Ford v. Wainwright, 447 U. S. 399 (1986).

[2] Panetti v. Quarterman, 551 U. S. 930 (2007).

的因果关系。州初审法院的裁定并不合理,而且错误地适用了帕内蒂案的规则,因此撤销原判。麦迪逊生还的希望仿佛就在眼前。

然而,亚拉巴马州惩教署署长邓恩(Jefferson Dunn)将该案上诉至联邦最高法院。麦迪逊是生是死,就看联邦最高法院的大法官们最后的表决了。

3. 忘了曾经杀过人不是停止死刑执行的理由

联邦最高法院的大法官们一致认为,州初审法院的裁定并无不当——麦迪逊精神状况符合接受死刑的标准。

首先,大法官们解释了帕内蒂案和福特案的精神。在当时的帕内蒂案中,联邦最高法院需要判断的问题是:对缺乏正常心智以至于无法理解其所受刑罚的犯人来说,美国联邦宪法第八修正案(禁止过高的罚款与过高的保释金及禁止施予残酷且不寻常的惩罚)是否禁止对其施以死刑?联邦最高法院在该案中的观点是:如果罪犯的心智水平已经下降,以至于无法理解其罪行与刑罚之间的关系时,那么极刑的惩罚目的已经无法实现。在福特案中,联邦最高法院也持有相同意见——当罪犯已经无法理解为何他要被处以极刑时,对其处以死刑就丧失了死刑的惩罚价值。这两个案件的核心都是审查罪犯的身体状况是否能够理解罪行与刑罚的概念和关系,而不是审查罪犯是否忘记了他的犯罪行为。因此联邦最高法院认为,州初审法院对这两个先例的适用是正确的。

其次,州初审法院所适用的证据也没有问题。两位检查过麦迪逊心智状况的心理学家给出的证词都说明麦迪逊仍知晓自己将要因其自身所犯的谋杀罪而接受死刑。大法官们得出的结论是:尽管麦迪逊已经丧失了有关他犯罪的记忆,但他仍知道自己将要因自身所犯的谋杀罪而接受死刑,因此州初审法院的裁定并无不当(not so lacking in justification),麦迪逊的减刑申请必须被驳回。

最后,联邦最高法院撤销了上诉法院的裁定,支持上诉人的请求,麦迪逊须接受死刑。

4. 最终还是逃脱了死刑的制裁

在美国,被判死刑的犯人有多重上诉程序,而死刑上诉和核准往往旷日持久。布雷耶大法官对此发表了协同意见,以表达他对死刑等待期过长的忧虑。布雷耶大法官曾不止一次提到死刑犯的死刑执行日期经常被延长,而这段被延长的时间可能是他人生中最难熬的时刻。本案的麦迪逊就是一个典型——在长达 30 年的等候时间里,他遭受了中风、眼盲、无法行走、大小便失禁、失忆等各种病痛的折磨,结果还是没能等到行刑。而且麦迪逊并不是特例,他只是众多执行期不断被推迟的犯人之一。

布雷耶大法官指出,从数据上看,死刑的等待期仍处于不断增长的趋势。根据法院的统计,1987 年,死刑的平均等待期还只是 7 年而已,而到了 1997 年,死刑的平均等待期增长到 11 年。到 2017 年,一共有 21 位犯人被执行死刑,他们的平均等待期已经超过了 19 年。而在 2017 年亚拉巴马州执行的 3 次死刑中,3 名死刑犯的等待期分别是 34 年、21 年和 20 年。从这种趋势看,死刑犯的年纪会越来越大,特殊身体状况发生的情况也会越来越多。因此布雷耶大法官建议,与其考虑个案犯人的身体状况与执行死刑的合宪性,不如直接去考虑此问题的核心——死刑本身是否符合宪法。

麦迪逊败诉后,其死刑定于 2018 年 1 月执行。但他仍执着于他的求生之路,之后又以出现新证据为由向州地区法院提出再审。州地区法院驳回他的请求后,麦迪逊继续请求联邦最高法院重审。经过慎重考虑,联邦最高法院裁定麦迪逊的死刑暂缓执行,以便案件正常审理。2020 年 2 月,麦迪逊在监狱中自然去世,这位年老的死刑犯最终还是未能接受处决。

库恩斯诉美国

Koons v. United States

——依据 A 法做出的量刑不能依据 B 法减刑

原 案 名:Koons et al. v. United States

判决日期:2018 年 6 月 4 日

案　　号:17 – 5716

主　　笔:阿利托大法官(全体大法官一致同意)

判决主旨:当法院的量刑并非根据联邦的指导性量刑指南,而是根据犯罪行为的强制最低刑期作出时,犯罪嫌疑人无权因《量刑指南》中指导性量刑范围的变动要求减刑。

判决译述

1. 毒品罪犯依照法定强制最低刑被判刑

这是一起毒品犯罪的罪犯请求减刑的案例。本案中以库恩斯为代表的 5 名被告人为毒品犯罪的共犯,其刑罚本应遵从《美国联邦法典》第 21 编第 841(b)(1)节要求的强制最低刑期(mandatory minimum sentences)予以量刑。但考虑到他们在政府调查和起诉其他毒品犯罪嫌疑人的过程中提供了实质性帮助,依照《美国联邦法典》第 18 编第 3553(e)节的规定,联邦地区法院对他们作出了低于强制最低刑期的量刑判决。

值得一提的是,有关触犯联邦法律的刑事犯罪,联邦地区法院在量刑时不仅会考察上述成文法,还会按照一贯的做法考虑美国量刑委员会(Sentencing

Commission)制定的联邦《量刑指南》(The Sentencing Guidelines)中该罪的量刑范围(guidelines range)。但这个《量刑指南》并非硬性标准,法院不一定要遵循。在本案中,联邦地区法院在考察成文法和《量刑指南》后发现,《量刑指南》所确定的量刑范围中的最高刑期低于法定强制最低刑期,因此联邦地区法院以法定强制最低刑期为准。

2. 毒品罪犯要求依照《量刑指南》减刑

让人意想不到的是,联邦地区法院作出判决后,量刑委员会修改了《量刑指南》,降低了包括本案所涉及的毒品犯罪在内的部分特定犯罪之基本罪行等级。这一变动被渴望减刑的被告人当作救命稻草。因为他们发现,根据《美国联邦法典》第18编第3582(c)(2)节(以下简称减刑条款)对于减刑的规定,"如果被告在被判处刑期后,量刑委员会降低了对被告判处刑期时所适用的量刑标准,被告有权提出降低量刑的请求"。依据该规定,本案的5名被告人提出上诉,请求上诉法院依据新的《量刑指南》,缩短他们的刑期。

然而上诉法院拒绝了他们的请求,理由是他们没有充分的理由证明联邦地区法院适用的量刑标准是量刑委员会所制定的指导性量刑标准范围,因此无法基于该标准范围的变动而要求减刑。

5位被告人不服,上诉至联邦最高法院。

3. 没有依照《量刑指南》判刑,也不能依照《量刑指南》减刑

联邦最高法院认为,只有基于《量刑指南》的量刑才能根据减刑条款减刑。要确定被告人的量刑是否基于《量刑指南》,就要考察法官在判处刑期时是否适用了该准则。被告人的刑罚并不符合这一情况,因为联邦地区法院在判处最终刑期时并没有考虑适用《量刑指南》所确定的量刑范围。相反,法院为了适用强制性最低刑期量刑,有意不考虑《量刑指南》的量刑范围,且再也没有适用该量刑范围。因此,被告人不能根据减刑法条获得减刑。

被告人提出四个论点试图说服最高法院接受他们的观点,但均以失败告终。

第一,被告人称,联邦最高法院在2013年佩尔案[1]中认为,《量刑指南》确定的量刑范围"在联邦体系中是量刑的基石",因此所有的量刑都应该基于《量刑指南》确定的量刑范围。但联邦最高法院认为,被告人的这个理解是错误的,尽管联邦地区法院按程序需要计算被告根据《量刑指南》确定的量刑范围,但这并不代表法院在决定最终刑期时都必须基于这个量刑范围,更重要的是量刑范围在最终判处刑期时所担任的角色。在本案中,《量刑指南》确定的量刑标准并没有发挥任何作用。

第二,被告人称,即使他们的量刑确实并非基于《量刑指南》确定的量刑范围,但是他们仍然可以根据减刑条款提出减刑请求,因为他们的量刑本应根据《量刑指南》来确定。联邦地区最高法院认为被告人的理解存在偏差,联邦地区法院在量刑时并没有犯任何错误。联邦地区法院在量刑时确实考察了《量刑指南》,但这不代表其必须根据《量刑指南》确定的量刑范围来量刑,因为法院可以在量刑时无视量刑范围。在本案中,联邦地区法院在经过立法和《量刑指南》的对比之后,正确地放弃适用《量刑指南》所确定的量刑标准,并考虑到被告人为政府提供的实质性帮助,对法定最低量刑进行了适当降低。

第三,被告人强调量刑委员会的政策声明表明了量刑委员会认为被告人可以获得减刑。但是联邦最高法院认为,当减刑条款没有赋予被告人提出该请求的权利时,政策声明也不能为被告人提供该等权利。

第四,被告人声称法院的规则创设了不公平的量刑偏差(sentencing disparities),但联邦最高法院认为,该规则实际上是在避免这种偏差。若现在有其他被告人与本案的被告人犯了同样罪行,他们所获得的量刑与被告人获得的量刑是一样的,而且他们也不能基于减刑条款获得减刑。

因此,联邦最高法院维持了上诉法院的判决,被告人最终没有获得他们希望得到的减刑。

---

[1] Peugh v. United States, 569 U.S. 530 (2013).

查韦斯－梅萨诉美国

Chavez-Meza v. United States

——量刑不仅是技术

原 案 名：Chavez-Meza v. United States

判决日期：2018 年 6 月 18 日

案　　号：17－5639

主　　笔：布雷耶大法官（首席大法官罗伯茨和托马斯、金斯伯格、阿利托大法官附议；肯尼迪大法官发表异议意见，索托马约尔和卡根大法官附议；戈萨奇大法官未参与本案的审理）

判决主旨：当量刑范围变化时，法官不必按照变化幅度等比例换算刑期。只要有充分的依据，判决即属合理。

判决译述

1. 联邦量刑指南

美国联邦《量刑指南》是美国联邦法官的重要量刑参考。根据该指南，法官首先要依据罪犯及罪行的特征，确定指南所建议的量刑范围。法官可以在量刑范围内量刑，也可以在量刑范围外量刑或变更适用量刑范围。无论作出哪种选择，法官都需要考虑法定的量刑因素，并且公开解释作出特定量刑的理由。至于解释的详细程度，则有赖于各法官的专业判断。当案件概念简单，或有记录显示法官已充分考虑了证据和抗辩时，解释无须过长。

2. 指南变化后，刑期需要等比例降低吗？

查韦斯－梅萨(Chavez-Meza，以下简称查韦斯)被指控持有及意图销售冰毒，在他认罪后，法官根据《量刑指南》确定了135个月至168个月的量刑范围，并按范围内最低的刑期判处其有期徒刑135个月。

不久后，量刑委员会将相关量刑范围降低至108个月至135个月。查韦斯随即申请将其刑期降至新量刑范围内的最低点108个月。但是法官只将其刑期降至114个月，并没有等比例降低。

查韦斯提起上诉，认为量刑法官未充分解释其拒绝选择108个月刑期的理由。上诉法院维持了原审判决，该案被诉至联邦最高法院。

3. 量刑不仅是技术

查韦斯诉称，当法官在变换量刑范围后选择了不同的量刑点，即"不成比例"减刑时，法官就需要更详细地解释原因。联邦最高法院认为，这一观点难以成立。从技术角度来看，当量刑点位于量刑范围中间某处时，追求精确比例会存在一定困难。更重要的是，量刑点的选择反映的是法官的综合考量，包括法定量刑因素及个案特点等。若量刑范围变化，选择新的量刑点不足为奇。

面对查韦斯的上诉，美国政府辩称他根本无权获得法官的解释，因为有关改判的法规并未明确要求法官就特定判决作出解释。联邦最高法院则认为，政府不必如此大费周章，因为即便法官有义务解释其修改判决的理由，本案中的法官也已做得足够，理由如下：

其一，原判决中，查韦斯曾申请在量刑范围以下减轻处罚，但被法官拒绝，拒绝的理由是冰毒的危害性以及本案所涉冰毒的数量。改判与原判为同一法官，有原判的记录在前，法官在改判时当然考虑过案件的具体案情。

其二，法官是通过"AO－247"表格签发的新判决，该表格提供了不同的选项供法官选择，法官选择的选项表明法官已考虑了查韦斯的请求、法定的量刑因素以及相关的量刑指南要求。

综上所述，法官在作出原判决时认为135个月的有期徒刑是相对适合的较高刑期，在量刑范围降低后，法官选择在新范围的最低点之上量刑，其裁判的思路一脉相承,刑期的"不成比例"变化并不影响判决的合理性。

联邦最高法院进一步说明,并不是所有的"不成比例"减刑都不需要进一步解释。但基于本案案情简单,法官已综合考虑了相关量刑因素,以及法官选择最低点以上刑期的原因直观易懂,可认定量刑判决在法律授权的范围之内,符合法官的专业判断。

最终,联邦最高法院驳回了查韦斯的诉求,维持了上诉法院的判决。

4. 量刑更是艺术

以肯尼迪大法官为代表的少数派则认为,法官必须考虑法定的量刑因素,而本案并不能从书面上看出这一点。多数派和上诉法院总结出的量刑理由都是对量刑的主观猜测,量刑法官为什么就不能多写几句话呢?至于"AO - 247"表格,其内容也过于简略,难以看出法官为何"不成比例"地减刑,法官本可以在表格中多作些说明,或者干脆使用更加详细的表格来进行勾选。

少数派进一步指出,当因量刑范围变化而减刑时,虽然法律并不要求进行完整的抗辩程序,但这并不意味着可以放弃必要的记录与解释工作。这是源于泰勒案[1]的要求——"即使没有任何具体的法律命令,法院也必须清楚地阐明其推理,以便允许有意义的上诉审查"。

《量刑指南》肇始于20世纪80年代的量刑改革运动,旨在限制法官的任意判决,保证量刑的一致性和确定性。但是实践中,《量刑指南》却因其机械性而屡受诟病。到2005年1月,联邦最高法院在布克案[2]中宣布《量刑指南》违宪,《量刑指南》的效力由强制适用转为建议适用。美国联邦的量刑自此变为《量刑指南》定量与法官自由裁量并行的混合模式。

从本案可以看出,联邦最高法院还是沿袭了布克案的裁判理念,在《量刑指南》的限制下,为法官的自由裁量权保留了一定空间,以此来实现罪刑的均衡。量刑不仅仅是计算数字与比例的技术,更是平衡自由与统一的艺术。

---

〔1〕 States v. Taylor, 487 U. S. 326 (1988).

〔2〕 United States v. Booker, 543 U. S. 220 (2005).

罗萨莱斯－米雷莱斯诉美国
Rosales-Mireles v. United States
——小错中的大问题

原 案 名:Rosales-Mireles v. United States

判决日期:2018 年 6 月 18 日

案　　号:16－9493

主　　笔:索托马约尔大法官(首席大法官罗伯茨和肯尼迪、金斯伯格、布雷耶、卡根、戈萨奇大法官附议;托马斯大法官发表异议意见,阿利托大法官附议)

判决主旨:在刑事审判中,如果初审出现了影响当事人实体权利的明显程序错误,即使该错误未达到令人"良心愤慨"的程度,上诉法院也应当认定其对司法的公平、公正和公信力造成了损害,并应撤销初审判决,发回重审。

判决译述

1. 量刑之中有学问

在美国,每年有很多人因触犯联邦法律被判刑,而联邦地区法院则需要逐案判断什么样的刑罚才能实现"罪刑相适应"。因此,为了提升刑罚的确定性和公平性,法院的裁判须受限于国会制定的联邦《量刑指南》[1]。

在运用《量刑指南》时,法院首先需要确定量刑范围,而该项任务落到了美国缓刑监督办公室(the United States Probation Office,以下简称缓刑办公室)的

---

〔1〕 该指南没有法律约束力,但是对法院量刑有重要的参考作用。

肩上。根据被告人的犯罪情节等因素,缓刑办公室会确定其犯罪级别;另外,缓刑办公室还会考察其前科。根据犯罪级别和前科记录,缓刑办公室最终在《量刑指南》中找到合适的量刑区间,并向联邦地区法院提供参考意见。联邦地区法院有责任保证量刑区间的正确性,否则会导致程序性错误(procedure error)。然而百密必有一疏,有时联邦地区法院在选择量刑区间时还是会犯错误。不仅如此,被告人还可能在未意识到量刑区间错误的情况下,就判刑结果提起上诉。

不过,《联邦刑事诉讼规则》(Federal Rule of Criminal Procedure)第 52(b)节对此提供了救济。该节规定,"法院应对上诉案件中影响当事人实体权利的明显错误予以纠正,即使当事人在地区法院并未就此提出异议"(a plain error that affects substantial rights may be considered even though it was not brought to the district court's attention)。另外,奥兰奴案[1]也给法院纠正此类错误设立了三个条件:(1)当事人没有放弃因该错误而涉及的获救济权利;(2)该错误必须足够明显;(3)该错误必须已经影响到当事人的实体权利。上诉法院如果经依次比对后认为这三个条件分别得到满足,那么将进入第四步,即在此类错误严重影响司法程序的公平、公正和公信力的情况下,法院将运用自主裁量权判断如何更正此类错误(the court of appeals should exercise its discretion to correct the forfeited error if the error seriously affects the fairness, integrity or public reputation of judicial proceedings)[2]。

2. 缓刑办公室的疏忽

本案的原告罗萨莱斯 – 米雷莱斯(Florencio Rosales-Mireles,以下简称米雷莱斯)因非法再入境(illegal reentry)被判有罪。然而在确定量刑范围时,缓刑办公室将其于 2009 年所犯的轻度伤害罪(misdemeanor assault)重复计入考量因素,从而导致最终划定的量刑范围过高。在没有发生上述失误的情况下,米雷莱斯面临的监禁为 70 个月至 87 个月,然而缓刑办公室最终给出的量刑范围是 77 个月至 96 个月。

---

[1] United States v. Olano, 507 U. S. 725 (1993).

[2] Molina-Martinez v. United States, 578 U. S. ___ (2016).

在地区法院审理的过程中,米雷莱斯没有就错误的量刑范围提出抗辩,法庭也在错误量刑范围的基础上作出了78个月监禁的判决。直到上诉时,米雷莱斯才提出量刑范围评估过程中出现了重复计算的错误,联邦第五巡回上诉法院根据奥兰奴案对该错误进行了评估。

上诉法院的评估结论是,本案中出现的错误符合奥兰奴案的三个条件,因此构成"明显的错误"。然而上诉法院并没有撤销原判,发回重审,因为被告没能证明上述明显错误对司法程序的公平、公正和公信力造成了损害——米雷莱斯最后获得的刑罚(78个月监禁)尽管是根据错误的量刑范围(77个月至96个月监禁)作出的,但是仍然落在正确的量刑范围内(70个月至87个月监禁)。

另外,上诉法院还指出:能够引起发回重审的错误必须是能导致一般理性人的"良心愤慨"(Shock the Conscience),且对司法制度或法官的能力和正直品格构成质疑。

实际上,当某错误满足奥兰奴案的三个条件后,各巡回上诉法院在进行第四步——判断该错误对司法程序的影响时,存在不同的做法。为解决这种分歧,联邦最高法院决定调卷审理。

3. 小错亦关乎公正

联邦最高法院并不赞成上诉法院在本案中采取的严格标准。

首先,"良心愤慨"标准不能适用于《联邦刑事诉讼规则》第52(b)节。"良心愤慨"标准一般被用于判断政府的行政行为是否违反了美国联邦宪法第五修正案、美国联邦宪法第十四修正案中的正当程序原则,而这一标准并没有体现在《联邦刑事诉讼规则》第52(b)节中。[1] 实际上,联邦最高法院基于上述第52(b)节将判决撤销并发回重审往往只是因为疏忽的、非故意的(inadvertent and unintentional)错误。而上诉法院对于"严重影响司法程序的公平、公正和公信力"的解释过窄,从而提高了适用奥兰奴案更正错误的标准。

其次,具体到本案中,量刑范围的错误属于《联邦刑事诉讼规则》第52(b)节项下需要更正的错误。评估出错误的量刑范围会使得罪犯被关押的期限超

---

〔1〕 County of Sacramento v. Lewis, 523 U. S. 833 (1998).

出合理值,从而既侵犯了罪犯个人的人身自由,也增加了关押罪犯的司法成本。而在本案这种事实清楚的情况下,更正这类错误的成本并不高,因为重判往往1日内即可完成,且只需要被告、律师和法院公职人员在场。[1] 另外,因为缓刑办公室代表地区法院评估量刑范围,所以量刑范围错误也会造成法院公信力的减损。再者,美国量刑委员会(United States Sentencing Commission)会根据各级法院在量刑过程中制作的调查报告来考量是否需要修订《量刑指南》,如果任凭量刑范围的错误存在而不改正,那么也会使量刑委员会履行职能受到影响。

不过,联邦最高法院指出,法院在判断是否更正有关错误时,仍然需要逐案分析,因为某些情况下一些细微的错误的确不会对司法的公平、公正、公信力造成冲击。但可以肯定的是,本案不属于这种情况。

4. 对异议意见的反驳

本案中,持异议意见的大法官虽然承认上诉法院提出的标准的确超出了联邦最高法院以往先例所确立的标准,但是仍然基于各种理由认为米雷莱斯遇到的错误无须被更正。持多数意见的大法官对此则一一做出了回应。

第一,异议意见认为,依据琼斯案[2],法院在行使自由裁量权判断是否应更正《联邦刑事诉讼规则》第52(b)节所指错误时,应当趋于慎重(sparingly)。然而多数大法官认为,之所以琼斯案强调慎重行使自由裁量权,是因为要防止产生额外的陪审团程序。如上所言,在本案中,更正错误并不会导致这样繁重的后果,而只需要耗费很低的司法成本。

第二,异议意见认为,米雷莱斯最后承受的刑罚仍在合理的量刑范围内,因此没有对司法的公平、公正和公信力造成损害。但是持多数意见的大法官认为,一个公正的刑罚离不开正确的量刑程序。即使米雷莱斯的最后刑期没有超过合理范围,也仍然将对司法的公平、公正和公信力构成冲击。

第三,异议意见认为,对上诉法院判决的否定会导致对《联邦刑事诉讼规则》第52(b)节的滥用。然而多数大法官认为,被告律师不会为了利用第52

---

[1] United States v. Williams, 399 F.3d 450 (CA2 2005).

[2] Jones v. United States, 527 U.S. 373 (1999).

(b)节的规定而刻意放弃在初审过程中就明显的错误提出抗辩。另外,整个量刑过程都以《量刑指南》为准,上诉法院也很难跳出《量刑指南》而去采纳一个低于正确值的量刑范围。

故联邦最高法院撤销了上诉法院的判决,将本案发回下级法院,按联邦最高法院的意见重审。

辩诉协议

加州惩教署诉库埃罗
——检方不遵守辩诉协议怎么办?
休斯诉美国
——接受辩诉协议的被告人能否减刑?

加州惩教署诉库埃罗

Kernan v. Cuero

——检方不遵守辩诉协议怎么办?

原 案 名:Scott Kernan, Secretary, California Department of Corrections and Rehabilitation v. Michael Daniel Cuero

判决日期:2017 年 11 月 6 日

案　　号:16 - 1468

主　　笔:隐名(*Per Curiam*)

判决主旨:检方违反了辩诉协议,然而,没有哪个法律要求检方特定履行该辩诉协议。

判决译述

1. 被告人认罪换取较短刑期

2005 年 10 月 27 日,加利福尼亚州(以下简称加州)检察署指控库埃罗(Michael Cuero)犯有 2 项重罪和 1 项轻罪。起诉状中称,2005 年 10 月 14 日,库埃罗开车时把正站在自己停着的皮卡车外的费尔德曼(Jeffrey Feldman)严重撞伤。起诉状还称,库埃罗当时正处于假释期间,属于无证驾驶兼毒驾,且持有一支装有子弹的 9 毫米半自动手枪。

库埃罗决定认罪,于是与加州检察署和初审法院共同签署了《重罪认罪书(无争议)》,其中记录了库埃罗的认罪条件。库埃罗在认罪书中承认犯有两项重罪(在毒品影响下驾驶造成人身伤害和非法拥有枪支罪)。他还承认,他之前曾服刑 4 次,其中包括入室盗窃罪,而根据加州的"3 次重罪前科"法,该罪为可加重刑罚的前科。最后,库埃罗在认罪书中声明,他明白他可能因他的认罪而接受的最高刑罚为:有期徒刑 14 年零 4 个月,罚金 1 万美元,以及 4 年假释。

州初审法院就此进行了听审,随后接受了库埃罗的认罪,并且同意了加州检察署要求撤回其余的轻罪指控的动议。法院于是安排在2006 年1 月 11 日进行量刑听审。

2. 检方变卦!

然而,在听审开始前,加州检察署认定库埃罗此前的 4 次前科中还有一个属于"重罪前科",认罪书中错误地只列了一个"重罪前科",加上第二个"重罪前科",库埃罗面临的最高刑期不是 14 年零 4 个月,而是至少 25 年。

加州检察署请求初审法院允许其对原刑事起诉状作出相应修改,其法律依据是加州《刑法》第 969. 5(a)节,相关内容如下:

> 一旦发现根据第 859a 节作出的认罪书所对应的起诉状中未对被告人在本州或其他地方被定罪的所有重罪前科提出指控时,该起诉状可立即进行修改以对先前的定罪提出指控,而该修改可以并应该根据法院的命令作出。

法院于是批准了这项动议。与此同时,法院允许库埃罗根据这一变化撤回他的认罪书。法院的理由是,加州《刑法》第 969. 5(a)节对这一问题具有"指导"作用,该规定反映出的立法意图是刑事起诉状应提出所有先前的重罪前科。法院补充道,本案不同于州检察署在被告认罪后通过增加"新指控"或增加会从根本上改变起诉状实质内容的事实来试图修改刑事起诉状的情形。本案中,存在争议的只是"所谓的先前定罪",所以法院可以通过允许库埃罗撤回最初的认罪书来消除对他造成的任何损害,从而使双方恢复到认罪书作出前的状态。

此后不久,加州检察署即对起诉状进行了修改。修改后的起诉状指控库埃罗触犯了一项重罪(在毒品影响下驾驶时造成人身伤害),并对他先前所犯的两次重罪前科也提出了指控。随后,库埃罗撤回了他最初的认罪书,并针对修改后的起诉状签署了新的认罪书。2006 年 4 月 20 日,州初审法院判处库埃罗 25

年有期徒刑。

明明签了认罪书，却因检方的原因而不得不接受较长刑期的库埃罗倍感“委屈”，于是上诉至加州最高法院，加州最高法院维持了对他的定罪和量刑，同时拒绝给予库埃罗州人身保护令救济。此后，库埃罗又向加州南部联邦地区法院申请联邦人身保护令救济，但再次被拒绝。

3. 柳暗花明

库埃罗不甘心，继续上诉至联邦第九巡回上诉法院。

上诉法院的法官们认为，州初审法院拒绝执行最初的辩诉协议的行为，违反了由联邦最高法院认定的、明确确立的联邦法，即“在这种情况下，对辩诉协议的特定履行——亦即判处库埃罗不超过 2005 年认罪书中所反映的大约 14 年的刑期，是维护刑事司法系统的诚信和公正所必需的”。

上诉法院的推理如下：第一，法院认定，库埃罗的认罪书等同于可执行的辩诉协议。第二，辩诉协议等同于加州合同法下的合同，并应作为加州合同法下的合同进行解释。第三，依据加州合同法，加州检察署提出的修改起诉状的动议应视为违约。第四，违约的救济措施必须弥补违约所造成的损害。第五，撤销辩诉协议无法弥补该等损害。第六，因此库埃罗有权获得特定履行，即最长刑期为 172 个月（14 年又 4 个月）。第七，州初审法院的相反决定本身违反了由联邦最高法院认定的、明确确立的联邦法，或涉及对由联邦最高法院认定的、明确确立的联邦法的不合理适用。

上诉法院还拒绝了 7 名法官作出的全席法官共同重新审理的请求。

加州检察署不服，向联邦最高法院上诉。

4. 剧情反转

联邦最高法院的大法官们认为，联邦最高法院的判例中找不到任何“明确确立的联邦法”要求将特定履行辩诉协议作为救济措施，联邦最高法院也没有作出任何裁决要求在此情况下特定履行辩诉协议。

联邦最高法院通过其以往的判例，结合本案案情进行分析和推理。首先，在圣托贝洛案[1]中,法院认为,在检察机关违反辩诉协议中的条款后,被告人不再受此辩诉协议约束。然而,首席大法官伯格(Burger)在判决意见中指出,“申请人有权获得的最终救济”必须由州法院酌情决定,因为州法院处于更合适的位置。

上诉法院援引道格拉斯(Douglas)大法官在圣托贝洛案中的一项附带意见:“法院应该考虑给予被告人其所选择的救济措施(这即便不是决定性考量因素,也是重要考量因素),因为检察官通过违反辩诉交易所藐视的基本权利是属于被告人的,而不是属于州政府的。”还有另外3位大法官也同意道格拉斯大法官的这一观点。因为总共只有7位大法官参与了此案,上诉法院由此推断,圣托贝洛案中的多数大法官(4人)看起来赞成给予被告人其所选择的救济措施。上诉法院还提及了一本刑事诉讼法专著、华盛顿州最高法院的一份判决书和一篇法律评论文章,为上诉法院自己的判例提供佐证。

联邦最高法院认为,上诉法院的推理有几个问题。首先,理智的法学家可能会不同意上诉法院对圣托贝洛案的解读。其次,在马布里案[2]中,联邦最高法院阐述道,宪法要求违反辩诉协议的检方承担特定履行义务的观点,在圣托贝洛案中遭到明确的拒绝。联邦最高法院补充说,允许圣托贝洛重新作出认罪书,属于宪法所允许的适当的救济措施之一。最后,联邦最高法院强调,上诉法院的判例并不构成由联邦最高法院认定的、明确确立的联邦法;当然,州法院的判例、法学专著或法律评论文章也不构成由联邦最高法院认定的、明确确立的联邦法。

综上,联邦最高法院认为本案中上诉法院的裁决存在错误,不应认定联邦最高法院业已明确确立了联邦法要求将特定履行作为违反辩诉协议所必需的救济手段。因此,联邦最高法院推翻了上诉法院所作的判决,将案件发回下级法院根据其判决意见继续审理。看来被告恐怕要在监狱里多待几年了。

---

[1] Santobello v. New York, 404 U.S. 86 (2011).

[2] Mabry v. Johnson, 467 U.S. 504 (1984).

休斯诉美国

Hughes v. United States

——接受辩诉协议的被告人能否减刑？

原 案 名：Hughes v. United States

判决日期：2018年6月4日

案　　号：17 – 155

主　　笔：肯尼迪大法官（金斯伯格、布雷耶、索托马约尔、卡根、戈萨奇大法官附议；索托马约尔大法官发表协同意见；首席大法官罗伯茨发表异议意见，托马斯、阿利托大法官附议）

判决主旨：当修改后的《量刑指南》更有利于被告人时，只要法院是基于《量刑指南》进行量刑的，该被告人就有权获得减刑资格。至于被告人是否达成辩诉协议以及辩诉协议如何约定，在所不问。

判决译述

1.《量刑指南》与辩诉协议

1984年《量刑改革法》（Sentencing Reform Act）赋予美国量刑委员会制定《量刑指南》的权力。该指南结合被告人的犯罪严重性以及犯罪历史，确定合适的量刑幅度以供法院参考。初审法院必须在指南规定的幅度内进行量刑，以避免同罪异罚的问题。《量刑改革法》还要求量刑委员会不断完善《量刑指南》，且一旦对某种罪行减刑，量刑委员会就必须明确减刑的情形、幅度以及是否具有溯及力。根据《美国联邦法典》第18编第3582(c)(2)节的规定，如果在被告人基于《量刑指南》的量刑范围被判处一定刑罚之后,量刑委员会降低了该罪行在《量刑指南》中的刑罚,法院在综合考察第 3553(a)节的因素和量刑委员会的政策说明后,可以同意该被告人减刑。也就是说,若《量刑指南》的修正具有溯及力,且量刑幅度降低,那么法院有权根据新的《量刑指南》对被告人减刑。

本案的焦点在于,如果被告人根据《联邦刑事诉讼规则》第 11(c)(1)(C)节已达成辩诉协议,其是否有权依据第 3553(a)节要求减刑。这种辩诉协议也称"C 类协议"(Type-C agreement)。在 C 类协议中,政府与被告人约定的事项包括同意确定刑期或量刑幅度是对案件的适当处置等,法院一旦认可该协议,亦将受到量刑建议的约束。C 类协议达成后,法院将面临三个选择:认可协议、拒绝协议或推迟认可协议并等待预审报告。如果法院拒绝认可协议,被告人可以撤回有罪答辩。

在决定是否认可辩诉协议时,法院必须遵守《量刑指南》的规定。如果满足下列条件之一,法院可以认可该辩诉协议:(1)协议的量刑在可适用的《量刑指南》范围之内;(2)协议的量刑虽然背离了《量刑指南》的范围,但是具有明确正当的理由。

2. 辩诉协议达成后,《量刑指南》被修改

本案原告休斯(Eric Hughes)于 2013 年因与他人分销冰毒而被指控毒品和枪支犯罪。4 个月后,美国政府与休斯达成 C 类协议。协议约定,休斯承认 4 项指控中的 2 项(共犯分销冰毒和持有枪支重罪),政府则承诺取消另外 2 项指控并承诺不对被告人先前的毒品重罪提起额外的指控,而该额外指控将可能令被告人终身监禁。协议还约定,休斯将接受 180 个月的刑期,该刑期低于《量刑指南》中规定的范围。

同年 12 月,休斯作出了有罪答辩,联邦地区法院(以下简称法院或初审法院)也接受了该答辩,但是法院决定推迟认可辩诉协议。3 个月后,在量刑听证中,初审法院根据《量刑指南》计算出休斯的刑期应当在 188 个月至 235 个月之间,但法院认为协议约定的 180 个月刑期与《量刑指南》相适应且合理。最终,初审法院认可了该辩诉协议并判处休斯 180 个月有期徒刑。

凑巧的是,1 个多月后,量刑委员会对《量刑指南》做出了修订,下调了大多

数毒品犯罪的量刑幅度,且规定该修订具有溯及力。根据修订后的《量刑指南》,休斯的刑期应在151个月至188个月之间,这比他之前的量刑范围少了3~4年。于是,休斯请求根据《美国联邦法典》第18编第3582(c)(2)节进行减刑。初审法院和联邦第十一巡回上诉法院均认为,根据联邦最高法院于2011年审理的弗里曼案[1]中的协同意见,因为辩诉协议中确定的刑期并非明确依据《量刑指南》计算得出的,故休斯无减刑资格。

弗里曼案中,弗里曼被指控多项罪名,其中包括以传播为目的持有毒品罪。后来弗里曼与政府达成C类协议,协议约定弗里曼将承认全部罪名,政府则同意适用106个月的刑期。协议中还明确,106个月的刑期是《量刑指南》中的量刑范围(46个月至57个月)的最低刑加上为贩毒而持有枪支的最低刑(60个月)。法院认可辩诉协议的3年后,量刑委员会修改了《量刑指南》,且具有溯及力。该修正使得弗里曼的量刑范围变为37个月至46个月加上强制最低刑60个月,于是弗里曼请求根据《美国联邦法典》第18编第3582(c)(2)节减刑。起初初审法院和上诉法院均不同意减刑,认为弗里曼的刑期是根据C类协议而非基于《量刑指南》确定的,因此不具备《美国联邦法典》第18编第3582(c)(2)条的减刑资格。[2]

尽管联邦最高法院最终同意了弗里曼的减刑,但是9位大法官并未形成绝对多数意见,而是作出了"4名同意、1名发表协同意见、4名反对"的判决,因此,各地上诉法院在援引弗里曼案时并不清楚其背后的原理,进而引发了本案的问题。

3. 联邦最高法院:可以适用减刑规定

《量刑指南》的主要目标之一就是,"判处实施同类犯罪的同类罪犯以相同的刑罚,从而达到审判的统一"。但是由于弗里曼案的判决理由没有形成多数意见,被告人能否根据《美国联邦法典》第18编第3582(c)(2)节获得减刑资格在很大程度上取决于辩诉协议中是否明确约定了"刑期是参考《量刑指南》得出

---

〔1〕 Freeman v. United States, 564 U. S. 522 (2011).

〔2〕 关于弗里曼案情的内容系译述者整理,非本案判决的内容。——译者注

的"这一条款。对此,联邦最高法院针对本案作出如下推理:

首先,《美国联邦法典》第 18 编第 3582(c)(2)节规定,初审法院基于《量刑指南》的量刑范围判处被告人一定刑罚之后,如果量刑委员会降低了《量刑指南》中该罪行的量刑范围,法院可以对该被告人减刑。"基于《量刑指南》",是指指南中的量刑范围是法院行使裁量权判处刑罚的基础。法院通常都是基于指南的量刑范围对被告人判处刑罚,《量刑改革法》也要求法院在每个案件中都应当计算并考虑《量刑指南》中的量刑范围。在联邦司法体系下,《量刑指南》是确定刑期的基础,即便法官认为有正当理由偏离指南确定的量刑范围,如果法官以指南中的范围为基准,并解释偏离指南的理由,在这个过程中,《量刑指南》实际上仍是量刑的基础。通常来说,如果《量刑指南》将刑期范围降低,《美国联邦法典》第 18 编第 3582(c)(2)节允许法院根据这个新的起点来考量已判刑期是否能够被降低。

其次,通过 C 类协议达成的量刑并非上述情形的例外。尽管 C 类协议中政府与被告人可能约定了某一具体的刑期,但该约定是否生效仍然取决于法院是否认可该辩诉协议。《量刑指南》禁止法院不参考《量刑指南》对被告人的量刑幅度就认可辩诉协议中的量刑建议,因此,通常来说,法院决定是否认可辩诉协议仍然要以《量刑指南》为基础。但是,《量刑指南》在效力上对于法院而言仅仅是参考意见,因此并不是每个案件中法院都要遵循指南确定的量刑范围进行量刑。如果法院没有遵循指南确定的量刑范围量刑,被告人的量刑就并非依据指南的量刑范围,即使被告人的辩诉协议根据 C 类协议确定,或者 C 类协议根据《量刑指南》确定刑期,因为法院未按照《量刑指南》考虑刑期,被告人也就不能适用《美国联邦法典》第 18 编第 3582(c)(2)节的减刑规定,如联邦最高法院于 2018 年判决的库恩斯案[1]即是如此。但是,这仅仅是少数的个例。在联邦司法体系中,地区法院均"基于《量刑指南》"进行量刑。

最后,联邦最高法院重申,上述解释更加符合《量刑改革法》的目的。该法旨在建立一个综合的量刑体系使得实施同类犯罪的同类罪犯受到相同的刑罚,从而达到审判的统一和公正。因此,仅因辩诉协议的形式而决定被告人是否有

---

〔1〕 Koons v. United States, 584 U. S. ___ (2018).

减刑资格与立法宗旨相违背。

4. 政府的抗辩

政府反复引用之前在弗里曼案中已被最高法院驳回的抗辩。例如,政府认为,允许达成 C 类协议的被告人适用《美国联邦法典》第 18 编第 3582(c)(2)节的减刑规定会对整个辩诉谈判不利。联邦最高法院的大法官们指出,这与被告人是否是基于第 3582(c)(2)节规定的《量刑指南》而被判处刑罚毫无关系。即便被告人具备了第 3582(c)(2)节的减刑资格,法院也可以考虑是否减刑或减刑幅度,因为第 3582(c)(2)节"允许"法院对被告人减刑,而非"要求"。

政府还主张,若同意休斯减刑,将违反《量刑指南》第 1B1. 10 条的政策说明。该条规定,当法院依据《美国联邦法典》第 18 编第 3582(c)(2)节量刑时,只能将第 3582(c)(2)节(d)项中列举有溯及力的修订条文来代替被告人被判处刑罚时所适用的相应的指南条文,其余适用指南而做出的决定均不受影响。也就是说,政府认为,在与被告人达成辩诉协议时,协议中并没有适用任何指南条文,而在量刑时(此时法院已经认可了辩诉协议),法律禁止法院判处除了辩诉协议以外的其他刑罚,因此法院并非基于《量刑指南》进行量刑。

针对上述主张,联邦最高法院提出两点反驳意见。第一,政府人为地将认可辩诉协议与认可量刑建议区分开来。正如上文所说,法院通常在量刑听证中审查被告人在指南中的量刑范围并考虑是否减刑,从而决定是否认可辩诉协议,且一旦法院认可辩诉协议,协议中的量刑建议即法院的最终量刑。因此,区分认可辩诉协议与认可量刑建议并没有实际意义。第二,法院在决定是否依据《美国联邦法典》第 18 编第 3582(c)(2)节减刑时,可以考虑《量刑指南》的量刑范围在多大程度上影响了先前认可辩诉协议的决定。即使《量刑指南》的量刑范围缩短,法院仍然认为应当判处被告人以相同的刑罚,法院有权拒绝减刑。

联邦最高法院最终认为,在本案中,《量刑指南》是法院决定是否认可辩诉协议的基础,也是量刑的基础,因此休斯具有《美国联邦法典》第 18 编第 3582(c)(2)节的减刑资格,遂将本案发回重审。

警察的有限豁免权

华盛顿哥伦比亚特区诉瓦斯比

——警察实施逮捕行为的豁免权标准

基塞拉诉休斯

——警察开枪可以享受豁免吗?

华盛顿哥伦比亚特区诉瓦斯比
District of Columbia v. Wesby
——警察实施逮捕行为的豁免权标准

原 案 名:District of Columbia et al. v. Wesby et al.

判决日期:2018 年 1 月 22 日

案 号:15 – 1485

主 笔:托马斯大法官(首席大法官罗伯茨和肯尼迪、布雷耶、阿利托、卡根、戈萨奇大法官附议;索托马约尔大法官与金斯伯格大法官分别发表协同意见)

判决主旨:根据美国联邦宪法第四修正案,警察只有具备正当理由才能实施逮捕。要审查警察是否有"正当理由",应当站在一个客观、理智的警察的角度,检视逮捕的起因以及据以逮捕的事实等所有情形,而不是单独分析每一个事实。另外,在判断警察的逮捕行为是否享有豁免权时,除非警察的行为明确违反了逮捕行为发生当时已存在的法律,否则警察享有豁免权。

判决译述

1. 半夜派对噪声扰民

2008 年 3 月 16 日凌晨 1 点,华盛顿哥伦比亚特区的大都会警察局接到投诉电话,抱怨在特区东北角的一幢房子里有一群人不仅大半夜里噪音扰民,而且在从事违法活动。警察赶到现场时,发现屋内音乐响彻屋外。报警人是该社区的前社区委员会委员,其称这幢房子早已空置了好几个月。房子周围的几个邻居也证实了房屋空置已久的事实。

警察敲响房屋前门时看见一个男人探头张望,其发现有警察后旋即往楼上跑。当警察让屋内人打开房门并走进房屋的一刹那,他们就发现屋内杂乱无章,看起来像空置了很久,空气里弥漫着大麻的气息,地板肮脏不堪,除了几把椅子外没有其他家具。客厅变成脱衣舞会现场,楼上主卧里一个裸女躺在一张光秃秃的床垫上,周围散落着一堆包装已被打开的安全套,有一只已经被使用过。整栋房子里一共有 21 个人,有不少人说他们是来参加单身派对的,但却没有一个人能够指认出他们之中谁是那个快要成婚的单身汉。每个人都声称自己受他人邀请进入这栋房子,却又都说不出是受谁的邀请。

有两名为这个派对提供服务的女性声称,有一个叫"桃桃"的女人承租了这栋房子并且允许她们进来。其中一个女人解释道,她不知道桃桃的真名,只知道前屋主最近刚刚过世,他的孙子继承了这栋房屋,桃桃是从继承人那里承租了房子。但是,这栋房子里没有任何一只纸箱或是搬家用的物品。警察让女人用自己的手机联系桃桃。电话里,桃桃解释称自己刚刚离开派对去了商店。当警察要求桃桃返回房屋时,桃桃因为害怕被捕而拒绝了。

监督此次调查的警长也与桃桃通了电话,起初桃桃声称自己是从屋主那里租的房子,而且是她自己允许这群人来开派对的。但当警长再次提问是谁允许她进入并使用房屋时,桃桃变得言辞闪烁并突然挂断了电话。当警长再度拨通电话后,桃桃开始嚷嚷,坚持自己有权进入这栋房屋,随即挂断电话。当警察第三次连线桃桃后,桃桃终于承认她并没有被允许进入房屋。

之后,警察联系了屋主。屋主表示曾试图与桃桃协商有关出租的事宜,但最终双方没有达成一致。屋主很肯定自己并没有允许桃桃或是任何其他人进入房子,更不用说开什么单身派对了。据此,警察以非法进入他人房屋为由逮捕了屋内的 21 人,并带回警局。警察局长决定起诉他们非法入侵的行为,但最终案件被撤诉,这 21 个人也因此被释放。

2. 被捕人员反诉警察

被释放的 21 名派对参加者(partygoer,以下简称派对人)中,有 16 个人对自己的被捕表示异议,因此将负责逮捕他们的 5 名警察和华盛顿哥伦比亚特区政府告到了联邦地区法院。他们诉称这些警察逮捕错误,违反了美国联邦宪法第四修正案以及地方法律，而华盛顿哥伦比亚特区政府则违反了地方法律，进行了错误的逮捕且存在监督不力的行为。派对人的所有诉请都基于警察的逮捕没有正当理由（probable cause）。

联邦地区法院支持了派对人的诉请，认为警察已经被告知派对人是受到桃桃的邀请进入房屋的，警察在现场调查所获取的信息不能推出派对人“知道或应当知道他们进入房屋的行为是违背屋主的意愿的”，因此其实施的逮捕没有正当理由。联邦地区法院同时判定，警察在此案中无权获得豁免。由于判定警察存在错误逮捕的责任，陪审团认定派对人可以获得总计 68 万美元的赔偿，加上地区法院支持的律师费，相关警察和华盛顿哥伦比亚特区政府要支付近 100 万美元！

对于该判决结果，警察和华盛顿哥伦比亚特区政府上诉到华盛顿哥伦比亚特区巡回上诉法院。对于警察的逮捕是否有正当理由，上诉法院的多数意见与联邦地区法院意见一致，认为派对人收到了桃桃的邀请，因此警察以非法进入他人房屋实施逮捕缺乏正当理由。而对于警察是否可以享有豁免权，多数意见也持否定态度。

上诉法院中持反对意见的 4 名法官认为，多数意见在该案判决中有关警察是否享有豁免问题的处理存在错误，违背了联邦最高法院的裁判观点，即除非警察“明显无能”或者“故意违反明确的法律”，否则不应承担赔偿责任。这 4 名法官曾试图要求重启审查反对意见的程序，但被上诉法院否决。

于是，警察和华盛顿哥伦比亚特区政府上诉到联邦最高法院。

3. 逮捕具备正当理由

联邦最高法院认为，美国联邦宪法第四修正案禁止无理由搜查或扣押美国公民的人身、房屋、文件、财物，但如果有“正当理由”确信嫌疑人正在犯罪，警察可以当场逮捕嫌疑人。要审查警察是否有“正当理由”，应当站在一个客观、理智的警察的角度，检视逮捕的起因以及据以逮捕的事实是否能构成正当理由。而“正当理由”是一个动态的概念，只要“极有可能正在发生犯罪行为”，就能构成“正当理由”。

本案中，房屋的整体状况以及派对人的行为都足以让警察认为，派对人明知未经允许而擅闯他人房屋。首先,包括一名前社区委员会委员在内的周围邻居告知警察此屋空置已久。房屋内几乎空空如也,就算通了水电也极有可能是屋主为了方便出租而支付了水电费,即便当时有人表示桃桃最近正在搬入该房屋,但屋内却没有任何搬家的迹象。所有这一切都暗示了无人居住于此。

其次,通常情况下,大部分屋主绝对不会让自己的客厅变成脱衣舞会现场,也不会允许别人在自己的主卧里做爱、吸食大麻。而且派对人在警察到达现场后"作鸟兽散",有两人躲到了小房间里,一人躲进了卫生间。这种在警察一出现就东躲西藏的行为强烈暗示着他们行为不轨。

最后,警察在询问派对人是谁允许他们进入房屋时,只有两人明确表示是受到桃桃的邀请,其余人的回答都含糊不清且可信度低。而且如果桃桃真是屋主,为什么所有人却反常地都不知道其真实姓名。这群人自称在开单身派对,却无法指认谁是即将成婚的单身汉,据此,警察们完全有理由不相信他们的陈述。再加上这些人支支吾吾,说不清所以然,警察完全有理由推断这群派对人心中有鬼。而桃桃自己在电话中从一开始表示自己有权使用该房屋到最终承认撒了谎,种种行径都足以使其陈述的可信度大打折扣。综合当时房屋的状况和派对人的各种言行,警察认为这群人的话不可信,认定他们未获准许擅闯他人房屋有正当理由。

上诉法院的多数人意见,在有关"正当理由"这个问题上犯了两个错误。其一,上诉法院没有对案发当时的所有情形进行整体评价,而是孤立地审查各项事实。例如,对派对人在警察到场时四处逃窜、东躲西藏的事实不予采纳,理由是该事实不能单独构成警察进行逮捕的"正当理由"。

其二,上诉法院错误地排除了某些依据被捕者的辩解可能存疑的证据。例如,有一例事实为:房屋内有人在跳大腿舞。由于派对人自称在开单身派对,因此有人在跳大腿舞的事可能与他们在开单身派对的事一致,上诉法院就依此直接排除了对于这一事实的采纳。上诉法院将大量这类可能与派对人陈述相一致的事实都排除在认定范围之外的做法,联邦最高法院并不认可。因为本案的争议焦点不是特定行为是否违法,而是对于这些本身不构成犯罪的行为,在多大程度上会被怀疑为犯罪行为。

如前所述,本案中的整体事实反映出的现场状况,足以让警察有正当的理由实施逮捕。因此,上诉法院判定警察实施的逮捕缺乏正当理由的判决被撤销。

4. 警察享有豁免权

虽然认定警察实施逮捕有正当理由就可以解决本案,但是联邦最高法院认为上诉法院就警察豁免问题的裁判存在错误,为了避免上诉法院的观点影响对今后警察豁免问题的认定,联邦最高法院就本案中警察是否符合豁免条件进行了说理。

虽然根据过往的判例,警察一般都享有豁免权,但存在两种例外情形:第一,警察违反了联邦法律或宪法的规定;第二,警察的行为根据当时存在的法律的明确规定,属于违法。此处的"明确规定",必须是已存在的明确的权威的立法或是一系列判例所确定的确切的规则。

"明确规定"不是简单地指警察的行为违反了过往的判例,而是指在其他任何一个理性的警察看来,无论是根据当时的法律还是判例,被指控的警察所实施的行为都是违法的。同时,法院在审查时,不能将"明确规定"的标准定得过于笼统,因为在处理"警察的行为是否合理"这一关键问题时,法院要看在"具体情况下"警察的行为是否合理。

法院在判定警察并不具备美国联邦宪法第四修正案规定的"正当理由"且违反该修正案的规定时,应当找到明确身处类似情形中的警察被认定为违法的判例。但无论是上诉法院还是派对人,在案件审理过程中都没有找到这样的判例。

上诉法院并没有遵循以上规则,而是根据地方法律的规定作出了判断。上诉法院认为,嫌疑人如果本着善意确信自己有权进入他人房屋,那么警察就没有正当理由以非法进入他人房屋的罪名逮捕嫌疑人。而在本案中,上诉法院认为,关于嫌疑人是受到邀请才进入房屋的这一事实,有明确的证据可以证明,因此警察以非法入侵为由实施的逮捕就不存在正当理由。

然而联邦最高法院认为,所谓的"受邀才进入房屋"仅仅是嫌疑人的一面之词,现场的客观情况和他们的说辞并不相符。因此,上诉法院的观点等于认定警察不能怀疑派对人所作陈述的真实性。而上诉法院所引用的地方法律并非

"明确规定的法律"(settled law),仅仅是上诉法院在 1971 年判决的史密斯案[1],在该案中法院没有支持嫌疑人的主张,主要原因是嫌疑人没有证明其所谓的"善意确信"的合理缘由是什么,但这与本案中的问题不同。本案涉及的问题是:警察是否可以依据所有证据,而非仅仅是嫌疑人的口供,推定嫌疑人在明知的情况下仍然非法入侵他人房屋。

相反,上诉法院在 1997 年审理的迪尔曼案[2]中,强调了警察可以根据嫌疑人的行为进行合理推断。在该案中,即使因为缺少嫌疑人的故意,警察没有实施逮捕的"正当理由",但由于嫌疑人的行为显然违法,上诉法院仍然认定警察并没有违反任何"明确规定的法律"。此外,上诉法院以及联邦巡回上诉法院都有判例确认警察没有义务听信嫌疑人自我辩白的解释。

到目前为止,还没有判例判决嫌疑人的良善意图会使得警察的逮捕缺乏正当理由,判决警察不能根据嫌疑人的行为推断嫌疑人存在犯罪的故意,或是判决警察必须接受嫌疑人的辩白。与此相反的判决反而有几个。因此,本案中的警察不存在违法行为,符合豁免的条件。

最终,联邦最高法院撤销了上诉法院的判决,并发回重审。

---

〔1〕 Smith v. United States, 281 A. 2D 438 (D. C. 1971).

〔2〕 Tillman v. Washington Metropolitan Area Transit Authority, 695 A. 2D 94 (D. C. 1997).

基塞拉诉休斯

Kisela v. Hughes

——警察开枪可以享受豁免吗?

原 案 名:Andrew Kisela v. Amy Hughes

判决日期:2018 年 4 月 2 日

案　　号:17－467

主　　笔:隐名(*Per Curiam*;索托马约尔大法官发表异议意见,金斯伯格大法官附议)

判决主旨:当公务人员的行为没有侵犯一个理性人应当知道的、法律或宪法明确规定的权利时,其行为可享有豁免。一般而言,公务人员都受到有限豁免的保护,除非其明显不能胜任或故意违法。

判决译述

1. 警察因误会开枪成为被告

2010 年 5 月的一天,有路人看见休斯(Amy Hughes)拿着菜刀砍树,行为古怪,于是拨打 911 报警。两名警察——基塞拉(Andrew Kisela)和加西亚(Alex Garcia)接到报警电话后赶去现场。几分钟后,报警的路人拦下了这两名警察,并向他们描述了那个手拿菜刀、举止怪异的女人。与此同时,第三名警察昆茨(Lindsay Kunz)也赶到现场。

加西亚隔着栅栏发现一名女子[其后确认是查德威克(Sharon Chadwick)]站在路边停着的小车旁。接着 3 名警察看见休斯拿着菜刀朝着查德威克走去,并停在离她不到 6 英尺的地方。警察发现休斯的形象与报警之人的描述相吻合,马上端起枪,并至少两次要求休斯放下菜刀。休斯表现得很平静,但她没有就警察的存在做出反应,也没有放下菜刀。当时,警察都认为休斯对查德威克存在威胁。于是,其中一名警察基塞拉趴在地上,透过栅栏向休斯射了 4 枪。其后,警察越过栅栏,铐住了休斯,并致电医护人员把她送往医院治疗。

事后,警察才发现原来休斯是查德威克的室友,其有精神病史,正因为查德威克欠她 20 美元而闹情绪。查德威克在一份口供中陈述,在枪击前几分钟,她的男友告诉她休斯威胁要杀她的狗,查德威克赶回家后发现休斯正在家中一手拿着菜刀,一手提着小狗。查德威克见状,跑去车里取了 20 美元准备还给她。这就是警察在现场看到的查德威克站在车旁的一幕。不过,此前警察并不了解这些。在口供中,作为休斯的室友,查德威克觉得休斯虽然有时表现失常,但其认为休斯只是想吸引别人的注意而已。

休斯认为警察基塞拉过度使用武力,违反了美国联邦宪法第四修正案,将其告上法庭。联邦地区法院作出即决判决(summary judgment),支持了警察基塞拉。休斯上诉到联邦第九巡回上诉法院,上诉法院推翻了初审判决,认为记录在案的事实以及具有类似事实的先例均可充分证明基塞拉违反了美国联邦宪法第四修正案。

其后,基塞拉申请上诉法院全体法官重审此案,遭到拒绝。基塞拉只好向联邦最高法院上诉。

2. 警察过度使用武力与有限豁免

在加纳案[1]中,法院曾提到警察使用致命性武力的合宪性(constitutionality)问题,"只要警察有合理理由相信嫌疑人会对警察或者其他人构成严重身体伤害的威胁,警察为防止嫌疑人脱逃而使用致命性武力就是合宪合理的(not constitutionally unreasonable)"。

警察是否过度使用武力应根据个案的事实和情形来确定,应考虑犯罪的严重性、嫌疑人是否对警察或他人的安全造成紧迫威胁以及嫌疑人是否抗拒抓捕或企图逃跑来逃避抓捕。警察使用武力的合理性(reasonableness)要从一名在

---

〔1〕 Tennessee v. Garner, 471 U. S. 1 (1985).

现场的、理性的警察的视角去判断,而不是从事后诸葛亮的角度去考虑。在考量合理性时,法院也应考虑到警察往往需要在紧张、不确定以及迅速变化的情形下对所需武力快速作出判断。

在本案中,大法官们认为法院并不需要对基塞拉是否违反美国联邦宪法第四修正案作出裁判(根本不是明显违反)。即使假设基塞拉违反了美国联邦宪法第四修正案,他也享有有限豁免权(qualified immunity)——当公务人员的行为没有侵犯一个理性人应当知道的、法律或宪法明确保护的权利时,其行为可获得豁免。一般而言,公务人员都受到有限豁免的保护,除非其明显不能胜任或故意违法。那么根据行为发生时的法律,警察是否应当知道自己的行为是过度使用武力、是违法的呢?

联邦最高法院强调,警察是否过度使用武力关键要看个案事实。如果与个案事实类似的先例已明确了以特定方式使用武力是违法的,那么警察所为就是违法的,否则警察享有有限豁免权。总之,法院不会轻易认定警察侵犯了法律明确规定的权利,除非权利的内涵、外延足够明确,以至于任何一名理性的警察若作为本案被告都会知道自己侵犯了他人的权利。

3. 任何一名合格的警察在本案中都会知道开枪违法吗?

基塞拉之所以朝休斯开枪,是因为他认为休斯对查德威克产生了威胁,而且他只有几秒钟的时间评估查德威克面临的潜在危险。他所面对的休斯刚被路人看见拿着一把大菜刀砍树,她的行为失常到一个路人拨打电话报警,并招手拦下警察。在现场,基塞拉与查德威克和休斯之间隔了一道围栏,而休斯朝着查德威克走去,并距离她只有几步之遥。而且,休斯在警察至少两次命令她放下菜刀时仍无动于衷。是否任何一名合格的警察在本案的情况下,都会知道出于保护查德威克的目的而朝休斯开枪是违反美国联邦宪法第四修正案的呢?联邦最高法院认为,答案远远没有那么“显而易见”(obvious)。

与本案最类似的先例——布兰福德案[1]其实是有利于基塞拉的。在布兰福德案中,路人报警称有一名男子拿着一把长剑在居民区穿行,举止怪异。该

---

〔1〕 Blanford v. Sacramento County, 406 F. 3d 1110 (2005).

男子不听命令(和本案一样,该男子也可能没听到命令),拒绝放下长剑,警察也认为(也可能是误认为)他会对他人构成紧迫威胁而朝他开了枪。法院判决警察并未违反美国联邦宪法第四修正案。一名理性的警察根据此先例,也会认为他在类似的情形下开枪是对的。

上诉法院所援引的三个先例都不能支持上诉法院的裁决。在德罗尔案[1]中,嫌疑人手无寸铁且遵从了警察的所有命令,但警察还是朝他开了枪。在哈里斯案[2]中,位于山顶的美国联邦调查局(Federal Bureau of Investigation, FBI)狙击手在一名男子向小屋撤退时朝其背后射了一枪。相比之下,德罗尔案和哈里斯案与本案事实都相差较大,不得适用于本案。格伦案[3]是上诉法院陪审团认为与本案最相似的先例,但格伦案的判决是在本案发生之后作出的,因此此案未能给予基塞拉合理的通知(fair notice),案发当时基塞拉无法根据此判决了解到自己的行为是违法的。

4. 异议意见:被忽略的细节

索托马约尔大法官对本案发表了异议意见,金斯伯格大法官附议。索托马约尔大法官认为,联邦最高法院忽略了一些重要事实并错误地适用了法律。本案中,休斯拿刀时刀锋一侧是朝向自己的,并未对着查德威克,而且她和查德威克对话时表现得镇定自若,并没有提起过菜刀或者用言语威胁。查德威克其后也确认,虽然休斯手中拿着刀,但她从未感到过害怕或威胁。警察在现场连续两次快速命令休斯放下菜刀,休斯有可能没有听见或没有理解警察的命令,甚至可能没意识到警察的存在。由此可见,休斯并未从事违法行为,也没有给查德威克和其他人带来紧迫的、客观存在的危险,更没有抗拒或逃避抓捕。基塞拉仅因为看见休斯手持菜刀,而在未予警告的情况下朝其连开 4 枪,明显属于过度使用武力。

然而,异议意见并未被采纳。联邦最高法院最终裁定撤销了上诉法院的判决,案件发回州初审法院并根据联邦最高法院的意见重审。

---

〔1〕 Derole v. Rutherford, 272 F. 3d 1272 (2001).

〔2〕 Harris v. Roderick, 126 F. 3d 1189 (1997).

〔3〕 Glenn v. Washington County, 673 F. 3d 864 (CA9 2011).

Chapter 6

第六章　民事法律

劳资关系与劳保福利

CNH 工业公司诉里斯
CNH Industrial N. V. v. Reese
——雇佣合同终止后，员工的医疗福利也同时终止

原 案 名：CNH Industrial N. V. , et al. v. Jack Reese, et al.

判决日期：2018 年 2 月 20 日

案　　号：17 – 515

主　　笔：隐名（*Per Curiam*）

判决主旨：劳资谈判合同中规定了各项福利的终止时间，唯独没有规定医疗福利的终止时间，并不表明退休员工可以终身享有医疗福利，否则与合同法的基本原则不符。

判决译述

1. 劳资协议不明导致纠纷

1998 年，CNH 工业公司（CNH Industrial N. V. and CNH Industrial America LLC）与它的众多员工达成一项劳资谈判协议（以下简称 1998 年协议）。该协议将于员工退休之时，也就是 2004 年 5 月终止。这项协议规定了包括医疗福利在内的一系列退休员工养老金计划，并规定其余的养老金计划，如人寿保险等，将在员工退休时停止，唯独没有对医疗福利计划规定期限，这就导致了随后的争议。

当该协议于 2004 年到期时，一众 CHN 工业公司的退休员工和去世员工的配偶对 CNH 工业公司提起诉讼：要求 CNH 工业公司宣告退休员工将享有终身

医疗福利。后来,这场官司上诉到美国联邦第六巡回上诉法院。

2. 第六巡回上诉法院固执己见

第六巡回上诉法院于 1983 年审理了亚德曼一案[1],在亚德曼案中,上诉法院认为,退休福利就像养老金一样,是在员工退休后对员工过去工作的延迟补偿或奖励,应当由当事人双方协商确定,若在协议中未明确退休福利的期限,则应当视作终身福利。以上又称为"亚德曼标准"(Yard-Man inferences)。

2015 年,联邦最高法院在塔科特案[2]中推翻了亚德曼案中确立的标准,认为亚德曼标准违背了合同法的一般原则。

然而,在本案中,第六巡回上诉法院再次拿起了被联邦最高法院推翻了的亚德曼标准,认为若通过亚德曼标准解释合同,员工应当享受终身的医疗福利,然而合同中又规定了一般期限条款,因此本案中的劳资谈判协议有歧义,必须借助于外部证据寻求当事人的原意。

3. 亚德曼标准不能复辟!

然而联邦最高法院并不买账,认为在塔科特案中,联邦最高法院明确拒绝承认亚德曼标准,因为亚德曼标准忽视了协议的一般终止条款,将退休福利视作终身受益,扭曲了当事人的原意,且与合同法的基本原则——未规定存续期间的合同并非视为一直有效,而是被视为在某一合理期间内有效,在通常情况下,合同终止,合同义务亦终止——相冲突。而且,亚德曼标准认为医疗福利的本质与养老金一样,这也与国会颁布的 1974 年《雇员退休收入保障法》(Employee Retirement Income Security Act)相冲突。因为在 1974 年《雇员退休收入保障法》中,养老金与医疗福利是分开列示的。

诚然,当合同有歧义时,应当求助于外部证据来确定当事人的原意,但是只有在运用正确的解释规则进行解释之后,仍存在至少两种合理而又相互冲突的

---

〔1〕 International Union, United Auto, Aerospace, & Agricul-tural Implement Workers of Am. v. Yard-Man, Inc., 716F. 2d 1476 (1983).

〔2〕 M&G Poly-mers USA, LLC v. Tackett, 574 U. S. 427 (2015).

解释时,合同才是有歧义的。亚德曼标准与合同法的基本原则不一致,不能用来解释 1998 年协议,也不能据此确定 1998 年协议有歧义。因此,不能认定该协议赋予了退休员工终身受益的医疗福利,而应该根据“未规定存续期间的合同并非视为一直有效,而是被视为在某一合理期间内有效,在通常情况下,合同终止,合同义务亦终止”的原则,解释为 1998 年协议规定的医疗福利早在协议到期时(2004 年 5 月)就已终止。

大法官们指出,第六巡回上诉法院在本案中的这种分析方法是在塔科特案已经明确推翻了亚德曼标准之后,试图让亚德曼标准“重生”“重建”“重设”,因此是错误的。鉴于此,联邦最高法院推翻了第六巡回上诉法院的判决,将案件发回重审。

昂希诺汽车公司诉纳瓦罗
Encino Motorcars, LLC. v. Navarro
——汽车服务顾问能不能拿加班费?

原 案 名:Encino Motorcars, LLC. v. Navarro et al.

判决日期:2018年4月2日

案　　号:16－1362

主　　笔:托马斯大法官(首席大法官罗伯茨和肯尼迪、阿利托、戈萨奇大法官附议;金斯伯格大法官发表异议意见,布雷耶、索托马约尔、卡根大法官附议)

判决主旨:法律规定汽车推销员不能拿加班费,而汽车服务顾问属于汽车推销员,故不能要求其雇主支付超时工作部分的工资。

判决译述

1. 不是每个人都有加班费

《公平劳动标准法》(Fair Labor Standards Act)规定,如果雇员每周工作超过40小时,雇主应当支付超时工作部分的工资,但特定类别或行业的雇员除外。该法列举了适用例外情形的雇员,其中包括汽车代理商的所有雇员,他们均不得要求雇主支付超时工资。后来国会限缩了例外情形的范围,即"主要从事汽车、拖车、卡车、农用车或飞行器销售或服务工作的推销员、零件员或技工"(any salesman, partsman, or mechanic primarily engaged in selling or servicing automobiles, trailers, trucks, farm implements, or aircraft)不得要求雇主支付超时工资。

1974年,国会又将该规定修改为,不能要求雇主支付超时工资的“主要从事汽车、卡车或农用车销售或服务工作的推销员、零件员或技工”包括“主要销售上述车辆的非制造业企业的雇员”(any salesman, partsman, or mechanic primarily engaged in selling or servicing automobiles, trucks, or farm implements, if he is employed by a nonmanufacturing establishment primarily engaged in the business of selling such vehicles or implements to ultimate purchasers)。

根据该条文,汽车服务顾问曾在很长一段时间内被认为属于不能要求支付超时工资的雇员。直到2011年,劳工部颁布了一条规定,该规定对国会新修订的法条进行了解释,即法条中的“推销员”不包括服务顾问,暗示着汽车服务顾问有权获得超时工资,由此引发了本案的诉讼。

2. 汽车服务顾问能否要求加班费?

本案原告昂希诺汽车公司是奔驰在加利福尼亚州的代理商,而被告纳瓦罗(Hector Navarro)等人是原告雇佣的汽车服务顾问。所谓服务顾问,其工作是与客户交流并推销与汽车有关的服务。服务顾问需要与客户见面,倾听他们对汽车的需求,给出维修保养汽车的建议。与此同时,服务顾问还会向客户销售配件,记录服务订单,及时回访客户,并提供讲解维修保养汽车的流程等服务。

2012年,纳瓦罗起诉昂希诺汽车公司欠付其工资。纳瓦罗主张,根据劳工部2011年的新规,昂希诺汽车公司没有向他们支付超时工资,因此违反了《公平劳动标准法》。昂希诺汽车公司请求驳回起诉,认为服务顾问不属于有权要求雇主支付超时工资的雇员。

初审法院支持了昂希诺汽车公司的主张,认为纳瓦罗无权要求超时工资,裁定驳回起诉。于是纳瓦罗上诉到第九巡回上诉法院。

上诉法院则认为,《公平劳动标准法》规定不清,且从立法历史看也无法得出明确结论,因此法院适用劳工部2011年的新规作出判决,认为纳瓦罗有权得到超时工资。案件上诉到联邦最高法院。

联邦最高法院认为,上诉法院适用劳工部2011年新规的做法是错误的。因为该新规没有经过充分合理的说明就给予服务顾问要求雇主支付超时工资的权利,剥夺了汽车行业的信赖利益。于是,联邦最高法院将案件发回上诉法院重审。

3. 第九巡回上诉法院的执着

重审中,第九巡回上诉法院仍然认为,服务顾问有权要求雇主支付超时工资。尽管上诉法院赞同“根据常识判断,服务顾问属于推销员的范畴,且主要从事汽车服务工作”的说法,但是它认为国会并没有排除服务顾问要求支付超时工资的权利。

首先,根据劳工部 1966 ~ 1967 年的职业展望手册,汽车代理商的目录下有 12 种职业,包括“汽车技工”、“汽车零件员”、“汽车推销员”和“汽车服务顾问”。由于《公平劳动标准法》中规定的不得要求支付超时工资的例外情形涵盖了前三种职业而没有涵盖“汽车服务顾问”,因此汽车服务顾问不属于例外情形。

其次,汽车服务顾问主要从事的也并非汽车服务工作,因为汽车服务“仅指汽车的维修和保养”。上诉法院进而推论,由于国会在立法时将“销售和服务”(selling and servicing)两个词语分配给不同的主体——推销员销售、零件员和技工提供服务,因此从事服务工作的推销员就不属于上述例外情形,故他们可以要求雇主支付超时工资。

最后,以上理由也与《公平劳动标准法》立法历史中的“《公平劳动标准法》例外情形的限缩”原则(the principle that exemptions to the FLSA should be construed narrowly)相吻合。

昂希诺汽车公司感觉第一次上诉到联邦最高法院时似乎已经得到了联邦最高法院的支持,没想到第九巡回上诉法院在重审时依然不改初衷,于是他们第二次上诉到联邦最高法院。

4. 服务顾问当然是推销员

首先,联邦最高法院认为,服务顾问显然属于推销员。法条并没有对“推销员”进行定义,因此根据通常含义,推销员是指出售商品或服务的人。而服务顾问做的正是这件事,如上文所说,服务顾问的工作是推销与汽车有关的服务。

其次,服务顾问主要从事汽车服务工作。法条中的"服务"(servicing)既可以指"维修或保养汽车的活动"(the action of maintaining or repairing a motor vehicle),也可以指"提供服务的活动"(the action of providing a service),而服务顾问符合上述两种定义。尽管联邦最高法院也承认服务顾问很少亲自修理汽车,但是大法官们认为法条用语并没有那么死板。例如,大家都赞同零件员"主要从事的是汽车服务工作"(这里的服务也包括维修、保养汽车),但其实他们也很少亲自修理汽车,零件员只需要选好汽车零件然后将其交给技工就可以。也就是说,"主要从事汽车服务工作"的主体也包括虽没有亲自修理汽车但完整地参与了修理过程的人,这个定义便涵盖了零件员和服务顾问。

再次,联邦最高法院对上诉法院"从事服务工作的推销员不属于上述的例外情形"的结论予以否认。在《公平劳动标准法》的法条表述中,"销售"和"服务"两个词中间是用"或者"(or)连接的。因此,上诉法院不认可"国会在立法时将'销售和服务'两个词语分配给不同的主体——推销员销售、零件员和技工提供服务,因此从事服务工作的推销员就不属于上述的例外情形"这一观点。联邦最高法院认为,从事销售或服务中任一工作的推销员都属于法条的例外情形。联邦最高法院还认为,"《公平劳动标准法》例外情形的限缩原则"也并不能用来解释《公平劳动标准法》。因为《公平劳动标准法》并没有在文本中作出限缩例外情形的指示,法官也就没有理由对法条进行限缩解释。因此,大法官们仍然按照文义对其进行解释。

最后,上诉法院还借助劳工部1966~1967年的职业展望手册和《公平劳动标准法》的立法历史等外部证据来印证其说法。对此,联邦最高法院表示其均无说服力。一方面,上诉法院并没有说明为何劳工部手册上的职业分类与国会立法规定的例外情形是一一对应的关系;另一方面,《公平劳动标准法》的立法历史也无法给出明确结论,因此对法条最合理的解释仍然是文义解释。

综上,联邦最高法院认为,汽车服务顾问属于"主要从事汽车服务工作的推销员",故依《公平劳动标准法》之规定,纳瓦罗等汽车服务顾问不能要求其雇主支付超时工资。

本案第二次发回重审,这次,第九巡回上诉法院将不得不按照联邦最高法院的意见重新作出判决了。

艾匹克系统公司诉路易斯等三案
Epic System Corp. v. Lewis
——无法被劳动法撼动的仲裁协议

原 案 名:Epic System Corp. v. Jacob Lewis, Ernst & Young LLP v. Stephen Morris, national Labor Relations Board v. Murphy Oil USA, Inc.

判决日期:2018 年 5 月 21 日

案　　号:16 - 285;16 - 300;16 - 307

主　　笔:戈萨奇大法官(首席大法官罗伯茨和肯尼迪、托马斯、阿利托大法官附议,托马斯大法官发表协同意见;金斯伯格大法官发表异议意见,布雷耶、索托马约尔和卡根大法官附议)

判决主旨:雇主与雇员约定的个别仲裁条款应得到保护与执行,不受《国家劳动关系法》中所规定的"协同行动"权利的影响。

判决译述

1. 雇员签订仲裁协议后还能起诉雇主吗?

诞生于 20 世纪初的美国联邦《仲裁法》(the Arbitration Act)和《国家劳动关系法》(the National Labor Relations Act)已经共存了近一个世纪,鲜有不协调之处。而近些年来,以本案为代表的有关劳动争议解决方式的纠纷,却引发了这两部法律冲突与否的争论。

本案是联邦最高法院对 3 个相似案件的一并判决,3 个案件的背景虽有细节差异,但所涉法律问题在本质上是相同的。以"安永会计师事务所诉莫里斯"

案为例,莫里斯(Stephen Morris)是安永会计师事务所(Ernst & Young,以下简称安永)的一名初级会计师。在入职之初,莫里斯与安永签订的合同中有一条争议解决条款,该条规定,“双方的任何争议皆通过个别仲裁(individualized arbitration)的方式解决,雇员可以选择仲裁机构,并可以通过仲裁获得任何由法院裁判所可能获得的救济”。这里的“个别仲裁”,就是指雇员各自的索赔请求要通过单独的仲裁程序进行。

在工作过程中,莫里斯逐渐感觉这份工作做得并不如意。因为安永将初级会计师和专业会计师混同对待,既要求莫里斯加班,又不支付相应的加班费。莫里斯认为这种“黑心老板”的做法违背了《公平劳动标准法》和部分加利福尼亚州的法律,因此向法院提起诉讼。

作为被告的安永认为,其与雇员签订的合同中的仲裁条款有法律效力,莫里斯不得起诉安永,而是须执行仲裁条款,进行个别仲裁。然而,莫里斯认为其诉讼属于代表全国范围劳工的集体诉讼,符合《国家劳动关系法》的相关规定,法院应拒绝执行仲裁条款,受理其诉讼。

联邦地区法院支持了安永的动议,判决驳回起诉、执行仲裁协议。而在上诉过程中,第九巡回上诉法院却推翻了地区法院的判决。上诉法院认为,《仲裁法》虽然总体上要求全国各法院执行仲裁协议,但其规定还附带一个“保留条款”(saving clause),对违法的仲裁协议进行了限制。进而,上诉法院认定案涉仲裁协议违背了《国家劳动关系法》的相关规定,因此法院可以拒绝执行仲裁协议。

最终该案被上诉至联邦最高法院。对于《仲裁法》“保留条款”的效力、《国家劳动关系法》和《仲裁法》的关系等问题,联邦最高法院逐一进行了分析。

2.“保留条款”能否排除“个别仲裁”?

为探究《仲裁法》的“保留条款”,先简要了解一下《仲裁法》的立法史。

在《仲裁法》颁布前,美国法院对仲裁的态度并不友善,当事人之间缔结的仲裁协议经常会被法院拒绝执行。然而,仲裁迅速、灵活、廉价等优势逐渐被社会认可,美国国会也认为需要通过立法的方式对仲裁进行保护。因此,国会在1925年制定了《仲裁法》,要求法院放弃对仲裁的敌对态度,转而认定仲裁协议的有效性、不可撤销性和可执行性。

从该法的立法意图看,国会特别指出当事人所选择的仲裁程序应当得到法院的尊重和执行。也就是说,法院必须极为严谨地执行仲裁协议中的各条款,如当事人所选择的仲裁机构、仲裁所适用的规则等。然而,《仲裁法》中的"保留条款"却对这种绝对保护设置了一定程度上的限制。该条款规定于《仲裁法》第2节(《美国联邦法典》第9编第2节),即法院可以通过援引"存在于成文法或衡平法中用于撤销任何合同的事由"(upon such grounds as exist at law or in equity for the revocation of any contract)来拒绝执行仲裁协定。将"保留条款"适用于本案时,上诉法院认为,雇主与雇员之间的仲裁协定指定了仲裁的方式为"个别仲裁",不符合《国家劳动关系法》所保护的雇员"协同行动"(concerted activity)的权利,因此存在成文法上的撤销事由,应适用上述"保留条款"拒绝执行仲裁协定。

这一逻辑看似天衣无缝,但联邦最高法院认为其存在根本性错误。联邦最高法院认为,只有当可以适用于"任何"合同的撤销事由出现时,《仲裁法》第2节的"保留条款"才能起作用,以此实现法律对仲裁协议和其他类型合同的平等对待。根据联邦最高法院在2011年审判的AT&T案[1],如果当事人希望通过适用"保留条款"进行抗辩,诸如"欺诈、胁迫或不合情理"(fraud, duress, or unconscionability)这些普遍适用于各类合同的抗辩事由,但如果抗辩事由仅仅是适用于仲裁或者仅仅是源于具体仲裁协议中存在争议的事实,那么将无法援引。反观本案,原告提出的"仲裁协议有违《国家劳动关系法》"这一事由,并非适用于任何合同,而是仅适用于仲裁协议,因此"保留条款"从源头上是无法适用的。

3. 集体诉讼是否属于"协同行动"?

通过前述对《仲裁法》法条本质的剖析,联邦最高法院解决了本案的核心问题,明确了"保留条款"在此无法适用。但原告抛出一个更加犀利的观点:《国家劳动关系法》旨在取代《仲裁法》的部分规定,因此仲裁协议不合法。那么,这一

---

〔1〕 AT&T Mobility LLC v. Concepcion, 563 U. S. 333 (2011).

观点又能否站得住脚呢?

根据美国传统的“三权分立”体系,法院的职责是解释法律的内容而非选择应该制定和实施什么内容的法律,即法院是“释法者”而非“立法者”。在遇到两部法律存在交叉的情况时,法院没有挑选法律的自由,只能尽力使两部法律同时适用,除非国会明确有以后法替代前法的规定。因此,此处判断《仲裁法》的规定是否被《国家劳动关系法》所取代的关键,就是厘清后法中关键条文的真实含义中是否存在取代前法的明确意图。

考察本案中原告提及的《国家劳动关系法》,其第 7 节(《美国联邦法典》第 29 编第 157 节)规定,该法保护劳工“自我组织的权利,组建、加入或协助劳工组织的权利,通过自己选择的代表进行集体谈判的权利,以及为集体谈判或其他互助、保护而参与其他协同行动的权利”。原告认为,本案中《仲裁法》所保护的“个别仲裁”不符合该条所保护的劳工“协同行动”的权利,因此该规定须被取代。

为了深入理解第 7 节中“协同行动”的含义,联邦最高法院认真研究了《国家劳动关系法》第 7 节及其上下文的内容,对其进行了缜密分析。

首先,从总体上看,第 7 节强调的是对组织工会和集体谈判权利的保护。也就是说,如果雇员们组织工会来与雇主谈判是否适用仲裁,这种权利是应得到保护的。但该规定并未明确提及是否排除“个别仲裁”,也未提及“集体活动程序”,甚至都没有暗示取代《仲裁法》规定的意愿。

其次,从“协同行动”出现的位置考虑,该权利位居各具体权利之后、出现在整个第 7 节的最末尾,这种更为一般性的概念应该被理解为与前项各具体事项具有实质上的相似性。因此,“其他协同行动”也应理解为雇员在工作场所从事类似自由结社等行为,而非强调与司法相联系的集体诉讼。

最后,从整部法律的结构角度看,《国家劳动关系法》上下文密切相关,对于第 7 节中所列举的各类权利都详细规定了配套制度,如认定谈判代表、雇员和雇主间谈判的义务、劳工组织的罢工和纠察等,甚至对依照《国家劳动关系法》本身进行行政裁决的程序在该法中也有规定,但对本案所涉及的集体诉讼,该法却只字未提。如果“协同行动”真的包括集体诉讼,那么为何此法对除此之外的各类权利的规定事无巨细,却单单遗漏了此项权利呢?这也很难说得通。

如上所述,通过第 7 节原文及其上下文,难以看出本案涉及的集体诉讼属于该节明确保护的雇员之“协同行动”。那么,是不是国会立法的不缜密,而导致其暗含的“排除仲裁”的立法意图没有被准确表达出来呢?联邦最高法院认为,国会在立法实践中已经不止一次明确地展示了如何“排除仲裁”,如“只有在……情况下,仲裁方可适用”“任何争议前的仲裁协议皆为无效、不可执行”等。因此,将问题归结于暗示的意图没有得到表达也是不合理的。

基于上述分析,联邦最高法院认为,当事人组织和参与“集体诉讼”并不属于《国家劳动关系法》所保护的“协同行动”,国会也并无通过《国家劳动关系法》取代《仲裁法》相关规定的意图。

4. 司法应谦抑,但不可谦卑

在美国,司法谦抑(judicial deference)这一司法理念受到以法兰克福特为代表的大法官之推崇,因而得到长期的遵循。司法权力范围的有限性和权力行使的被动性决定了司法独具克制的性质。[1]

在本案中,原告雇员方认为,美国国家劳动关系委员会在 2012 年一改往日的态度,因此其认为《国家劳动关系法》取代了《仲裁法》的相关规定,集体诉讼因而可以取代个别仲裁。基于联邦最高法院在 1984 年审判的雪佛龙案[2]中的判决意见,司法机关应当对行政机关对法律的解释保持谦抑。于本案而言,即联邦最高法院应尊重国家劳动关系委员会对《国家劳动关系法》和《仲裁法》关系的认定。

然而,联邦最高法院同样认为这一论点没有说服力。在雪佛龙案中,只有当作出解释的行政机关为该法律所规定事项的主管机关时,司法机关才需保持谦抑。但在本案中涉及《国家劳动关系法》《仲裁法》两部法律,难言劳动关系委员会为后法的主管机关,故判断两法关系的使命不应由劳动关系委员会,而应由司法机关来完成。司法机关对自己的使命无须谦抑,只需保持独立、客观

---

〔1〕 李雪峰:《浅析美国大法官费利克斯·法兰克福特的司法谦抑理念》,载《法制与经济(中旬刊)》2009 年第 8 期。

〔2〕 Chevron U. S. A. Inc. v. Natural Resources Defense Council, Inc. , 467 U. S. 837 (1984).

的态度解读国会立法,尽可能保证联邦法律之间的和谐共存。

有关仲裁和诉讼之争的政策选择或许存在疑问,但法律却是清晰的。国会并无通过《国家劳动关系法》取代《仲裁法》相关规定的意图,仲裁协议应当依照其原定内容严格执行。最终,联邦最高法院撤销了上诉法院对三案的判决,发回下级法院,按照联邦最高法院的意见重审。

Chapter 7

第七章　民事法律程序

时　效

哈默诉芝加哥社区住宅服务组织
——法院能否猜测国会因疏忽漏写了法条?

阿缇丝诉哥伦比亚特区
——Toll=时效中止还是宽限期?

中国农科公司诉莱什
——法律不保护躺在权利上睡觉的人!

哈默诉芝加哥社区住宅服务组织
Hamer v. Neighborhood Housing Services of Chicago
——法院能否猜测国会因疏忽漏写了法条?

原 案 名: Hamer v. Neighborhood Housing Services of Chicago et al.

判决日期: 2017 年 11 月 8 日

案　　号: 16 - 658

主　　笔: 金斯伯格大法官(所有大法官一致同意)

判决主旨: 国会制定的法律中明确规定的上诉期限决定了上诉法院在此期限内对上诉案件的管辖权,而法院制定的上诉程序规则只是强制性的诉求处理规则,并不能决定上诉法院对上诉案件的管辖权。法院向来拒绝猜测国会立法时是否有可能因疏忽而漏写法条内容。

判决译述

1. 上诉法院挑唆当事人翻盘?

哈默(Charmaine Hamer)向联邦地区法院提起就业歧视诉讼,起诉她的雇主芝加哥社区住宅服务组织以及房利美(美国联邦全国抵押协会)按揭服务中心(二者以下统称住宅服务组织)违反了 1964 年《民权法》(the Civil Rights Act)第 7 编以及 1967 年《反雇佣年龄歧视法》(the Age Discrimination in Employment Act)的相关规定。住宅服务组织申请法院作出即决判决(summary judgment),即在事实清楚、法律明确的情况下,无须陪审团参与即由法院直接作出的判决。

联邦地区法院于 2015 年 9 月 10 日准许了该动议,于 9 月 14 日作出终局判决(final judgment),哈默败诉,其在 2015 年 10 月 14 日之前有权提起上诉。

在上诉截止日期前的 2015 年 10 月 8 日,哈默的律师提出了两个动议:一是因与哈默在上诉意见上有不同看法,律师向法院申请辞去哈默的诉讼代理人身份;二是为了使哈默有足够的时间寻找下一位律师来担任她上诉的诉讼代理人,申请将上诉截止日期延期两个月。

联邦地区法院同意了这两个动议,将上诉期限延长至 12 月 14 日。住宅服务组织对此没有提出任何异议。后来,哈默于 2015 年 12 月 11 日提交了上诉状。

诉讼事件表记载,住宅服务组织确认了两点:一是确认联邦第七巡回上诉法院对此案有管辖权,二是确认哈默于 2015 年 12 月 11 日"及时"提交了上诉状。住宅服务组织提交给法院的说明中也再次确认了哈默"及时"地提交了上诉状一事。

然而上诉法院对上诉的及时性提出了异议,主动要求住宅服务组织就此事提交意见。于是,住宅服务组织首次提出,根据《联邦上诉程序规则》(Federal Rule of Appellate Procedure)第 4(a)(5)(c)节的规定,上诉期限最多延长 30 日,上诉人提交的上诉状已然超期,因此上诉法院对此案不具有管辖权。

上诉法院据此驳回了哈默的上诉请求。哈默上诉到联邦最高法院。

2. 国会制定的法律 v. 法院的上诉程序规则

双方当事人就《美国联邦法典》第 28 编第 2107(c)节的规定与《联邦上诉程序规则》第 4(a)(5)(c)节的规定展开了争论。

1948 年起生效的《美国联邦法典》第 28 编第 2107(c)节规定,如果一方当事人不知道判决已经作出,联邦地区法院可以将上诉期限最多延长 30 日,但该当事人应当为其不知道判决已经作出一事给出合情合理的解释。该法条并未提及本案中的这种情形,即当事人均已收悉判决书的情况。

1991 年,该法条被修订。首先,该法条把可以要求延长上诉期限的当事人范围扩大至包括有合理原因的所有人,只要当事人在上诉期限届满后的 30 日内提出动议,且能证明其有合理原因即可,并没有规定可以延长的期限有多长。

其次,该法条规定,如果一方在法院作出判决后的 21 日内没有收到判决书,该方在法院作出判决后的 180 日内,或者在(最终)收到法院判决书的 14 日内(以较早时间为准)提出延期上诉的动议,联邦地区法院可在不损害任何一方权利的情况下,将上诉期限延长 14 日,自允许重新起算上诉期限的裁定作出之日起算。也就是说,目前这个国会颁布的制定法的法条对于当事人没有及时收到判决书的情形规定了上诉期可以延长的最长期限,但是对于其他情形并没有规定上诉期可以延长的最长期限。

然而,《联邦上诉程序规则》第 4(a)(5)(c)节又有另外一条规定:所有的上诉延长期限不得超过 30 日,或者不得超过批准延期动议的裁定发布之日后的 14 日(以较晚时间为准)。这一条对于没有收到判决书的当事人并未区别对待。但请注意,这个规则只是法院的上诉程序规则,并非国会制定的法律。

尽管《联邦上诉程序规则》第 4(a)(5)(c)节的规定并没有在《美国联邦法典》第 28 编第 2107(c)节中体现,但是住宅服务组织认为第 4(a)(5)(c)节具有"制定法基础"(statutory basis),因为第 2107(c)节曾经将上诉延长期限规定为不得超过 30 日。

同时,住宅服务组织"仔细"地观察到,1991 年国会将《美国联邦法典》第 28 编第 2107(c)节中的 14 日的上诉延长期改为 30 日,因此非常坚持地认为,国会在制定第 2107(c)节时,本来对一般情况也想限定 30 日的上诉延长期,但是可能因为不小心漏加(probably inadvertent)了。住宅服务组织还提出,修订后的该条款的标题为"与上诉程序规则保持一致",以此来支持他们认为国会本意是想在第 2107(c)节添加 30 日上诉延长期的观点。换言之,他们认为国会在修订法律时,手一抖,漏了一条。

最后,住宅服务组织总结道,1991 年国会对该条的修订不能认定为排除了《联邦上诉程序规则》第 4(a)(5)(c)节的适用,因此其第 4(a)(5)(c)节中规定的上诉延长期不得超过 30 日的规定仍应当适用。

3. 法院不揣测国会的立法意图

联邦最高法院的大法官认为,第一,不管出现什么情况,联邦最高法院都不会揣测国会立法时是否会出现所谓不小心手抖的事件,所以住宅服务组织想通过证明国会在立法时出错的方法是行不通的。

第二,下级法院应当分清强制性规范和任意性规范的区别。如果在制定法中规定了案件提起上诉的时间上限,那么这类规定对于法院是否有管辖权起决定性作用,不允许有任何方式的变更或违反。但如果在法院制定的规则中规定了案件上诉的期限,则该规定属于强制性的诉求处理规则(Claim-Processing Rule),不涉及上诉法院的管辖权,且该期限有可能被豁免或丧失。

上诉法院在审理本案时错误地适用了鲍尔斯案[1]。在鲍尔斯案中,鲍尔斯(Keith Bowles)没有及时收到判决书,这种情况根据《美国联邦法典》第 28 编第 2107(c)节的规定,其上诉期限最多只能延长 14 日,而联邦地区法院根据《联邦上诉程序规则》第 4(a)(6)节将其延长了 17 日,导致鲍尔斯于 14 日后、17 日内提起上诉。联邦最高法院认为,在这种情况下,国会规定可以延期多长,法院就只能延期多长,所以上诉法院已失去对鲍尔斯的上诉的管辖权。

本案与鲍尔斯案并不相同。哈默并非因为没有及时收到判决书才提起上诉期延长申请,制定法中对此情形也并未规定上诉期限可以延长的上限。《联邦上诉程序规则》第 4(a)(5)(c)节不是制定法,因此不能决定上诉法院的管辖权。

最后,大法官们撤销原判,发回重审。

[1] Bowles v. Russell, 432 F. 3d 668 (CA6 2005).

阿缇丝诉哥伦比亚特区
Artis v. District of Columbia
——Toll = 时效中止还是宽限期?

原 案 名: Artis v. District of Columbia

判决日期: 2018 年 1 月 22 日

案　　号: 16 – 460

主　　笔: 金斯伯格大法官(首席大法官罗伯茨和布雷耶、索托马约尔、卡根大法官附议;戈萨奇大法官发表异议意见,肯尼迪、托马斯、阿利托大法官附议)

判决主旨: 因向联邦法院提起诉讼,导致超过了日后向州法院提起诉讼的时效,然而根据《美国联邦法典》第 1367(d)节的规定,此时时效只是中止,自联邦法院驳回起诉后第 30 日起继续计算。

判决译述

1. 联邦法院的补充管辖权

阿缇丝(Artis)原是哥伦比亚特区政府(以下简称特区政府)的一名卫生检查员,于 2010 年 10 月被解雇。13 个月后,阿缇丝向哥伦比亚特区的联邦地区法院起诉特区政府,认为根据美国 1964 年的《民权法》第 7 编她遭受了就业歧视。她还根据哥伦比亚特区法律(州法)提出了其他三项诉讼请求。也就是说,阿缇丝向联邦法院提出的诉讼请求,既有联邦法院管辖范围内的,也有专属于州法院管辖范围内的。

美国是联邦制国家,联邦法院和州法院的管辖权不同,一般来说联邦法院

的管辖权仅限以下 4 类案件:

(1)联邦政府是一方当事人的案件;

(2)违反联邦宪法或者联邦法律的案件;

(3)不同州的公民之间诉讼标的超过一定价值的案件;

(4)破产、海事、著作权、专利等案件。

如果诉讼请求是基于各州的法律,除非属于上述第三点,否则联邦法院没有管辖权。

但是《美国联邦法典》第 1367 节规定了联邦法院的补充管辖权,即联邦地区法院可以受理不属于他们裁判范围的诉讼请求,只要该诉讼请求与联邦地区法院具有管辖权的诉讼请求关系密切到足以构成这个案件或者争议的一部分。也就是说,联邦法院通过行使补充管辖权,可以审理本属于州法院管辖的案件。相应地,如果联邦法院驳回原告属于联邦法院管辖的诉讼请求,那么通常也会同时驳回所有与之相关的属于州法院管辖的诉讼请求。

2. 州内的诉讼时效怎么算?

2014 年 6 月 27 日,联邦地区法院驳回了阿缇丝基于《民权法》第 7 编提出的诉讼请求,并同时根据《美国联邦法典》第 1367 节,拒绝对她基于州法律提出的诉讼请求行使补充管辖权。

眼见基于联邦法的诉讼请求失败,阿缇丝转而去州法院主张基于州法的权利。在联邦法院驳回其起诉的 59 日后,阿缇丝向哥伦比亚特区高等法院(适格的州法院)根据哥伦比亚特区法律提起诉讼。

虽然阿缇丝首次在联邦法院起诉时,依据州法的诉讼时效还剩下不到两年的时间,但是等到联邦法院驳回其起诉,时间已经过去两年半,也就是说,按照正常情况,州法的诉讼时效已经超过。那么,阿缇丝基于哥伦比亚特区法律的诉讼请求,其诉讼时效有没有可能因为提起联邦诉讼而有所延长呢?

《美国联邦法典》第 1367(d)节规定:当联邦法院在审理属于联邦法院管辖的诉讼请求时,同时合并审理与其相关的属于州法院管辖的诉讼请求,此时,该州法院管辖的诉讼请求的诉讼时效,应当在联邦法院对其裁判期间和其诉讼请求被驳回后的 30 日内被延展(be tolled),除非州法规定了更长的延展期(tolling period)。

那么这里所说的"be tolled"和"tolling"的"30 日",到底是在联邦法院驳回根据州法律提出的诉讼请求后,给原告提起诉讼的一个固定期限的宽限期,还是在诉讼时效中止到该 30 日后,原来的诉讼时效继续计算?

如果是前者,阿缇丝是在联邦法院驳回其起诉后的第 59 日提起的州内诉讼,因此超过了诉讼时效及其 30 日宽限期;如果是后者,则时效中止,从第 30 日起继续计算,尚有将近两年的时间,因此阿缇丝的州内诉讼并未超过诉讼时效。

特区政府主张第一种解释,而阿缇丝则主张第二种解释。

3. 特区法院:应该解释成宽限期

特区高等法院支持了特区政府的主张,认为《美国联邦法典》第 1367(d)节应该被解释为宽限期。阿缇丝第 59 日才起诉,晚了 29 日,已经超过诉讼时效。特区高等法院驳回了阿缇丝认为第 1367(d)节是时效中止的理解,认为阿缇丝可以在联邦法院审理案件的同时向州法院就州法律问题提起诉讼,以此来保证其基于州法律的诉讼请求的利益。

特区上诉法院维持了这一判决,其研究了《美国联邦法典》第 1367(d)节的立法史,认为国会立法的原意就是给予原告在被联邦法院驳回诉讼请求后的 30 日内向州法院起诉,将该条理解为宽限期更加符合联邦制度。

阿缇丝不服上诉至联邦最高法院。

4. 联邦最高法院:Toll = 时效中止

联邦最高法院认为,当诉讼请求已经在另外一个法院诉讼程序中被审理,法律通常以两种方式来阻止该诉讼请求超过时效:(1)当该诉讼请求还没判决时,诉讼时效中止;(2)在中止事由消灭后,诉讼时效从原诉讼时效中止时继续计算。

当然立法机关也可能规定,在诉讼期间,诉讼时效继续计算,同时为了避免超过诉讼时效的风险,给原告一段可以提起诉讼的宽限期。然而,特区政府已经查明,并没有一部联邦法律用诉讼时效中止(toll)来表示宽限期的意思。所以联邦最高法院认为,《美国联邦法典》第1367(d)节的意思是让州的诉讼时效处于暂时失效状态(in abeyance),不计算在诉讼时效内,是时效中止的规定。同时,诉讼时效中止的解释并不会产生严重的宪法问题。

因此,联邦最高法院撤销原判,发回重审。阿缇丝的州内诉讼请求有望得到特区法院的审理。

中国农科公司诉莱什

China Agritech v. Resh

——法律不保护躺在权利上睡觉的人！

原 案 名:China Agritech, Inc. v. Resh et al.

判决日期:2018 年 6 月 11 日

案　　号:17 –432

主　　笔:金斯伯格大法官(首席大法官罗伯茨和肯尼迪、托马斯、布雷耶、阿利托、卡根和戈萨奇大法官附议;索托马约尔大法官发表协同意见)

判决主旨:集体诉讼中的诉讼时效中止规则,只适用于在法院不批准集体诉讼的前提下由已参加集体诉讼的原告方以个人名义单独提起的诉讼,而不适用于之后再次提起的集体诉讼。

判决译述

1. 证券欺诈集体诉讼制度

美国联邦法律允许单一个人以自己的名义,或者代表其他类似地位的人对公司提起诉讼,大多数州也有类似规则。这些被称为"集体诉讼"的案例准许原告代表(或称一群原告的代表)在事先未获得其他股东许可,甚至未通知其他股东的情况下,代表公司所有股东对公司、公司的董事或其他内部人士提起诉讼。正是因为单个股东的请求权可能不足以引起公司的关注,所以股东们通过合并股东请求权的方式,以集体诉讼对被诉公司施加压力。

中国农科公司的股东代表迪恩(Theodore Dean)在 1934 年《证券交易法》

规定的两年的诉讼时效期间内,先后提起了两次集体诉讼,起诉中国农科公司作出欺诈及误导性商业行为。在媒体报道这些不当行为之后,公司股价陡然下降,给股东们造成了极大的损失。这两次集体诉讼均按照 1995 年《私人证券诉讼改革法》(Private Securities Litigation Reform Act)的要求发布了公告,请有相同诉求的股东们参与集体诉讼。然而,联邦地区法院最终没有批准这两起诉讼为集体诉讼。

莱什(Michael Resh)既没有参与第一次诉讼,也没有参与第二次诉讼,但却在诉讼时效期限届满一年半之后,突然提起了第三次集体诉讼。而联邦地区法院驳回了这一起诉,认为根据 1934 年《证券交易法》,两年的诉讼时效期间的起算点为发现违反该法之日,而该起诉发生在诉讼期间届满之后。

然而,第九巡回上诉法院根据美国管道建设公司案[1]中的诉讼时效中止规则推翻了联邦地区法院的判决,认为该案中的诉讼时效中止规则不仅适用于之后由个人单独提起的诉讼,也适用于之后提起的集体诉讼,并且,这样解释美国管道建设公司案可以防止原告提起不必要的诉讼,从而提高诉讼的效率和经济性。案件上诉到联邦最高法院。

2. 美国管道建设公司案确定的诉讼时效中止规则

在美国管道建设公司案中,联邦最高法院提出,“在集体诉讼中,若法院不允许当事人以集体诉讼的方式进行,那么在集体诉讼被提起之后,所有及时介入的原告方当事人提起诉讼的诉讼时效应当中止”。美国管道建设公司案针对的是之后个人提起诉讼的情形。试想一下,如果法院许可了集体诉讼的形式,当事人就会以集体诉讼的形式继续诉讼,那么就没有单独提起诉讼的必要;如果法院没有批准集体诉讼的形式,这时才有单独诉讼的必要。基于这种考虑,美国管道建设公司案给第二种情形的单独诉讼给予了“便利”,即诉讼时效中止。

需要注意的是,美国管道建设公司案在当时所适用的是在集体诉讼不被允许之后单独提起诉讼的原告方,而非在诉讼时效期限届满之后提起集体诉讼的

---

〔1〕 American Pipe & Constr. Co. v. Utah, 414 U. S. 538 (1974).

原告方。但在本案中,莱什在诉讼期限届满之后又提起了集体诉讼,这与美国管道建设公司案不同。

对于集团诉讼而言,若要提高效率和经济性,应当是越早开始越好,即所有意图提起集体诉讼的当事人都一起早早地出现,如此法院就可以早些合并处理。《联邦民事诉讼规则》第 23 节也支持集体诉讼应当越早提起越好这一观点。在《私人证券诉讼改革法》中有详尽的首席原告的通知规定,其目的就是尽量使所有原告都参与到集体诉讼中来。因此,如果其他原告没有抓住机会加入这一队列,而在诉讼时效届满之后又提起集体诉讼,法律为什么要保护这类躺在权利上睡觉的人呢?因此,联邦最高法院认为,美国管道建设公司案中所确定的诉讼时效中止规则不能适用于本案中莱什的情况!

3. 莎迪案不应适用

在莎迪案[1]中,联邦最高法院认为,如果原告方达到了《联邦民事诉讼规则》第 23(a)节和第 23(b)节的要求,那么其可以提起集体诉讼。因此莱什认为,如果其提起的集体诉讼符合《联邦民事诉讼规则》第 23(a)节和第 23(b)节的要求,那么他就可以提起集体诉讼。但联邦最高法院认为,这显然是莱什对莎迪案的理解有误。联邦最高法院想要表达的是,如果出现莎迪案的情形,即使州法院不支持此类案件的集体诉讼,联邦法院也会支持。换句话说,莎迪案只是解决了联邦法院和州法院就某一案情是否适用集体诉讼的态度不一致的问题。因而,莎迪案和本案所体现的问题不同,其裁判规则不能适用于本案。

如果认为诉讼时效中止规则不适用,是否会导致不必要的起诉,从而违反了美国管道建设公司案提高诉讼效率和经济性的初衷呢?此处所谓的不必要的起诉的情形,是指集体诉讼中原告集团的一位成员,因为担心法院不批准集体诉讼而在诉讼期限届满之前提起个人诉讼。首先,法院认为,在这种情况下,根本不会有不必要起诉行为出现。因为,这种情形本就罕见。其次,这也不一定是“不必要”的起诉。实际上,如果有多位当事人提起诉讼,联邦地区法院甚至可以由此判断哪位原告是最恰当的首席原告,这反而有助于集体诉讼的

---

[1] Shady Grove Orthopedic Associates, P. A. v. Allstate Ins. Co. , 559 U. S. 393 (2010).

进行。

4. 最后判决

综上,联邦最高法院认为,由于本案中的莱什在前两次集体诉讼中都无动于衷,到了诉讼期间届满之后才提起第三次集体诉讼,而美国管道建设公司案中的诉讼时效中止制度并不允许此前没有参与集体诉讼的当事人在诉讼期限届满之后再次提起集体诉讼。因此,联邦最高法院撤销了上诉法院的判决,发回重审。由此看来,莱什的集体诉讼计划怕是要泡汤了!

合并诉讼

霍尔诉霍尔

——合并诉讼是“1+1=1”？

霍尔诉霍尔

Hall v. Hall

——合并诉讼是“1 +1 =1”？

原 案 名：Hall, as Personal Representative of The Estate of Hall and as Successor Trustee of the Ethlyn Louise Hall Family Trust v. Hall et al.

判决日期：2018 年 3 月 27 日

案　　号：16 – 1150

主　　笔：首席大法官罗伯茨(所有大法官一致同意)

判决主旨：被合并的若干诉讼仍然保持其各自的独立性。

判决译述

1. 母子反目，兄妹身陷双案

艾尔莎(Elsa Hall)和塞缪尔(Samuel Hall)同为埃塞林(Ethlyn Hall)的子女，然而两人素来因家庭矛盾不和。起初，身为律师的塞缪尔担任其母的看护人，并在法律方面为其母管理位于维尔京群岛的财产。但是，由于对儿子管理方式的不满，埃塞林与其发生了激烈的争吵。在之后探望女儿艾尔莎的过程中，埃塞林决定设立一个生前信托(inter vivos trust)，并将其所有财产转移至该信托，同时指定艾尔莎为她的继任受托人(successor trustee)。另外，埃塞林还准备搬到佛罗里达州的迈阿密与女儿一起居住。

在前往佛罗里达州之前，2011 年 5 月，埃塞林以其个人身份和生前信托受托人的身份，以违反信义义务(breach of fiduciary)、渎职(legal malpractice)、侵占(conversion)、欺诈(fraud)、不当得利(unjust enrichment)等事由将塞缪尔及其律师事务所告至联邦地区法院(该案以下简称信托案)。后来埃塞林去世,其原告地位由艾尔莎接替。

在艾尔莎继任原告之后,塞缪尔迅速对其提起了诉讼[该案以下简称个人案(individual case)],主张艾尔莎利用其母精神上的脆弱,故意施加精神压力(intentional infliction of emotional distress)、欺诈并恶意干扰(tortious interference)。

最初信托案和个人案分别审理,但是后来联邦地区法院根据《联邦民事诉讼规则》第42(a)节的规定将两案合并(consolidate)审理。最终信托案以艾尔莎的诉讼请求被驳回告终,而个人案判决艾尔莎支付塞缪尔补偿性赔偿金50万美元以及惩罚性赔偿金150万美元。然而,在个人案的判决被书记员登记后,联邦地区法院又赋予艾尔莎重新接受审判的权利,这也使得个人案在地区法院悬而未决。

针对信托案的判决,艾尔莎提出了上诉,然而塞缪尔主张该案不具有可上诉性,因为与其合并审理的个人案仍未解决。第三巡回上诉法院采纳了塞缪尔的意见并驳回艾尔莎的上诉,理由是当两个案件事实上被合并审理时,如果其中一个案件悬而未决,另一个案件即使已经获得最终判决也不能上诉。

对此,艾尔莎向联邦最高法院提起了上诉。

2. 法律模糊,双方各自表述

《联邦民事诉讼规则》第42(a)节规定,如果法院受理的诉讼具有相同的法律问题或事实问题,其可以:(1)参与旁听或审理这些诉讼中的全部或部分争端;(2)合并诉讼;(3)发出任何其他命令,以避免不必要的成本或延迟。

塞缪尔认为,"合并诉讼"在《布莱克法律词典》中是指将两个以上的诉讼合并成一个单一的案件。塞缪尔还指出《联邦民事诉讼规则》实际上是允许两种形式的"合并"的:一种是基于程序目的且只适用于部分程序(extends only to certain proceedings)的合并;另一种是可以基于各种目的的合并,本案即属此列。因此他认为信托案的判决只是中间程序(interlocutory),更多的问题仍待审理个人案时去解决。只有信托案和个人案都审理终结,整个合并之诉才算完整,当事人也才能就此上诉。

艾尔莎当然不同意这种理解。

3. 数案合并,个案保持独立

为了明晰“合并”一词,联邦最高法院采用了历史解释的方法并参考了诸多判例。

首先,判决中提到合并之诉最早由曼斯菲尔德勋爵(Lord Mansfield)在英格兰的有关案件中运用,随后传至美国并在司法实践中扎根。1813 年美国国会通过颁布第一部联邦法律合并法(consolidation statute),授权联邦法院对于具有相似诉因或相近问题的审判程序进行适当调整,并适时合并诉讼,以避免不必要的成本和司法行政的低效。该法中关于合并诉讼规定的效力延续了 125 年,直到 1938 年被《联邦民事诉讼规则》第 42(a)节取代。因此,《联邦民事诉讼规则》第 42(a)节是对 1813 年联邦法律合并法有关规定的继承。

其次,首席大法官罗伯茨指出,在 1813 年联邦法律合并法有关规定发挥效力的 125 年中,其对“合并”一词的解释是:合并是将案件放到一起审判,但不是完全融合(not the complete merger),合并之诉中的每个案件在判决和上诉方面都保留自身的独立性。为此,罗伯茨大法官列举了一系列判例。如在 1852 年的瑞奇案[1]中,联邦最高法院在处理数起被合并的海事案件的上诉管辖权问题时指出,尽管这些案件涉及的赔偿总额已经超过了 2000 美元,但是就单个案件而言其赔偿额并未超过,因此联邦最高法院不能行使上诉管辖权;又如在互惠人寿保险案[2]的上诉过程中,联邦最高法院认为,陪审员的无因强制退席(peremptory challenge)需要分别经每个构成案件的被告确认;再如在 1897 年的斯通案[3]中,联邦最高法院认为,上诉一方斯通针对两个合并案件中的一个提起上诉,效力不能及于另一个案件。

综上,《联邦民事诉讼规则》第 42(a)节关于“合并”一词的解释应当参照

〔1〕 Rich v. Lambert, 12 How. 347 (1852).

〔2〕 Mutual Life Insurance Co. v. Hillmon, 145 U. S. 285.

〔3〕 Stone v. Unitesd States, 167 U. S. 178 (1897).

1813 年联邦法律合并法的有关规定,承认合并之诉中个案在上诉方面的独立性。最终,联邦最高法院推翻了联邦上诉法院关于驳回艾尔莎上诉的判决,并要求其依照联邦最高法院判决的观点审理其上诉。

Chapter 8

第八章　知识产权保护

专利法

SAS公司诉美国专利及商标局
——多方复审程序中的“打包式”审查

SAS 公司诉美国专利及商标局
SAS Institute v. Iancu
——多方复审程序中的“打包式”审查

原 案 名:SAS Institute Inc. v. Iancu, Director, United States Patent And Trademark Office, et al.

判决日期:2018 年 4 月 24 日

案　　号:16 - 969

主　　笔:戈萨奇大法官(首席大法官罗伯茨和肯尼迪、托马斯、阿利托大法官附议;金斯伯格大法官发表异议意见,布雷耶、索托马约尔和卡根大法官附议;布雷耶大法官发表异议意见,金斯伯格和索托马约尔大法官附议,卡根大法官就除第Ⅲ - A 之外的部分附议)

判决主旨:在专利多方复审程序中,专利商标局需要对申请人提出的每一项权利要求进行审查。

判决译述

1. 多方复审程序的前世今生

有时专利制度会面临这样的窘境:一些已授权专利实际上不具有创新性(novel),或者专利持有者拥有了本不应享有的特权。在此情形下,为了使相关当事人能够得到救济,美国国会很久之前即允许其在联邦法院提起挑战专利有效性的诉讼。不仅如此,在晚近的立法中,美国国会还确定了多样的行政救济途径,其中最早的当属单方复核程序(Ex Parte Reexamination)。

包括专利商标局在内的任何人都可以发起单方复核程序。程序启动后,专利权人可回应申请人的申请,而申请人也可针对专利权人的回复做出回应。但是无论申请人是否回应,其之后都不能再次介入复核程序,参与复核的人仅限于专利权人与专利商标局的审查委员。

后来,作为对单方复核程序的补充,美国国会又确立了多方复核程序(Inter Partes Reexamination)。多方复核程序为申请人提供了一种更具对抗性的途径,因为其允许第三方当事人在整个程序中发表意见,而非单方复核那样只有一次发表意见的机会。然而,由于多方复核程序逐渐演变成一种类似于专利商标局主导的纠问式审理(inquisitorial),与行政救济的初衷相背离,所以美国国会于2011 年创设了多方复审程序取而代之。

根据《美国联邦法典》第 35 编第 311 节的规定,要发起多方复审程序,申请人必须提交一份申请(petition),其内容既可以是要求取消某项不具有可专利性的权利要求(claim),也可以是要求取消某项不具有创新性的权利要求。而第312 节、第 313 节规定,申请必须列举出每一项具体的权利要求以及足够的证据,且专利持有者可以对这样的申请作初步回应(preliminary response),以解释为何多方复审程序不应被启动。同时,第 314 节规定,根据申请人和专利持有者提供的材料,专利商标局局长会判断是否至少一项权利要求有被推翻的可能性。若是,则可启动多方复审程序。但是实践中往往是专利商标局的专利听证及复审委员会(Patent Trial and Appeal Board,以下简称委员会)代表局长行使这一职能。

根据《美国联邦法典》第 35 编第 316 节、第 317 节的规定,一旦启动多方复审程序,当事方即参与有关事项的陈述及听证。在程序进行期间,专利所有人可寻求变更或取消一个或多个自身的权利要求,双方也可以通过和解的方式终止程序。但是第 318(a)节规定,如果程序没有被终止,那么委员会需要就申请人提出的所有有关可能不具有可专利性的权利要求做出最终书面决定。

2. SAS 公司的专利大战

本案源于 SAS 公司对复软公司(Complement Soft)的软件专利发起多方复审程序一事。SAS 公司认为,后者的 16 项专利权利要求基于各种原因不具有可专利性,且委员会认为其中至少针对一项权利要求的质疑有可能得到支持,所以启动了多方复审程序。但是,委员会最终的书面决定中只涉及了针对第1项、第3~10项权利要求提出的复审申请,其依据是专利商标局的一项规章赋予了其部分审查(partial institution)的权利。

SAS公司据此向联邦巡回法院提起诉讼,认为《美国联邦法典》第35编第318节要求委员会对于其提出的每一项权利要求都应进行审查,而非只审查其中的一部分。然而巡回法院驳回了SAS公司的请求,故SAS公司向联邦最高法院提起了上诉。

3. 专利商标局需要"打包式"审查

联邦最高法院认为,专利商标局对多方复审程序中所有权利要求的审查具有义务性和全面性(mandatory and comprehensive),理由如下。

首先,从文义解释的角度看,《美国联邦法典》第35编第318(a)节的英文原文为:

> If an inter partes review is instituted and not dismissed under this chapter, the boardshall issue a final written decision with respect to the patentability of any patent claim challenged by the petitioner and any new claim added under section 316(d).

其可以译为:如果根据本章规定提起一项多方复审程序没有被驳回,那么委员会应就申请人提出的任何有关可专利性问题的权利要求以及根据第316(d)节补充的任何新的权利要求作出最终的书面决定。

联邦最高法院的大法官们认为,条文中的"shall"一词表明专利商标局在审查方面不可自由裁量(nondiscretionary);而"any"一词本身就具有全面的意思,置于此语境下则是指申请书中的每一项权利要求,所以第318(a)节应当被解释为委员会需要对申请人提出的每一项权利要求进行审查。

其次,从体系解释的角度看,《美国联邦法典》第35编第311节规定的是"发起一项多方复审程序的申请"(a petition to institute an inter partes review),而没有规定专利商标局可以发起这一程序。如果美国国会真的希望赋予专利商标局决定自身审查内容的权力,其完全可以仿照第 303(a)节关于单方复核程序的规定。故最终美国国会选择建立一种当事人主导的(party-directed)而非机构主导的(agency-led)行政救济途径,专利商标局的决定权应受到限制。另外,第 314(b)节规定了专利商标局可以"根据申请决定是否启动一项多方复审程序"(whether to institute an inter partes review ... pursuant to a petition)。"Whether"和"pursuant to"两词表明专利商标局在行使这种启动权时只能针对整体申请在"是"或"否"中二选一,而不能针对每一项权利要求分别判断是否将其纳入多方复审程序。换句话说,专利商标局需要对申请人的申请"打包处理"而不能"拆分处理"。同理,在进入审查之后,专利商标局也不应享有部分审查的权力,而应当对所有申请进行全面审查。

尽管专利商标局在庭审中还从政策考量的角度提出部分审查可以提高行政效率,但是联邦最高法院明确指出立法前的政策考量是国会的职责,联邦最高法院自身只需针对国会已制定的法律进行判断。而在此案涉及的条款下,国会的法律显然应当被解释为:申请人提出的每一项权利要求都应当包含在多方复审程序的最后决定中。

4. 关于"打包式"审查的不同声音

实际上本案最终判决只得到了 5 名大法官的支持,还有 4 名大法官持有与此不同的意见。异议意见主要集中在以下几点:(1)专利商标局的部分审查的确可以排除那些缺乏依据的申请内容,从而节省行政资源。(2)由于专利商标局不一定要启动多方复审程序,所以如果专利商标局在审查是否启动该程序时作出了否定的决定,那么申请人的申请无一会得到审查。故专利商标局在审查程序中对权利要求进行取舍更有利于程序的启动,也更有利于申请人的权利得到实现。(3)当条文出现模棱两可时,应允许有关机构制定相应规范以指导合理实现条文目的。

从本案也可以看出,法律解释是一项复杂的工作,即使联邦最高法院的大法官也会对寥寥数字的条文展开完全不同的理解。而由于 5∶4 的微弱优势,恐怕美国专利商标局在今后的多方审查工作中要付出更多的精力。

Chapter 9

第九章　经济法

金融证券

数字房地产信托公司诉萨默斯
Digital Realty Trust, Inc. v. Somers
——检举的人未必是检举人

原 案 名:Digital Realty Trust, Inc. v. Somers

判决日期:2018 年 2 月 21 日

案　　号:16 - 1276

主　　笔:金斯伯格大法官(首席大法官罗伯茨和肯尼迪、布雷耶、索托马约尔、卡根大法官附议;索托马约尔大法官发表协同意见,布雷耶大法官附议;托马斯大法官发表协同意见,阿利托、戈萨奇大法官附议)

判决主旨:《多德—弗兰克华尔街改革和消费者保护法》中对"检举人"提供了反报复保护条款,然而这里的"检举人"必须是已向证券交易委员会揭发了所谓违法行为的个人。

判决译述

1. 来龙去脉

萨默斯(Paul Somers)自 2010 年至 2014 年担任数字房地产信托公司(以下简称数字公司)的副总裁。其间,萨默斯曾向公司高管报告了公司有违反《证券法》的行为,但是之后就被公司解雇了。在他被解雇之前,他并没有将此事告知证券交易委员会。

被解雇后,萨默斯起诉了老东家,称其违反了一系列法律,包括《多德—弗兰克华尔街改革和消费者保护法》(以下简称《多德—弗兰克法》)中的反报复条款(anti-retaliation provision),该条规定,雇主不可以因雇员有合法检举行为,直接或间接在职业方面歧视雇员,如解雇雇员,使雇员降级,或以其他方式歧视雇员。前述"合法检举行为"包括:(1)根据该法规定向证券交易委员会提供信息;(2)向证券交易委员会提供信息以协助发动调查,或在证券交易委员会已启动的调查中作证或予以协助;(3)根据《萨班斯—奥克斯利法》(Sarbanes-Oxley)、1934 年《证券交易法》、《美国联邦法典》第 18 编第 1513(e)节或其他在证券交易委员会管辖范围内的法律进行披露。因此,如果萨默斯基于该反报复条款的诉求得到法院的支持,公司就不得解雇他。

数字公司辩称,反报复条款并不适用于本案,因为该条款中的"检举人"(whistleblower)是指事先将违反《证券法》的行为报告给证券交易委员会的人。但是萨默斯没有将公司所谓的违法行为报告给证券交易委员会,所以他并不是法条中所定义的"检举人",因此不能获得相应的保护。

那么,是否只有将相关信息先报告给证券交易委员会的检举人才能获得反报复条款的保护呢?

2. 下级法院:所有检举人都应受到保护

初审法院驳回了数字公司的动议,第九巡回上诉法院维持了初审法院的决定,认为《美国联邦法典》第 15 编第 78u - 6(h)节并不要求"检举人"必须将信息报告给证券交易委员会。第九巡回上诉法院主要遵循了第二巡回上诉法院在 2015 年审理的一起案件中的观点。当时第二巡回上诉法院认为,该条款对于"检举人"的规定并不明晰,因而适用了美国雪弗龙公司案[1]对该条款的解释,并得出结论:该条款适用于所有披露违反《证券法》行为的个人,无论他是向内部报告还是向证券交易委员会报告。

3. 联邦最高法院:并非所有检举人都能受到保护

案件上诉到联邦最高法院。大法官们对于如何定义"检举人"进行了激烈

---

〔1〕 Chevron U. S. A. Inc. v. Natural Resources Defense Council, Inc., 467 U. S. 837 (1984).

讨论。

(1)遵循法条的明确定义

大法官们首先回顾了伯吉斯案[1]中确定的以下原则:若某法条中有关于某词语的明确定义,即需遵循这一定义,即使该定义与该词通常的含义不同也在所不论。《美国联邦法典》第15编第78u-6(a)节规定,其对于"检举人"的定义应当适用于整个第78u-6节。因此法院认为,在解释第78u-6(h)节中反报复条款的"检举人"一词时,应该遵循第78u-6(a)节对于"检举人"的定义。

《美国联邦法典》第15编第78u-6(a)节中对"检举人"的定义首先阐述了谁有权获得保护——"向证券交易委员会"提供相关信息的"检举人"。[2] 第78u-6(h)节中的3款随后阐述了"检举人"的什么行为可以受到保护:

第一,根据第78u-6节的规定向证券交易委员会提供信息的行为;

第二,根据第78u-6节向证券交易委员会提供信息以协助发动调查,或在证券交易委员会已启动的调查中作证或予以协助的行为;

第三,根据《萨班斯—奥克斯利法》、1934年《证券交易法》、《美国联邦法典》第18编第1513(e)节或其他在证券交易委员会管辖范围内的法律进行披露的行为。

只有当检举人的行为满足上述条件时,他才能获得《多德—弗兰克法》所提供的保护。但前提条件是他必须属于《美国联邦法典》第15编第78u-6(a)节中规定的"检举人"。

(2)《多德—弗兰克法》的目的辨析

国会于2002年通过的《萨班斯—奥克斯利法》,以及2010年通过的《多德—弗兰克法》,目的都是规范公司和证券市场,所以二者都规定不得对检举证券违法行为的检举人进行报复。但是在一些重要的方面,二者有不同之处。

首先,二者背后的立法目的不同。《萨班斯—奥克斯利法》的目的是通过提

---

[1] Burgess v. United States, 553 U.S. 124 (2008).

[2] 第78u-6(a)(6)节原文:"The term 'whistleblower' means any individual who provides..., information relating to a violation of the securities laws to the Commission, in a manner established, by rule or regulation, by the Commission."

高公司披露的准确性和可靠性,从而保护投资者。因此,该法保护的不仅仅是向证券交易委员会报告的检举人,也包括向其他联邦机构、国会或者公司内部高管报告的检举人。但在《多德—弗兰克法》中,检举人制度最核心的目的是激励知晓违反证券法行为的个人向证券交易委员会检举该类行为,以帮助证券交易委员会实现监管目的,所以《美国联邦法典》第15编第78u-6节还规定了给予检举人金钱奖励的制度。由于检举人可能会担心随之而来的报复,因此第78u-6节在规定的奖励制度之外,还规定了反报复条款。

其次,二者所提供的救济途径不同。首先,《萨班斯—奥克斯利法》不仅要求穷尽行政救济,还另外规定了180日的提起行政诉讼的期限。然而《多德—弗兰克法》允许检举人直接在联邦地区法院起诉,且诉讼期限为6年。

最后,《多德—弗兰克法》要求法院对胜诉原告赔偿2倍的工资补偿(附利息),但《萨班斯—奥克斯利法》只要求赔偿1倍工资(附利息)。

(3)对检举人定义的结论

萨默斯认为,法条中有关"检举人"的定义仅适用于其中的奖励机制,而不适用于反报复机制。他认为,在解释反报复机制中的"检举人"定义时,应该适用"检举人"一词的"通常含义",按照通常含义,当然不要求检举人必须向证券交易委员会报告。另外,他还提出,法条的狭义"检举人"定义会损害《美国联邦法典》第15编第78u-6(h)节第3款规定的法意。但是法院认为,第78u-6(h)节第3款保护的是同时向其他机构和证券交易委员会检举并因此受到报复的检举人。另外,第3款的另一目的在于免除检举人的举证责任:检举人无须解释报复是因内部报告还是向证券交易委员会披露造成,即可获得保护,因为如果是因内部报告受到报复,其可依据第3款的规定获得保护;如果是因向证券交易委员会披露受到报复,其可依据第1款的规定获得保护。法院还认为,即使按照法条定义解读"检举人"会使第3款保护的检举人数量大幅减少,法院也必须适用法条对"检举人"的明确定义。

另外,萨默斯还提到了审计员、律师以及其他在对外披露之前必须向内部报告信息的检举人。他认为,法院的解读会损害这部分人的利益。但是法院认为,只要他们在内部报告之后立马向证券交易委员会报告,就会得到《多德—弗兰克法》所提供的保护。另外,由于《萨班斯—奥克斯利法》已经为他们提供了充分的保护，所以国会在制定《多德—弗兰克法》时，很有可能已经考虑到这一点。

萨默斯还提出，如果采用"检举人"的法条定义，就会导致完全一样的违法行为是否受到惩罚完全取决于检举人是否向证券交易委员会做出检举。但是法院在此再次提到了《多德—弗兰克法》的核心目的，即"激励知情人向证券交易委员会检举违法行为"。因此，无论是《多德—弗兰克法》规定的奖励机制还是反报复保护机制，都只适用于向证券交易委员会检举违法行为的检举人。

萨默斯还提出，如果按照《美国联邦法典》第 15 编第 78u－6(a)节对"检举人"的定义以及其前东家对法条的解读，即使报告给证券交易委员会的违法行为与使检举人遭受报复的内部信息披露之间不存在实时的联系，检举人也可以受到保护，这就非常反常了。他还举了一个例子："假设某公司员工在 2017 年向其高管报告了公司的会计欺诈行为，之后因此被解雇，但如果他在 2012 年时向证券交易委员会报告了前雇主的内部交易行为，那么他就可以基于他 2012 年向证券交易委员会的报告行为起诉他现任雇主在 2017 年解雇他的行为。"但是法院认为对上述假设无须深究，因为上述假设与本案关联不大。另外，法院指出，如果接受了萨默斯对"检举人"的定义，会出现一个更加严重的问题。因为他的定义不要求"检举人"将相关违法行为报告给证券交易委员会，那么即使一个人报告的违法行为与《证券法》无关，《多德—弗兰克法》也需要对其进行保护，这显然违反了此法的初衷。

萨默斯认为，采取法条的定义会损害《美国联邦法典》第 15 编第78u－x6(h)(1)(A)节第 2 款的法意，这一款保护的是根据法条向证券交易委员会提供信息以协助证券交易委员会发动调查，或在已启动的调查中作证或予以协助的检举人。如果采取了法条对"检举人"的定义，那么某位雇员如果没有通过网络或其他书面形式向证券交易委员会检举，只在调查中配合作证，该雇员就不受第 2 款的保护。法院则认为，法条明确授权证券交易委员会规定检举人向证券交易委员会提供信息的方式，证券交易委员会完全可以把"作证"的形式规定为提供信息的方式之一。因此，萨默斯提到的问题并不会发生。

最后，联邦最高法院撤销了上诉法院的判决，将其发回重审。

美德管理集团诉 FTI 咨询公司

Merit Management Group v. FTI Consulting

——利用银行作为通道进行交易的公司能适用安全港条款吗?

原 案 名:Merit Management Group, LP v. FTI Consulting, Inc.

判决日期:2018 年 2 月 27 日

案　　号:16 – 784

主　　笔:索托马约尔大法官(全体大法官一致同意)

判决主旨:当财产以银行为通道完成转让,而破产管理人为债权人利益主张撤销这一转让交易时,仅需要考虑这一相关转让是否符合证券安全港例外条款,而不必考虑中间涉及银行通道的那部分转让交易的性质。

判决译述

1. 破产前转移财产可能被撤销!

经常有企业眼见要资不抵债了,赶紧把财产转移出去,或者一些企业将大部分财产转移出去后,造成资不抵债的状况,然后去法院申请破产保护,希望借此摆脱债务负担。这一类财产转移常被认定为非法转移。美国《破产法》(the Bankruptcy Code)第 5 章就授权破产程序中的破产管理人(亦称破产受托人,以下简称受托人)可以撤销由债务人主导的,或者与债务人的利益相关的财产转让交易,以达到可以分配给债权人的破产财产最大化的目的。

其中与本案相关的《美国联邦法典》第 11 编第 548(a)节规定,受托人可以撤销某些目的为欺诈性转移债务人财产利益的交易。其中欺诈性转移包括事实上的欺诈性转移和推定的欺诈性转移,前者是指实际目的是阻碍、延迟偿付或欺诈债权人的财产转让交易;后者是指债务人收取的对价低于合理价值的财产转让交易,且债务人在发生该等交易之日处于资不抵债状态或者因该等交易而陷入资不抵债状态。

如果某财产转让交易被依此撤销,《美国联邦法典》第 11 编第 550 节规定了受托人可以从谁手上收回被转移出去的财产或者等额价款,并将其归还到破产财产中,其中包括该等交易的最初受让人或从中获益的机构,或者这些最初受让人的任何直接或中间受让人(immediate or mediate transferee of such initial transferee)。

2. 破产前转移财产都会被撤销吗?

受托人的撤销权(avoiding powers)并非没有限制。破产法分别规定了这些撤销权行使的时效限制、基于政策的限制、向宗教或慈善组织的捐赠限制等,其中与本案相关的是“证券安全港”条款。

美国国会在 1978 年规定了证券安全港条款后,不断对其适用范围进行扩大,最终形成的安全港规则[《美国联邦法典》第 11 编第 546(e)节]如下:

> ……受托人不得撤销在破产程序开始之前,由或向商品经纪人、远期合约商、证券经纪人、金融机构、金融参与者或证券结算机构所作出的,或为其利益所作出的,由本编第 101 节、第 741 节或第 761 节所界定的保证金支付(margin payment),或者由本编第 101 节或第 741 节所界定的结算支付(settlement payment),也不得撤销由或向商品经纪人、远期合约商、股东、金融机构、金融参与者或证券结算机构,或为其利益所作出的,与第 741(7)节所界定的证券合约(securities contract)、第 761(4)节所界定的商品合约(commodity contract),或远期合约(forward contract)相关的转让交易,但构成本编第 548(a)(1)(A)节下的实际欺诈转让的除外。

在金融合约的债务人陷入破产时,受托人有可能选择对破产财产有利的合约继续履行,而撤销那些无利可图的合约。如果没有安全港规则,金融市场会遭受系统性的清偿危机甚至瘫痪。

然而,这并不意味着所有的金融合约都不能被撤销。上述安全港规则中的最后一款规定了例外的例外,即如果符合证券安全港条款要求的财产转让交易构成了实际欺诈转让,则安全港条款不适用,该交易可以被撤销。本案就涉及对这一条款的争议。

3. 想搞轻驾马车赛得先有许可证!

在宾夕法尼亚州,轻驾马车赛(harness racing)是一个被严格监管的行业,要求有许可证才能经营,且州内对许可证实行严格的数量管制。

2003 年度只剩下一个许可证,却有两家企业竞争,其中山谷风景(Valley View Downs)是一家有限合伙企业,贝德福德(Bedford Downs)是一家公司,二者都想要这个许可证来开办一个赛马赌场。然而,2005 年,州轻驾马车赛委员会拒绝了两家的申请,为此他们还提起了诉讼,宾夕法尼亚州最高法院于 2007 年支持了州轻驾马车赛委员会的决定,但是允许双方重新申请许可证。

最终,两家企业决定变竞争为合作,双方签订了一项协议,根据该协议,贝德福德退出竞争,由山谷风景单独申请。如果山谷风景能获得最后一个轻驾马车赛许可证,则该企业将以 5500 万美元购买贝德福德的全部股票。

后来,山谷风景如愿以偿取得了许可证,于是依照约定,安排瑞士信贷开曼群岛分行(以下简称瑞士信贷)向第三方托管代理宾夕法尼亚公民银行(以下简称公民银行)汇款 5500 万美元。贝德福德的股东,包括美德管理集团有限合伙(Merit Management Group, LP),将其股票凭证存入托管。

交易结束时,山谷风景收到了贝德福德的股票凭证。2007 年 10 月,公民银行向贝德福德的股东们支付了 4750 万美元,余下的 750 万美元根据约定仍放在公民银行托管。在约定的持有期结束后,公民银行于 2010 年 10 月将这笔钱最终打给贝德福德的股东们。其中美德集团从该交易中共收到了大约 1650 万美元。

交易结束的文件上明确写明山谷风景是“买方”,贝德福德的股东们是“卖方”,而 5500 万美元是“购买价款”,似乎一切圆满。

4. 赛马赌场没开成,破产了!

后来,山谷风景没开成赛马赌场,反而与其母公司——人马有限责任公司(Centaur, LLC,以下简称人马公司)依法申请了破产保护。破产法院同意了重组计划,随后指派 FTI 咨询公司(以下简称 FTI)作为人马公司诉讼信托的受托人。

FTI 接手后,开始调查山谷风景的资产情况,发现了山谷风景为购买贝德福德股票而支付给美德集团 1650 万美元的交易,认为上述转让属于《破产法》第 548(a)(1)(B)节中所定义的推定欺诈(constructively fraudulent)。因为山谷风景在购买贝德福德股票之时已经资不抵债,且所付价款严重超高。FTI 随即向伊利诺伊州北区联邦地区法院提起诉讼,试图撤销该笔交易。

美德集团辩称证券安全港规则禁止 FTI 撤销该笔交易,因为该转让交易是“由或向”符合条件的“金融机构”——瑞士信贷和公民银行——“为其利益所作的结算付款”。

州初审法院认为有道理,判定该交易不应被撤销。然而联邦第七巡回上诉法院不同意这一主张,撤销了州初审法院的判决,认为安全港规则并不保护这一类金融机构仅仅作为通道的转让交易。

案件上诉到联邦最高法院。由于各巡回上诉法院的观点不一致,联邦最高法院决定调卷复审。

5. 银行只作为通道,证券安全港条款适用吗?

摆在联邦最高法院大法官们面前的问题是:山谷风景与美德集团之间的转让交易是否属于“由或向一家……金融机构(或为其利益)而作出的转让”? 如果是,则适用证券安全港例外条款,这笔交易不得撤销。如果不是,则证券安全港例外条款不适用,受托人可以撤销这笔交易,美德集团必须将 1650 万美元还给受托人 FTI。

当事人和下级法院将其注意力集中于《美国联邦法典》第 11 编第 546(e)

节安全港规则中使用的“由或向(或为其利益)”几个字的定义上,以及法律是否要求为了得到证券安全港条款的保护,“金融机构”或其他符合条件的机构必须对所转让财产持有利益,或者拥有控制和支配权。

然而联邦最高法院的大法官们认为,这样做本末倒置了。在确定上述问题之前,法院必须首先确定该案中的相关转让,即受托人主张撤销的那笔转让交易到底是什么,这才是本案当事人所争议的问题。

事实上,这笔山谷风景向美德集团的转让由三笔交易组成:山谷风景→瑞士信贷→公民银行→美德集团。FTI 要求法院撤销的“相关转让”是山谷风景→美德集团的转让。

然而,美德集团认为,“相关转让”不仅应包括从山谷风景向美德集团点对点的转让,还应包括其所有组成部分,即瑞士信贷向公民银行,与公民银行向美德集团的转让。由于这些转让包含了由或向金融机构的交易,因此,证券安全港条款可以适用,该交易不应被撤销。

FTI 认为,与证券安全港条款相关的唯一交易是山谷风景与美德集团之间1650 万美元的转让交易。这也正是受托人试图撤销的那笔转让。由于该转让并非“由或向,或者为金融机构的利益”进行的转让,所以安全港规则不能适用。换句话说,FTI 认为实际转让交易只发生在山谷风景与美德集团之间,银行只起到通道作用,因此,证券安全港条款不适用,该交易可以被撤销。

联邦最高法院同意 FTI 的观点,认为证券安全港条款本身的语言、该语言适用的具体语境,以及宽泛的法条结构,均支持这一结论,即与证券安全港条款相关的转让,是受托人依法试图撤销的、最首要的转让,并不包括其他组成部分。

那么,大法官们是如何得出这一结论的呢?

(1)文本解读

大法官们首先从安全港规则的文本语言及其特定的语境来解读。最后一句“除非根据本编第 548(a)(1)(A)节的规定”,说明考虑的重点是受托人所试图撤销的转让。如前所述,这一句但书创建了一个例外的例外,即“受托人不能撤销”符合交易与条件标准的“转让”,“除非”该转让根据《美国联邦法典》第 11 编第 548(a)(1)(A)节属于实际上的欺诈性转让。这种例外情形应当适用于受托人所试图撤销的整体转让,而非该转让的任何组成部分。另外,从第 546 节的小标题——“撤销权的限制”上也可以看出,受托人试图撤销的转让与根据安全港规则免于撤销的转让之间的联系非常密切。

法条的其他部分也确认了上述理解。《美国联邦法典》第 11 编第 546(e)节具体规定,“受托人不可撤销”的转让,可以“是”“结算支付”,也可以是“与证券合约有关”的“转让”,不是涉及上述内容的转让,也不是包含上述内容的转让,而就是第 546(e)节所涵盖的属于证券交易的转让。该条款明确将受托人根据其他条款可以撤销的转让,等同于在安全港规则下,受托人不能撤销的转让。换句话说,第 546(e)节规定,根据其他条款可以被撤销的转让,其本身只有符合证券安全港条款标准的转让,才能获得证券安全港条款的保护。

(2)结构解读

接下来,大法官们又从安全港规则的结构进行分析。法律既建立了撤销转让的机制,也建立了安全港规则。因此,根据安全港规则,只有将相关转让视为受托人根据其撤销权所试图撤销的转让,才是合乎逻辑的。

《破产法》第 5 章中的实质性撤销条款详细规定了某转让交易达到什么标准才可以被撤销。美德集团承认,这些条款主要集中于可能被撤销的转让的特点。受托人被赋予了这些撤销权,他们必须向法院证明其试图撤销的转让符合这些条款中所规定的特点。因此,受托人无权自行选择如何对其试图撤销的转让进行定义。FTI 本身也承认,其作为受托人的权利并非绝对。

因此,在受托人提起撤销转让交易的诉讼并指出其试图撤销的那笔转让交易之后,被告就有权证明受托人未能根据法律正确识别可撤销的转让,如转让的组成部分发挥了重要的作用。但是,如果受托人正确地识别了哪笔转让交易可以撤销,法院在考虑撤销权的限制时,就没有理由再检查该转让交易的组成部分的相关性。

在本案中,FTI 确定其所要撤销的转让就是山谷风景从美德集团处购买贝德福德股票的交易。贝德福德并不认为 FTI 认定从山谷风景到美德集团的转让是要撤销的转让这一识别是错误的,而是关注 FTI 是否可以在适用安全港规则时“忽略”该转让的组成部分。在这种情况下,瑞士信贷与公民银行所参与的交易部分对于证券安全港条款的适用分析无关,重点必须放在受托人试图撤销的转让上。

联邦最高法院在 1996 年的芒福德案[1]中认为,安全港规则不适用于金融机构仅作为中介的转让。国会于 2006 年在《美国联邦法典》第 11 编第 546(e)节中增加了括号里的“或为其利益”几个字,美德集团认为国会增加这几个字是为了废除芒福德案。所以本案中,瑞士信贷或公民银行即便仅充当通道而没有受益,也满足安全港规则标准。

然而,联邦最高法院认为,以上主张没有任何法条或立法历史可以支持。“或为其利益”是个很常见的词组,增加该词只是为了确保安全港规则的范围和撤销权的范围相匹配。

美德集团还指出,国会将证券清算机构也作为符合条件的机构写入证券安全港条款,而证券清算机构被定义为与证券交易相关的支付与交付的中介机构。因此,美德集团认为证券安全港条款必定是保护中介机构的,无论转让中是否有任何利益存在。如果受托人试图撤销的转让是“由”或“向”一家证券清算机构所做的,那么证券安全港条款则禁止撤销该转让,无论该机构是否仅充当中介。另外,如果该转让就证券清算机构而言是“为其利益”而为,即便该交易并非“由”或“向”该机构所做,该证券安全港条款也禁止撤销该转让。法院同意这种解读。

最后,美德集团认为,从制定安全港规则的目的考虑,应采取宽泛的解释,即国会并不在意交易的性质,而更关心投资者的身份及其投资方式。然而,联邦最高法院不以为然。国会在证券安全港条款中提到了“由”或“向”符合条件的机构所作的转让,却并未提到“通过”(through)符合条件的机构所作的转让。因此,大法官们认为不需要偏离该安全港条款的平白的语言去探求立法目的。

综上所述,法院认为,为证券安全港条款目的所进行的“相关转让”与受托人试图撤销的转让是同一个。将这种理解适用于本案,结果不言而喻。受托人 FTI 试图撤销的转让是山谷风景向美德集团转让的 1650 万美元交易,其并未试图撤销整体交易中的各部分交易。因此,在确定《美国联邦法典》第 11 编第 546(e)节的安全港规则是否能使某交易从被撤销的命运中挽救回来时,法院必须

---

[1] In re Munford, Inc., 98 F.3d 604 (1996).

考虑总体的转让,以评估其是否符合安全港规则标准。由于当事人并未主张山谷风景或美德集团是“金融机构”或者是其他符合条件的机构,因此,它们之间的转让不属于证券安全港条款范围,可以被撤销。

本案维持原判,发回重审,且须根据联邦最高法院的意见进行审理。

威斯康星中心公司诉美国

Wisconsin Central Ltd. v. United States

——股票不是金钱

原 案 名:Wisconsin Central Ltd. , et al. v. United States

判决日期:2018 年 6 月 21 日

案　　号:17 - 530

主　　笔:戈萨奇大法官(首席大法官罗伯茨和肯尼迪、托马斯、阿利托大法官附议;布雷耶大法官发表异议意见,金斯伯格、索托马约尔和卡根大法官附议)

判决主旨:根据法律在国会通过时的通常含义,员工股票期权不构成“金钱报酬”,因此其不属于相关税法项下的应税“补偿”。

判决译述

1. 纠纷因“钱”而起

20 世纪 30 年代,美国国内的高速公路网络尚未建立,私营铁路公司承担起支撑国内工商业发展的支柱,并为大量美国人创造了就业机会,但随之而来的经济大萧条令相关铁路运营行业的养老基金系统濒临破产边缘。为应对该危机,美国国会于 1937 年通过了《铁路退休税法》(Railroad Retirement Tax Act,以下简称《退休税法》),对私营铁路公司员工养老计划进行规范。根据《退休税法》的规定,私营铁路公司及其员工应就其员工收入所得纳税,相应地,联邦政府须向该等员工提供较其他行业社保待遇更优厚的养老金待遇。

《退休税法》通过时,铁路公司给予员工的福利报酬不仅有金钱,还包括食品、住房、火车票及类似非金钱类福利,而铁路公司在员工退休计算养老金的过程中通常不考虑将非金钱类福利包含在内。因此,彼时国会未将非金钱类福利计入法定养老金计划,亦未将该等福利计作应税收入,而将征税范围限于员工“补偿”(compensation),并将“补偿”范围限定为“任何形式的金钱报酬”(any form of money remuneration)。

作为特定历史条件下的特定产物,《退休税法》至今仍有效,但其现今的适用却产生了问题。为激励员工积极性,一些铁路公司在员工中开展股权激励计划。本案申请人威斯康星中央有限公司等铁路公司(以下简称铁路公司)就施行了较为典型的股权激励计划,即员工可选择:(1)以自有资产购买公司股票并作为投资长期持有;(2)购买公司股票,但立即出售其中一部分作为对整个购买交易的融资;(3)以期权价格购买股票,并立即以市场价格出售而赚取差价。

本案中,被告美国政府主张,由于这些股票期权可以很容易地被转换为金钱,因此属于“金钱报酬”,构成《退休税法》项下的应税“补偿”,应当依法缴税。然而,铁路公司及其员工主张股票期权不属于“金钱报酬”,并提请法院注意国会在《退休税法》通过当时的实践中并未将非金钱类福利纳入养老金计划的范围。

联邦第七巡回上诉法院支持了美国政府的主张,原告铁路公司不服,遂上诉至联邦最高法院。

2. 问世间“钱”为何物

作为本案的核心争议,联邦最高法院须对本案的核心术语——“金钱报酬”作出解释。

根据联邦最高法院在1979年审理的佩兰案[1]的判决,在解释法律某一特定词汇时,联邦最高法院会采用该词汇“在国会通过该法律当时的通常意思”来解释。鉴于《退休税法》是1937年通过的,联邦最高法院的大法官们参阅了当时版本的《韦氏词典》、《牛津英语词典》、《布莱克法律词典》及联邦最高法院于

〔1〕 Perrin v. United States, 444 U. S. 37 (1979).

1954 年审理的铁路快运机构案[1]的判决后认定,“金钱”(money)这个词在1937 年《退休税法》中的通常意思为“权威机构颁发的、作为交换介质”的货币。显然,股票期权不符合这样的定义。虽然股票可以用金钱买卖,但其通常不会被视作是一种交换介质,即普通人不会用股票来衡量货物或服务的价值,也不会用股票来买菜或付房租。

在“金钱”后增加“报酬”(remuneration)一词,亦未改变这一短语的含义。诚然,“报酬”不仅包括金钱,还包括其他种类的回报或补偿,但在“金钱报酬”这个短语中,“金钱”这个形容词限定了应税的“报酬”仅限于“金钱”,而“报酬”本身并未扩展“金钱”的含义。法条规定就“任何形式的金钱报酬”应纳税,表示国会的意图是就雇主公司可能选择的多种形式的金钱补偿(无论是硬币、纸币、支票、电汇还是类似形式)应当缴征税款,而无法证明国会的意图是就包括股票在内的非金钱形式补偿征税。

联邦最高法院还参考了其他相关法条来支持该观点。例如,1939 年的《国内税收法》(Internal Revenue Code)将“金钱”与“股票”区分为不同定义。又如,同一届国会通过的姊妹法《联邦保险捐税法》(Federal Insurance Contributions Act)就包括针对“以任何非现金介质支付”的福利在内的“所有报酬”征缴税款。由此可见,制定这些养老金法律的国会清楚地知晓“现金”与“所有”形式的报酬间的区别。联邦最高法院认为,应尊重当时国会在对铁路行业养老金涉及该术语时所选择的狭义解释,而非无视这种选择。

另外,美国国家税务局(the Internal Revenue Service,20 世纪 30 年代的名称为 the Bureau of Internal Revenue,以下简称国税局)当时似乎也支持该观点。在《退休税法》颁布后不久,国税局于 1938 年颁布了一项法规,其提到《退休税法》可就“金钱或可用作替代金钱的其他形式的所有报酬”征缴税款,如“工资、薪金、佣金、收费、奖金”等,但该法规没有任何条款表明可就股票征税。尽管该法规也提到“兑换券”(scrip)及“订货券”(merchandise order)属于应税交换介质,并且联邦最高法院的大法官们也认可所谓“兑换券”有时也可涵盖股票的含义,但即便如此,在 1938 年国税局颁布该法规时,“兑换券”的通常含义并不包

---

[1] Railway Express Agency, Inc. v. Virginia, 347 U. S. 359 (1954).

含股票。正如美国政府在上诉法院审理时也承认,当时“兑换券”的通常含义为公司颁发的、员工可用于在公司商店替代现金购买商品的凭证。

3. 原来此“钱”非彼“钱”

作为被告方的美国政府及联邦最高法院持少数派意见的大法官们提出了一些反对观点,而多数派意见的大法官们也相应地作出了回应。

美国政府主张,虽然金钱报酬通常指的是以普遍使用的交换介质作为形式的报酬,但其定义有时也可作扩大解释,即包含任何形式的可转换为金钱,或具有可用金钱衡量价值的财物。少数派意见的大法官们支持这一观点。但多数意见的大法官们主张,虽然“金钱”这一词语“有时候”可以作扩大解释使用,但并不意味着在法律通过当时(甚至现今)其“通常”(ordinarily)被如此使用,并通过《退休税法》本身及铁路退休董事会(the Railway Retirement Board)的解释文义做了反驳,认为无论是从这些法规本身解释字面还是从上下文结构内容去理解,其均清晰表明“股票”的含义不同于“金钱”。

联邦最高法院最后还讨论了上诉法院的一个论点,即从现实角度出发,法律规定的应税福利是否确应包含股票。大法官们认为,法律一旦成文,即应得到理解并遵守,若存在不确定,或者其含义会因不同时代的法官一时兴起的解释而改变,则成文法律会变得毫无意义。这正是“法律用语的含义通常应以国会通过相关法律当时的惯常通用含义为准”这一法律解释基本原则之意义。国会作为立法机构,本身具有根据社会新问题和大众新倾向修订法律的能力和权力,因此除非国会决定行使该权力来修订某一法律,否则公众仍应充分尊重成文法律的原有含义。

对于联邦最高法院少数派意见的大法官们提出的多数派意见是否会将“金钱”的含义禁锢在20世纪30年代的“时间翘曲”中的担心,联邦最高法院多数派意见的大法官们认为大可不必。因为虽然每一法律原文的“含义”(meaning)在其通过时已确定,但其“适用”(application)仍可与时俱进。虽然“金钱”在法律中始终指一种“交换介质”,但“交换介质”在现实中包含哪些形式则须依当时的情况而定。被告方和少数派意见的问题并非源于1937年股票及股票期权还不常见,而在于当时乃至现今,股票期权仍未被视为一种交换介质。

综上所述,联邦最高法院认定,铁路公司员工股票期权不构成“金钱报酬”,因此其不属于《退休税法》项下的应税“补偿”。联邦第七巡回上诉法院的判决被驳回,案件被发回,将基于联邦最高法院的意见重审。

破产法

美国银行诉湖边村公司

U. S. Bank v. The Village at Lakeridge

——重整计划邂逅“浪漫关系”

原 案 名:U. S. Bank N. A., Trustee, by and through CWCapital Asset Management LLC v. Village at Lakeridge, LLC

判决日期:2018 年 3 月 5 日

案　　号:15 - 1509

主　　笔:卡根大法官(全体大法官一致附议;肯尼迪大法官附议并发表协同意见;索托马约尔大法官发表协同意见,肯尼迪、托马斯、戈萨奇大法官附议)

判决主旨:根据破产法,当有债权人不同意重整计划时,只要其他债权人同意,债务人可以强制异议债权人接受重整计划,前提是其他债权人不能是债务人的“内部人”。与债务人之间有情侣关系并不必然导致债权人成为债务人的内部人。

判决译述

1. 合意重整与强制重整

湖边村公司(Village at Lakeridge LLC)是由 MBP 权益合伙人(MBP Equity Partners,以下简称 MBP)全资拥有的一家公司,其在经营中分别拖欠美国银行(U. S. Bank)和 MBP 1000 万美元和 276 万美元的到期债务,于 2011 年依据美国《破产法》第 11 章提出破产重整申请。

摆在湖边村公司面前的有两种选择。一是制定一个能取得当事方完全同意的“充分合意”计划。然而,当湖边村公司提出了一个要求上述两个主要债权人都做出让步的重整计划时,美国银行不同意,所以,合意重整计划落空了。

随后湖边村公司选择了第二种做法,即“强制接受”(Cramdown)计划,强迫不同意重整计划的一方债权人(美国银行)接受该重整计划。根据法律要求,只要另一需要做出让步(接受损失)的债权人同意此计划,法院就会批准。然而重点是,这个同意重整计划的另一方债权人一定不能是债务人的“内部人”,否则该同意无效。

2. 内部人与外部人

破产法规定,内部人包括该实体的任何董事、高级管理人员或“控制人”。在本案中,同意重整方案的债权人是湖边村公司的唯一股东 MBP,完全满足“控制人”标准,因此其是债务人的内部人,所以强制接受计划不能适用,法院不能越过另一主要债权人美国银行的反对,强迫它接受重整方案。如此一来,重整受挫,湖边村公司面临着被清算的风险。

难道 MBP 就束手无策,眼看着子公司灰飞烟灭吗?天无绝人之路,MBP 还可以转移债权啊!

于是,MBP 的董事巴特莱特(Kathleen Bartlett)将 MBP 对湖边村公司的 276 万美元债权以 5000 美元的价格转移给一个退休的外科医生拉布金(Robert Rabkin),作为债权的新持有人。之后,拉布金同意了湖边村公司的重整计划,因为他并不是“内部人”,那么“强制接受”计划的先决条件也就达到了。

问题就此完美解决了吗?

3. “耳鬓厮磨”与“一臂距离”

美国银行不干了。拉布金虽然不是董事、高级管理人员或“控制人”等法定的内部人,但是他和债务人的董事巴特莱特有亲密的“浪漫关系”啊!

由于破产法没能对“内部人”穷尽列举,法院确立了一些用于识别其他所谓“非法定内部人”的标准,虽然该标准并不完全统一,但关注点都集中于交易者之间是否保持了“一臂距离”(arm's-length,保持了一臂距离的交易才是公平交易)。联邦第九巡回上诉法院确立了债权人满足“非法定内部人”的两个条件:(1)其与债务人的关系之密切程度与法条中所列举的内部人分类的密切程度相当;(2)相关交易的转让没有保持“一臂距离”。

联邦最高法院对交易是否保持“一臂距离”也做了进一步描述,即拉布金购买 MBP 债权时,双方有没有彼此表现得像陌生人一样?

美国银行极力主张拉布金是一个“非法定内部人”,在庭审中,拉布金和巴特莱特也都承认他们的确有亲密关系。但意料之外的是破产法院拒绝认定拉布金是“非法定内部人”,认为拉布金购买 MBP 债权是在做了充分的尽职调查之后进行的“投机性投资”。并且法院注意到,在拉布金和巴特莱特所有的约会后,他们都各自回到自己的住处,并独立管理他们的财务,没有财务上的混同。他们的“浪漫关系”并不能说明拉布金与 MBP 的交易未保持“一臂距离”。所以,拉布金不是内部人,债务让与的交易公平,拉布金对重整计划作出的同意有效,美国银行不能阻止之。

上诉法院维持了初审法院的判决,重整计划也就能得到批准了。然而,美国银行不服,上诉到联邦最高法院。

4. 事实问题与法律问题

上诉法院之所以维持原判,是因为其认为初审法院否认拉布金内部人身份的裁决是基于一系列调查事实而作出的。事实调查就是要解决何人、何时、何地、如何、为何(Who、When、Where、How、Why)这些问题,这些问题往往由下级法院确定。若上诉法院对这些事实重新进行调查,显得对下级法院缺乏尊重(Deferential Standard),所以只有在下级法院对事实的认定有明显错误的情况下才能对其进行审查。但有关法律问题,上诉法院可以重新审查。

那么,本案遇到的法律和事实的“混合问题”应采用何种标准来审查呢?美国银行认为必须采用重新审查标准,湖边村公司则主张适用明显错误标准。

联邦最高法院认为,混合问题的审查标准取决于其性质主要是偏向法律问题还是事实问题。本案在联邦最高法院看来,涉及的法律问题只有很少一点,并没有明显需要进一步发展的“规范和标准”,或者涉及补充性的测试。跳出本案来看,即使是重新审查,也不会为解决其他争议提供更多的法律原则或指导。

因此,上诉审查的标准应是明显错误标准,即只有当下级法院的判决发生了明显错误之时,上诉法院才可以推翻下级法院的判决。

最终,联邦最高法院维持了上诉法院的裁判。债务人董事与债务受让人之间的"罗曼蒂克关系"并没有影响这一交易的有效性,受让人没有因此变成"内部人"。因此,受让人对重整计划的同意起到了决定性作用,可以越过另一债权人美国银行的反对,强制其接受该重整计划。湖边村公司大获全胜。

拉马尔律师事务所诉阿普林
Lamar, Archer & Cofrin v. Appling
——个人破产案件中债权人与债务人的利益平衡

原 案 名:Lamar, Archer & Cofrin, LLP v. Appling

判决日期:2018 年 6 月 4 日

案　　号:16 – 1215

主　　笔:索托马约尔大法官(首席大法官罗伯茨和肯尼迪、金斯伯格、布雷耶、卡根大法官附议;托马斯、阿利托和戈萨奇大法官对除第Ⅲ – B 部分外的内容附议)

判决主旨:个人以口头方式对其一项资产的状况进行虚假陈述并由此产生债务的,该债务在个人破产程序中仍然可以被豁免。

判决译述

1. 拖欠律师费涉嫌欺诈

拉马尔律师事务所(Lamar, Archer & Cofrin, LLP,以下简称拉马尔)代理了阿普林(Appling)的一个商事诉讼。截至 2005 年 3 月,阿普林已经拖欠了 6 万多美元的律师费。拉马尔告知阿普林,如果继续拖欠律师费,拉马尔将终止代理并且留置其工作成果。阿普林回复称其将会收到一笔 10 万美元的退税款,该款项将足以支付以前及未来的律师费。拉马尔相信了阿普林,继续代理阿普林的案件并且没有催收欠款。然而,阿普林和他妻子事实上只申请了 60, 718 美元的退税款,在 2005 年 10 月只实际收到了 59, 851 美元,并且在收到退税款后也没有用于偿还律师费,而是用于其经营的生意。2005 年 11 月,阿普林告诉拉马尔他还没有收到退税款,拉马尔再次相信了阿普林,继续代理阿普林的案件,仍然没有催收欠款。

2006 年 3 月,拉马尔给阿普林发去了最终的律师费账单,然而 5 年过去了,阿普林一直没有支付律师费。拉马尔在佐治亚州法院对阿普林提起了诉讼并获得了胜诉判决。不久,阿普林夫妇申请了破产。拉马尔向佐治亚州中部地区的破产法院提起了针对阿普林的债务豁免异议之诉,主张其债权对应的债务系因债务人在 2005 年 3 月和 11 月的虚假陈述而产生,根据《破产法》第 523(a)(2)(A)节的规定,属于债务豁免的例外情形。

《破产法》第 523(a)(2)(A)节禁止豁免债务人因虚假托辞(false pretenses)、虚假陈述(false representation)或实际欺诈(actual fraud)而产生的金钱、财产、服务或信用上的债务,但关于债务人财务状况的虚假陈述等除外。该法第 523(a)(2)(B)节禁止豁免债务人因作出关于其财务状况的书面虚假陈述而产生的债务。这两个条款都是规制债务人欺诈行为的,前者是一般条款,后者是特殊条款,如果债务人的虚假陈述是与其财务状况相关的,则适用后者。

本案中原告拉马尔主张适用《破产法》第 523(a)(2)(A)节,而被告阿普林主张适用第 523(a)(2)(B)节。这两条规则在本案中的区分意义在于,在个人破产案件中,根据第 523(a)(2)(B)节的规定,如果债务人作出的虚假陈述是关于其财务状况的,则只有当该虚假陈述是书面形式时才可以构成债务人债务豁免的例外;而根据第 523(a)(2)(A)节的规定,如果债务人作出的虚假陈述不是关于其财务状况的,则该虚假陈述不需要书面形式即可构成债务人债务豁免的例外。

本案中,阿普林对拉马尔的虚假陈述是口头作出的,因而本案的争议焦点为阿普林的虚假陈述是不是关于其财务状况的虚假陈述,如果是,根据《破产法》第 523(a)(2)(B)节的规定,则由于阿普林的虚假陈述是口头的,不构成债务人债务豁免的例外,阿普林无须偿还其对拉马尔的债务;如果不是,根据第 523(a)(2)(A)节的规定,则构成债务人债务豁免的例外,阿普林需要偿还其对拉马尔的债务。

2. 讨债诉讼一波三折

佐治亚州中部地区的破产法院认为，关于一项资产（本案中的退税款）的陈述不属于《破产法》第523(a)(2)(B)节规定的“关于债务人财务状况的陈述”，因此驳回了阿普林适用第523(a)(2)(B)节的动议。经审理，破产法院发现阿普林故意作出两次虚假陈述，而拉马尔出于对阿普林虚假陈述的信赖而招致损失。基于第523(a)(2)(A)节的规定，法院判决阿普林对拉马尔所欠的债务是不可豁免的。联邦地区法院支持了破产法院的观点。

然而，联邦第十一巡回上诉法院则认为，“关于债务人财务状况的陈述”可以包括关于一项资产的陈述。由于阿普林关于退税款的陈述不是书面的，基于《破产法》第523(a)(2)(B)节的规定，阿普林对拉马尔的债务不属于债务豁免的例外情形。案件上诉到联邦最高法院。

(1)债务人阿普林的主张

“关于债务人财务状况的陈述”，是指“与债务人的所有的资产和负债或者总体财务状况有直接关联或者影响的陈述”。债务人对于一项资产或者负债的陈述属于“关于债务人财务状况的陈述”，因为它对债务人的总资产和负债有直接影响。作为支持阿普林的法庭之友，美国政府提供了一个略为不同的解释。美国政府认为，“关于债务人财务状况的陈述”包括“能够证明债务人有能力偿债的有关债务人资产的陈述”。阿普林和美国政府都认为他们各自的解释实质上是一样的，并且由该解释得出的法律结论也是一样的。理由在于如果债权人要阻止破产申请人申请债务豁免，该债权人必须证明其是基于对债务人作出的、能够证明其有能力偿还债务的、有关债务人资产的虚假陈述的信赖，才为债务人提供金钱、财产或者服务，而这种虚假陈述正是“关于债务人财务状况的陈述”。

(2)债权人拉马尔的主张

拉马尔则认为，对“关于债务人财务状况的陈述”中的“关于”(respecting)应作限缩解释，理由是“respecting”的定义是“about, concerning, with reference to”和“as regards”，该定义十分宽泛，实际上“respecting”的含义并非总是如此宽泛的，定义中的“about, concerning, with reference to”和“as regards”表明的范围比“related to”更窄。因此，“关于债务人财务状况的陈述”，是指“关于债务人整体财务状况或福利的陈述”。

另外,拉马尔认为阿普林的主张不符合《破产法》第523(a)(2)节的立法目的,因为阿普林的解释不合理地扩张了第523(a)(2)(B)节的适用范围,导致第523(a)(2)(A)节作为一般条款的适用范围大为缩小。除此之外,阿普林的解释也不符合《破产法》只对“诚实但不幸的债务人”提供救济的基本政策。因为按照他的解释,债务人只需通过口头的形式对财务状况作出虚假陈述,在骗得债权人的金钱、财产或者服务后,即可在个人破产程序中豁免此项债务。

3. 联邦最高法院的意见

联邦最高法院认为,联邦破产制度的主要目的之一是帮助不幸的债务人从债务中解脱出来,给债务人重新开始的机会。因此,《破产法》规定了宽泛的免除债务人债务的条款,但是也规定了例外情形。其中的一个例外情形就是《破产法》第523(a)(2)节中的规定,即因债务人欺诈而产生的金钱,财产,服务,信用的延展、更新或者信用再授予的债务,不得根据《破产法》第7章、第11章、第12章或第13章的规定而免除。这一例外情形与《破产法》只对“诚实但不幸的债务人”提供救济的基本政策相符。

(1)文义解释

联邦最高法院认为,原告对“关于债务人财务状况的陈述”的解释突破了该条款的文义解释。对于“陈述”“财务状况”两个词语的解释是没有争议的,“陈述”是指“口头或书面讲述、背诵或演示的行为或过程;报告或叙述;单一的声明或评论”,“财务状况”是指一个人的总体财务状况。双方当事人以及作为法庭之友的美国政府对“财务状况”的解释与联邦最高法院的解释是一致的。

对于本案而言,立法表述中的关键词是“关于”(respecting),从日常用语来看,“respecting”的意思是“in view of, considering, with regard or relation to, regarding, concerning”。至少在“关于债务人财务状况的陈述”这一立法表述中,“related to”与“about, concerning, with reference to, as regards”没有实质上的不同,这些词在语义上是相互重叠的。拉马尔也没能举出一个和本案立法表述相类似的其他立法表述的例子来说明“related to”和“about”之间存在如拉马尔所主张的差异。

通常来说，"respecting"一词在法律文本中具有扩大法律条款适用范围的作用，扩张了其所连接之客体。在以往的判例中，联邦最高法院在解释包括"relating to"在内的立法表述时，都会采用扩大解释的方式，而"relating to"是"respecting"的含义之一。

根据拉马尔对"respecting"的解释，一份详细的个人资产负债表以及诸如"我的财务状况良好"这样的陈述都属于"关于债务人财务状况的陈述"，而关于一项资产的陈述则不属于"关于债务人财务状况的陈述"。拉马尔对"respecting"的解释已经超出了法律文本的字面含义，因此，联邦最高法院对此不予认可。联邦最高法院支持了阿普林和美国政府对"respecting"的解释，即关于一项资产的陈述是"关于债务人财务状况的陈述"。

联邦最高法院进一步认为，如果国会的立法本意是使《破产法》第523(a)(2)(B)节调整的范围仅包括关于债务人资产负债表的陈述，那么国会应当采取语义更为狭窄的表述，诸如"披露债务人财务状况的陈述"或者"债务人财务状况的陈述"，而不是"关于债务人财务状况的陈述"。

此外，拉马尔的解释还将导致自相矛盾的结果。按照拉马尔的解释，如果关于一项资产的虚假陈述是在正式的财务报表或者资产负债表中作出的，则该虚假陈述属于"关于债务人财务状况的陈述"；但是如果同样的关于一项资产的虚假陈述是单独作出或者是在债务人的部分资产负债清单中作出的，则该虚假陈述不属于"关于债务人财务状况的陈述"。拉马尔并未解释针对同一项资产，为何国会会作出看似如此随意的区分，致使是否豁免债务人的债务取决于形式而非实质。

拉马尔的解释还将导致的另一个荒诞的结果是，诸如"我的财务状况良好"这样的空泛的陈述需要以书面的形式呈现以阻止债务豁免，而诸如"我对我的房屋有20万美元的权益"这样的具体的陈述却不需要书面的形式即可阻止债务豁免。

(2)历史解释

联邦最高法院认为，原告对"关于债务人财务状况的陈述"的解释不符合该条款的历史解释。国会在1926年对1898年《破产法》作出的修正案中，就已经使用了"关于债务人财务状况的陈述"这一表述。在1960年的修正案中，国会继续沿用了该表述,现行《破产法》第 523(a)(2)(B)节中也依旧保留了“关于债务人财务状况的陈述”这一表述。从 1926 年《破产法》修正案第一次使用该表述,到 1978 年国会颁布现行的《破产法》,上诉法院一致将该条款解释为包含只涉及债务人一项或多项资产或负债的陈述。国会在《破产法》第 523(a)(2)(B)节中沿用了历史上的立法表述,表明国会认可该立法表述在司法实践中的解释,并且意图保留司法实践中的解释赋予该法律条款的含义。

(3)《破产法》中不同条款具有不同的规范功能

联邦最高法院还认为,《破产法》第 523(a)(2)(A)节和第 523(a)(2)(B)节具有不同的规范功能。将债务人关于一项资产的陈述认定为第 523(a)(2)(B)节的“关于债务人财务状况的陈述”,不会导致第 523(a)(2)(A)节规范功能的丧失,第 523(a)(2)(A)节仍然具有重要功能。例如在不涉及虚假陈述的欺诈财产转让,关于商品、财产或服务价值的虚假陈述的案件中,仍然需要适用第 523(a)(2)(A)节。

(4)有争议的观点

联邦最高法院的多数大法官还认为,《破产法》第 523(a)(2)(B)节蕴含了国会平衡债权人和债务人利益的考量。国会关于 1978 年破产法改革的报告表明国会意图减轻作出财务虚假陈述的个人的负担,不是因为作出财务虚假陈述这一行为的可谴责性比其他欺诈行为更低,而是为了规制债权人滥用债务豁免例外条款的行为。

在实践中,消费金融公司时常会鼓励借款人作出财务上的虚假陈述,以便在借款人破产时将消费金融公司的债权从破产人的被豁免的债务中隔离出来,使其债权得到清偿。具体来说,放贷人员会指示借款人在借款申请表上只罗列借款人的一部分或最重要的负债,而该借款申请表所留的空间通常不足以罗列借款人的所有负债,甚至“我没有其他负债”这句话会被印在借款申请表的底部或者借款人会被指示亲笔写下这句话。如果日后债务人申请破产,债权人就会主张因债务人在贷款申请中作出了虚假陈述,因而该笔债权构成债务豁免的例外,进而以诉讼威胁债务人,即便债权人的主张不是十分有力,这样的威胁通常也足以使债务人屈服。

《破产法》第 523(a)(2)(B)节虽然减轻了作出财务虚假陈述的个人的负

担，但仍然是保护债权人的，只是需要债权人去审查书面的虚假陈述资料，这样做也有利于促进交易的精确性、减少欺诈并且提高日后可能发生的争议的可预见性、公平性和解决争议的高效性。对此，托马斯、阿利托及戈萨奇大法官持保留意见。

(5)联邦最高法院的判决

基于以上理由，联邦最高法院认为，关于一项资产的陈述是"关于债务人财务状况的陈述"，个人以口头方式对其一项资产的状况进行虚假陈述并由此产生债务的，该债务在个人破产程序中可以被豁免，维持了巡回法院的判决。

俄亥俄州诉美国运通公司
Ohio v. American Express
——“禁止转介条款”是否违反反垄断法？

原 案 名：Ohio et al. v. American Express Co. et al.

判决日期：2018 年 6 月 25 日

案　　号：16－1454

主　　笔：托马斯大法官（首席大法官罗伯茨和肯尼迪、阿利托、戈萨奇大法官附议；布雷耶大法官发表异议意见，金斯伯格、索托马约尔、卡根大法官附议）

判决主旨：信用卡系统属于“交易型双边平台”，因此在反垄断法领域须被界定为单一市场，在评判其禁止转介条款对竞争效果的影响时必须将商户端和持卡人端作为平台的双方都考虑在内。运通卡公司的禁止转介条款虽然抬高了商户端的手续费，但持卡人并未因此遭受损害，故不能认定其违反了《谢尔曼法》中禁止阻碍竞争的规定。

判决译述

1. 运通卡禁止转介惹官司

美国信用卡市场的四大主流信用卡分别是维萨卡（Visa）、万事达卡（MasterCard）、运通卡（Amex）和发现卡（Discover）。截至 2013 年，他们在信用卡市场交易量的占比分别为 45%、23.3%、26.4% 和 5.3%。

其中，维萨卡和万事达卡相比运通卡具有显著的先天优势。他们从与银行的合作起家，几乎每家银行都会提供维萨或万事达系统的信用卡。全美国有超过43,200万张维萨卡和万事达卡在流通使用中,而运通卡却只有5300多万张。此外,接受运通卡的商户有340多万家,而接受维萨卡、万事达卡和发现卡的门店几乎比前者多300万家。

运通卡的运营者——美国运通公司(American Express Company)和美国运通旅游相关服务公司(American Express Travel Related Services Company,以下统称运通公司)——为了与其他信用卡公司竞争,采用了另辟蹊径的商业模式,即比其他信用卡公司更加鼓励持卡人消费,而非更加关注持卡人与银行之间的借贷关系。运通公司通过提高商户手续费补贴持卡人消费奖励项目,如航空里程、旅行积分或返现。由于其丰厚的奖励,运通卡更容易吸引富人使用并刺激他们花费,已然成为公认的"富人卡"。这样的客户显然对商户更有价值。

然而,商户却不想为此支付更高的手续费。他们采用的规避方法之一就是在销售点,当运通卡持卡人准备刷卡购物时,劝他们不要使用运通卡,这种操作被称为"转介"(steering)。为了打击这种做法,自20世纪60年代起,运通公司在与商户的合约中都会设置一条禁止转介条款(anti-steering provisions),禁止商户暗示对非运通卡的偏好,禁止劝阻客户使用运通卡,禁止劝说客户使用其他卡,禁止对运通卡的使用施加任何特殊限制、条件、障碍或费用,禁止花更大力气推销运通卡以外的卡。不过,禁止转介条款并不禁止商户推荐客户使用借记卡、支票或现金。这种转介条款其实也被维萨和万事达公司所采用。

2010年10月,美国联邦政府和俄亥俄等17个州(以下简称政府方)起诉运通、维萨和万事达公司,称其禁止转介条款违反了《谢尔曼法》(Sherman Antitrust Law,即反托拉斯法)第1节。维萨和万事达公司随后自愿撤销了他们的禁止转介条款,因此本案被告就只剩下运通公司一家。

2. 禁止转介合法性的举证责任

经过7周的审理,联邦地区法院认定运通公司的禁止转介条款违反了《谢尔曼法》第1节。该判决认定,信用卡市场应被视作两个独立的市场——一个针对商户,另一个针对持卡人。联邦地区法院在评估禁止转介条款对商户市场的效果后,认为它阻碍了竞争,因为它导致商户手续费增高。

联邦第二巡回上诉法院推翻了这一判决,认为信用卡市场应被整体界定为单一市场,而非两个。上诉法院在对信用卡市场整体评估后,认定禁止转介条款并没有阻碍竞争,因此没有违反《谢尔曼法》。

案件诉至美国联邦最高法院后,联邦最高法院以 5∶4 的微弱优势维持了上诉法院的判决,认定涉案的禁止转介条款并未不当限制交易。

《谢尔曼法》第 1 节禁止“任何以托拉斯或其他方式限制州际贸易或对外贸易的合同、联合或共谋”。那么,怎么解读该节的规定呢?

联邦最高法院历来认为,考虑到《谢尔曼法》通过时的“普通法以及本国法”,“对贸易的限制”应被理解为“不当限制”(undue restraint)或者“不合理的限制”。

若出现以下两种情形,则可认定某项限制措施“不合理”:

(1)天然(per se)不合理。这些限制措施“总是或几乎总是会限制竞争并削减产量”,通常只有“横向限制”(horizontal restraints),即“通过竞争者之间的协议”施加的限制措施符合“天然不合理”的条件。

(2)并非“天然不合理”的限制措施,需要根据“合理性原则”(rule of reason)进行分析,确定它是否“不合理”。即由法院根据“市场支配力和市场结构”来“评估该项限制措施对竞争起到的实际影响”,从而区分出“阻碍竞争、损害消费者权益的限制措施”和“刺激竞争、符合消费者最大利益的限制措施”(参见丽晶案[1])。

本案的原被告双方都承认运通公司的禁止转介条款属于“纵向限制”(vertical restraints),即“通过经销链上不同层级的公司间协议”所施加的限制,也认可其禁止转介条款应当根据合理性原则进行审查。

联邦最高法院认为,确认某项限制措施是否违背合理性原则的方法是“举证责任转换三步法”,即:

第一步,原告首先需要证明被诉限制措施会产生实质性阻碍竞争的效果,损害相关市场消费者的权益;

第二步,若原告证明了第一步所述内容,则被告需要证明该项限制措施具有促进竞争的效果;

---

〔1〕 Leegin Creative Leather Products, Inc. v. PSKS, Inc., 551 U. S. 877 (2007).

第三步,若被告证明了第二步所述内容,则原告需要证明存在对竞争阻碍更少的其他合理方法实现该等促进竞争的效果。

联邦最高法院认为,政府方的初步举证责任是证明运通公司的禁止转介条款产生了阻碍竞争的影响。在评判政府方的证据之前,首先要定义“相关市场”的范围,“未界定相关市场就无法估量被告减少或破坏竞争的能力”。因此,相关市场被称为“有效竞争的领域”。

3. 信用卡市场:单一市场还是两个市场?

在本案的初审和二审中,两级法院分别将信用卡市场定义为“两个分别的市场”和“一个完整的市场”,导致判决结果截然不同。那么,联邦最高法院是如何看待这个问题的呢?

多数大法官认为,信用卡交易系统被经济学家称为“双边平台”(two-sided platform),原因是它向两个不同的群体(持卡人和商户)提供服务并成为他们之间的交易媒介,而这两个群体也依赖于平台来调整双方之间的供需关系。信用卡系统是一类特殊的双边平台,又称为“交易型”平台。交易型平台的关键特征是在与一方完成交易的同时也必须和另一方完成交易。举例来说,除非商户和持卡人同时同意使用同一信用卡系统,否则信用卡交易不可能发生。

与传统市场不同,双边平台展示出“间接网络效应”(indirect network effects),即平台对一方参与者的价值取决于另一方参与者的人数。换言之,双边平台提供服务的价值随着双方参与人数的增加而增加。以信用卡为例,接受该卡的商户越多,它对持卡人就越有用,而使用它的人越多,对商户也就越有价值。为了确保更高的使用率,双边平台对向任何一方收费都必须非常谨慎。如果对A方提价,就会冒流失该方用户的风险,那么它对B方用户的价值也就降低;如果B方因此而放弃该平台,那么平台对A方的价值就更低——如此陷入恶性循环。双边平台向一方提价(或是降价)反映的不是市场支配力,而是双方对需求的弹性不同;对任何一边的定价变化都必须将上述因素考虑在内,不然就会面临需求降低的风险。因此,向任何一边的收费都必须达到能最大化服务价值并能与对手竞争的最佳平衡点。

多数意见认为,交易型双边平台仅提供一项产品——“交易”,信用卡的市场份额由他们完成的交易量来计算。鉴于交易“由使用信用卡支付的消费者和接受该卡作为支付工具的商家共同完成”,因此,法院在定义信用卡市场时必须将商户和持卡人作为平台的双方都考虑在内。另外,只有双边市场才能与双边市场构成竞争关系。如果有一家只为商户提供结算服务的信用卡公司,但没有消费者愿意使用它的卡,它就不能与运通公司构成竞争关系。只有消费者和商户双方都同意用它的系统,才能完成交易,并在信用卡市场的竞争中占据一席之地。同理,如果一家商户接受所有四种主流信用卡,但某个消费者只用维萨卡和运通卡,那只有这两种卡在这一特定交易中存在竞争。因此,如果将平台一方孤立来看,不能准确评价竞争。

基于上述原因,多数大法官们认为,“我们应当将双边交易市场界定为一个(而非两个)市场”,任何其他结论都将破坏反垄断法意图保护的行为。此外,建立一项规则或先例去界定一种特定类型的不当价格行为时,必须非常小心,以免该项规则或先例最终反而阻碍了合法的价格竞争。例如,在丽晶案中,大法官们认为,“法院不应禁止促进竞争的行为,从而增加反垄断体系运行的总成本,而这些行为本应是反垄断法所鼓励的”。因此,多数意见认为,信用卡交易的双边市场是一个整体,法院应当在此前提下确定政府方是否完成了证明运通公司的禁止转介条款有阻碍竞争效果的举证责任。

4. 原告折戟于第一步举证

经过分析,联邦最高法院认为,政府方仅证明运通公司的协议增加了商户手续费,却未能完成“三步法”中的第一步,即没能完成阻碍相关市场竞争的举证责任。

核心原因在于,政府方关于商户收费的论点错误地仅仅聚焦于双边市场的一方身上。如前所述,信用卡公司出售的产品是“交易”,不是对商户的“服务”,而限制对竞争的影响不能单看商户就作出评价。针对双边平台中的一方涨价的证据本身不能证明存在利用市场支配力阻碍竞争的操作。若要证明对双边信用卡市场整体有抑制竞争的影响,政府方必须证明运通公司的禁止转介条款将信用卡交易的成本提升到超出正常竞争的范围,或减少了信用卡交易量,或用其他方式扼杀了信用卡市场的竞争。但政府方均未做到。

运通卡增加的商户手续费反映了服务价值和交易成本的提升，而非高于竞争性价格收费的垄断能力。继维萨卡和万事达卡在2000年提高收费后，运通卡在2005年开始提高针对商户的手续费。运通卡的较高商户收费是经过对运通卡持卡人所带来的附加价值仔细计算的。对另一方来说，运通公司用这笔手续费提供给持卡人更丰厚的回报，而这对于维系持卡人的忠诚并鼓励消费而言是必需的，这也是运通卡对商户的价值所在。运通公司在商户和持卡人之间对定价的分配虽然与维萨和万事达不同，但这不构成使用市场支配力阻碍竞争的证据。

此外，政府方的其他一些论点也被多数意见驳回。如政府方认为，运通公司的禁止转介条款正是商户手续费增加的原因。联邦最高法院的法官们认为，这一观点反而与现有证据相左。维萨卡和万事达卡的商户手续费也在不断提高，甚至对不接受运通卡的商户也是，这里显然不存在禁止转介条款的影响。这证明商户手续费的增加不是运通公司禁止转介条款造成的，而是对争取持卡人愈演愈烈的竞争以及相应带来的整个市场对商户收费的调整所致。

政府方还认为，运通公司在2005~2010年，对商户收取的手续费平均增幅为0.09%，而这笔增收并没有完全用在持卡人补贴上。联邦最高法院对此认为，"市场支配力是通过限制产量的手段以提升价格攫取垄断利润的能力"，抛开产量变化不谈，单单批评价格上涨就是"耍流氓"。事实上，从2008年到2013年，信用卡交易量剧增30%，价格上涨的同时产量也在扩张。而且政府方未能证明运通公司比其竞争对手收费更高。

5. 运通公司的商业模式对信用卡市场整体有利

(1)使低收入群体也能使用信用卡

多数意见认为，随着禁止转介条款的出现，信用卡市场经历了交易量的扩大和质量的提升。运通公司的商业模式刺激维萨和万事达提供新的、更高回报的优质卡种。它也增加了信用卡服务能力，包括对低收入人群提供免银行手续费的福利，不然后者无法负担信用卡。1970~2001年，使用信用卡家庭的百分比增长了4倍，而使用信用卡的低收入家庭从2%跃增至超过38%。

(2)商户手续费总体降低

运通公司的禁止转介条款也没有终结信用卡系统之间关于商户手续费的竞争。相反,信用卡间的激烈竞争使得运通卡提费能力受限,甚至有时不得不降低一些商户手续费。举例来说,2005 ~ 2010 年,运通公司提费后,一些商户不再接受运通卡,而剩余商户的抱怨也使运通公司停止增加商户手续费。在 20 世纪 80 年代末期至 90 年代初,竞争迫使运通公司对“民生所需”的商户(如超市、加油站、药房等)降低收费,以换取他们同意接受运通卡。

此外,运通公司的竞争对手们已将运通卡高商户手续费这一特点,最大限度地为自己所用。维萨卡、万事达卡和发现卡因手续费低获得了更广泛的商户认可——他们的门店比运通卡多出将近 300 万家。这对他们来说是一个巨大优势,对运通卡来说也是一个巨大挑战,因为消费者都希望他们的信用卡能用的地方越多越好。为了进一步与运通卡竞争,维萨卡和万事达卡对不同的卡种向商户收取不同的手续费以维持他们相对较低的手续费和更广泛的接受度。经过长期实践,这一竞争已经创立了信用卡市场上商户手续费不断降低的趋势。事实上,与 20 世纪 50 年代第一张信用卡面世时相比,商户手续费(包括运通卡的手续费)已经减少了一半以上。

(3)促进了品牌间竞争

运通公司的禁止转介条款本身也不构成反竞争。这些协议事实上减少了信用卡市场中的负外部效应(negative externalities,指未能在价格中得以反映的、对交易双方之外的第三者所带来的成本)并促进了品牌间竞争。当消费者想要用运通卡付款却被商家要求使用其他卡时,该消费者对于交易流畅性的期待被削弱了,他会感到运通卡不受欢迎。持卡人在一家商户使用运通卡受阻,那么在其他商家购物时也更可能不想使用运通卡。这种外部效应将危及整个运通公司系统的活力,也将危及运通卡已经做出的鼓励持卡人消费的投资,使得运通卡不愿对持卡人继续奖励,最终损害双方的利益。与此同理,在丽晶案中,大法官们也认可,纵向限制可以防止零售商“搭便车”,从而促使经营者努力提供更多的“有形或无形的服务或促销措施”,这反而促进了市场竞争和消费者福祉。最重要的是,禁止转介条款并没有阻止维萨卡、万事达卡或发现卡通过更低的商户手续费及更广泛的商户接受度和运通卡竞争。

最终,联邦最高法院的多数大法官们判决运通卡的转介条款没有违反《谢尔曼法》,因此可以继续使用。然而,由于本案是5∶4判决,未来类似案件的结果如何,尚无法一概而论。

6. 异议意见分量不轻

有4位大法官对多数派意见提出了激烈的反对,布雷耶大法官发表了异议意见。

少数派认为,多数派意见几乎无视了初审法院查明的事实,如:(1)运通公司在2005年到2010年的5年内对商户手续费连续涨价20次,却没有流失任何大客户,也没有丢失任何显著市场份额,可见运通公司在相关市场具有垄断性支配力;(2)商户做出证言,若非禁止转介条款的存在,他们就会采用鼓励客户使用其他信用卡付款的方式来对抗运通卡的一次次提价;(3)若非禁止转介条款的存在,商户手续费本可以整体降低。20世纪90年代,发现卡曾尝试将商户手续费降至低于同行业的水平,并承诺商户若将其他信用卡用户"转介"至发现卡的话,可以再享受额外折扣,然而由于禁止转介条款的存在而未能施行。发现卡因此也丧失了降价的动力,又将商户手续费恢复至同行业水平。上述这些事实明显可见,禁止转介条款"突破了正常的价格竞争机制",限制了信用卡公司之间的价格竞争。

少数派还认为,本案用"双边市场理论"界定信用卡市场、将商户端和持卡人端整体评价,在反垄断法领域并无依据。审理反垄断案件界定相关市场时,仅应着眼于受到被诉限制措施直接影响的商品或服务,以及该商品或服务的"替代品"(如玻璃纸的相关市场也包括其他软性包装材料),但不能包括"互补品"(与受限产品同时使用才能发挥作用、但不能彼此替代的产品,如轮胎和汽油)。信用卡平台的商户端服务和持卡人端服务之间没有竞争关系,属于"互补品",而非"替代品",因此将他们纳入单一市场整体评价缺乏正当性。此外,"双边交易型平台"这个概念从未在最高法院的历史判决中出现过。根据多数派对该平台的定义可以提炼出四个特征:(1)提供不同产品或服务;(2)服务对象是不同的群体;(3)这些不同群体通过"平台"联系在一起;(4)同时发生交易。但这四个特征均非普遍(如农贸集市、旅行社、网络零售平台等均符合这些特征),传统市场的定义已然足够,没有具有突破传统定义的必要。

对于多数意见关于“商户手续费上涨的同时交易量也在上涨”的观点,少数派认为,判决压根没有分析“若没有禁止转介条款的存在,交易量的涨幅是会加剧还是放缓”,鉴于该问题是在现实和假设之间进行比较,让原告提供产量削减的切实证据几乎不可能做到,这样要求无异于宣告《谢尔曼法》根本无法适用。

少数派认为,多数派在“举证责任转换三步法”的第一步即否定了运通公司的阻碍竞争效果,使运通公司不必承担第二步举证责任的做法是错误的。运通公司应当要证明禁止转介条款在持卡人端有充分促进竞争的好处,足以抵消其在商户端阻碍竞争的影响。

对于多数派认为的禁止转介条款能够“防止信用卡市场的负外部效应并促进品牌间竞争”的观点,少数派旗帜鲜明地表示,反垄断法制订的初衷是“保护竞争,而非保护竞争者”。如果运通公司因提高商户手续费面临客户因转介而流失的局面,那么它就应该采取降低手续费或者在持卡人端投入更多来应对这样的局面,而不该靠合同条款来逃避价格竞争。

税 法

马里内罗诉美国

Marinello v. United States

——纳税人与政府的博弈

原 案 名:Marinello v. United States

判决日期:2018 年 3 月 21 日

案　　号:16 – 1144

主　　笔:布雷耶大法官(首席大法官罗伯茨和肯尼迪、金斯伯格、索托马约尔、卡根、戈萨奇大法官附议;托马斯大法官发表异议意见,阿利托大法官附议)

判决主旨:妨害税收罪应当满足如下三个条件:(1)行为人存在妨碍征税程序的故意;(2)妨碍行为与正在进行或可预见的即将发生的征税程序之间存在关联性;(3)所妨碍的征税程序应当限于与征税有关的特定调查或审计等政府行为,而不包括诸如接受所得税申报等适用于所有纳税人的日常征税行为。

判决译述

1. 国税局的调查与政府的指控

美国《国内税收法》第 7212(a)节将以谋取非法利益、暴力或暴力威胁方式妨碍正当税务执法的行为规定为重罪。该规定包含两个重要条款,一个是公职人员保护条款(Officer Clause),另一个是兜底条款(Omnibus Clause)。联邦最高法院在本案中讨论的便是兜底条款的适用范围。该兜底条款规定如下:禁止以谋取非法利益、暴力或暴力威胁的方式(包括任何恐吓信或恐吓言辞)妨碍或试图妨碍正当的税收征管行为。

在 2004 年至 2009 年间,美国联邦国税局(Internal Revenue Service)先后两次启动了对马里内罗的税务调查。2012 年,政府指控马里内罗触犯了数项涉税犯罪,其中就包括《国内税收法》第 7212(a)节中妨害税收罪的兜底条款。政府指控称,马里内罗"未能保存公司的会计账簿和记录""未能向其税务会计提供完整、准确的税务信息""毁坏公司的业务记录""隐匿收入""用现金方式支付员工薪酬"等。

2. 陪审团指示与下级法院的判决

初审法院的法官在对陪审团作出的指示(jury instruction)中说,构成妨害税收罪只需行为人的行为符合《国内税收法》第 7212(a)节兜底条款中提及的任何一种行为即可,但未告知陪审团构成该罪还需要满足的主观要件,即行为人必须明知他正在接受税务机关的调查并且试图以谋取非法利益的方式妨碍调查。根据该指示,陪审团最终确认了政府对马里内罗的所有指控。

随后马里内罗向联邦第二巡回上诉法院提起上诉。马里内罗认为,政府指控其违反《国内税收法》第 7212(a)节兜底条款,政府应当证明自己意图妨碍一项国税局正在进行中的程序,如一项特定的调查,否则指控不成立。上诉法院对马里内罗的上诉理由未予支持,并认为该兜底条款不要求被告人意识到一项特定的国税局的行为或调查,因此维持了原判。马里内罗要求上诉法院全席重审,虽然有两位法官同意重审,但是法院最终驳回了该要求。

案件上诉到联邦最高法院。

3. 妨害税收罪的主客观要件

联邦最高法院的大法官们首先参考了阿基拉案[1]。该案中引用的法条与本案类似,并且法律后果都是构成重罪。阿基拉案引用了《美国联邦法典》第 1503(a)节:禁止以谋取非法利益、威胁、暴力、恐吓信或恐吓言辞的方式影响、

---

〔1〕 United States v. Aguilar, 515 U. S. 593 (1995).

妨碍或试图影响、妨碍正当的司法程序。联邦最高法院在阿基拉案中认为,构成《美国联邦法典》第1503(a)节的重罪,以下两点不可或缺:首先,被告人存在影响相关程序的故意;其次,被告人的行为与相关程序在时间、因果关系或逻辑上存在关联。联邦最高法院对此给出了两点理由:第一,以上不可或缺的两点是立法者的本意,联邦最高法院应当予以尊重;第二,法律对公民的行为要求应当以普通人可以理解的方式传达给公民,以此警告公民遵纪守法。

联邦最高法院认为,阿基拉案所确立的相应规则,应当同样地在本案中予以适用。如果不要求被告人存在影响相关程序的故意,将导致不公正。联邦最高法院举例说明:行为人每周以现金方式支付给孩子的保姆41美元而没有缴税;行为人在餐厅留下大笔现金小费;行为人进行慈善捐款而没有保存捐款收据;行为人没有向会计提供所有记录。联邦最高法院认为,在这些例子中,虽然行为人可能意识到他的行为违反了国税局的规定,但很难认为行为人意识到他将因妨害税收而面临重罪的起诉。如果立法者有意用《国内税收法》第7212(a)节去惩罚上述行为,则应在法律条文中清晰地予以写明。因此,从一个普通人对法律的理解来看,上述事例中的行为人很难从《国内税收法》第7212(a)节中判断出自己的行为触犯了妨害税收罪这一重罪。联邦最高法院此处的思路类似于大陆法系刑法学阶层理论中责任要素的理论,即行为人具备违法意识可能性这一责任要素是成立故意犯罪所必不可少的。

另外,联邦最高法院还认为,被告妨碍的必须是特定的政府征税行为。从字面解释看,《国内税收法》第7212(a)节的用语是中立的,"阻碍"一词的含义是宽泛的,但至少该词必然会有宾语,在本条中宾语是"正当的税收征管行为"。同样地,从字面解释看,"正当的税收征管行为"可以包括任何一项政府的税收征管行为,但是通过体系解释和历史解释的推演,"正当的税收征管行为"应当缩小解释为仅指部分政府征税行为。对此,联邦最高法院进行了推演。

第一,从体系解释出发,联系《国内税收法》第7212(a)节中兜底条款上下文的语境,发现其另一个重要条款——公职人员保护条款的表述如下:禁止威胁或妨碍任何执行公务的美国政府官员或雇员。在第7212(b)节中,还有如下表述:禁止通过暴力方式取回任何已经被合法扣押的财产。从这些表述来看,妨碍行为针对的是特定的人或财产。因此,从逻辑上讲,兜底条款中的妨碍行为应当指上述表述中针对特定的人或财产的妨碍行为,并非一切妨碍政府征税的行为。

另外,联系《国内税收法》中的其他涉税犯罪条款来看,扩大解释第 7212(a)节中的兜底条款将导致本应适用于其他轻罪条款的犯罪行为被认定为构成第 7212(a)节所规定的重罪。其他轻罪的犯罪行为如第 7204 节规定的故意不提供应当提供的陈述,第 7203 节规定的未保存应当保存的记录,第 7205 节规定的在国税局 W-4 表格中虚假陈述雇员有权享受的税收豁免的项目数量,以及第 7203 节规定的欠缴税款等。扩大解释第 7212(a)节中的兜底条款将导致这些轻罪条款虚置,或者导致这些轻罪条款被用以进行辩诉交易。

第二,历史解释方面,从国会第一次颁布《国内税收法》第 7212(a)节兜底条款时参众两院的立法资料来看,兜底条款也只有当妨碍行为系针对特定人或财产时才可以适用。根据众议院的报告,第 7212 节规定了针对执行公务的国税局的政府官员,或者任何其他执行公务的美国政府的官员或雇员,或上述人员的家庭成员,进行威胁或采取威胁行为的,应当加以惩罚;针对国税局雇员进行利诱的,也应当加以惩罚。参议院的报告也指出第 7212 节仅适用于当妨碍行为是针对特定的政府官员或雇员时的情形。根据参议院的报告,第 7212 节涵盖了所有威胁或伤害政府官员的情况。因此,联邦最高法院认为,从立法资料来看,第 7212 节兜底条款适用范围的立法意图并不包括妨碍行为是针对纳税申报的日常行政程序、出具缴税凭证的行政程序以及退税程序的情况。

4. 纳税人与政府的博弈将一直存在

本案中,政府在口头辩论环节告诉联邦最高法院,当行为人同时触犯一项重罪和一项轻罪时,只要政府能够在庭审中证明重罪的成立,政府就将以重罪起诉。而联邦最高法院认为,政府无视一般法条和特殊法条的适用原理,一味选择重罪法条打击纳税人的涉税犯罪行为有失公正。对政府不公正地适用法条的担心,也是本案中联邦最高法院选择对妨害税收罪这一重罪进行缩小解释的重要原因。

马歇尔大法官说,“征税的权力是事关毁灭的权力”(the power to tax involves the power to destroy)。在征税问题上,纳税人与政府的博弈将一直存在。

南达科他州诉 Wayfair 公司
South Dakota v. Wayfair
——电商时代的跨境征税

原 案 名:South Dakota v. Wayfair Inc. , et al.

判决日期:2018 年 6 月 21 日

案　　号:17 – 494

主　　笔:肯尼迪大法官(托马斯、金斯伯格、阿利托和戈萨奇大法官附议;托马斯和戈萨奇大法官发表协同意见;首席大法官罗伯茨发表异议意见,布雷耶、索托马约尔和卡根大法官附议)

判决主旨:在电商经济不断发展的背景下,税收领域的“实体存在”规则应当被推翻。

判决译述

1. 南达科他州大战电商巨头

(1)“实体存在”规则的产生

在美国,当消费者购买某件商品或某项服务时,其所在的州政府往往会向销售者征收销售税(sales tax)。然而,如果销售者是外州居民(out-of-state seller),该如何处理呢?对此,联邦最高法院在贝拉斯案[1]和奎尔案[2]这两个案例中通过“实体存在”规则解决了这个问题。

---

〔1〕 National Bellas Hess, Inc. v. Department of Revenue of Ill. , 386 U. S. 753 (1967).

〔2〕 Quill Corp. v. North Dakota, 504 U. S. 298 (1992).

所谓“实体存在”(physical presence)规则,是指对外州居民征税与否取决于其是否在本州内有“实体存在”,而仅仅根据订单向消费者所在州运送货物不足以构成“实体存在”。

(2)南达科他州的“长臂征税”法

和大部分州一样,南达科他州税务局(Department of Revenue)也会向州内零售商品或服务的行为征收销售税。另外南达科他州还规定,如果销售者因为某些原因免交销售税,那么州内的消费者需要为他们购买的商品或服务缴纳与销售税同等税率的使用税(use tax)。但实际上,征收这种替代性的使用税具有很低的可操作性,真正会缴纳的消费者少之又少。

而“实体存在”规则作为销售者免交销售税的依据之一,税务局的统计显示,其每年会给南达科他州造成4800万至5800万美元的税收流失。尽管可能有人会认为这种程度的损失对于一个州而言在可以承受的范围之内,但值得注意的是,南达科他州没有所得税,其财政收入的60%依赖于销售税和使用税的征收。

因此,在2016年,为了应对“实体存在”规则带来的困境,南达科他州颁布了第106号法。该法指出对某些州外销售者的“征税不能”严重侵蚀了税基,进而造成支撑该州公共服务的资金难以为继。除此之外,该法还宣布南达科他州为此进入紧急状态(emergency),州外销售者只要满足:每年向南达科他州境内输送的商品或服务的总值达100,000美元,或参与200起以上向南达科他州境内输送商品或服务的交易,就会被视为在该州境内具有“实体存在”,从而需要缴纳销售税。

(3)三大电商惹官司

本案的被告是3家知名电商公司:Wayfair公司(家具电商,2017年净收入47亿美元)、Overstock公司(购物电商平台,2017年净收入17亿美元)、Newegg公司(电子产品电商)。这3家公司在南达科他州境内都没有雇员或不动产,但是其向该州境内销售的货物总额都分别达到了第106号法所要求的最低征税标准,却没有一家向南达科他州缴纳销售税。

为了能使第106号法成为司法审查的依据,南达科他州首先提起了确认之诉,希望法院能宣布该法有效且对被告适用。其理由是:虽然依据贝拉斯案和奎尔案,该法无效,但是法院有必要就当今的经济现状重新考量之前的先例。另外,南达科他州还向法院申请了禁制令,要求被告必须注册执照并缴纳销售税。而被告则声称第106号法违宪。

经过审理,初审法院和南达科他州高级法院都站在了被告电商的一边,故案件被上诉至联邦最高法院。

2. 宪法"商业条款"在州际征税中的运用

联邦最高法院指出,美国联邦宪法第Ⅰ条第8款授予国会规制各州之间商业往来的权力,该"商业条款"(Commerce Clause)目的在于防止美国联邦出现此前殖民地时期和邦联时期的经济巴尔干化。虽然宪法将这种权力授予国会,但是在很多时候,为了维护各州之间的自由商务来往,国会无形之中会将一部分权力留给法院。为了解决本案的纠纷,联邦最高法院首先回顾了"商业条款"原则在该院以往判决中的运用和发展,而后又分析该原则在州政府税收中的运用。

(1)"商业条款"的运用和发展

在早期司法实践中,联邦最高法院在涉及"商业条款"纠纷时主要是起到解释该条款的作用。如在吉本斯案[1]中,首席大法官马歇尔解释了"商业"(commerce)具体包括"商品互换"(the interchange of commodities)和"商业交流"(commercial intercourse)。该案的协同意见还指出,规制商业活动是国会独有的权力。然而在吉本斯案作出判决5年后的威尔逊案[2]中,联邦最高法院又指出,规制商业的权力在某些情况下是国会和各州共同享有的。之后的几十年里,联邦最高法院陆续在一些案件中指出商业规制权的归属应当根据有关商业项目的性质来判断:如果该项目需要全国统一规则的规制,则国会独揽此种大权;如果该商业项目需要体现地方的需求,则州也能享有此规制权。

经过上述发展历程,联邦最高法院总结出各州在处理州际商业事务时所应遵守的两条主要原则:第一,州的有关政策不得歧视州际商业活动;第二,州不

[1] Gibbons v. Ogden, 9 Wheat. 1 (1824).

[2] Willson v. Black Bird Creek Marsh Co., 2 Pet. 245 (1829).

得对州际商业活动施加不适当的负担。这两项原则指导法院根据商业条款审理对州法律提出质疑的案件。

(2)"商业条款"在州际征税中的运用

联邦最高法院指出,上述原则在州际征税中同样适用。依据布雷迪案[1],只要不会违反"商业条款"原则的要求,各州可对州际商业活动征收税款。具体而言,法院认可满足以下四个条件的州际征税:(1)被征税对象与征税州有实质性"联系"(nexus);(2)税率适当;(3)没有歧视州际商业活动;(4)与州所提供的服务密切相关。

上述条件中的"联系"因素在贝拉斯案中也有所体现。在贝拉斯案中,其他州的零售商如果将商品销售给伊利诺伊州的消费者,则伊利诺伊州有权向该零售商征税。该案判决指出,邮购公司(mail-order company)和州内消费者的唯一联系是通过运输公司或美国邮政,因此并不存在"正当程序条款"和"商业条款"两者所要求的最低程度联系,除非零售商在一州具有零售店面、事务人员或财产,否则该州无权要求该零售商交税。在奎尔案中,北达科他州也尝试向其他州的邮购公司征税。该案判决指出,一州不得向没有店面和销售代表的邮购公司征税,否定了贝拉斯案中关于"正当程序条款"的判决,但是仍然支持了对"商业条款"的判决并重申了"实体存在"规则,因为该规则可以防止州政府向州际商业活动施加不合理的负担。

3."实体存在"规则被推翻

尽管"实体存在"规则在州际纳税方面已经成为美国判例法的一部分,但是近年来对该规则的批评声不断。主要的理由就是该规则已经无法适应 21 世纪的经济模式,并给各州造成了严重的收入损失。最终,联邦最高法院在反复斟酌后谨慎地推翻(overrule)了由贝拉斯案和奎尔案确立的"实体存在"规则。其主要理由如下:

首先,在现代经济中,随着互联网科技的迅速发展,企业的运营成本在很大程度上并不取决于其是否在某州内具有"实体存在"。假设某个商业项目在每

---

[1] Complete Auto Transit, Inc. v. Brady, 430 U. S. 274 (1977).

个州只有一个销售员,则其需要在每个州纳税;然而如果一个商业项目借助互联网向所有州进行销售,但这个项目中的500个销售员都集中在某一个州内,则其无须向销售员所在州之外的任何州纳税。很明显,根据奎尔案的规则,有多个实体存在的小公司可能比大型远程销售公司承担更多的税负。

其次,联邦最高法院一直强调,原本设计"商业条款"原则是为了防止州际商业活动被施加不合理的负担,但这并不代表其阻止各州公平分享税收所得。然而,"实体存在"使得许多有实体存在的本土企业和跨境企业与远程销售公司相比失去了竞争优势。该规则会导致经营者通过选择组织形式规避税收,从而对各州的公平税收利益造成损害,且否定"实体存在"规则是为了保证联邦最高法院的判例不会人为地为某个经营者创造一种竞争优势。

最后,"实体存在"规则这种区别对待会导致本身相似的商业活动出现不同的纳税义务。如两家同样贩卖家具的公司,一家因为在南达科他州有一间小仓库而需要向其纳税;而另一家借助互联网向全美包括南达科他州销售的公司却因为主要仓库在南达科他州以南的内布拉斯加州,而无须向南达科他州交税。这种区别对待显然不合理。

综上,"实体存在"规则在网络时代已不再具有可操作性,因此联邦最高法院以多数意见推翻了该规则。而在没有"实体存在"规则约束的情况下,南达科他州的"长臂征税"也就合乎法律了:首先,第106号法为那些仅在南达科他州进行有限交易的公司提供税收保护;其次,该法不具备追溯力;最后,南达科他州作为精简销售税和使用税协议(the Streamlined Sales and Use Tax Agreement)的缔结方,为远程纳税人减少了手续费用。

故联邦最高法院撤销了州最高法院的判决,发回下级法院,按照联邦最高法院的意见重审。

Chapter 10

第十章　行政法

一般行政法

洛兹曼诉佛罗里达州里维埃拉海滩市
——报复性逮捕的审查标准

露西亚诉美国证券交易委员会
——行政法官是不是官？

洛兹曼诉佛罗里达州里维埃拉海滩市

Lozman v. Riviera Beach

——报复性逮捕的审查标准

原 案 名:Lozman v. City of Riviera Beach, Florida

判决日期:2018 年 6 月 18 日

案　　号:17 - 21

主　　笔:肯尼迪大法官(首席大法官罗伯茨和金斯伯格、布雷耶、阿利托、索托马约尔、卡根、戈萨奇大法官附议;托马斯大法官发表异议意见)

判决主旨:当官方政策被作为报复手段,侵犯到受保护的言论自由权利时,受侵犯者应当获得充分救济。

判决译述

1. 小城市"漂"来大"杠精"

洛兹曼是一个真正"四海为家"的人,他的家本身就是可以在水面浮动的。2006 年,他把自己的水上房屋拖动到位于佛罗里达州的里维埃拉海滩市的码头,成了该市的居民。靠岸没多久,洛兹曼就和当地民选官员发生了争执。

起因是洛兹曼不满市民委员会(以下简称市委会)利用其权力抢占滨海地区进行私人开发,并经常在市委会公开会议上批评委员会成员、市长以及其他公职人员。此外,洛兹曼还起诉市政府,认为市委会批准的开发商合同违反了佛罗里达州有关公开会议的法律规定。

2006 年 6 月,市委会召开闭门会议,讨论的议题中包括如何应对与洛兹曼的前述官司。会议记录显示,委员会成员韦德在会上建议“威慑一下”洛兹曼以及其他那些起诉市政府的人。对于韦德女士的提议,有委员询问与会成员能否达成一致意见,得到了肯定的回答。

洛兹曼认为,上述会议记录显示了市委会有威胁他的企图,而市委会则坚持否认。在随后的日子里,洛兹曼与市委官员、公职人员陷入一系列诉讼中,洛兹曼认为其中有不少都是市委会对他进行的报复。

2006 年 11 月,市委会又一次召开公开会议,会议议程包括公开评论环节。在该环节中,洛兹曼像往常一样走上发言席,并开始讨论最近被逮捕的前郡官员。委员韦德打断了洛兹曼的发言,告知其应停止发言,洛兹曼并未停止,继续讨论其他城市官员被捕事项。因不听从前来劝阻的警察,洛兹曼最终被铐走。

市委会认为,洛兹曼的被捕是因为讨论与本市无关的议题且拒绝离开发言席,从而违反了市委会的议事规则。洛兹曼则认为,自己是因为受到了打击报复。被捕后,洛兹曼被控行为不当以及通过非暴力手段抵抗逮捕。州政府虽然认为逮捕具备正当理由但仍然撤销了指控。

洛兹曼认为,市委会一直在通过不同的方式打击报复他,因此依据《美国联邦法典》第 42 编第 1983 节的规定把里埃维拉海滩市(以下简称市政府)告上法庭,在其针对市委会以及相关公职人员的控诉中,包括了上述报复性逮捕(retaliatory arrest)行为。

2. 下级法院的裁判

针对逮捕是否如洛兹曼所言,系市委会出于报复的目的,地区法院的法官给陪审团的法律指引是——如果要支持洛兹曼的诉请,洛兹曼必须证明逮捕洛兹曼的警察是出于报复的故意,并且警察在实施逮捕时缺少“正当理由”(probable cause)。

经审理,地区法院认为,没有充分的证据能够证明警察在因洛兹曼行为不当以及通过非暴力手段抵抗逮捕而对其实施逮捕时具备正当理由,但是根据佛罗里达州有关禁止打断公共集会的规定,或许可以认定对洛兹曼的逮捕具备正当理由。地区法院允许陪审团就该因扰乱公众而实施的逮捕行为是否具备正当理由作出裁决。最终,根据陪审团的意见,地区法院作出了支持里埃维拉海滩市的判决,认为警察的逮捕具备正当理由。

洛兹曼上诉到第十一巡回上诉法院,上诉法院认为,地区法院在指引陪审团时存在错误,不应让陪审团审查警察的主观故意,而是应审查市政府的主观故意。但上诉法院同时认为,因为洛兹曼的主要观点是对他的逮捕违反了美国联邦宪法第十四修正案以及州法律,本案的陪审团主要应审查逮捕是否具备正当理由,因此前述错误不影响案件的审理结果。根据之前的判例,上诉法院认为逮捕行为具备正当理由,维持了地区法院的判决。

3. 案件焦点和当事人观点

洛兹曼继续上诉到联邦最高法院。到了这一阶段,洛兹曼改变诉讼策略,不再纠缠于逮捕行为是否具备正当理由,甚至大方地承认逮捕具备正当理由,转而主张即使存在正当理由,但逮捕是对他过去提起的针对市政府的诉讼以及批评公职人员的言论的报复,因此要求按照《美国联邦法典》第 42 编第 1983 节的规定获得赔偿。

联邦最高法院认为,在洛兹曼承认逮捕具备正当理由的情况下,本案的争议焦点变为无论市政府是否存在报复洛兹曼过往言论的意图,洛兹曼是否能获得赔偿? 关于这个问题,有两个相关先例:一个是联邦最高法院在 1977 年审理的赫尔希山案[1];另一个则是联邦最高法院在 2006 年审理的哈特曼案[2]。

(1) 赫尔希山案

在赫尔希山案中,城市教育委员会基于某学校教师的一系列不专业行为,决定不再对其续聘。该教师的一项行为是打电话给当地电台并泄露了一项新的学校政策。因为城市教育委员会并没有主张老师打电话的行为违反了既定政策,因此联邦最高法院认可地区法院将这通电话认定为受保护的言论。

联邦最高法院认为,如果城市教育委员会可以证明即使没有这通电话也不会续聘这位老师,那么教师就不能获得赔偿。在该案中,联邦最高法院根据侵权法的规定,认为即使能够确立打击报复是城市教育委员会的主要动机,但除

---

〔1〕 Mt. Healthy City Bd. of Ed. v. Doyle, 429 U. S. 274 (1977).

〔2〕 Hartman v. Moore, 547 U. S. 250 (2006).

非能够证明如果没有被诉行为,就不会终止雇佣关系,否则城市教育委员会不用承担赔偿责任。

在本案中,市政府认为该判例是民事案件,而本案涉及刑事以及逮捕的正当理由,因此不应适用该判例。

(2)哈特曼案

在哈特曼案中,摩尔参加有关反对一项邮政政策的大规模游说运动。摩尔和他的公司之后因参加此项运动而被检方控告违反了联邦法律。摩尔在被无罪释放后,将 5 名邮政官员告上法庭,理由是这 5 名官员煽动推进对他的指控是出于对摩尔批评邮政服务的报复,且有违美国联邦宪法第一修正案赋予摩尔的权利。

联邦最高法院在该案中的观点是——在原告以其所遭遇的控告是报复性公诉(a retaliatory prosecution)而要求赔偿的案件中,必须先证明相关的刑事控告缺少正当理由。如果存在正当理由,那么案件就没有必要审下去。如果原告证明了检方的指控缺少正当理由,那么就应该适用赫尔希山案的规则:原告应当证明报复是发起指控的主要原因,在原告证明了前述事实的情况下,被告只有在证明没有报复的目的也会发起指控的事实时,才有可能胜诉。

本案中的市政府认为,哈特曼案应当适用于本案,是否存在正当理由是处理本案过程中最先需要解决的问题。

(3)不同观点

对于本案应当适用上述两个判例中的哪一个裁判规则的问题,市政府认为应当适用哈特曼案。原因是警察在逮捕嫌疑人时,往往针对嫌疑人的言论要瞬间完成判断,包括嫌疑犯是否配合逮捕还是有其他意图,嫌疑犯是否会继续对法律保护的利益构成威胁等。起诉逮捕行为系出于报复而要求赔偿,与起诉控告行为是出于报复相类似,很难辨别警察在实施逮捕时对嫌疑犯的言论是如何考量的。适用哈特曼案,会使得裁判标准更清晰。

洛兹曼则认为,应当适用赫尔希山案中的规则,不需要将正当理由作为审理的前提。原因是在哈特曼案中,由于公诉过程存在严格的程序,因此被告的意图和检方作出公诉决定之间的因果关系被削弱。此外,如果适用哈特曼案的规则,可能会导致警察滥用逮捕的权力从而抑制言论自由。

4. 本案并非普通的报复性逮捕

联邦最高法院的大法官们认为,洛兹曼提起的诉讼不是典型的报复性逮捕案件,适用赫尔希山案规则有可能带来的问题在本案中根本不存在。因为本案中,洛兹曼并没有起诉逮捕他的警察,而且本案中警察的逮捕行为并无不当,且没有证据表明警察知悉洛兹曼先前的言论或是有动机因其先前的言论而实施逮捕。

事实上,洛兹曼在诉讼过程中更多的是针对政府的行为,其诉称市政府通过官方政策对其进行威吓,以报复其对市政府官员的批评和之前提起的有关公开会议的诉讼。洛兹曼还认为,市政府在 2006 年 11 月实施的逮捕也是在执行对他的报复政策。

洛兹曼的上述诉请有别于其他典型的报复性逮捕案件,不同于个别警察在现场作出的临时决定,官方的报复性政策更有权势、更具长期性,也更具有渗透性,因此当官方政策被作为报复手段,侵犯到受保护的言论自由权利时,应当给予足够的救济途径。

此外,如果洛兹曼能够证明存在报复性政策,那么市政府认为的适用赫尔希山案规则所带来的问题也会被削弱。本案并不同于普通报复性逮捕中的因果关系,本案中涉及的报复性逮捕应当通过提供存在报复性政策的客观证据来加以证明,类似于洛兹曼提供的市委会闭门会议记录。

由于诉权是《美国权利法案》所保护的最重要的自由权利之一,洛兹曼声称市政府通过报复他来剥夺他起诉、批评市政府的自由,洛兹曼所述内容的价值判断在美国联邦宪法第一修正案中具有非常高的位阶。

综上,联邦最高法院认为,洛兹曼在本案中不需要证明报复性逮捕存在正当理由,本案应当适用赫尔希山案的审查规则,其他报复性逮捕案件中需要解决的构成要素在本案中并不需要解决。

最终,联邦最高法院将本案发回上诉法院重审,并要求上诉法院适用赫尔希山案以及相关判例审查地区法院的判决。联邦最高法院同时要求上诉法院还应考虑三个问题:(1)是否任何理性的陪审员都会认为,市政府在 2006 年召开的闭门会议形成了对洛兹曼的报复性政策;(2)是否任何理性的陪审员都会认为 2006 年 11 月警察实施的逮捕会被视为市政府的行为;(3)根据赫尔希山案,市政府是否已证明了即使没有报复的故意,依旧会逮捕洛兹曼。

露西亚诉美国证券交易委员会

Lucia v. SEC

——行政法官是不是官？

原 案 名：Lucia et al. v. Securities and Exchange Commission

判决日期：2018 年 6 月 21 日

案　　号：17 – 130

主　　笔：卡根大法官（首席大法官罗伯茨和肯尼迪、托马斯、阿利托、戈萨奇大法官附议；托马斯大法官发表协同意见，戈萨奇大法官附议；布雷耶大法官发表协同意见，金斯伯格和索托马约尔大法官对其第三部分附议；索托马约尔大法官发表异议意见，金斯伯格大法官附议）

判决主旨：美国政府官员需要符合以下两个特征：其一，在一个依法确立的工作岗位上持续任职；其二，具有法律授予的相当职权，在某些情况下可以作出终局性决定。美国证券交易委员会中的行政法官即属于美国政府官员而非雇佣人员，其任命程序应受美国联邦宪法第Ⅱ条第 2 款中所规定的任命条款的限制。

判决译述

1. 行政法官的来龙去脉

美国证券交易委员会（the Securities and Exchange Commission）是执行国家证券安全相关法律规则的法定机构，其行使职权的方式是对违法者启动一项行政审理程序。根据惯例，证券交易委员会一般会授权一个行政法官负责该行政审理程序。目前,证券交易委员会有5个行政法官,由该委员会的工作人员推选,而非由机构亲自任命。在审理一个具体的行政处罚时,被任命执行该行政处罚程序的行政法官须拥有必要和适当的职权,以确保处理程序的公平及有序性。审理结束后,行政法官会根据案件事实和证据以及法律问题作出一个初步决定(initial decisions)。对于该决定,证券交易委员会可以复核,也可以不复核。如果证券交易委员会决定不复核,该行政法官作出的裁决便被视为证券交易委员会作出的最终裁决,具有终局效力。

本案中,证券交易委员会指控露西亚(Raymond J Lucia)违反了相关证券交易安全法规,并任命艾利特(Cameron Elliot)为行政法官负责该案。案件审理后,艾利特根据事实及法律作出了初步决定:露西亚违反了相关证券安全法规,并对其采取处罚措施。露西亚对该处罚不服,申诉至证券交易委员会并上诉至哥伦比亚地区巡回法院。露西亚在上诉中主张审理该案的行政法官的任命无效,因为该行政法官并未按照美国联邦宪法任命条款(the Appointments Clause)的规定得到相关有权主体的任命。根据露西亚的理由,证券交易委员会的行政法官属于政府官员(Officers of the United States),应当根据美国联邦宪法第Ⅱ条的任命条款得到有效的任命,即只有通过总统、法院或者部门首长(the President, Courts of Law, or Heads of Departments)才能获得有效任命。但是审理该案的行政法官艾利特并未得到上述合法有效的任命。

对此,证券交易委员会和上诉法院认为,行政法官并非政府官员,而是权利和责任更低的雇员(Employees),因而并不受美国联邦宪法任命条款的约束,无须经过上述相关法定主体的任命。

2. 政府官员还是雇员?

本案的主要争议焦点在于经由证券交易委员会工作人员推选的行政法官是美国的政府官员还是仅仅为证券交易委员会的雇员?如果属于政府官员,则必须根据美国联邦宪法任命条款由总统、法院以及部门首长进行合法有效的任命。

翻遍美国所有的法律文件,并没有任何一个条文明确规定美国政府官员的具体含义。美国政府官员的界定标准主要是在 1878 年的杰曼案[1]和 1976 年的巴克利案[2]这两个先例中得以确立的。根据该相关先例,政府官员和雇员主要从以下两个方面进行区分:其一,是否在一个依法确立的工作岗位上持续任职(hold a continuing office established by law);其二,在案件审理过程中是否拥有较多的法定职权,在特定情形下能否对案件作出终局性决定。

与本案情形相似且对本案的审理结果具有决定意义的先例是 1991 年的弗赖塔格案[3]。该案中财税法院的特别法官(Special Trial Judge)与本案中证券交易委员会的行政法官的法律地位如出一辙。对于两者之间的异同,联邦最高法院的大法官们从以下几个方面进行了论证:

其一,两个体系的法官均在依法设立的工作岗位上持续任职,该职位的报酬、职责以及任命方式均由法律规定。而与之相对的雇员则一般位于阶段性和暂时性的岗位,并且其职位不具有法定性。

其二,两个体系的法官在案件事实调查中具有相似的职权,都可以:(1)听取证人证言,审理案件;(2)决定证据的采信与否;(3)有权强制实施证据调查(discovery)命令。

其三,两个体系的法官均可作出包含案件事实认定、法律适用意见以及适当救济措施的初步决定。根据案件情况来看,财税法院的特别法官作出的初步处理决定只有得到财税法院的确认才能产生终局效力;而与之略微不同的是,证券交易委员会对行政法官的初步决定可以不复核,由此,证券交易委员会行政法官的初步决定便被视作证券交易委员会自身的决定,因此具有终局性效力。

根据举轻以明重的法律推理技术,既然无权作出终局决定的财税法院的特别法官都属于美国联邦宪法任命条款所规定的政府官员,那么有权作出终局决定的证券交易委员会的行政法官就更属于美国联邦宪法任命条款下的政府官员了。

而辩方主张证券交易委员会的特别法官不属于政府官员的理由有二:其

---

[1] United States v. Germaine, 99 U.S. 508 (1878).

[2] Buckley v. Valeo, 424 U.S. 1 (1976).

[3] Freytag v. Commissioner, 501 U.S. 868 (1991).

一,财税法院的特别法官具有采取法庭强制措施的法定权力,即可以采取罚款或者监禁的惩罚方式对违反法庭程序的行为进行制止和惩戒。然而,证券交易委员会的行政法官不具有如此充分地采取强制措施的权力。其二,财税法院将特别法官对案件处理得出的初步决定推定为正确的;证券交易委员会并不预先推定行政法官的初步决定具有正确性,而是根据具体情况自主选择是否进行复核,在不复核的情况下,行政法官的初步决定才具有终局效力。

在上述三个先例所确定的判断框架下,联邦最高法院认定证券交易委员会的行政法官符合美国政府官员的界定条件,应该受到美国联邦宪法任命条款的约束,即需要得到总统、法院或者部门首长合法有效的任命才能行使相应的职权。由此可以判断,审理本案的行政法官具有任命程序上的合宪性瑕疵。

3. 瑕疵如何弥补?

根据美国法律的规定,在审理案件的法官的任命出现程序瑕疵的情况下,首先,当事人应该及时提出(timely challenge)对该相关主体任命程序合宪性的异议,这是对相关主体进行法律救济的前提条件。其次,在当事人及时提出后,应当由另一名根据合法程序任命的法官重新审理案件,并且这名新的法官与原来审理案件的法官不能是同一人,即使原法官任命程序上的瑕疵得到了补正也不行。本案中,当事人及时提出了对行政法官艾利特任职合宪性的异议,那么为了弥补这个任命不合宪的瑕疵,需要由另一个根据美国联邦宪法任命条款任命的行政法官重新对案件进行审理,并作出决定,这是为了确保案件审理过程的中立性和结果的公正性。

最终,上诉法院的判决被联邦最高法院撤销,本案将根据联邦最高法院的意见重审。

Chapter 11

第十一章　法律救济

律师费

墨菲诉史密斯

——狱警打伤囚犯引起的律师费纠纷

墨菲诉史密斯

Murphy v. Smith

——狱警打伤囚犯引起的律师费纠纷

原 案 名:Murphy v. Smith et al.

判决日期:2018年2月21日

案　　号:16－1067

主　　笔:戈萨奇大法官(首席大法官罗伯茨和肯尼迪、托马斯、阿利托大法官附议;索托马约尔大法官发表异议意见,金斯伯格、布雷耶和卡根大法官附议)

判决主旨:在囚犯起诉狱警胜诉且法院判决由监狱承担囚犯的律师费的案件中,联邦法院无权自主决定囚犯的律师费赔偿的抵消限额,囚犯必须将其所获赔偿的25%用于支付其律师费,剩余部分才由监狱承担。

判决译述

1. 狱警暴力执法,遭囚犯巨额索赔

墨菲(Charles Murphy)是伊利诺伊州万达利亚惩教中心(以下简称惩教中心)的囚犯,2011年7月,他被惩教中心的两位教官殴打致眼眶骨折,遂依据《美国联邦法典》第42编第1983节及伊利诺伊州法律,向联邦地区法院提起民事权利诉讼。

陪审团支持了墨菲的诉请,并根据州法律,就他的主张给付了损害赔偿共计409,750美元。法官将损害赔偿额降到307,733.82美元,并根据《美国联邦法典》第42编第1988节判决由败诉方支付墨菲的律师费108,446.54美元。

根据《监狱诉讼改革法》,即《美国联邦法典》第 42 编第 1997e(d)(2)节的规定,“犯人所获得的胜诉赔偿中的一部分(不超过 25%)应当用于偿付由被告承担的部分律师费”[a portion of the (prisoner's) judgment (not to exceed 25 percent) shall be applied to satisfy the amount of attorney's fee awarded against the defendant]。换句话说,这个法条规定,狱警打伤囚犯后,如果囚犯起诉并胜诉,且法院判决狱警(州政府)为囚犯支付律师费,则囚犯所获得的损害赔偿金中,不超过 25% 的部分必须用来抵销狱警所应承担的律师费中的一部分。

法院遂依该条规定,判决要求墨菲将其获得的赔偿金额的 10% 用来支付伊利诺伊州应该承担的墨菲的部分律师费。

两名狱警不服,认为初审法院只要求墨菲用 10% 而不是 25% 的损害赔偿金来抵消律师费,违反了法律规定,因此提起上诉。

联邦第七巡回上诉法院撤销了地区法院对律师费的判决,认为根据《美国联邦法典》第 42 编第 1997e(d)节的要求,就律师费的补偿,地区法院必须用尽犯人所获赔偿的 25% 后才可要求被告承担剩余部分的律师费。

于是,案件上诉到联邦最高法院。

2. 监狱的律师费到底该由谁承担?

联邦最高法院认为,适用《美国联邦法典》第 42 编第 1997e(d)节的案件,地区法院必须将囚犯作为胜诉原告所得赔偿金额的 25% 用来支付由被告(监狱)承担的原告律师费。大法官们是从这一条的立法语言上进行分析得出的这一结论。

首先,强制性短语“应当”(shall)意味着初审法院的责任是非酌处性的责任(nondiscretionary duty),即不能随意增减。其次,动词不定式“用于偿付由被告承担的律师费”(to satisfy the amount of attorney's fees awarded)确定了前面所指的非酌处性责任的意图或目的。最后,“用于偿付”(to satisfy)某债务,一般来说都要足额偿付。总而言之,以上三个线索都指出地区法院必须作出与完全履行债务的目的相一致的判决,且地区法院必须在不超过赔偿金额 25% 的情况下穷尽所有来抵消律师费的补偿款。

墨菲主张地区法院对抵消金额有自由裁量权,联邦最高法院不同意,认为地区法院没有这种自由裁量权,不能在少于赔偿金额25%的情况下任意决定抵消比例。

从更宏观的角度看,大的立法体系也支持上诉法院的解释。《美国联邦法典》第42编第1988节授权地区法院可以依据公平条款自主决定律师费的补偿额。联邦最高法院认为,国会若想在《美国联邦法典》第42编第1997e(d)节授予地区法院相同的自主决定权,没必要大费周章再单独为犯人的民事权利诉讼单立一条新的法律,删除旧法中所有授予自主权的词汇,然后用新的强制性词汇替换旧词。

墨菲所主张的自由裁量权恰恰是联邦最高法院想要废除的第1988节所赋予的非引导性、随心所欲的决定权,且墨菲认为应由地区法院自主决定被告承担赔偿份额的多少这类非引导性的自主决定权并无法律依据。

因此,联邦最高法院支持了上诉法院的判决。所以,墨菲必须从他得到的损害赔偿金中拿出25%来抵消州政府需要为他支付的律师费。

其他费用

拉各斯诉美国

——受害人独自调查的费用能报销吗?

拉各斯诉美国
Lagos v. United States
——受害人独自调查的费用能报销吗？

原 案 名：Lagos v. United States

判决日期：2018 年 5 月 29 日

案 号：16－1519

主 笔：布雷耶大法官（全体大法官一致同意）

判决主旨：刑事案件中，受害人独立发起的调查、参与民事诉讼及破产程序产生的费用不属于《对受害者强制赔偿法》的赔偿范围，因为该条所规定的调查和程序，只包括政府一方发起的刑事调查和刑事诉讼程序。

判决译述

1. 刑事赔偿范围不明

拉各斯（Sergio Fernando Lagos）利用其控制的罗吉斯公司（Dry Van Logistics）通过虚开发票以及借款等方式，骗取了通用电气公司（General Electric Capital Corporation）数千万美元资金。最终，拉各斯的罪行败露，罗吉斯公司也进入了破产程序。为挽回损失，财大气粗的通用电气公司独自开展私人调查并参与罗吉斯公司的破产程序，其间产生的律师费、会计费、咨询费等共计 500 万美元。

政府提起刑事指控后，拉各斯对电信诈骗（wire fraud）供认不讳。但政府仍坚持要求地区法院依据《对受害者强制赔偿法》（Mandatory Victims Restitution

Act,以下简称《赔偿法》)第 3663A(b)(4)节,判令拉各斯赔偿通用电气公司上述 500 万美元费用。联邦地区法院支持该请求。拉各斯虽然认罪态度良好,但是并不想支付这 500 万美元的额外费用,因此提出上诉,但美国联邦第五巡回上诉法院维持了原判。

1996 年的《赔偿法》第 3663A(b)(4)节规定:

> 罪犯应当赔偿受害人在参与犯罪调查、刑事起诉以及出席其他相关程序时产生的误工费和必要的子女照管费、交通费以及其他费用(reimburse the victim for lost income and necessary child care, transportation, and other expenses incurred during participation in the investigation or prosecution of the offense or attendance at proceedings related to the offense)。

对该条的理解,下级法院早已分成两种不同的观点:一种观点以帕帕尼奥案[1]为代表,认为"调查"(investigation)只能是政府调查,并不包括私人调查(限缩解释),根据该观点,本案中拉各斯不必支付通用电气公司 500 万美元的私人调查费用;另一种观点以埃尔森案[2]为代表,认为该条没有限制"调查"的范围(扩大解释),根据该观点,拉各斯则须支付私人调查费用。

本案最终上诉至联邦最高法院。

2. 联邦最高法院咬文嚼字

联邦最高法院的大法官们一致认为,《赔偿法》第 3663A(b)(4)节中所说的"调查"和"程序"(proceedings)应当限定在"政府一方发起的刑事调查"(government's criminal prosecution)和"刑事诉讼程序"(criminal proceedings)的范围之内。

首先,大法官们用文理解释(noscitur a sociis)的方法,根据两个词语的上下

〔1〕 United States v. Papagno, 639 F. 3d 1093 (CADC 2011).

〔2〕 United States v. Elson, 577 F. 3d 713 (CA6 2009).

文对词义进行分析：

第一，条文中的“调查”和“刑事起诉”（Criminal prosecution）共享了同一个定冠词“the”。因此大法官们认为，该用法透露了两者属于同一类别，而“刑事起诉”只有一个含义，那就是政府一方发起的刑事起诉，这也就意味着与它共享同一个定冠词“the”的“调查”也应该是属于“政府一方发起的刑事调查”。同理，“程序”也应当指的是“刑事诉讼程序”。

第二，假如“调查”和“程序”包括私人调查、民事诉讼程序或破产程序，那么原文中的“参与”（participation）和“出席”（attendance）二词就不如“提供”（provide）和“实施”（conduct）二词来得合适——“参与”和“出席”被动的成分更多一些，而受害人独自开展的私人调查和被害人作为诉讼一方开展的诉讼程序需要搭配更加主动的动词，如“提供”和“实施”。因此从两个词语所搭配的动词上也可以看出，法条中的“调查”和“程序”只限定在“政府一方发起的刑事调查”和“刑事诉讼程序”之内。

第三，从该法条中规定的“误工费、子女照管费、交通费以及其他费用”可以看出，前三种费用只有在受害人参与政府调查或者作为证人参与刑事诉讼时才会产生，而该法条从始至终没有提到受害人在私人调查或者破产程序中可能会产生的费用，例如私人调查员的雇佣费、律师费或会计费等。

其次，大法官们还指出，若将“调查”和“程序”扩充解释将造成巨大的司法行政负担。扩大解释会产生大量的争议——如原法条规定侵权人需要赔偿“必要的其他费用”，因此初审法院需要判断受害人在私人调查中每一个取证、每一个文件审阅产生的律师费和会计费是否属于“必要的其他费用”。而且初审法院还将判断各类程序如听证会、内部纪律检查等，是否属于“必要的其他程序”。再加上花大量时间来判断刑事赔偿金多少的意义也不是很大，因为根据美国政府问责局（U. S. Government Accountability Office）及美国司法部（Justice Department）提供的数据，91% 的刑事赔偿金均处于无法清偿的状态。

3. 私人调查费用不能赔偿

最高法院的大法官们还一一辩驳了本案的诉讼参与人美国政府所持的反对意见。

政府认为,限制解释使受害人的私人调查费用无法得到赔偿,这一做法有悖于《赔偿法》的目的,即保证受害人得到全面的赔偿。但大法官们认为,相比国会制定的其他有关刑事赔偿金的文字表述(如某法条规定“因侵权行为导致的受害人的损失,由侵权人赔偿”),《赔偿法》第3663A(b)(4)节的规定本身就具有限缩赔偿范围的倾向,因此本案中联邦最高法院对第3663A(b)(4)节的解释与法条本身的含义并不冲突,并不违背《赔偿法》的目的。

政府还认为,就算将该法条中的“调查”限缩为“政府一方发起的刑事调查”,但因本案中通用电气公司将其独自开展私人调查而得到的一部分案件信息共享给了当时在进行刑事调查的政府,所以该部分调查费用也应算进“政府一方发起的刑事调查”的范围之内,属于赔偿的范围。然而,大法官们认为《赔偿法》第3663A(b)(4)节规定的范围是“在参与罪犯的调查、刑事起诉以及出席其他相关的程序时”发生的费用。而本案的费用在政府发起的调查以及刑事起诉之前就已经发生,所以还是不能算进赔偿范围内。

联邦最高法院最终判决撤销原判,要求下级法院以“调查”和“程序”的范围应当限定在“政府一方发起的刑事调查”和“刑事诉讼程序”的观点对本案进行重审。

由此可见,这500万美元大概是要不回来了。其实,从法律政策来看,笔者认为还有一些显而易见的理由,即司法已经为受害人提供了相当的救济。如果还允许昂贵的私力救济,并且将其成本转嫁给犯罪人,这既是对司法资源的浪费和不信任,也不当地加重了犯罪人责任,如此一来必将人心惶惶。

Chapter 12

第十二章　法律解释

对国会立法的解释

蒙大拿州诉怀俄明州和北达科他州
——君住江头吾住尾，请君留点水

蒙大拿州诉怀俄明州和北达科他州

Montana v. Wyoming

——君住江头吾住尾，请君留点水

原 案 名：State of Montana v. State of Wyoming and State of North Dakota

判决日期：2018 年 2 月 20 日

案　　号：137（联邦最高法院初审案件）

主　　笔：主笔法官未注明（缘由见文末）

判决主旨：基于《黄石河协定》对先占优先权的保护，应当以有效的请求为前提。本案判决对整个黄石河协定体系具有指导作用。

判决译述

1. 基本案情及诉求

（1）《黄石河协定》的诞生

波德河（Powder River）与汤尔河（Tongue River）作为黄石河（Yellowstone River）的两条支流，发源自怀俄明州，向北流入蒙大拿州后与黄石河干流交汇，并随之直至北达科他州境内汇入密苏里河（Missouri River）。整个黄石河流域的农业灌溉及煤层气开采也主要依赖于黄石河及其支流的水源。

针对如何利用黄石河流域水资源的问题，如同其他美国西部各州一样，怀俄明州及蒙大拿州很早就建立起先占优先水权（prior appropriative rights）制度。《怀俄明州宪法》第 8 条第 3 款甚至还明文规定了先占优先权："为有益使用而产生的先占优先权应受保护（Priority of appropriation for beneficial uses shall give the better right)。”

然而,尽管怀俄明州和蒙大拿州都承认占有优先原则,但是这两州具体的先占优先权规则和制度在不同的时间节点上存在很大差异。例如,怀俄明是美国第一个采用先占优先权行政许可制的州,且该制度要求先占优先权的获取需要向国家工程师提出申请。蒙大拿州则直到 1973 年才建立起类似的行政许可制度,而在此之前仅需将水用于有益用途即可获得占有优先权。

后来,为了获得联邦政府对新储水设施的援助,怀俄明州、蒙大拿州和北达科他州希望通过制定一个协定来分配黄石河流域的水权。这一先订立协定再设立储水工程项目的思路也与美国其他各州的实践相吻合。但是,谈判远没有想象中的简单。自 1932 年开始,这三个州共进行了四次相互独立的谈判。前三次均以失败告终,究其原因在于各州对具体的权利分配无法达成一致意见。最终,《黄石河协定》(Yellowstone River Compact)作为第四次谈判的产物于 1950 年由三州达成,且该协定于 1951 年由联邦议会通过,从而上升至联邦法律的地位。

(2)《黄石河协定》的主要内容

尽管《黄石河协定》包含了三州关于整个黄石河流域水权划分的问题,但其最为核心的内容还是在于分配怀俄明州与蒙大拿州之间关于黄石河及其主要支流的水权问题。因为虽然北达科他州的权益也受该协定的保护,但其仅仅涉及黄石河在其境内非常狭小的一块流域盆地。另外,《黄石河协定》的前言还表明,三州希望移除此后一切可能导致州与州之间就黄石河问题产生矛盾的因素,并且能够以公平的方式来划分该流域的水权。

在《黄石河协定》中,第 5 条可谓最为重要的实体条款,其区分了 1950 年 1 月 1 日之前(pre – 1950 appropriative rights)和之后(post – 1950 appropriative rights)的先占优先权。为表述方便,下文将以“早期先占优先权”指代前者,以“后期先占优先权”指代后者。

具体而言,该条 A 款规定,1950 年 1 月之前已经存在的用于有益用途的先占优先权,应当在符合先占优先原则的前提下被继续享有。该条 B 款则对截至 1950 年 1 月仍未划分的水权进行了分配。首先,后期先占优先权应当让位于早期先占优先权的行使;其次,未划分的水权通过比例的形式固定下来。例如,

《黄石河协定》将波德河40%的水权划分给怀俄明州，而剩下的60%则分配给蒙大拿州。但是需要强调的是，其水权只可用于开辟耕地等有益用途。该条C款规定，水权划分的比例应当以年流量体积计算。该条D款规定，蒙大拿州和北达科他州现有的有益用水途径将受该协定保护。该条E款规定，《黄石河协定》条款将家庭用水、库存用水以及控制管理河流的设施排除在外。该条F款规定，《黄石河协定》委员会需要适时对水权分配比例作出调整。

(3)蒙大拿州基于《黄石河协定》提出的起诉状

2008年，联邦最高法院收到了蒙大拿州的起诉状（Bill of Complaint），声称怀俄明州拒绝削减1950年后产生的超额用水量，这一行为违反了《黄石河协定》项下的第5款。蒙大拿州认为在任何时候，其内部的早期先占优先权只要有需要就应当被优先保护。

蒙大拿州列举了怀俄明州违反《黄石河协定》的具体行为，包括灌溉新的田地，建设并使用新的扩充型储水设备，新的地表水采集和与煤层气开采有关的地下水采集活动，及现有土地用水量的增长。

另外，蒙大拿州还提出由于怀俄明州的早期先占优先权人用滴灌技术取代了漫灌，其实际灌溉用水量有所增加，从而影响了蒙大拿州的早期先占优先权人的利益。具体而言，原来漫灌方式下只有65%的水会被土地吸收，而剩余的35%的水会通过地表或者地下水流回河道。但是采用滴灌技术会使土地吸收的水资源猛增至90%甚至更高，而回流至河道的水则会减少。

怀俄明州则辩称其行为并没有违反《黄石河协定》，因为《黄石河协定》没有要求怀俄明州保证波德河与汤尔河在过州境时有充足的水量供蒙大拿州方面的早期先占优先权人使用。即使是在怀俄明州方面的早期先占优先权人没有用水需求的情况下，也同样如此。

北达科他州虽然也被列为被告，但这主要因为其是《黄石河协定》的缔约方之一。蒙大拿州在起诉状的第4段就表明了无意追究北达科他州责任的态度。因此北达科他州尽管参与了所有的庭审，但是并未提交任何材料，也未参与任何口头辩论。

2. 插播:何谓“先占优先权”?

先占优先权(原判文中简写为 appropriative rights)即“先占有水者优先获得权利”(the person who first in time to appropriate water is the first in right),是在美国西部干旱环境下所形成的一项特殊的水权制度。先占优先权的要素包括:主体、先占时间的确定、占用、客体以及优先权五项。

(1)就主体而言,先占优先权的主体范围很广,既包括自然人,也包括法人等社会组织,如联合会、公司,甚至包括各级政府或政府机构。

(2)就先占时间而言,目前美国西部各州大多都采用行政许可制度,所以一般情况下先占日可以通过水行政主管部门的许可程序来确定。通常,水权人的先占日即为其提出有效申请的日期。但是许可证制度实施前,先占时间的确定比较复杂,通常认为权利人着手从事引水或其他占用水资源活动的日期即为先占日。

(3)就占用而言,有效占用必须满足三个条件:主观上具有用水的目的,客观上实施了从天然河道中引水的行为,在合理的时间内进行了有益用水。何为有益用水是一个非常复杂的问题,各州认识不同,界定方法也不一致。

(4)就客体而言,先占优先权的客体是水体,包括自然水体和人工水体两种。自然水体指河流、湖泊、地下水和地表积水。

(5)就优先权而言,所谓优先权,就是根据“时先权优”的原则,当水资源不足时,时序较晚的先占优先权应首先停止行使其权利,以保证时序较早的水权人的用水需求优先得到满足。[1]

3. 联邦最高法院判决

(1)对早期先占优先权的保护应以有效请求为要件

为保护《黄石河协定》第5条A款项下的早期先占优先权,蒙大拿州必须提出有效的请求(effective call)。如果该请求不具有效力,则怀俄明州无须对自己使用或储存水资源对其产生的影响承担责任。

---

〔1〕 参见王小军、陈吉宁:《美国先占优先权制度研究》,载《清华法学》2010年第3期。

这种保护请求并不要求使用特殊的形式或具体的语言，也不要求必须通过某一机关进行传递，但是必须使怀俄明州足以知晓蒙大拿州需要额外的水资源来满足其自身早期先占优先权。其保护请求是否有效取决于蒙大拿州是否通知怀俄明州自身主张该请求以及怀俄明州的回应。

根据《黄石河协定》的第5条B款的规定，蒙大拿州可以在以下两种情况下提出请求保护早期先占优先权：第一，蒙大拿州境内的早期先占优先权不能获得应有的水量；第二，蒙大拿州可以根据现实证据合理推测出汤尔河水库(Tongue River Reservoir)在水文年终了时(每年的9月30日)不能够被蓄满。如果以上情形在问题解决后再次出现，则蒙大拿州可以再次提出新的保护请求。但是，蒙大拿州如果可以通过纯粹的州内部途径解决水资源短缺，则不可以基于第5条A款提出请求。

怀俄明州在收到请求的情况下，应当迅速采取行动，保证其境内只有早期先占优先权人可以依据《黄石河协定》和本案判决，在特定的限度内转移(diversion)或储存(storage)流域中的地表水。而怀俄明州境内的后期先占优先权人不得影响蒙大拿州境内早期先占优先权的行使。在蒙大拿州提出保护请求期间，怀俄明州须对所有违反《黄石河协定》第5条A款的转移、储存和抽取(withdrawals)行为负责，即使怀俄明州客观上不能阻止此类行为发生。对于违反第5条A款的储存用水，怀俄明州在蒙大拿州方面提出要求的情况下，应当尽快通过实际可行的办法将其运送给蒙大拿州。

(2)两州境内的早期先占优先权具有同等地位

《黄石河协定》赋予了怀俄明州和蒙大拿州境内早期先占优先权同等的地位。只有在本案判决中提及的情况下，怀俄明州境内的早期先占优先权人才应遵守不违反《黄石河协定》项下蒙大拿州早期先占优先权的义务。

《黄石河协定》第5条A款并没有禁止怀俄明州的早期先占优先权人通过先进的灌溉技术节约水资源，并用节约下来的水资源灌溉原先早期先占优先权适用范围的土地，即使这种灌溉导致实际的水源消耗增加影响到蒙大拿州早期先占使用权人的利益。但是，怀俄明州的早期先占优先权人不得将节省下来的水资源用来灌溉新的土地或者用于新的用途，否则将被视为违反《黄石河协定》的义务。

另外,怀俄明州和蒙大拿州境内的早期先占优先权人在符合州法律且不会侵害另一州先占优先权人利益的前提下,可以改变各自的权力行使地、权力行使类型以及取水点。

(3)两州对水库的运营要符合先占优先权有关法律

怀俄明州与蒙大拿州应当依法运营汤尔河及其支流上的水库。《黄石河协定》第5条A款并不保护基于非耗尽目的而排他地储存水资源,如为了水力发电或鱼类保护的储存。

在怀俄明州境内的后期先占优先权人可以在蒙大拿州未提出保护请求时储存水资源,并且在未提出有效请求期间储存的水资源可以在之后提出请求时继续使用。《黄石河协定》没有要求怀俄明州在此时将此类储存的水资源输送给蒙大拿州。

对于汤尔河水库而言,蒙大拿州被《黄石河协定》赋予了不超过72,500英亩呎(每英亩呎等于1234立方米)的储存权利。但是,如果在水文年开始时(10月1日)汤尔河水库的携水量已达6571英亩呎以上,则蒙大拿州有权将该水库蓄满至其上限79,071英亩呎。

另外,蒙大拿州也要防止其汤尔河水库在冬季过度流出水资源,否则其浪费的水资源将会在《黄石河协定》保护的水资源平均值中进行相应的扣减。冬季合理的流出量为75至175立方英尺每秒。当然,在下游先占优先权需要或凌汛、洪水风险等具体情形下,这一流出量会相应作出调整。蒙大拿州对合理流出量的衡量享有决定权。

(4)怀俄明州应当承担的责任

最后,联邦最高法院对于怀俄明州在2004年和2006年分别减少汤尔河州界处流量1300英亩呎和56英亩呎作出了判决,要求怀俄明州就此支付蒙大拿州20,340美元的赔偿及每年7%的滞纳金共计67,270.87美元。

怀俄明州应将此笔赔偿及滞纳金于判决生效日起90日内汇入蒙大拿州指定账户。该账户中的资金只可用于蒙大拿州境内汤尔河水库及相关设施的改造。但是,在蒙大拿州司法部长同意且符合蒙大拿州法律的情况下,蒙大拿州也可以将此笔款项分配给州立项目、下设辖区、非营利企业、社团或者慈善组织。

怀俄明州和蒙大拿州还需要在判决生效期30日内交换包括早期先占优先权和后期先占优先权在内的水权信息，并且两州应每年对这些信息进行更新并交换。如果其他州需要，两州还需要向其提供地表水信息。

怀俄明州如果对于蒙大拿州提出的保护请求采取了相应行动，在必要情况下，需要将涉及这些行动的担保及文件提供给蒙大拿州。相应地，蒙大拿州也需要在必要的时候向怀俄明州提供有关的担保和文件，这些担保和文件主要涉及蒙大拿州应对水资源短缺采取的州内措施。

4. 案件评述

假设本案中怀俄明州、蒙大拿州、北达科他州是分别居住在黄石河上游、中游、下游的3个居民，本案主要矛盾其实就是上游的居民水用得太多而中游的居民水不够用。为了解决他们的纠纷，联邦最高法院要求中游居民以后水不够用时要先跟上游居民说一声，并且一定要确保通知到。如果没有有效的通知，则上游居民想如何用水就如何用水，不需要顾及中游的邻居。

本案还有一个亮点在于最高法院通过判决的形式，为《黄石河协定》这一具有联邦法律地位的文件在今后如何协调怀俄明、蒙大拿、北达科他三州利益作了良好的指引。由于历史原因，早期的先占优先权顺位认定十分复杂，各州之间先占所有权人在行使权利时容易发生冲突。因此联邦最高法院不仅明确了早期先占优先权之间在一般情况下平等的地位，还促成了各州就有关先占优先权的内部信息进行定时交换。这无疑对三州预防彼此水权利益冲突、合理协调具有极大的益处。本案表现出的不同区域间关于水资源，尤其是关于河流的利用以及就此展开的权利分配和协调，对我国未来的河流治理也具有一定的参考价值。

另外，本案与本书中的两个案例同是美国水权法律体系的体现。只是本案为单纯的州与州之间的纠纷，而得克萨斯州诉新墨西哥州和科罗拉多州案涉及美国联邦政府作为第三人参与诉讼的问题〔1〕，美国制造商协会诉国防部案则

〔1〕 详见得克萨斯州诉新墨西哥州和科罗拉多州案例译述。

是民间团体与联邦之间的纠纷[1]。相信读者通过这三个案例可以对美国水权制度有更深入的了解。

5. 本案为什么没有主笔法官?

本案判决书的一个特殊之处在于没有列明主笔法官的姓名,而只是提到卡根大法官未参与本案的审理与判决,且判决内容采用了特别法官(Special Master)的报告。经查,在联邦最高法院原始管辖决定涉及州际边界争端的案件中,往往会任命一名特别法官来解决事关地理或历史的问题[如 New Jersey v. New York, 523 US 767 (1998)]。

为了进一步求证缺失主笔法官姓名的原因,笔者向联邦最高法院致电邮咨询。联邦最高法院方面给予的回应是"本判决由法院作为整体发布,而非某位具体的法官所为"(the judgment was issued by the Court and not a particular Justice)。

综上,似乎可以得出这样一个结论:本案判决之所以未列明主笔法官,是因为内容上借鉴了特别法官报告的内容,而无某位法官专门执笔。故最终判决书中主笔法官之名无处可寻。

---

[1] 参见崔伟:《2017/2018 美国最高法院判例译述(3)——美国水域之争归谁管?》,载微信公众号"法与译",https://mp.weixin.qq.com/s/jkKqoZUeuVbn-dT3YXLJOA。

对州际条约的解释

得克萨斯州诉新墨西哥州和科罗拉多州
——河水悠悠，各州争不休

得克萨斯州诉新墨西哥州和科罗拉多州

Texas v. New Mexico

——河水悠悠,各州争不休

原 案 名: Texas v. New Mexico et al.

判决日期:2018 年 3 月 5 日

案　　号:141(联邦最高法院初审案件)

主　　笔:戈萨奇大法官

判决主旨:州际协议一旦被国会批准,即成为联邦制定法的一部分。当各州之间有关违反州际协议的纠纷可能会影响到美国政府履行国际条约义务的能力时,美国政府可以作为第三人介入诉讼。

判决译述

1. 美墨条约:美国负责为墨西哥建水库

里奥格兰德河(Rio Grande,以下简称格兰德河)发源于科罗拉多州的落基山脉,飞流直下 3000 多公里,抵达墨西哥湾,其中美墨界河就有 2000 多公里。格兰德河一路上流经的诸多国家和地区均对其资源有着互相冲突的需求。由于格兰德河的河床不断北移,近百年来美墨边界之争不断,在美国国内不同的州之间也引发了冲突。

19 世纪 90 年代,墨西哥向美国政府抱怨说,位于美国境内的该河上游水源需求日益增长,使得墨西哥境内的下游水源所剩无几。美国政府建议挖一个水库,并保证墨西哥能定期且有控制地从水库放水用。最终美国政府把建坝地址选在新墨西哥州的象山村(Elephant Butte),该村位于得克萨斯州(以下简称得州)州界北部105英里处。

1904年,美国政府在一次有关"河流灌溉代表会议"(Irrigation Congress)上向墨西哥代表以及将受到影响的各州代表提出了这一建议,相关方对此建议表示了"衷心支持和同意"。随后,美国政府与墨西哥政府于1906年签订了美墨条约(Convention Between the United States and Mexico Providing for the Equitable Distribution of the Waters of the Rio Grande for Irrigation Purposes),同意在新水库建成后,由美国每年向墨西哥运送6万英亩呎的水。

之后,美国政府于1910年开始建造大坝,作为当时更大的一个基础设施项目"里奥格兰德项目"的一部分,于1916年完工。

2. 下游合约:美国各州按比例分配用水

然而,格兰德河流经的美国境内各州之间产生了诸多纠纷。为解决这些纠纷,各方签署了好几个临时协议,同时又开始谈判新的协议。在最初的一系列协议中,美国政府承诺用水库的水给位于新墨西哥州和得州的大约有15.5万英亩灌溉地的下游水区供水,而这些用水区也同意按比例支付水费,大约新墨西哥州支付57%,得州支付43%。这些协议被称为"下游合约"(Downstream Contracts)。

3. 州际协议:新墨西哥州负责向水库输水

后经美国政府同意,得州、科罗拉多州和新墨西哥州于20世纪30年代签订了一份"里奥格兰德协议"(Rio Grande Compact,以下简称州际协议),美国国会于1939年批准了该协议。当事方在协议中明确了该协议只用于解决州际纠纷,而不应影响联邦政府依据条约对墨西哥做出的运送水的承诺。鉴于此,州际协议要求科罗拉多州每年向新墨西哥州运送特定数量的水。州际协议并没有同样要求新墨西哥州每年向得州运送特定数量的水,而是要求新墨西哥州将水运送至水库。单独看这个要求似乎有些奇怪,好像得州从中得不到水。但是,差不多同时在谈判着的"下游合约"中承诺每年从水库中为得州运送一定数量的水,这样看来就合理了。

4. 新墨西哥州明修栈道,暗度陈仓

本来问题差不多解决了,可是近来得州发现新墨西哥州允许下游的新墨西哥州用户以“下游合约”未预料到的方式从水库底部把水抽走,从而事实上违反了其向水库运送水的合同义务。于是,得州向联邦最高法院提起初审诉讼请求,抱怨新墨西哥州违反了州际协议。

宪法授权联邦最高法院作为终审法院处理一般案件,然而对于州际纠纷,宪法却授予联邦最高法院初审管辖权。因此,联邦最高法院立案审理。

经联邦最高法院同意,美国政府作为第三人介入诉讼,也提出与得州类似的主张,声称新墨西哥州违反了州际协议。

新墨西哥州提出动议,要求法院驳回起诉。

法院于是指定特别法官(Special Master)审理此案,听取辩论,最终形成了一份临时报告,建议联邦最高法院拒绝新墨西哥州提出的驳回得州诉讼的动议。同时,特别法官还建议联邦最高法院部分驳回联邦政府提出的诉讼,理由是州际协议并未授予美国政府实施该协议条款的权力。也就是说,州际协议是各州之间的事情,联邦政府无权干涉。

针对特别法官的报告,当事各方均提出了反对意见。联邦最高法院决定听取其中的两个反对意见:一个是由美国政府提出的,另一个是由科罗拉多州提出的。

关于美国政府在本次初审诉讼中可以提出的主张的范围,美国政府认为它可以针对违反州际协议本身主张权利;科罗拉多州则认为美国政府只有在依据1906年与墨西哥签订的条约的范围内提出主张。

因此,本案需要联邦最高法院解决的问题只是一个初步的很窄的问题,即美国政府是否可以作为第三人,提出与得州政府业已提出的主张本质上相类似的主张?

5. 联邦最高法院:美国政府是合格的第三人

大法官们从宪法开始分析。宪法中的“州际协议条款”(Compact Clause)规定,未经国会同意,各州不得与其他州之间签订任何协议或协定,其目的是避免任何两个州之间的协议或协定可能会损害其他州的利益,同时保障立法者可以检查国家政府的权利是否受到侵害。因此,如果一个州际协议有可能导致与某个外国国家发生摩擦,或者损害自己国家的另一区域的利益,国会就不会批准。然而,一旦国会批准了某个州际协议,该协议就和任何其他联邦制定法一样成为美国国土上的法律。

联邦最高法院认为,他们在处理州际协议案件中的职责与处理普通诉讼案件中的职责不同。宪法赋予联邦最高法院对州际纠纷拥有初审管辖权。在这些案件中,联邦最高法院的职责是替代外交机构处理主权国家/地区之间的,以及可能诉诸武力解决的纠纷。因此,联邦最高法院可以通过判决来规范和调整法律程序以最好地促进正义目的。

在利用这一特殊授权时,法院有时会允许联邦政府参与州际协议诉讼,以保护“明显的联邦政府利益”,而普通的诉讼方在传统的诉讼中一般不会被允许这样做。同时,大法官们强调,这种允许不应与特许混为一谈。概括而言,几乎任何州际协议都会触及联邦政府的利益——外交、州际贸易、税务及财政支出等。无疑,这正是联邦宪法要求国会批准州际协议的原因。然而,仅仅因为国会在批准州际协议时享有特殊职能,并不意味着美国政府就有一揽子授权,可以以第三人身份介入任何有关对这些协议进行解释的案件中。另外,这一独特的授权是针对初审审判,与在其他案件中的上诉审不同。

联邦最高法院最终认为,美国政府可以介入本案并提出特定主张的原因有四个:

(1) 美国政府对此具有利益

该州际协议与“里奥格兰德项目”以及“下游合约”有着千丝万缕的联系。州际协议明确说明其目的是在受到影响的各州之间公平地分摊格兰德河水。然而,该目的之实现只能有一个原因,即当州际协议签署并颁布之时,美国政府已经谈判并批准了“下游合约”,并据此承担了向得州运送一定水量的义务。通过这个方式,美国政府经由“下游合约”,成为州际协议的某种“代理人”,负有保证实际履行州际协议中有关按公平比例向得州和新墨西哥州分配水的义务的职责,或者,可以认为州际协议默示地将"下游合约"作为自身的一部分。无论如何,美国政府对保证河水按照州际协议条款的规定储存于水库这一点具有利益。

(2)美国政府与州际协议的运行关系紧密

新墨西哥州承认美国政府在州际协议的运行中起到不可分割的作用。在诉讼程序早期,新墨西哥州就主张联邦政府是本诉讼不可或缺的当事人,因为其有责任根据"下游合约"的规定供水。在口头辩论过程中,新墨西哥州认为联邦政府与州际协议运行间的关系如此紧密,州政府甚至可以根据州际协议起诉美国政府干预了该协议的运行。

(3)违反州际协议会导致美国政府无法履行条约义务

违反该州际协议可能会危及联邦政府完成其条约义务的能力。美国与墨西哥之间的条约要求美国政府每年从象山村水库运送 6 万英亩呎的水给墨西哥。为了灌满水库,州际协议规定新墨西哥州有义务将特定数量的水运送到水库。如果新墨西哥州没能履行该义务,可能直接损害联邦政府履行其条约义务的能力。如今州际协议明确说明它将不会影响美国依据条约对墨西哥的义务,然而,这只意味着州际协议试图避免损害联邦政府的条约义务。而允许美国政府参与本诉讼才能让美国政府保证那些义务事实上能被履行。

(4)美国政府只能针对州际协议提出与原告同样的主张

美国政府在由得州提起的已有诉讼中,提出自己针对州际协议的主张,寻求实质上与得州政府同样的救济请求,且得州并未提出异议。本案并不讨论美国政府是否能提起诉讼迫使某州履行其依据州际协议所承担的义务,或者美国政府是否能扩大州际之间纠纷的范围问题。

最后,大法官们认为上述因素均支持允许美国政府在这一初审诉讼中针对州际协议提出主张。大法官们强调说,该判决并不涉及当任何以上考量因素缺失,或者出现任何另外的考量因素时,结果是否会不同的问题。美国政府对特别法官的报告提出的反对意见成立,其他反对意见被驳回,本案发回到特别法官处,根据本意见继续审理。

Chapter 13

第十三章　州际水权与其他最高法院初审管辖案件

州际水权

佛罗里达州诉佐治亚州
——阳光之州的水权之争

佛罗里达州诉佐治亚州
Florida v. Georgia
——阳光之州的水权之争

原 案 名:Florida v. Georgia

判决日期:2018 年 6 月 27 日

案　　号:142(联邦最高法院初审案件)

主　　笔:布雷耶大法官(首席大法官罗伯茨和肯尼迪、金斯伯格、索托马约尔大法官附议;托马斯大法官发表异议意见,阿利托、卡根和戈萨奇大法官附议)

判决主旨:佛罗里达州只需对佐治亚州不合理用水给自身造成的损害举证,而无须对其提出的救济方案的可行性举证。

判决译述

1. 上下游的水权之争

阿巴拉契科拉河(the Apalachicola River)、查塔胡奇河(the Chattahoochee River)和弗林特河(the Flint River)是美国东南部走向呈"Y"字形的三条河流,其形成的流域总面积(以下简称 ACF 流域)超过两万平方英里。其中,发源于佐治亚州蓝脊山(Blue Ridge Mountains)的查塔胡奇河和发源于亚特兰大市南部的弗林特河向南注入佛罗里达州北部的塞米诺尔湖(Lake Seminole)。而交融的河水于湖泊南部流过伍德洛夫大坝(Woodruff Dam),继续向南纵跨佛罗里达州后汇入墨西哥湾,自此还获得了一个新名字——阿巴拉契科拉河。总体而言,阿巴拉契科拉河为佛罗里达州西海岸地区提供了 35% 的淡水资源。

然而,佛罗里达州和佐治亚州长期以来对 ACF 流域的水资源分配问题争执不休。佛罗里达州认为佐治亚州从弗林特河中汲取的水资源超过了公平份额(equitable share),但是佐治亚州并不认同。由于两州之间长期不能就该问题达成协议,2013 年佛罗里达州将佐治亚州诉至联邦最高法院,要求对水权进行合理分配。联邦最高法院首先指定了一名特别法官(Special Master)负责调查有关事实并提交报告。

2. 特别法官的"门槛性"测试

经过漫长的取证程序,特别法官于 2017 年提交了一份长达 70 页的报告,而报告的结论是建议法院驳回佛罗里达州的起诉。为何特别法官会有这样的结论呢?这就不得不提到阿巴拉契科拉河的另一条上游河流——查塔胡奇河。在这条河流上,美国陆军工程兵团(the United States Army Corps of Engineers)建设了多个大坝和水库,并控制着该河向下游输送的流量。特别法官认为在本案中,如果没有陆军工程兵团作为当事方加入进来(因为美国联邦政府援引主权豁免,所以陆军工程兵团未成为该案当事方),即使要求佐治亚州节约用水也不能保证佛罗里达州能够享有充足的水资源,并且特别法官还提出了本案的一个"门槛性"问题(threshold question),即佛罗里达州作为主张救济的一方,是否能够对救济方案的可行性举证,同时此种证明是否清晰且有说服力(clear and convincing)。当然,特别法官的结论是否定的,而佛罗里达州则对此提出了异议。

3. 解决州际用水冲突的四项原则

针对佛罗里达州的异议,联邦最高法院首先明确了在解决州际用水冲突时需要遵循的几项原则。首先,沿河各州对合理使用河水享有平等的权利,而具体到本案中,此处的河流应指弗林特河;其次,根据先例,联邦最高法院在面临州际用水争端时应争取公平分配,而非拘泥于固定的公式;再次,提起诉讼的州在申请禁制令时应当比普通私主体承担更多的举证义务;最后,正因水权的公平分配的考虑应当采取更加"灵活"的方式,而非根据固定的公式,所以法院会考虑所有相关因素，因而法院应当查明详细的事实，才能更好地作出判断。

综合上述原则，联邦最高法院认为特别法官采用的“门槛性”标准过于苛刻。联邦最高法院还认为，“门槛性”标准适用的前提应当是法院对救济相关的关键性事实已予以掌握。例如，佛罗里达州因为缺水遭受了多少损失，以及需要多少额外的水量才可以弥补佛罗里达州所遭受的损失。在本案中，显然法院并未掌握这些事实，因此无法对救济途径的可行性进行判断，佛罗里达州也不需要对救济方案的可行性举证。另外，联邦最高法院还指出，根据目前已有的案例，“清晰且有说服力”的证据标准只适用于证明“权利被侵犯”(invasion of rights)和“实质损害”(substantive injury)，而不会适用于原告提出的救济途径。

4. 案件核心的五个问题

因此，联邦最高法院认为该案仍然可以继续审理下去。具体而言需要解决以下五个问题：(1)佛罗里达州是否因阿巴拉契科拉河来水量的减少受到损害？(2)佛罗里达州是否能证明佐治亚州在用水方面违反了公平原则？(3)如果佐治亚州违反了公平原则，这是不是导致佛罗里达州受到损害的原因？(4)如果对上一问题的回答是肯定的，对佐治亚州的用水量规定限额是否真的能使弗林特河流入阿巴拉契科拉河的水量显著增加(联邦最高法院将此视为本案的基本问题)？(5)如果第四个问题的回答是肯定的，那么这一部分额外流入阿巴拉契科拉河的水是否能够对佛罗里达州面临的经济和生态问题提供救济？

针对前三个问题，特别法官的报告都给予了肯定的答案。首先，由于阿巴拉契科拉河流量的减少，佛罗里达州境内部分地区受到海水倒灌侵袭，牡蛎产业遭遇史无前例的重创，高密度的动植物群也面临威胁，其中还包括部分濒危物种；其次，佐治亚州在用水方面的确表现出无节制的情况，例如，2011 年州政府为了节省防护性开支而没有发布干旱警告，此种情况下农业用水仍旧毫无限制，忽视了其对整个流域的长远影响；最后，佐治亚州的不合理用水与佛罗里达州所遭受的损害也具有因果关系。联邦最高法院认为，在之后重审的过程中，这几个问题也还需要进一步考虑。

而对于后两个问题，联邦最高法院提出了与特别法官不同的意见。

5. 救济途径的可行性分析

对于第四个问题,联邦最高法院认为是本案的基本问题,应当从两方面考虑:(1)若对佐治亚州的用水进行限额,那么弗林特河汇入塞米诺尔湖的水量能增加多少;(2)从塞米诺尔湖南部通过陆军工程兵团控制的伍德洛夫大坝的水量有多少。

就第一个方面而言,一方面,佛罗里达州方面的专家桑丁博士(Dr. David Sunding)证明只要佐治亚政府每年拿出 3500 万美元的财政拨款(占该州年财政拨款 0.2% 左右)用于规制用水,即可使其减少 1500 ~ 2000 立方英尺每秒(cubic feet per second)的用水量;佐治亚州方面的专家斯塔文斯博士(Dr. Robert Stavins)则表达了否定意见。而特别法官的报告似乎对前者的观点予以了肯定。

另一方面,即使佐治亚州的用水限额能够节省 1500 ~ 2000 立方英尺每秒的用水量,这些水是否能够流入阿巴拉契科拉河呢?此处佛罗里达州与特别法官产生了意见上的分歧。特别法官认为,由于伍德洛夫大坝由陆军工程兵团控制,所以即使弗林特河来水量增加,如果陆军工程兵团不开闸放水,那么佛罗里达州仍然会缺水。特别法官还认为,尽管陆军工程兵团在某些情况下管理大坝的自由裁量权会受到限制,但是面临大面积干旱时,陆军工程兵团很可能会选择通过蓄水来保证整个流域的用水。

然而联邦最高法院并不这么认为,因为陆军工程兵团需要按照管理手册(Master Manual)来控制大坝。根据管理手册,陆军工程兵团对大坝有两种操作模式——“非旱时操作”(Nondrought Operation)和“旱时操作”(Drought Operation)。所谓的“非旱时操作”并非指涝期的操作,“旱时操作”也非旱期操作,进行哪种操作实际上取决于大坝所储存的水量。在“非旱时操作”时,陆军工程兵团只需要保证 5000 ~ 10,000 立方英尺每秒的水量流入塞米诺尔湖,多余的水量都会排往下游,故佐治亚州节省的水量也会对佛罗里达州产生积极影响;而在“旱时操作”时,尽管大坝会有意蓄水,但是查塔胡奇河上的大坝和水库会同时调整排水量以保证塞米诺尔湖的蓄水量达到标准,这样佐治亚州的节水量同样会被给予佛罗里达州。即使查塔胡奇河上的大坝和水库同时蓄水,弗林特河增加的进水量也会使得启用“旱时操作”的时间缩短,从而间接减少佛罗里达州受到的损害。

在这里,法院假设了一个例子专门对这一问题进行阐述。首先,假设陆军工程兵团正在进行“旱时操作”。正因为对佐治亚州的水用量进行了限额规定,所以有多余的2000立方英尺每秒的水量从弗林特河流入了塞米诺尔湖中,并且会有5000立方英尺每秒的水量从塞米诺尔湖经过伍德洛夫大坝,流入佛罗里达州的阿巴拉契科拉河中。在这种情况下,没有额外的水源会流入佛罗里达州。但是,重点来了,对佐治亚州的水用量进行限额而多余的2000立方英尺每秒的水量使得陆军工程兵团可以在上游的查塔胡奇河上的大坝蓄更多的水,因此,查塔胡奇河上的大坝的水位就会高一些,那陆军工程兵团启用“旱时操作”的时间就会变短,这对佛罗里达州是有益的。

至于最后一个问题,即除弗林特河之外的水源能否对阿巴拉契科拉河提供补给,特别法官并没有直接给出意见,因此最高法院也不作过多的解释,而是要求在重审过程中进行回答。

综上,联邦最高法院判决无须驳回佛罗里达州的起诉,并要求特别法官依据联邦最高法院的意见进一步查明有关重要事实。仍待解决的事实问题包括:佐治亚州不合理的用水量具体为多少?佛罗里达州的损害具体达到何种程度?对佐治亚州设置的限额具体为多少最为适宜?佐治亚州节省出的用水量具体能有多少流入阿巴拉契科拉河?这一部分额外流入阿巴拉契科拉河的水是否能够改善佛罗里达州面临的困境?

看来这场水权之争的解决还需时日。

索引表

<table>
<tr><th colspan="2">类别</th><th>年份</th><th>案名</th><th>译述页码</th><th>索引号</th></tr>
<tr><td rowspan="8">国际法与法律冲突</td><td rowspan="2">长臂管辖</td><td rowspan="2">2018</td><td>贾思奈诉阿拉伯银行(Jesner v. Arab Bank)</td><td>本书第 5 页</td><td>1.01.001</td></tr>
<tr><td>西方奇科公司诉离子地球物理公司(WesternGeco LLC. v. Ion Geophysical Corporation)</td><td>本书第 10 页</td><td>1.01.002</td></tr>
<tr><td rowspan="2">外国主权豁免</td><td>2017</td><td>委内瑞拉诉佩恩国际钻井公司(Venezuela v. Helmerich & Payne Int'l Drilling Co.)</td><td>2016 ~ 2017 年判例译述第 81 页</td><td>1.02.001</td></tr>
<tr><td>2018</td><td>鲁宾诉伊朗(Rubin v. Islamic Republic of Iran)</td><td>本书第 17 页</td><td>1.02.002</td></tr>
<tr><td rowspan="3">部落法与部落主权豁免</td><td>2017</td><td>路易斯诉克拉克(Lewis v. Clarke)</td><td>2016 ~ 2017 年判例译述第 89 页</td><td>1.03.001</td></tr>
<tr><td>2018</td><td>帕特查克诉美国内政部长津克(Patchak v. Zinke)</td><td>本书第 29 页</td><td>1.03.002</td></tr>
<tr><td>2018</td><td>上斯卡吉特部落诉隆格伦夫妇(Upper Skagit Tribe v. Lundgren)</td><td>本书第 34 页</td><td>1.03.003</td></tr>
<tr><td>国际法律冲突与外国法查明</td><td>2018</td><td>维生素 C 反托拉斯案(Animal Science Products v. Hebei Welcome Pharmaceutical)</td><td>本书第 39 页</td><td>1.04.001</td></tr>
</table>

续表

类别		年份	案名	译述页码	索引号
国际法与法律冲突	州际法律冲突				
	联邦法与州法之间的冲突	2017	密苏里州考文垂医疗保健公司诉内维尔斯(Coventry Health Care of Missouri v. Nevils)	2016 ~ 2017 年判例译述第 35 页	1.06.001
		2018	新泽西州州长墨菲诉全国大学生体育协会(Murphy v. National Collegiate Athletic Assn.)	本书第 47 页	1.06.002
		2018	斯韦恩诉梅林(Sveen v. Melin)	本书第 52 页	1.06.003
		2018	监狱长塞克斯顿诉博德罗(Sexton v. Beaudreaux)	本书第 62 页	1.06.004
公权力之间的制衡	立法与司法的较量	2018	帕特查克诉美国内政部长津克(Patchak v. Zinke)	本书第 29 页	2.01.001
		2018	贾思奈诉阿拉伯银行(Jesner v. Arab Bank)	本书第 5 页	2.01.002
	司法与行政的制衡	2017	国家劳动关系局诉西南通用公司(National Labor Relations Board v. SW General, Inc.)	2016 ~ 2017 年判例译述第 59 页	2.02.001
		2017	北卡罗来纳州诉卡温顿(North Carolina v. Covington)	2016 ~ 2017 年判例译述第 73 页	2.02.002
		2017	特朗普总统诉国际难民接纳计划和夏威夷州(Trump v. IRSP & Hawaii)	2016 ~ 2017 年判例译述第 66 页	2.02.003
		2017	有关美国政府案(In re United States)	本书第 71 页	2.02.004
		2018	石油能源公司诉格林能源集团(Oil States Energy Services v. Greene's Energy Group)	本书第 75 页	2.02.005

续表

类别		年份	案名	译述页码	索引号
公权力之间的制衡	联邦与州法院的管辖权冲突	2017	莱特福特诉圣达特抵押贷款公司(Lightfoot v. Cendant Mortgage Corp.)	2016 ~ 2017 年判例译述第 5 页	2.03.001
		2017	TC 哈特兰德公司诉卡夫食品集团品牌公司(TC Heartland v. Kraft Foods Group Brands)	2016 ~ 2017 年判例译述第 20 页	2.03.002
		2017	北柏林顿铁路公司诉提利尔(BNSF v. Tyrrell)	2016 ~ 2017 年判例译述第 15 页	2.03.003
		2017	弗吉尼亚州诉勒布朗(Virginia v. LeBlanc)	2016 ~ 2017 年判例译述第 29 页	2.03.004
		2017	施贵宝公司诉加利福尼亚州高等法院(Squibb v. Superior Court of California)	2016 ~ 2017 年判例译述第 10 页	2.03.005
		2017	派瑞诉奖惩系统保护局(Perry v. Merit Systems Protection Board)	2016 ~ 2017 年判例译述第 25 页	2.03.006
		2018	赛恩公司诉比弗县雇员退休基金(Cyan, Inc. v. Beaver County Employees Retirement Fund)	本书第 83 页	2.03.007
		2018	威尔森诉监狱长塞勒斯(Wilson v. Sellers)	本书第 91 页	2.03.008
	上下级法院的关系	2016	博斯诉俄克拉何马州(Bosse v. Oklahoma)	2016 ~ 2017 年判例译述第 45 页	2.04.001
		2017	麦克莱恩公司诉平等就业机会委员会(McLane v. Equal Employment Opportunity Commission)	2016 ~ 2017 年判例译述第 41 页	2.04.002
		2017	北卡罗来纳州州长库珀诉哈里斯(Cooper v. Harris)	2016 ~ 2017 年判例译述第 53 页	2.04.003

续表

类别		年份	案名	译述页码	索引号
公权力之间的制衡	上下级法院的关系	2018	美国制造商协会诉国防部(National Association of Manufacturers v. Department of Defense)	本书第 97 页	2.04.004
		2018	卫生与公共服务部长诉加尔萨(Azar v. Garza)	本书第 100 页	2.04.005
		2018	奥蒂斯诉美国(Ortiz v. United States)	本书第 104 页	2.04.006
宪法权利的保护	诉讼资格与条件	2018	美国诉桑切斯(United States v. Sanchez-Gomez)	本书第 115 页	3.01.001
		2018	卫生与公共服务部长诉加尔萨(Azar v. Garza)	本书第 100 页	3.01.002
	选举权	2017	希尔诉弗吉尼亚州选举局(Bethune-Hill v. Virginia State Bd. of Elections)	2016～2017 年判例译述第 98 页	3.02.001
		2017	北卡罗来纳州州长库珀诉哈里斯(Cooper v. Harris)	2016～2017 年判例译述第 53 页	3.02.002
		2017	北卡罗来纳州诉卡温顿(North Carolina v. Covington)	2016～2017 年判例译述第 73 页	3.02.003
		2018	俄亥俄州州务卿诉伦道夫协会(Husted v. A. Philip Randolph Institute)	本书第 121 页	3.02.004
		2018	明尼苏达州选民联盟诉曼斯基(Minnesota Voters Aliance v. Mansky)	本书第 127 页	3.02.005
		2018	吉尔诉惠特福德(Gill v. Whitford)	本书第 133 页	3.02.006

续表

类别		年份	案名	译述页码	索引号
宪法权利的保护	选举权	2018	贝尼塞克诉马里兰州选举委员会(Benisek v. Lamone)	本书第 138 页	3.02.007
		2018	得克萨斯州州长阿博特诉佩雷斯(Abbott v. Perez)	本书第 142 页	3.02.008
		2018	北卡罗来纳州诉科文顿(North Carolina v. Covington)	本书第 150 页	3.02.009
	征收	2017	穆尔诉威斯康星州(Murr v. Wisconsin)	2016 ~ 2017 年判例译述第 137 页	3.03.001
	言论自由与限制	2017	潘拿·西德里格斯诉科罗拉多州(Pena-Rodriguez v. Colorado)	2016 ~ 2017 年判例译述第 167 页	3.04.001
		2017	表达发型屋诉纽约州总检察长施耐德玛(Expressions Hair Design v. Schneiderma)	2016 ~ 2017 年判例译述第 215 页	3.04.002
		2017	马泰尔诉谭西蒙(Matal v. Simon Shiao Tam)	2016 ~ 2017 年判例译述第 210 页	3.04.003
		2017	帕金汉姆诉北卡罗来纳州(Packingham v. North Carolina)	2016 ~ 2017 年判例译述第 219 页	3.04.004
		2018	萨普诉监狱长塞勒斯(Tharpe v. Sellers)	本书第 157 页	3.04.005
		2018	名作蛋糕店诉科罗拉多州民权委员会(Masterpiece Cakeshop, Ltd. v. Colorado Civil Rights Comm'n)	本书第 162 页	3.04.006
		2018	明尼苏达州选民联盟诉曼斯基(Minnesota Voters Aliance v. Mansky)	本书第 127 页	3.04.007

续表

类别		年份	案名	译述页码	索引号
宪法权利的保护	言论自由与限制	2018	杰纳斯诉美国州、县与市政工人联合会第 31 分会(Janus v. State, County and Municipal Employees)	本书第 169 页	3.04.008
宪法权利的保护	言论自由与限制	2018	国家家庭与生命维权组织诉加利福尼亚州司法部长贝塞拉(National Institute of Family and Life Advocates v. Becerra)	本书第 176 页	3.04.009
宪法权利的保护	宗教自由与限制	2017	促进卫生保健网诉斯泰普尔顿(Advocate Health Care Network v. Stapleton)	2016 ~ 2017 年判例译述第 149 页	3.05.001
宪法权利的保护	宗教自由与限制	2017	哥伦比亚三一路德教会诉密苏里州自然资源部主管康莫(Trinity Lutheran Church of Columbia v. Comer)	2016 ~ 2017 年判例译述第 203 页	3.05.002
宪法权利的保护	宗教自由与限制	2018	苏斯诉保尔(Sause v. Bauer)	本书第 183 页	3.05.003
宪法权利的保护	正当程序	2016	布拉沃诉美国(Bravo v. United States)	2016 ~ 2017 年判例译述第 233 页	3.06.001
宪法权利的保护	正当程序	2018	克里尔诉弗吉尼亚州(Currier v. Virginia)	本书第 187 页	3.06.002
宪法权利的保护	平等保护	2017	巴克诉得克萨斯州劳教部刑事司法科科长戴维斯(Buck v. Davis)	2016 ~ 2017 年判例译述第 157 页	3.07.001
宪法权利的保护	平等保护	2017	弗莱诉拿破仑社区学校(Fry v. Napoleon Community Schools)	2016 ~ 2017 年判例译述第 180 页	3.07.002
宪法权利的保护	平等保护	2017	潘拿·西德里格斯诉科罗拉多州(Pena-Rodriguez v. Colorado)	2016 ~ 2017 年判例译述第 167 页	3.07.003

续表

类别		年份	案名	译述页码	索引号
宪法权利的保护	平等保护	2017	恩德路诉道格拉斯郡 Re – 1 学区(Endrew v. Douglas County School District Re – 1)	2016 ~ 2017 年判例译述第 185 页	3.07.004
		2017	摩尔诉得克萨斯州(Moore v. Texas)	2016 ~ 2017 年判例译述第 189 页	3.07.005
		2017	美洲银行诉迈阿密市(Bank of America v. Miami)	2016 ~ 2017 年判例译述第 174 页	3.07.006
		2017	总检察长塞申斯三世诉莫拉莱斯 – 桑塔纳(Sessions v. Morales-Santana)	2016 ~ 2017 年判例译述第 121 页	3.07.007
		2017	麦克威廉斯诉邓恩(McWilliams v. Dunn)	2016 ~ 2017 年判例译述第 193 页	3.07.008
		2017	帕万诉斯密斯(Marisa N. Pavan v. Nathaniel Smith)	2016 ~ 2017 年判例译述第 198 页	3.07.009
		2018	萨普诉监狱长塞勒斯(Tharpe v. Sellers)	本书第 157 页	3.07.010
		2018	名作蛋糕店诉科罗拉多州民权委员会(Masterpiece Cakeshop, Ltd. v. Colorado Civil Rights Comm'n)	本书第 162 页	3.07.011
		2018	北卡罗来纳州诉科文顿(North Carolina v. Covington)	本书第 150 页	3.07.012
	堕胎	2018	卫生与公共服务部长诉加尔萨(Azar v. Garza)	本书第 100 页	3.08.001
		2018	国家家庭与生命维权组织诉加利福尼亚州司法部长贝塞拉(National Institute of Family and Life Advocates v. Becerra)	本书第 176 页	3.08.002

续表

类别		年份	案名	译述页码	索引号
移民与外国人保护	移民法	2017	胡安诉总检察长塞申斯三世(Juan Esquivel-Quintana v. Attorney General)	2016～2017年判例译述第130页	4.01.001
		2017	总检察长塞申斯三世诉莫拉莱斯－桑塔纳(Sessions v. Morales-Santana)	2016～2017年判例译述第121页	4.01.002
		2017	齐格勒诉阿巴希(Ziglar v. Abbasi)	2016～2017年判例译述第107页	4.01.003
		2017	马斯连雅克诉美国(Maslenjak v. United States)	2016～2017年判例译述第113页	4.01.004
		2017	李宰诉美国(Jae Lee v. United States)	2016～2017年判例译述第117页	4.01.005
		2017	特朗普总统诉国际难民接纳计划和夏威夷州(Trump v. IRSP & Hawaii)	2016～2017年判例译述第66页	4.01.006
		2017	有关美国政府案(In re United States)	本书第71页	4.01.007
		2018	詹宁斯诉罗德里格兹(Jennings v. Rodriguez)	本书第195页	4.01.008
		2018	司法部长塞申斯诉迪马亚(Sessions v. Dimaya)	本书第201页	4.01.009
		2018	卫生与公共服务部长诉加尔萨(Azar v. Garza)	本书第100页	4.01.010
		2018	珀雷拉诉司法部长塞申斯(Pereira v. Sessions)	本书第209页	4.01.011
		2018	特朗普诉夏威夷州(Trump v. Hawaii)	本书第214页	4.01.012

续表

类别		年份	案名	译述页码	索引号
移民与外国人保护	外国人的宪法权	2017	埃尔南德斯诉梅萨(Hernandez v. Mesa)	2016 ~ 2017 年判例译述第 267 页	4.02.001
刑事诉讼程序与刑罚	搜查与扣押	2017	曼努尔诉伊利诺伊州乔利埃特市(Manuel v. City of Joliet, Illinois)	2016 ~ 2017 年判例译述第 227 页	5.01.001
		2018	伯德诉美国(Byrd v. United States)	本书第 231 页	5.01.002
		2018	柯林斯诉弗吉尼亚州(Collins v. Virginia)	本书第 236 页	5.01.003
		2018	卡朋特诉美国(Carpenter v. United States)	本书第 240 页	5.01.004
		2018	苏斯诉保尔(Sause v. Bauer)	本书第 183 页	5.01.005
	被告的诉讼权利	2017	麦克威廉斯诉邓恩(McWilliams v. Dunn)	2016 ~ 2017 年判例译述第 193 页	5.02.001
		2017	韦弗诉马萨诸塞州(Weaver v. Massachusetts)	2016 ~ 2017 年判例译述第 250 页	5.02.002
		2017	李宰诉美国(Jae Lee v. United States)	2016 ~ 2017 年判例译述第 117 页	5.02.003
		2017	达维拉诉得克萨斯州劳教部刑事司法科科长戴维斯(Davila v. Davis)	2016 ~ 2017 年判例译述第 257 页	5.02.004
		2018	艾斯塔斯诉得克萨斯州刑事司法部惩教处处长(Ayestas v. Davis)	本书第 249 页	5.02.005
		2018	麦考伊诉路易斯安那州(McCoy v. Louisiana)	本书第 255 页	5.02.006

续表

类别		年份	案名	译述页码	索引号
刑事诉讼程序与刑罚	人身保护令程序	2017	巴克诉得克萨斯州劳教部刑事司法科科长戴维斯(Buck v. Davis)	2016～2017年判例译述第157页	5.03.001
		2017	监狱长詹金斯诉赫顿(Charlotte Jenkins v. Percy Hutton)	2016～2017年判例译述第242页	5.03.002
		2018	艾斯塔斯诉得克萨斯州刑事司法部惩教处处长(Ayestas v. Davis)	本书第249页	5.03.003
		2018	威尔森诉监狱长塞勒斯(Wilson v. Sellers)	本书第91页	5.03.004
		2018	监狱长塞克斯顿诉博德罗(Sexton v. Beaudreaux)	本书第62页	5.03.005
	上诉	2017	曼里克诉美国(Manrique v. United States)	2016～2017年判例译述第335页	5.04.001
		2018	克拉斯诉美国(Class v. United States)	本书第261页	5.04.002
	证据	2017	特尔纳诉美国(Turner v. United States)	2016～2017年判例译述第341页	5.05.001
		2018	美国诉微软公司(United States v. Microsoft)	本书第267页	5.05.002
		2018	达达诉美国(Dahda v. United States)	本书第270页	5.05.003
	刑罚与量刑	2017	贝克尔斯诉美国(Beckles v. United States)	2016～2017年判例译述第351页	5.06.001
		2017	迪恩诉美国(Dean v. United States)	2016～2017年判例译述第347页	5.06.002
		2017	尼尔森诉科罗拉多州(Nelson v. Colorado)	2016～2017年判例译述第355页	5.06.003

续表

类别		年份	案名	译述页码	索引号
刑事诉讼程序与刑罚	刑罚与量刑	2017	哈尼克特诉美国(Honeycutt v. United States)	2016 ~ 2017 年判例译述第 359 页	5.06.004
		2017	亚拉巴马州惩教署署长邓恩诉麦迪逊(Dunn v. Madison)	本书第 277 页	5.06.005
		2018	库恩斯诉美国(Koons v. United States)	本书第 281 页	5.06.006
		2018	查韦斯 – 梅萨诉美国(Chavez-Meza v. United States)	本书第 284 页	5.06.007
		2018	罗萨莱斯 – 米雷莱斯诉美国(Rosales-Mireles v. United States)	本书第 287 页	5.06.008
	辩诉协议	2017	加州惩教署诉库埃罗(Kernan v. Cuero)	本书第 295 页	5.07.001
		2018	休斯诉美国(Hughes v. United States)	本书第 299 页	5.07.002
	警察的有限豁免权	2017	怀特诉保利(White v. Pauly)	2016 ~ 2017 年判例译述第 365 页	5.08.001
		2017	加利福尼亚州洛杉矶郡诉门德斯(County of Los Angeles, California v. Mendez)	2016 ~ 2017 年判例译述第 369 页	5.08.002
		2018	华盛顿哥伦比亚特区诉瓦斯比(District of Columbia v. Wesby)	本书第 307 页	5.08.003
		2018	基塞拉诉休斯(Kisela v. Hughes)	本书第 313 页	5.08.004
民事法律	合同	2018	斯韦恩诉梅林(Sveen v. Melin)	本书第 52 页	6.01.001
	侵权				

续表

类别		年份	案名	译述页码	索引号
民事法律	离婚与家事	2017	豪威尔诉豪威尔（Howell v. Howell）	2016～2017 年判例译述第 143 页	6.03.001
	信托与继承				
	劳资关系与劳保福利	2017	促进卫生保健网诉斯泰普尔顿（Advocate Health Care Network v. Stapleton）	2016～2017 年判例译述第 149 页	6.05.001
		2018	CNH 工业公司诉里斯（CNH Industrial N. V. v. Reese）	本书第 321 页	6.05.002
		2018	昂希诺汽车公司诉纳瓦罗（Encino Motorcars, LLC v. Navarro）	本书第 324 页	6.05.003
		2018	艾匹克系统公司诉路易斯等三案（Epic System Corp. v. Lewis）	本书第 328 页	6.05.004
	其他民事法律问题				
民事法律程序	管辖权				
	回避	2017	里彭诉监狱长贝克（Rippo v. Baker）	2016～2017 年判例译述第 285 页	7.02.001
	第三人	2017	纽约州彻斯特镇诉拉罗地产公司（Town of Chester, New York v. Laroe Estates, Inc.）	2016～2017 年判例译述第 291 页	7.03.001
	时效	2017	SCA 卫生用品公司诉顶级婴儿用品公司（SCA v. FQ LLC）	2016～2017 年判例译述第 307 页	7.04.001
		2017	考克什诉美国证券交易委员会（Kokesh v. SEC）	2016～2017 年判例译述第 313 页	7.04.002

续表

类别		年份	案名	译述页码	索引号
民事法律程序	时效	2017	加利福尼亚州公共雇员养老基金诉 ANZ 证券公司(California Public Employee's Retirement System v. ANZ Securities)	2016 ~ 2017 年判例译述第 319 页	7.04.003
		2017	哈默诉芝加哥社区住宅服务组织(Hamer v. Neighborhood Housing Services of Chicago)	本书第 339 页	7.04.004
		2018	阿缇丝诉哥伦比亚特区(Artis v. District of Columbia)	本书第 343 页	7.04.005
		2018	中国农科公司诉莱什(China Agritech v. Resh)	本书第 347 页	7.04.006
	仲裁	2017	亲属护理中心诉克拉克(Kindred Nursing Centers v. Clark)	2016 ~ 2017 年判例译述第 327 页	7.05.001
	集体诉讼	2017	微软公司诉贝克(Microsoft Corp. v. Baker)	2016 ~ 2017 年判例译述第 297 页	7.06.001
		2018	赛恩公司诉比弗县雇员退休基金(Cyan, Inc. v. Beaver County Employees Retirement Fund)	本书第 83 页	7.06.002
		2018	中国农科公司诉莱什(China Agritech v. Resh)	本书第 347 页	7.06.003
	合并诉讼	2018	霍尔诉霍尔(Hall v. Hall)	本书第 353 页	7.07.001
知识产权保护	商标法	2017	马泰尔诉谭西蒙(Matal v. Simon Shiao Tam)	2016 ~ 2017 年判例译述第 210 页	8.01.001
	专利法	2017	三星电子诉苹果公司(Samsung Electronics Co. v. Apple Inc.)	2016 ~ 2017 年判例译述第 400 页	8.02.001

续表

类别		年份	案名	译述页码	索引号
知识产权保护	专利法	2017	生命技术公司诉普洛麦格公司(Life Technologies Corp. v. Promega Corp.)	2016～2017 年判例译述第 383 页	8.02.002
		2017	SCA 卫生用品公司诉顶级婴儿用品公司(SCA v. FQ LLC)	2016～2017 年判例译述第 307 页	8.02.003
		2017	TC 哈特兰德公司诉卡夫食品集团品牌公司(TC Heartland v. Kraft Foods Group Brands)	2016～2017 年判例译述第 20 页	8.02.004
		2017	印象制品公司诉利盟国际公司(Impression Products v. Lexmark International)	2016～2017 年判例译述第 395 页	8.02.005
		2017	山德士公司诉安进公司(Sandoz Inc. v. Amgen Inc.)	2016～2017 年判例译述第 388 页	8.02.006
		2018	石油能源公司诉格林能源集团(Oil States Energy Services v. Greene's Energy Group)	本书第 75 页	8.02.007
		2018	SAS 公司诉美国专利及商标局(SAS Institute v. Iancu)	本书第 361 页	8.02.008
		2018	西方奇科公司诉离子地球物理公司(WesternGeco LLC. v. Ion Geophysical Corporation)	本书第 10 页	8.02.009
	著作权	2017	星体育公司诉校队牌公司(Star Athletica v. Varsity Brands)	2016～2017 年判例译述第 407 页	8.03.001
	其他知识产权				

续表

类别		年份	案名	译述页码	索引号
经济法	银行与票据				
	金融证券	2016	萨尔曼诉美国(Salman v. United States)	2016 ~ 2017 年判例译述第 423 页	9.02.001
		2016	肖诉美国(Shaw v. United States)	2016 ~ 2017 年判例译述第 419 页	9.02.002
		2017	考克什诉美国证券交易委员会(Kokesh v. SEC)	2016 ~ 2017 年判例译述第 313 页	9.02.003
		2017	加利福尼亚州公共雇员养老基金诉 ANZ 证券公司(California Public Employee's Retirement System v. ANZ Securities)	2016 ~ 2017 年判例译述第 319 页	9.02.004
		2018	数字房地产信托公司诉萨默斯(Digital Realty Trust, Inc. v. Somers)	本书第 369 页	9.02.005
		2018	美德管理集团诉 FTI 咨询公司(Merit Management Group v. FTI Consulting)	本书第 374 页	9.02.006
		2018	赛恩公司诉比弗县雇员退休基金(Cyan, Inc. v. Beaver County Employees Retirement Fund)	本书第 83 页	9.02.007
		2018	中国农科公司诉莱什(China Agritech v. Resh)	本书第 347 页	9.02.008
		2018	威斯康星中心公司诉美国(Wisconsin Central Ltd. v. United States)	本书第 382 页	9.02.009
	破产法	2017	奇热夫斯基诉耶维奇控股公司(Czyzewski v. Jevic Holding Corp.)	2016 ~ 2017 年判例译述第 431 页	9.03.001

续表

类别		年份	案名	译述页码	索引号
经济法	破产法	2017	米德兰资本有限公司诉约翰逊(Midland Funding, LLC v. Johnson)	2016～2017年判例译述第443页	9.03.002
		2017	亨森诉桑坦德公司(Henson v. Santander)	2016～2017年判例译述第439页	9.03.003
		2018	美德管理集团诉FTI咨询公司(Merit Management Group v. FTI Consulting)	本书第374页	9.03.004
		2018	美国银行诉湖边村公司(U.S. Bank v. The Village at Lakeridge)	本书第389页	9.03.005
		2018	拉马尔律师事务所诉阿普林(Lamar, Archer & Cofrin v. Appling)	本书第393页	9.03.006
	公平债务催收	2017	米德兰资本有限公司诉约翰逊(Midland Funding, LLC v. Johnson)	2016～2017年判例译述第443页	9.04.001
		2017	亨森诉桑坦德公司(Henson v. Santander)	2016～2017年判例译述第439页	9.04.002
	歧视性贷款合同	2017	美洲银行诉迈阿密市(Bank of America v. Miami)	2016～2017年判例译述第174页	9.05.001
	反托拉斯法	2018	维生素C反托拉斯案(Animal Science Products v. Hebei Welcome Pharmaceutical)	本书第39页	9.06.001
		2018	俄亥俄州诉美国运通公司(Ohio v. American Express)	本书第400页	9.06.002

续表

类别		年份	案名	译述页码	索引号
经济法	税法	2018	马里内罗诉美国(Marinello v. United States)	本书第 411 页	9.07.001
		2018	南达科他州诉 Wayfair 公司(South Dakota v. Wayfair)	本书第 415 页	9.07.002
		2018	威斯康星中心公司诉美国(Wisconsin Central Ltd. v. United States)	本书第 382 页	9.07.003
环境保护法					
行政法	一般行政法	2016	州立农业保险公司诉美国(State Farm Fire & Casualty Co. v. United States ex rel. Rigsby)	2016 ~ 2017 年判例译述第 455 页	11.01.001
		2018	洛兹曼诉佛罗里达州里维埃拉海滩市(Lozman v. Riviera Beach)	本书第 425 页	11.01.002
		2018	露西亚诉美国证券交易委员会(Lucia v. SEC)	本书第 430 页	11.01.003
法律救济	禁制令	2018	贝尼塞克诉马里兰州选举委员会(Benisek v. Lamone)	本书第 138 页	12.01.001
	律师费	2017	固特异轮胎橡胶公司诉哈格(Goodyear Co. v. Haegar)	2016 ~ 2017 年判例译述第 277 页	12.02.001
		2018	墨菲诉史密斯(Murphy v. Smith)	本书第 439 页	12.02.002
	其他费用	2018	拉各斯诉美国(Lagos v. United States)	本书第 445 页	12.03.001
	其他救济				

续表

类别		年份	案名	译述页码	索引号
法律解释	对公约的解释	2017	水花公司诉梅侬（Water Splash, Inc. v. Menon）	2016～2017 年判例译述第 463 页	13.01.001
	对国会立法的解释	2017	贝克尔斯诉美国（Beckles v. United States）	2016～2017 年判例译述第 351 页	13.02.001
		2017	国家劳动关系局诉西南通用公司（National Labor Relations Board v. SW General, Inc.）	2016～2017 年判例译述第 59 页	13.02.002
		2017	促进卫生保健网诉斯泰普尔顿（Advocate Health Care Network v. Stapleton）	2016～2017 年判例译述第 149 页	13.02.003
		2017	亨森诉桑坦德（Henson v. Santander）	2016～2017 年判例译述第 439 页	13.02.004
		2018	阿缇丝诉哥伦比亚特区（Artis v. District of Columbia）	本书第 343 页	13.02.005
		2018	蒙大拿州诉怀俄明州和北达科他州（Montana v. Wyoming）	本书第 453 页	13.02.006
		2018	数字房地产信托公司诉萨默斯（Digital Realty Trust, Inc. v. Somers）	本书第 369 页	13.02.007
		2018	墨菲诉史密斯（Murphy v. Smith）	本书第 439 页	13.02.008
		2018	帕特查克诉美国内政部长津克（Patchak v. Zinke）	本书第 29 页	13.02.009
		2018	马里内罗诉美国（Marinello v. United States）	本书第 411 页	13.02.010
		2018	贾思奈诉阿拉伯银行（Jesner v. Arab Bank）	本书第 5 页	13.02.011

续表

类别		年份	案名	译述页码	索引号
法律解释	对国会立法的解释	2018	SAS 公司诉美国专利及商标局(SAS Institute v. Iancu)	本书第 361 页	13.02.012
		2018	拉马尔律师事务所诉阿普林(Lamar, Archer & Cofrin v. Appling)	本书第 393 页	13.02.013
		2018	南达科他州诉 Wayfair 公司(South Dakota v. Wayfair)	本书第 415 页	13.02.014
		2018	威斯康星中心公司诉美国(Wisconsin Central Ltd. v. United States)	本书第 382 页	13.02.015
	对州际条约的解释	2018	得克萨斯州诉新墨西哥州和科罗拉多州(Texas v. New Mexico)	本书第 463 页	13.03.001
州际水权与其他最高法院初审管辖案件	州际水权	2018	美国制造商协会诉国防部(National Association of Manufacturers v. Department of Defense)	本书第 97 页	14.01.001
		2018	得克萨斯州诉新墨西哥州和科罗拉多州(Texas v. New Mexico)	本书第 463 页	14.01.002
		2018	佛罗里达州诉佐治亚州(Florida v. Georgia)	本书第 473 页	14.01.003
	其他最高法院初审管辖案件				

注:本表中的"2016 ~2017 年判例译述"的具体信息是,高凌云编著:《美国联邦最高法院判例(2016 ~2017 年判例译述)》,法律出版社 2020 年版。

后　记

每个国家法律界的同仁都对本国和外国的法院判例情有独钟，即便在非判例法制度下的大陆法系国家亦是如此。美国斯坦福大学曾有团队对我国最高人民法院指导性案例进行翻译和评述，还有其他美国学者也在跟踪我国最高人民法院的司法解释与动态，即时将其译为英文，通过网站或博客发布，供国外法律界人士研究。然而，我国目前虽然有不少文章介绍美国法院的判例，却尚无按年度系统翻译或跟踪美国联邦最高法院所有最新判例的学者或机构，也鲜见这方面的著作或文章。

我在美国威拉姆特大学法学院读书时，曾参与学校的“法律在线”工作，主要跟进美国几大法院，将其最新作出的判决即时总结，并在法院作出判决的当晚子时以前将综述发送给订阅用户——大多是美国法官、律师和法学院教授。当时网络并不发达，搜索引擎本身尚属稀缺资源，网络上的信息就更少了。所以我们通过电子邮件群发的判例综述能在第一时间送达，深受订阅者欢迎。我最先从美国联邦第九巡回上诉法院判例综述的撰稿人做起，随后担任主编，为其他撰稿人改稿，负责最终发布，并培训其他新录用的成员。后来被调任为美国联邦最高法院判例综述主编，一直做到毕业。

当时除上课外，我一边承担着美国法学院的主流《法律评论》（*Law Review*）的编辑工作，一边担任着非主流但在美国法学院中却很前卫的“法律在线”的编辑工作，同时在“民事诊所”（civil clinic）跟着带教律师做一学期 140 小时的法律援助工作，还在做着很多其他校内校外的事情，非常忙碌，但是也非常有意义——因此，看到我现在的学生同时忙于上课、实习、考托福、写论文，仿佛看到了 20 多年前的自己。挑战自己的舒适领域所能发现的惊喜，永远是选择舒适生活的人所难以想象的。

回国后因忙于工作,很长时间没再关注美国联邦最高法院的判例,直到2017 年1 月,我偶尔读了美国联邦最高法院在2016 年1 月和3 月分别审理的三个案件的判决书,忍不住下笔评译。虽然以前常写判例综述,但那是用英文写给懂美国法的法官、律师们看的,所以相对简单、直接。现在要用中文写,不少概念是我国法律中没有的,并且读者不一定系统了解美国的法律制度,很多原文中一笔带过的程序性内容,美国律师一看就懂,中国读者未必明白。所以写的时候颇费思量。

2017 年1 月17 日,我借公众号"法与译"发布了上述三个案件作为第一期判例译述。当时,该公众号的订阅用户只有两三百人。没想到截至2024 年秋天,我们的译述团队从我一人,发展到超过40 人,先后为我们写过译述的作者更多,而关注"法与译"公众号的用户也已将近2 万人。最重要的,我们的译述被复旦大学"李昌道学术基金"纳入旗下,《美国联邦最高法院判例》(2016 ~2017 年判例译述)已于2020 年5 月作为基金系列出版物,在法律出版社结集出版。

因缘际会

2017 年秋季,我带的国际法专业研究生赖雪金、蒋佳颖和齐冠云自告奋勇地表示愿意和我一起跟踪美国联邦最高法院的判例——我之前从没想过让学生一起做,因为传说不少研究生都比较功利,导师一般不太敢请他们参与这种无名无利的事情,即便能让他们从中学到东西,可能也只会得到"不好意思,我实习没有时间"的回复,甚至会在私底下被骂。何况刚开始我也没有计划过以后会将其结集出版,的确是无名无利之事。

所以,我的研究生的支持与主动加入给了我莫大的鼓励,当然,也给了我极大的压力。本来我可以兴之所至,爱写就写;他们加入后,忽然这件事的性质似乎就变成,只要美国联邦最高法院没有关门,他们每发布一篇判决意见,我们就得写一篇译述。

自2017 年10 月16 日起,"法与译"开始发布我的研究生撰写并经我修改过的判例译述。虽然我以前担任"法律在线"主编时,经常给撰稿人修改文稿,然而当时的撰稿人都是经择优录取的、系统学习过美国法律的美国同学,他们已充分理解英文判例和美国法律制度,写作也是用他们的母语。然而,国内的同学,即便对英美法有所了解,也不可能面面俱到,何况对判例语言的理解还可能有障碍。因此可以想象刚开始的困难,每篇译述我花的修改时间很多,然而他们进步很快,理解与写作水平不断提高,几位同学后来已经可以帮我分担给别的同学改稿的任务。

很快,一些法律硕士研究生也主动请缨,其中还包括一些并不是我带的研究生。虽然有一两位同学写了几篇之后就知难而退了,但大部分同学从我满屏"血腥"的批改中挺了过来,坚持下去。后来,又有一些已经毕业的同学陆续加入,成为我们团队的骨干。他们有的已经是法官、律师、公司法务或者公务员。如果说在校生还有可能通过这个项目提高自己,增加简历上的闪光点,那么这些已经工作的同学参与这个无名无利的活动,就纯粹是因为兴趣和爱好了。另外,在读生的流动性相对较大,实习,恋爱,要复习考公务员,都可能是退出的理由。而这些在职同学的加盟,使我们的团队相对稳定下来。

风云之志

美国联邦最高法院的9位大法官每年收到的上诉申请有七八千个,但是最终决定受理的案件只有七八十个(自新冠疫情以来的几年数量有所下降),每个都关乎美国宪法和美国法律制度的重要问题。这些案件不仅成为美国联邦法律系统有拘束力的先例,也成为可供美国各州法院在判案时予以参考的有说服力的先例。因此,我们的译述,因其中各判例的重要性而得到了国内读者的欢迎。

于是,我们经常会收到读者的反馈,说希望看到某一特定研究领域的判例译述,如反垄断法或者专利法方面的,以便于他们做研究。

我也曾想过根据个人兴趣有选择地做译述,然而,更希望通过这个系列出版物,给我国学者与法律界人士提供一个研究美国法律制度的资料库,至少为研究者提供一个重要的研究线索。所以我们最终决定对美国联邦最高法院每年审理的所有案件,以完整性、全面性为宗旨,不加选择地进行译述,以供研究不同领域的学者按需索用。

美国联邦最高法院的审案年度始于每年 10 月,至次年 6 月结束。案件所涉问题复杂多样,根据内容被分为不同的部分,每一部分又包含若干小问题。每个判例还根据其内容被分配了一个或多个索引号,将来的译述也沿用该索引连续下去。在本书的编辑过程中,我们重新调整了分类,也因之调整了 2016 ~2017 年判例译述中的索引编号,以便大家检索。

另外,限于字数,每篇译述不可能太长,因此只是对案例的主要内容进行介绍,懂英语的研究者可以通过各种途径查阅原文进行学习。总之,我们希望本系列出版物的问世,能为想研究和了解美国联邦宪法与法律制度的中国学者打开又一个窗口。

志向很高远,然而路却要一步一步地走。每一篇判例译述都凝结着我们团队的心血。本书的 72 个判例总共由 19 位团队成员撰写初稿,之后由我本人进行初审修改后,在公众号发布,然后由包括我在内的数位资深成员审改,之后又经过"法与译"编辑部成员的数次交叉互审以及最后统稿,最终才提交给出版社。曾有同仁在网络课上问我:你们的译述是不是由你分给学生案例,让他们分头翻译,然后改改就结集出版?我沉吟半晌不知该如何回答。首先,不是每个学生都具备这个能力,也不是每个学生都愿意做这个工作;其次,对每一篇译述的修改都是数次全文一一比对之后的结果,最后的发布凝结着多人、长时间的心血,对于每个法律点的理解和把握往往不是查字典就能完成的。

饮 水 思 源

本书能够最终完成并付梓,首先要感谢复旦大学法学院为我们提供的宽松的研究氛围与良好的学术支持,让我们能够深刻领悟习近平法治思想胸怀天下的宏阔视野、加快涉外法治工作的战略布局,以及充分运用法治思维和法治方式应对挑战、防范风险的要求,从而为我们如何在一个较高的站位上审视美国法律指明了方向。

还要感谢李昌道教授生前同意将本项目纳入"李昌道基金"的系列丛书中。本系列丛书第 1 卷出版之前,李老年事已高,却仍然关注我国法律事业的发展,欣然执笔为本译述写下珍贵的赠言,着实令晚辈动容。然而在本系列丛书第2卷的编辑修改期间,惊闻李老于2021年11月19日仙逝,我们团队成员怀着沉重的心情,化悲痛为力量,希望能把这项事业继续下去,以告慰李老的在天之灵。

另外,还要感谢我的美国母校威拉姆特大学法学院。在威大期间,我系统学习了美国法律,掌握了一个美国本土律师必须知道和应该知道的美国法律知识;同时,作为一名外国学者,还知道了自己知道什么、不知道什么以及哪些不需要知道,既可以避免不懂装懂、充当没有意义的百事通,又可以在有些不知道的时候知道自己不需要知道因此没有必要妄自菲薄。

威大在美国并非一所全国性的学校,只是美国西海岸历史最悠久的一所地方私立大学。其实很多人都很想问我为什么会到威大读书,国内的朋友一般比较含蓄,不会径直问我,因为哈耶牛剑才是国内学者的心头好,怕我觉得读了一个小学校而难为情。但是美国的法律界朋友会直接问我,言外之意是:你语言和背景都不错,为什么选了这所区域性的学校?我回答说:“因为他们给了我全额奖学金啊!”然后,美国学者就会点头说:“我猜也是如此。”因为美国人比中国人更理解花自己的钱读书时的倾向性选择。

其实不只如此。当时没有网络,国外大学的地址也只能通过认识的外国朋友才能得知。当时国内学生做英美模拟法庭,如果一方提供了自称耶鲁毕业的专家证人,另一方在交叉询问时只要问一句:“耶鲁大学的地址是哪里?”就能完胜——这是真实的笑话。另外,想索取入学申请表,需要贴一张很贵的邮票寄一封信过去。那时还没有特快专递,等收到申请表,已经差不多两个月了。不仅学费贵,连申请学校的申请费都是很大一笔开销。所以我只申请了这一所学校,因为他们事先就决定给我奖学金。换句话说,当时限制了我的选择自由的,是不想给家人带来负担的责任心。

何况,没读过复旦,可以在复旦授课;没上过哈佛,可以到哈佛讲学。能仰赖母校的光环纵然好,但是将来能成为母校的一名杰出校友可能更值得自豪。

现在的条件好了很多,但是仍然有同学和当年的我一样,因为不想给家人带来更大的负担而有所取舍。我有个学生同时拿到了美国排名前十和前三十的学校的录取信,最终选择了后者,因为后面的学校给的奖学金更多。

不过,我在如此回应美国朋友的问话后,总会再加一句:“还因为,威大是美国最好的法学院之一。”那些美国朋友就会心一笑,也因为他们认识了已经学成的我,知道此言非虚。所以,我首先要感谢威大对我的培养。正是在威大,我通读、学习了无数英美法判例,还经过了《法律评论》、模拟法庭及法律在线等工作的历练,所以才有可能做这项判例译述以及其他与比较法、信托法相关的教学科研工作。

我还要感谢季立刚教授和许多奇教授对本书出版的大力促成,没有让该项目因缺钱而夭折。季老师还在百忙之中提笔作序,尤其在新冠病毒肆虐之时,季老师给了我们极大的支持!

感谢参与本书的各位同学(名单附后),是你们高昂的兴趣与无私的奉献,才使我们的译述从我的一时兴起成为今天我们共同努力的一项事业。感谢你们的热心参与与认真写作,没有你们的辛勤努力,本书的完成时间会大大延迟。其中,我要特别感谢郑家豪和张冲同学对本书判例的初步分类与整理,蒋彧和管洁泉同学对书稿的初步编辑,陈欣黎同学作为本项目编辑部部长带领其他 5 位编辑部成员对本书的文字与格式编审工作所作出的贡献,以及吴桐和王耀同学对本书作了最终的格式审查。后期审改、编审、统稿的工作量事实上超过了原作者的工作量。

感谢“法与译”公众号的读者们,你们认真阅读译述,发表意见,给予反馈。没有你们的支持,我们的译述也未必会最终结集出版。有几位律师朋友曾经表示愿意为本译述赞助出版经费,你们对比较法研究的支持,你们的慷慨和关心我们永记不忘。虽然本卷的经费已然解决,但希望下一本书能得到你们的帮助与支持!

最后,也是最重要的,我要感谢法律出版社法治与经济分社沈小英社长,以及刘晓萌、鲁安老师,没有你们的支持,本书永远不可能出版。尤其刘晓萌、鲁安老师对本书逐字逐句校对,为本书的最终出版付出了心血。

言犹未尽

目前,我们仍在同步跟进美国联邦最高法院的最新判例。如果各位读者朋友有意向支持“美国联邦最高法院判例译述”系列的出版，请通过电子邮件(lygao@ fudan. edu. cn)或“法与译”公众号联系赞助事宜。在此先行表示感谢！

由于能力与时间所限，且因这72篇译述先后由多人撰写、修改，每人写作风格不同，理解能力各异，虽经数次批删，错误终所难免，格式或许仍有不统一之处，敬请大家谅解并不吝赐教。本书并非对判例的逐字翻译，因此只能为大家提供一定的研究信息与线索，不可避免带有作者的主观理解，若需深入探讨，请按需阅读原文。

本书终稿的校对期间仍是新冠病毒肆虐之时，最终出版之际已然天朗云清，瘟疫尽退。愿大家能在这宁静而灿烂的星空下以批评的目光审视美国的法律制度，从一个一个判例中窥探大法官们那些似近似远的智慧。

高凌云

2024年9月29日于上海

参与本书译述的成员名单

一、初稿作者与审改者

本卷共 72 篇判例译述,分别由以下 19 位团队成员独立或合作撰写初稿(若译述初稿有实质性重大修改,修改者的工作量至少与初译者相当,则该篇译述为“合作”作品,2 人共同为“初稿作者”):

丁伯韬(8 篇 + 合作 1 篇)
郑家豪(6 篇 + 合作 3 篇)
朱　文(5 篇 + 合作 4 篇)
赵予慈(5 篇 + 合作 2 篇)
齐冠云(5 篇 + 合作 1 篇)
蒋　彧(5 篇 + 合作 1 篇)
高凌云(4 篇 + 合作 8 篇)
崔　伟(4 篇 + 合作 2 篇)
倪国伟(3 篇 + 合作 3 篇)
赖雪金(2 篇 + 合作 1 篇)
管洁泉(1 篇 + 合作 5 篇)
蒋佳颖(1 篇 + 合作 2 篇)
王子奇(1 篇)
谷　莎(1 篇)
纪宁宁(1 篇)
孙樱榕(1 篇)
曾　巧(1 篇)
商可航(合作 4 篇)
沈刘杰(合作 1 篇)

初稿完成后,分别由以下团队成员审改:

高凌云(62 篇)　赵予慈(2 篇)　丁伯韬(2 篇)　赖雪金(1 篇)
齐冠云(1 篇)　管洁泉(1 篇)　崔　伟(1 篇)　蒋佳颖(1 篇)
朱　文(1 篇)

每篇判例译述的初稿作者与审改者如表1所示。

表1 每篇判例译述的初稿作者与审改者

译述编号	案名	初稿作者	审改者
1.01.001	贾思奈诉阿拉伯银行	赵予慈/丁伯韬	高凌云
1.01.002	西方奇科公司诉离子地球物理公司	赵予慈	高凌云
1.02.002	鲁宾诉伊朗	齐冠云	高凌云
1.03.002	帕特查克诉美国内政部长津克	赖雪金	高凌云
1.03.003	上斯卡吉特部落诉隆格伦夫妇	赵予慈	高凌云
1.04.001	维生素C反托拉斯案	高凌云	高凌云
1.06.002	新泽西州州长墨菲诉全国大学生体育协会	崔 伟	高凌云
1.06.003	斯韦恩诉梅林	高凌云	高凌云
1.06.004	监狱长塞克斯顿诉博德罗	管洁泉/崔伟	高凌云
2.02.004	有关美国政府案	商可航/高凌云	高凌云
2.02.005	石油能源公司诉格林能源集团	朱 文	高凌云
2.03.007	赛恩公司诉比弗县雇员退休基金	商可航/高凌云	高凌云
2.03.008	威尔森诉监狱长塞勒斯	蒋佳颖/高凌云	高凌云
2.04.004	美国制造商协会诉国防部	崔 伟	高凌云
2.04.005	卫生与公共服务部部长诉加尔萨	高凌云	高凌云
2.04.006	奥蒂斯诉美国	齐冠云	高凌云
3.01.001	美国诉桑切斯	倪国伟/崔 伟	高凌云
3.02.004	俄亥俄州州务卿诉伦道夫协会	沈刘杰/高凌云	高凌云
3.02.005	明尼苏达州选民联盟诉曼斯基	齐冠云	高凌云
3.02.006	吉尔诉惠特福德	朱 文	丁伯韬
3.02.007	贝尼塞克诉马里兰州选举委员会	朱 文	赖雪金
3.02.008	得克萨斯州州长阿博特诉佩雷斯	朱 文	高凌云
3.02.009	北卡罗来纳州诉科文顿	倪国伟/朱文	高凌云
3.04.005	萨普诉监狱长塞勒斯	倪国伟	高凌云
3.04.006	名作蛋糕店诉科罗拉多州民权委员会	郑家豪	高凌云

续表

译述编号	案名	初稿作者	审改者
3.04.008	杰纳斯诉美国州、县与市政工人联合会第 31 分会	丁伯韬	高凌云
3.04.009	国家家庭与生命维权组织诉加利福尼亚州司法部长贝塞拉	管洁泉	丁伯韬
3.05.003	苏斯诉保尔	赵予慈	高凌云
3.06.002	克里尔诉弗吉尼亚州	蒋　彧	高凌云
4.01.008	詹宁斯诉罗德里格兹	蒋　彧	高凌云
4.01.009	司法部长塞申斯诉迪马亚	齐冠云	高凌云
4.01.011	珀雷拉诉司法部长塞申斯	赖雪金/朱　文	高凌云
4.01.012	特朗普诉夏威夷州	郑家豪	高凌云
5.01.002	伯德诉美国	蒋彧/郑家豪	高凌云
5.01.003	柯林斯诉弗吉尼亚州	丁伯韬	齐冠云
5.01.004	卡朋特诉美国	倪国伟/郑家豪	高凌云
5.02.005	艾斯塔斯诉得克萨斯州刑事司法部惩教处处长	管洁泉/高凌云	高凌云
5.02.006	麦考伊诉路易斯安那州	管洁泉/郑家豪	高凌云
5.04.002	克拉斯诉美国	崔　伟	赵予慈
5.05.002	美国诉微软公司	郑家豪	高凌云
5.05.003	达达诉美国	商可航/赵予慈	高凌云
5.06.005	亚拉巴马州惩教署署长邓恩诉麦迪逊	郑家豪	高凌云
5.06.006	库恩斯诉美国	蒋佳颖/齐冠云	高凌云
5.06.007	查韦斯 - 梅萨诉美国	崔　伟	高凌云
5.06.008	罗萨莱斯 - 米雷莱斯诉美国	丁伯韬	高凌云
5.07.001	加州惩教署诉库埃罗	纪宁宁	高凌云
5.07.002	休斯诉美国	蒋　彧	赵予慈
5.08.003	华盛顿哥伦比亚特区诉瓦斯比	赵予慈	管洁泉
5.08.004	基塞拉诉休斯	赖雪金	高凌云
6.05.002	CNH 工业公司诉里斯	蒋　彧	高凌云

续表

译述编号	案名	初稿作者	审改者
6.05.003	昂希诺汽车公司诉纳瓦罗	蒋 彧	高凌云
6.05.004	艾匹克系统公司诉路易斯等三案	齐冠云	崔 伟
7.04.004	哈默诉芝加哥社区住宅服务组织	郑家豪	高凌云
7.04.005	阿缇丝诉哥伦比亚特区	孙樱榕	高凌云
7.04.006	中国农科公司诉莱什	管洁泉/朱 文	高凌云
7.07.001	霍尔诉霍尔	丁伯韬	高凌云
8.02.008	SAS 公司诉美国专利及商标局	丁伯韬	高凌云
9.02.005	数字房地产信托公司诉萨默斯	管洁泉/高凌云	高凌云
9.02.006	美德管理集团诉 FTI 咨询公司	朱 文/高凌云	高凌云
9.02.009	威斯康星中心公司诉美国	王子奇	高凌云
9.03.005	美国银行诉湖边村公司	朱 文	高凌云
9.03.006	拉马尔律师事务所诉阿普林	倪国伟	高凌云
9.06.002	俄亥俄州诉美国运通公司	谷 莎	高凌云
9.07.001	马里内罗诉美国	倪国伟	高凌云
9.07.002	南达科他州诉 Wayfair 公司	丁伯韬	蒋佳颖
11.01.002	洛兹曼诉佛罗里达州里维埃拉海滩市	赵予慈	高凌云
11.01.003	露西亚诉美国证券交易委员会	曾 巧	高凌云
12.02.002	墨菲诉史密斯	蒋佳颖	高凌云
12.03.001	拉各斯诉美国	郑家豪	朱 文
13.02.006	蒙大拿州诉怀俄明州和北达科他州	丁伯韬	高凌云
13.03.001	得克萨斯州诉新墨西哥州和科罗拉多州	高凌云	高凌云
14.01.003	佛罗里达州诉佐治亚州	丁伯韬	高凌云

二、判例分类与书稿编辑

72 篇译述的初稿完成后，由张冲统一进行初步分类，郑家豪对书稿结构进行审改编辑。之后，由蒋彧和管洁泉同学对内容进行初步核对，郑家豪复审，于 2021 年年初完成。

三、编辑部审稿、统稿

2021 年秋季,为保障本系列译述编辑工作的稳定性和统一性,新成立了译述编辑部。为使新的编辑部成员能尽早参与其中,本书的统稿前编辑工作交由陈欣黎担任部长的编辑部成员共同完成。其间编辑部成员开过几次线上线下讨论会,还经历了交叉审核,经过将近半年的时间完成了这项工作。

编辑部成员:

部　　长:陈欣黎

成　　员:吴　桐　许毅然　祖　萍　王　耀　赵子川

之后由高凌云统稿、定稿,陈欣黎协助,最终于 2022 年 5 月交给出版社。2024 年 12 月,吴桐和王耀最后协助核查格式问题,并由高凌云完成最后一次逐字统稿。